Tom Crepon
Leben und Tode des Hans Fallada

Tom Crepon

Leben und Tode des Hans Fallada

Denn wer mehr Leben
als eines lebt,
stirbt mehr als einen Tod.
Oscar Wilde

Hoffmann und Campe Verlag
Hamburg

Fotonachweis:
Anna Ditzen (Abb. 1–7, 12, 14–17, 19–29, 31, 36–38)
Ulrich Ditzen (Abb. 32)
Ernst Rittwagen (Abb. 40)
Hans-Joachim Schubert (Abb. 34, 39)
Archiv (Abb. 8–11, 13, 18, 30, 33, 35)

1. Auflage 1981
Hoffmann und Campe Verlag, Hamburg
Lizenzausgabe mit freundlicher Genehmigung
des Mitteldeutschen Verlages, Halle-Leipzig

Printed in the German Democratic Republic
ISBN 00400-8

Leben und Tode des Hans Fallada ist kein Schriftstellerroman, auch keine wissenschaftliche Monographie in dem vom Lexikon beschriebenen Sinne einer »möglichst allseitigen, gründlichen, abschließenden Analyse und Beurteilung«.

Leben und Tode des Hans Fallada ist ein Lebensbericht, in dem das Authentische überwiegt. Kein Fakt von Bedeutung wurde frei erfunden, keine Person eingeführt, die sich nicht wie dargestellt in der Umgebung Falladas verhalten hätte.

Leben und Tode des Hans Fallada ist ein Versuch, dem Lebensweg Rudolf Ditzens nachzuspüren, Situationen, Schauplätze und Gespräche nachzuempfinden, die diesen Weg markieren.

Leben und Tode des Hans Fallada entstand mit Unterstützung zahlreicher Partner, die Material zur Verfügung stellten oder ihre Erinnerungen zu Protokoll gegeben haben.

Leben und Tode des Hans Fallada wäre undenkbar ohne die großzügige, geduldige Hilfe Anna Ditzens. Sie hat mit Rat und Tat das meiste zum Entstehen dieses Buches beigetragen.

T. C.

1

Das Elternhaus

Greifswald am Ryck ist ausgangs des 19. Jahrhunderts eine unbedeutende Kleinstadt, die sich von einem Dutzend anderer norddeutscher Städte kaum unterscheidet. Die ehrwürdige »Alma mater gryphiswaldensis« ist vielleicht die einzige Besonderheit des Städtchens.

Hier studieren im Jahre 1893 etwa 720 Studenten; mit jeweils 250 Studierenden sind die medizinische und theologische Fakultät die größten, die philosophische und juristische Fachrichtung mit jeweils etwa 70 Immatrikulierten die kleinsten.

Um Dom und Rathaus drängen sich klein und unansehnlich die Häuser der Innenstadt. Hier, im Zentrum, liegen der Markt mit dem gerade eingeweihten Kriegerdenkmal, die Ämter, Geschäfte und Gaststätten. Der Ryck im Norden und die Stadtmauer, Wall und Grabenanlagen ringsum boten der Altstadt mit ihren Bürgerhäusern und Kirchen jahrhundertelang wirksamen Schutz vor skandinavischen und slawischen Angriffen. Im 19. Jahrhundert hat die Stadt diesen steinernen Ring gesprengt und sich vor allem nach der Südseite hin ausgedehnt. Zwischen der Eisenbahnlinie von Stralsund nach Berlin und der Straße nach Anklam ist auf den Gemeindewiesen ein neues Stadtviertel mit Villen und Einfamilienhäusern entstanden.

Hier liegt, zwischen Exerzierplatz, Kaiser-Wilhelm-Platz

und Stadtwall die Steinstraße, in der seit dem 1. März 1893 die Familie des Landrichters Wilhelm Ditzen eine Etage des Hauses Nummer achtundfünfzig bewohnt.

Wilhelm Ditzen ist 1852 in der Nähe von Osnabrück geboren worden, aber in Nienburg an der Weser aufgewachsen, wo sein Vater als Obergerichtsrat, seit 1855 als Kronanwalt tätig war. Die Karriere Wilhelm Ditzens hatte ihn nach Preußen verschlagen; sie wird ihm auch später noch manchen weiteren Wohnungswechsel aufzwingen.

In seinen Erinnerungen[1] bedauert Wilhelm Ditzen, daß ihn sein Beruf und die damit verbundenen Ortsveränderungen heimatlos gemacht haben: »Ich habe mich oft gefragt, wo denn eigentlich meine Heimat sei, und mir nur die ausweichende Antwort geben können: Ich bin Ostfriese, denn meine beiden Eltern stammen aus ostfriesischen Familien, und sie sind in Ostfriesland geboren. Die zutreffende Antwort müßte bei mir, wie überhaupt bei Kindern von vielversetzten Beamten, lauten, daß sie nirgends eine Heimat haben. Diese Wurzellosigkeit habe ich für mich, und dann später auch für meine Kinder, immer schmerzlich empfunden.«

Die Mutter wird zunächst in der kleinen Stadt am Ryck nicht recht heimisch. Sie sehnt sich zurück nach der Lüneburger Heide. Erst die reizvolle Umgebung Greifswalds, die Sommerausflüge an den Bodden und nach Rügen, die Dampferfahrten nach Stralsund und Hiddensee entschädigen sie für den Verlust.

Die Mutter paßt sich auch später jeder neuen Umgebung an. Selbst wenn sie sich, wie in Berlin, jahrelang unglücklich fühlt, spürt die Familie kaum etwas von den geheimen Wünschen Elisabeth Ditzens. Sie ordnet sich ganz den Zielen ihres Mannes unter und verzichtet weitgehend auf eigene Pläne.

---

[1] Anmerkungen am Ende des Bandes, S. 317

Elisabeth Ditzen ist das 4. Kind des Lüneburger Zuchthausgeistlichen Lorenz, der früh – 1872 – an einer Lungenentzündung starb. Elisabeth wurde von Verwandten, dem kinderlosen Ehepaar Seyfarth, in Strenge erzogen. Sie hatte keine Freundinnen, keine Schülerfreundschaft, keine Jugendliebe. Sie wurde gehalten, ein abgeschlossenes Leben zu führen und sich gänzlich auf die Schulaufgaben zu konzentrieren.

In den Erinnerungen Elisabeth Ditzens[2] wirkt diese Zeit freudlos und entbehrungsreich: »Wie gern hätte ich mal an einem Streich teilgenommen, doch ich wagte das nie aus Angst vor den Folgen. Diese Angst und das Gefühl der Unsicherheit blieb mir die ganze Jugendzeit.«

Das scheue, fleißige Mädchen lebte bald nur noch sich und ihren Büchern, die sie leidenschaftlich zu lieben begann: »Kein Buch war sicher vor mir. Meine Pflegeeltern ahnten nicht, wie eifrig ich in all den Klassikern las, die als ältere Bücher auf den Schreibtisch in meinem Zimmer verbannt waren ... Ich durfte offiziell nur in Jugendbüchern, z. B. in den Töchteralben lesen. Wenn etwas von Verloben und Heiraten vorkam, wurde mir das Buch streng verboten. Mein Lieblingsbuch aber war Robinson in einer Graebnerschen Ausgabe, die ich sonst nie gesehen. Ich konnte mich immer wieder an all dem Unglück aufregen, kannte das Buch schließlich fast auswendig.«

So verbrachte Elisabeth Lorenz, der trotz ausgezeichneter Leistungen die höheren Lehranstalten verschlossen blieben, Jahr um Jahr. Sie wartete bei ihren Büchern auf denjenigen, der sie von ihrer Insel erlösen und in die große Welt führen sollte.

Diese Rolle fiel dem Justizbeamten Wilhelm Ditzen zu.

Der 36 Jahre alte Mann ist aus »gutem Haus«. Die Ahnentafel der Familie reicht väterlicher- wie mütterlicherseits bis ins 17. und 16. Jahrhundert zurück. Advokaten und Amtmänner waren darunter, auch ein Burggraf wohl, in der Hauptsache aber Juristen aller Grade und Schattierungen: Kammerräte, Justiz-Commissäre, Gerichtsräte, Anwälte.

Wilhelm Ditzen als ältester Sohn des Nienburger Kronanwalts sollte diese alte Familientradition aufnehmen und weiterführen. Für ihn hat es ernstlich andere Berufswünsche wohl kaum gegeben. Nach dem Grundschulbesuch war Wilhelm Ditzen fünf Jahre lang, von 1867 bis 1873, Gymnasiast der berühmten Schulpforte bei Naumburg. Als einer der wenigen, die hier aus anderen Vorschulen aufgenommen wurden, mußte er ein sogenanntes »Rezeptionsexamen« ablegen, das erst zum Schulpforte-Besuch berechtigte. Lange Zeit hatte er als Außenseiter einen schweren Stand in der elitären Anstalt, aber am Ende gehörte er zu der kleinen Zahl von Auserwählten seines Jahrgangs, die ihrer sehr guten Vorleistungen wegen von den mündlichen Prüfungen dispensiert wurden.

Die Jahre in Schulpforte prägten Ditzens philosophische und politische Haltung auf Dauer. An dieser preußischen Musterschule erlebt er die Annexion Schleswig-Holsteins durch Preußen, den deutsch-französischen Krieg, die Reichsgründung durch Bismarck und die Proklamation König Wilhelms I. zum deutschen Kaiser. Wilhelm Ditzen fand sich, ehe er noch nach Schulpforte ging, auf der Seite der »Neupreußen«: »Ich bin nie ein Republikschwärmer gewesen, obwohl die Jugend doch im allgemeinen dem Radikalismus zuneigt«, bekennt er 1926. »Ich bin nie ›Welfe‹ gewesen, und die unvermeidliche Folge war, daß ich nach 1866 ohne Schwanken ›Preuße‹ wurde.«

Gemeinsam mit seinem Schulfreund Theo von Bethmann Hollweg* feierte er in patriotisch-chauvinistischer Anwand-

* Theobald von Bethmann Hollweg (1856–1921), deutscher Reichskanzler von 1909–1917

lung 1871 die Kapitulation von Paris. Der ansonsten abstinente Ditzen entging an diesem Tag nur knapp der Gefahr, wegen Alkoholgenusses »geschaßt« zu werden. Bethmann Hollweg führte den angetrunkenen Mitschüler an den wachsamen Lehrern vorbei auf sein Zimmer. »Ich war eindringlich gewarnt, so daß ich niemals wieder in eine ähnliche Gefahr gekommen bin«, bemerkt Wilhelm Ditzen zu diesem Vorfall. Damit wird allerdings allein auf die Gefährdung durch Alkohol Bezug genommen, denn den Verführungen des preußentreuen Konservatismus ist Wilhelm Ditzen auch späterhin nicht entgangen. Der sonst so sachliche und nüchterne Beamte gerät zum Beispiel ins Schwärmen, wenn er auf die Rolle Bismarcks in Preußen und in seinem eigenen Leben zu sprechen kommt.

Die erste und einzige Begegnung mit Bismarck hat der Untertan Wilhelm Ditzen 1897, ein Jahr vor Bismarcks Tod. Sie wird zu einem bleibenden Erlebnis: »Er fuhr vor dem Tore des Friedrichsruher Schlosses in seinem offenen Wagen ganz langsam an mir vorbei, so daß ich ihm in die Augen schauen konnte. Eine unvergeßliche Minute!«

Preußens Gloria scheint Wilhelm Ditzen auch dreißig Jahre später noch als Synonym für Solidität, bürgerliche Sittlichkeit und Freidenkertum zu stehen.

Der bürgerlich-konservative Beamte will sich weitgehend aus dem »Gestrüpp der Politik« heraushalten und politisch nicht exponieren.

Wir sind jedoch der Zeit vorausgeeilt und haben an jenen Punkt zurückzukehren, an dem sich die Wege von Elisabeth Lorenz und Wilhelm Ditzen in Uelzen kreuzen. Hier trat der hoffnungsvolle Jurist, nach einer fast zehnjährigen Referendarzeit, im Jahre 1886 seine erste Amtsrichterstelle an.

Der Pflegevater von Elisabeth Lorenz, Rechtsanwalt Seyfarth, besaß eine angesehene Anwaltspraxis in der Stadt. Bei einer der seltenen Gelegenheiten, da auch die Pflegetochter an

Gesellschaften teilnehmen durfte, lernten Elisabeth und Wilhelm einander kennen.

Wilhelm Ditzen faßte die folgenden Monate so zusammen: »Wir haben, bis wir am 27. September 1887 in Uelzen getraut wurden, keinen Roman erlebt. Alles ist gut bürgerlich hergegangen, rasch und ohne Zwischenfälle.«

Dennoch darf diese für die Kinder bestimmte Wertung des Verhältnisses nicht zu der Annahme verleiten, als sei Liebe nicht im Spiel gewesen, als handelte es sich um eine reine »Vernunftehe«. Beide sind zeitlebens überzeugt gewesen, »in der Ehelotterie das Große Los gezogen« zu haben. Die sensible, ein wenig menschenscheue Elisabeth blickt zu dem 18 Jahre älteren Mann auf, sie bewundert sein Wissen, spürt seine menschliche Wärme. Sie liebt diesen trotz seiner Zielstrebigkeit immer etwas hilflos und schutzbedürftig wirkenden Mann. Rudolf Ditzen hat seinem Vater in dem Roman »Wir hatten mal ein Kind« in der Figur des Kammergerichtsrats Lorenz ein Denkmal gesetzt und ihn beschrieben als einen »eher zierlichen Mann mit kinderhaft kleinen, zarten Händen und Fingern, mit einem Spitzbart und blauen, aber etwas müden Augen hinter einer Goldbrille«.

Für Wilhelm Ditzen war die standesgemäße Heirat eine wichtige Stufe auf seiner juristischen Laufbahn. Nach den langen Lehrjahren begann damals in Uelzen für ihn gerade die Gesellenzeit. Mit der Tätigkeit als Amtsrichter kamen die gesellschaftlichen Verpflichtungen. Eine Frau, ein eigener Hausstand und Kinder gehörten zum Beruf wie das Abgangszeugnis aus Schulpforte, das »Einjährige« beim Militär oder die Referendarprüfung.

Nach einem »Zwischenspiel« im oberschlesischen Beuthen erhält Wilhelm Ditzen 1893 eine Berufung als Richter an das Landgericht Greifswald.

Ditzen nimmt die Berufung an. Die Nahziele des jungen

Ehepaares sind nun: Beförderung zum Landgerichtsrat und die Geburt eines Stammhalters; eines Sohnes, der eines Tages die Familientradition fortsetzen kann.

Am 21. Juli 1893 kommt in der Familie des Landrichters Wilhelm Ditzen nach den Töchtern Elisabeth und Margarete das 3. Kind zur Welt. Es ist der erwünschte Junge, der nach einem Onkel des Vaters – zuletzt Regierungsrat in Hannover – den Namen Rudolf, dazu die Modenamen Wilhelm und Adolf erhält.

»Es war ein kräftiges Kind, 6¾ Pfund schwer. Die Freude war groß, auch bei den Schwestern. Nur kam leider viel Ungemach hinterher«, erinnert sich Elisabeth Ditzen.

Mit dem Ungemach sind wohl zunächst nur die Ernährungsstörungen, der anhaltende Gewichtsverlust und die zahlreichen Säuglingskrankheiten gemeint, die der Sohn durchmacht. Rudolf wird unter Schwierigkeiten zur Welt gebracht; er hat Mühe, die ersten Tage zu überstehen. Er ist von Anfang an das Sorgenkind Nummer eins in der Familie – und bleibt es auch nach Geburt seines Bruders.

»Er hat immer einen ganz ernsthaften Ausdruck im Gesicht, als fühlte er sich nicht gut«, schreibt die Mutter.[3] Rudolf lernt später als seine Geschwister gehen und sprechen und zeigt bald ein »unstetes Wesen«. Beim Spielen mit den Schwestern und Altersgefährten fehlt es ihm an Ausdauer und Beständigkeit. Vor allem aber hat er die seltene Gabe, in jede Gefahrenquelle und Falle zu geraten.

Ditzen widmet den Unglücksfällen und Mißgeschicken seiner Kindheit in dem Erinnerungsbuch »Damals bei uns daheim« ein ganzes Kapitel, das den Titel »Pechvogel« trägt. Hierin ist ausschließlich von kleinem und großem Unheil die Rede, das immer wieder »bestimmend« in sein Leben eingriff und ihn später »trübe und mißvergnügt« werden läßt.

So gehört zum Beispiel zum »Schatz frühester Kindheitserinnerungen« ein Ereignis wie dieses: Der Junge steckt den Kopf durch die Stäbe des Treppengeländers, um den Vorübergehenden im Erdgeschoß auf den Kopf zu spucken. Natürlich ist es ausgerechnet der Vater, den der »Segen von oben« trifft, und natürlich bleibt Ditzen mit dem Kopf im Geländer stekken. Er kann – natürlich – erst vom Hauswirt und vom Vater befreit werden, nachdem Stäbe aus dem Treppengeländer herausgesägt wurden.

Ditzen erzählt dieses Erlebnis so anschaulich und ausführlich, daß niemandem Zweifel kommen würden an seiner Echtheit. Ja, er bekennt gar, daß ihn dieser Traum noch als Erwachsener quälte. »Ich erduldete dann schwere Angst, aber keine Macht kann mich befreien. Bis mich dann schließlich das Erwachen doch befreite.« Und trotzdem hat Rudolf dieses Erlebnis nicht selbst gehabt, sondern kennt es »nur« aus der Erzählung seines Vaters, dem das gleiche vierzig Jahre zuvor in Nienburg an der Weser widerfahren ist.

Der Junge ist phantasiebegabt und sensibel; eigenes Leid und Mißgeschick verbinden sich mit dem anderer Menschen und werden auf diesem Umweg doch wieder zu eigener Not. Aber selbst wenn sich später die Greifswalder Jahre in der Erinnerung zu einer einzigen »Kette von Unheil und Unglück« verdichten, bleiben neben erfundenen noch genügend wirkliche Zwischenfälle, und die Mutter spricht davon, daß er wenigstens dreimal nur mit Mühe dem »Allerschlimmsten« entging.

Wilhelm Ditzens Alltag am Landgericht Greifswald ist lang und anstrengend. Von 1894 bis 1898 berichtet die Lokalpresse[4] von zahlreichen Prozessen, an denen Ditzen als Vorsitzender oder Beisitzer mitgewirkt hat. Es sind das durchweg »kleine Fische«, die da in das engmaschige Netz der preußischen Justiz geraten sind: Betrüger, Meineidige, Landstreicher, Diebe. Hin und wieder ein Kindesmord oder eine Brandstiftung als Sensation der Kleinstadt.

Da kommt zum Beispiel die Arbeiterfrau K. aus Richtenberg wegen wissentlichen Meineids vor Gericht und wird von den Herren Geschworenen – dem Buchhändler Bamberg, Rittergutsbesitzer von Buggenhagen-Vorwerk, Regierungsassessor Hennig, Rentier von Kathen, Kaufmann Kosbahn, Hofbesitzer Michael, Konsul Neumann, Prof. Dr. Rehmke, Rittergutsbesitzer von Schwerin, und Kaufmann Siebe – zu einem Jahr Gefängnis verurteilt. Mitunter ziehen sich die Prozesse über Tage hin. Dann kommt der Landrichter selten pünktlich nach Hause. Er geht früh zum Dienst und kehrt oft erst nachts zurück. Das Essen wird ihm meist gesondert serviert. Er muß es wegen eines nervösen Magenleidens halb liegend einnehmen. Er lernt es bald, zwischen Dienstlichem und seinem Privatleben streng zu trennen.

Höhepunkte sind im Familienleben die Abende, an denen der Vater beginnt, von seiner Arbeit zu erzählen, den Kindern kleine »Fälle« zu lösen gibt und sie auffordert, das Strafmaß für den »Täter« festzulegen. Rudolf findet bald Gefallen an diesen Spielen, allerdings interessieren ihn weniger die juristischen Kniffe und Paragraphen als vielmehr die Geschichten der Menschen, die dahinterstehen. So hat sich Rudolf später in Berlin oft in das Arbeitszimmer des Vaters geschlichen und heimlich in den Akten und vertraulichen Gerichtsprotokollen gelesen: »Mit klopfendem Herzen las ich die Vernehmungsprotokolle des Untersuchungsrichters, eines nach dem anderen, in denen der Beschuldigte leugnet, Ausflüchte macht, seine Unschuld beteuert.«

An den langen Winterabenden setzen sich Mutter und Vater Ditzen an den Flügel. Sie spielen – vierhändig oder abwechselnd – Werke von Chopin, Brahms, Beethoven, Lieder von

Schumann und Schubert. Die Kinder werden aufgefordert, in das Musikzimmer zu kommen und aufmerksam zu lauschen, »wozu Musik fähig ist«.

Während die älteren Schwestern — scheinbares oder echtes — Interesse zeigen oder sich mit ihren Handarbeiten beschäftigen, ist Rudolf mit seinen Gedanken weit weg. Die Eltern bemerken eine unerklärliche Nervosität und Unrast an dem Jungen.

Erst wenn das Spiel beendet ist und der Vater mit dem Vorlesen aus alten Büchern beginnt, merkt auch Rudolf auf. Wilhelm Ditzen liest aus einem der im Hause zahlreich vorhandenen Märchenbücher, aus Brehms *»Tierleben«*, aber auch aus Büchern von Raabe, Fontane, Schiller und Stifter.

Das abendliche Vorlesen dauert bis gegen zehn Uhr. Danach sitzt der Vater bis tief in die Nacht über seinen Akten und Büchern. Aber auch Rudolf findet nach dieser Abendlektüre oft noch keinen Schlaf. Er liegt mit geschlossenen Augen im Bett, und noch einmal ziehen die gerade gehörten Geschichten an ihm vorüber. Er führt sie in Gedanken weiter und kann kaum ihre Fortsetzung am nächsten Abend erwarten. Wenn der Vater die nächste Lesestunde mit der obligatorischen Frage beginnt: »Wo waren wir gestern stehengeblieben?«, antwortet Rudolf prompt und mühelos: »Wir haben das Vogelparadies in der Theiss-Ebene kennengelernt« oder: »Hans Unwirrsch saß in dem Laden des Trödlers Samuel Freudenstein wie in einer Märchenhöhle . . .«

»Schon gut, mein kleiner Hans Unwirrsch«, antwortet der Vater dann wohl, streicht dem aufmerksamen Jungen mit der Hand über den Kopf und schlägt Raabes *»Hungerpastor«* auf.

Die Mädchen, die des Vaters Frage kaum hätten beantworten können, hänseln den Bruder heimlich wegen seines Übereifers. Rudolf schämt sich seiner Voreiligkeit, aber am nächsten Abend, wenn die Schwestern auf die Frage des Vaters mit der Schulter zucken oder umständlich zu raten beginnen, nennt er wiederum die Stelle, an der am Vortag das Lesen beendet wurde. Er kann es einfach nicht erwarten, mehr über jene seltsamen Menschen in Erfahrung zu bringen, die in Vaters Büchern leben.

Tagsüber, wenn die anderen auf Stelzen laufen oder Verstecken spielen, zieht sich Rudolf in seine »Burg« zurück, die er aus den Steinen eines abgetragenen Schornsteins zwischen Büschen im Garten hinter dem Haus errichtet hat. Diese Burg ist je nach Bedarf auch Robinsons Insel oder ein Schiff, das ihn in fremde Länder bringt. Kastanien und die Früchte der wilden Malve sind der Proviant für lange Kreuzfahrten dorthin, wo Hans Unwirrsch oder der Trödler Samuel leben ...

Zweimal zieht die Familie innerhalb der Stadt um: 1896 von der Steinstraße zum Karlsplatz am Bahnhof; drei Jahre später von dort in die ehemalige Büchstraße, die zu Ehren eines Bismarckbesuchs gerade den Namen des Reichskanzlers erhalten hat.

Trotz seiner großen Verehrung für den Kanzler haben Wilhelm Ditzen jedoch andere Gründe veranlaßt, die Wohnung zu wechseln und in die Bismarckstraße zu ziehen: Die Familie hat sich noch einmal vergrößert. Im Dezember 1896 wurde das vierte Kind, der Sohn Ulrich, geboren.

Obwohl Wilhelm Ditzen in den Greifswalder Jahren oft krank ist und darum pausieren muß, hat er sich gerade während dieser Amtszeit einen Namen als Jurist gemacht: Er gilt als pflichtbewußt und zuverlässig. Lebensführung und Auftreten entsprechen dem, was man von einem preußischen Beamten, der eine Karriere machen will, erwartet. So erhält Wilhelm Ditzen ab 1896 einige für ihn ehrenvolle Berufungen; auch eine Professur für Strafrecht an der heimischen Universität wird ihm angetragen. Sie liegt abseits von seinem vorgestellten Ziel und wird darum dankend ausgeschlagen.

Freilich fällt auch ein leichter Schatten auf die Greifswalder Jahre: 1898 wird Wilhelm Ditzen als Vorstandsmitglied eines Förderungsvereins für den Schulneubau selbst in einen Prozeß verwickelt. Vom Landgericht – seiner eigenen Behörde – wird er beschuldigt, ein 1850 erlassenes Gesetz verletzt und die Meldepflicht für den Verein unterlassen zu haben. Untersuchungen werden angestellt, eine Geldstrafe gegen Ditzen und die anderen Vorstandsmitglieder verhängt. Erst ein Appell beim Kammergericht Berlin führt zum Freispruch. Der Vorgang – so bedeutungslos er auch aus heutiger Sicht erscheinen mag – stellt zeitweilig die moralische Integrität des Richters Ditzen in Frage und mag den letzten Anstoß gegeben haben, daß er sich nach einem neuen Wirkungskreis umsieht. Im darauffolgenden Jahr nimmt er eine Berufung zum 14. Zivilsenat des Berliner Kammergerichts an.

Er bereitet sich gewissenhaft auf seine neue Tätigkeit in Berlin vor. Am 1. 1. 1900 soll das Bürgerliche Gesetzbuch in Kraft treten. Wilhelm Ditzen studiert den Entwurf, macht Exzerpte und Kommentare dazu und unterbreitet Ergänzungsvorschläge. Der neuernannte Kammergerichtsrat will den Umzug nach Berlin gründlich vorbereiten, zunächst allein reisen und in aller Ruhe nach einer geeigneten Wohnung suchen. Dann erst soll die Familie folgen.

Zwischen

Greifswald
und
Berlin

Noch bevor dic Familie in Berlin ist, wird Wilhelm Ditzens Loyalität auf eine harte Probe gestellt. Er soll – gegen seinen Willen – vom Zivilsenat in den Strafsenat versetzt werden. Er ist über diesen Eingriff in seine Pläne erschüttert, aber sein »Mund bleibt verschlossen«. Er bewirbt sich in aller Stille um eine andere Stellung, kommt dann aber zu der Erkenntnis, daß er in Berlin dem vorgestellten Ziel doch näher ist: »Mein Streben, Richter zu bleiben und als solcher an das Reichsgericht nach Leipzig zu kommen, war wieder übermächtig geworden.«

In der Luitpoldstraße 11 findet der zum Kammergerichtsrat Ernannte eine Wohnung in einem großen Mietshaus; im Oktober werden Frau Elisabeth und die Kinder nach Berlin übersiedeln.

2

Die Schuljahre in Berlin

Ostern 1901 wird Rudolf Ditzen – mit einem Jahr Verspätung – am Schöneberger Gymnasium in der Grunewaldstraße eingeschult. Dieses Prinz-Heinrich-Gymnasium war ein »sehr feines Gymnasium«, wo »in der Hauptsache die Söhne vom Offiziers- und Beamtenadel, auch von anderen reichen Leuten die Schulbank drückten«.

Schon die allererste Begegnung mit der Schule verläuft symptomatisch und könnte als Symbol für die ganze erfolglose Zeit Ditzens an dieser Lehranstalt gelten: Der Vater begleitet den Jungen auf seinem ersten Schulweg und führt ihn zum Rektor. Bereits die Tage vor diesem Ereignis waren angefüllt mit endlosen Ermahnungen und Ratschlägen für höfliches, lernwilliges Verhalten. Sie mögen den Widerspruchsgeist Rudolf Ditzens geweckt haben, denn als er schließlich dem Rektor gegenübersteht und ihn begrüßen soll, vergräbt er die Hände in den Hosentaschen und bleibt an der Tür stehen, bereit, das Zimmer zu verlassen und in das schützende Elternhaus zurückzukehren. Weder die sanften Ermahnungen des Vaters noch der drohende Blick des Schulvorstehers können seinen Eigensinn brechen. Der Vater sucht um Entschuldigung für das Verhalten des Sohnes nach; der Rektor entläßt Rudolf mit der finsteren Prophezeiung: »Dich werden wir schon zurechtkriegen!«

Als Rudolf am nächsten Morgen zum Unterricht kommt,

sieht er die neugierig-spöttischen Blicke der Mitschüler auf sich gerichtet. Er ist – nach Auftreten und Kleidung – ein Außenseiter am Prinz-Heinrich-Gymnasium, und er bleibt es auch fortan.

Die Anlässe für harmlose und bösartige Hänseleien sind vielfältig: Die sparsamen Eltern kleiden Rudolf sauber, aber spartanisch einfach und keinesfalls nach der neuesten Mode. In den Pausen scharen sich die Mitschüler um ihn, weisen mit den Fingern auf seine geflickte Hose und verspotten ihn als »Abgesandten der Flickenfamilie«. Vor diesen Hänseleien auf dem Schulhof fürchtet sich der Junge bald ebenso sehr wie vor den Unterrichtsstunden selbst. »Ich sehe mich noch stehen, blaß, kränklich, verzweifelt, in meinem Mauerwinkel. Die ganze Penne freute sich ihrer Freiviertelstunde, mir war sie eine Qual«, schreibt Ditzen 1942 in seinem ersten Erinnerungsbuch.[5]

Vergebens bittet Rudolf seine Eltern, den Stein des Anstoßes zu beseitigen und ihm eine neue Hose zu kaufen. Obwohl sich die Mutter in ihrer Schulzeit in einer ähnlichen Situation befand, als sie zum Spott ihrer Altersgefährten mit umgebundener Schürze zur Schule gehen mußte, zeigt sie wenig Verständnis für den Wunsch des Sohnes. Mit vier Kindern und dem Gehalt des Kammergerichtsrats kann sich die Familie in der Tat keine »unnötigen« Ausgaben erlauben.

Rudolf fühlt sich unverstanden, und die Spötteleien der anderen Schüler gehen endlos weiter. Ein anderer Anlaß ist Rudolfs lange Fransenfrisur, die längst aus der Mode gekommen ist, von den konservativen Eltern aber nach wie vor gefordert wird. Diese »Simpelfransen« üben eine geheime Anziehungskraft auf den Deutschlehrer aus: »Die ganze Unterrichtsstunde hindurch waren seine Finger nur damit beschäftigt, aus den Fransen Zöpfchen zu drehen, sehr feste, steif von der Stirn abstehende Zöpfchen. Das hatte wohl den nicht zu unterschätzenden Vorteil, daß Herr Gräber mich nie nach etwas fragte. Für die Deutschstunde war ich stets aufgabenfrei und bekam doch eine gute Zensur. Aber wenn Herr Gräber mich dann beim Schluß der Unterrichtsstunde aufforderte, mich zu erheben, und meinen Anblick der Klasse darbot, wenn dann die unausbleibliche Lachsalve losbrach, so hätte ich lieber eine Fünf statt dieser Heiterkeit hingenommen.«

Auch andere Lehrer machen Rudolf Ditzen zur Zielscheibe ihrer Launen und »pädagogischen« Maßnahmen. Der Klassenlehrer, ein Altphilologe, zeigt wenig Verständnis dafür, daß der Junge keine lateinischen Verben behält. Obwohl die Prügelstrafe an der Schule offiziell abgeschafft ist, klopft er mit dem harten Fingerknöchel gegen Rudolfs Kopf und wiederholt unablässig: »Denn wer da anklopfet, dem wird aufgetan.« Er stellt dem »Schwachköpfchen« – zur allgemeinen Erheiterung – schier unlösbare Aufgaben, und der Junge greift zu dem einzigen, ihm noch verbleibenden Ausweg: Er weint, schließlich sogar grundlos und sobald er von seinem Quälgeist auch nur angesprochen wird.

Rudolf Ditzen nennt in dem bereits erwähnten autobiographischen Buch eine ganze Kette weiterer Vorfälle, die sein ohnehin nicht stabiles seelisches Gleichgewicht schwer erschüttern und dazu führen, daß auch seine Lernleistungen unter dem Klassendurchschnitt liegen. Zweimal wird er nicht versetzt und muß eine ganze Klassenstufe wiederholen.

Bei den wenigen Gelegenheiten, da er überhaupt zu den Eltern von seinen Nöten in der Schule spricht, wird Rudolf mit leeren, nutzlosen Trostworten abgespeist. Wenn er von den Sticheleien der Schulkameraden erzählt, sagt die Mutter etwa: »Das sind so Jungenwitze. In einer Woche haben sie es über, dann kommt wieder etwas Neues. Und du bist auch viel zu empfindlich, Junge, du verstehst wirklich schlecht Spaß. Es ist ganz gut, wenn du dich mal an so etwas gewöhnst.«

Aber Rudolf gewöhnt sich vielmehr an den Gedanken, daß er von außen keine Hilfe erhalten kann, daß er mit allen seinen kleinen und großen Sorgen allein fertig werden muß. Die Schule wird ihm zu einem Alptraum, der ihn auch nachts verfolgt. Er nutzt jede Gelegenheit, einen Schultag auszulassen. Da er oft krank ist, geschieht das häufig; und will sich gar keine Krankheit zeigen, so hilft Rudolf wohl auch ein wenig mit einem Schluck aus der Essigflasche nach, der seinem Gesicht eine so beängstigend blasse Farbe verleiht, daß die Mutter ihn ins Bett steckt.

In diesen einsamen Stunden erschließt sich Rudolf den Zugang zu einer anderen Welt: der Welt der Bücher. Nach den gemeinsamen Leseabenden in Greifswald hatte er oft die älteren Schwestern beneidet und den sehnlichen Wunsch gehabt, endlich auch selber lesen zu können, nicht mehr auf die vom Vater zugeteilten Leserationen angewiesen zu sein. Wieviel mehr stand noch in den Büchern, was der Vater ausgelassen und überblättert hatte! Und wie viele Bücher hatte er noch in den Schränken seines Arbeitszimmers stehen! Dort mußten wahre Schätze verborgen sein.

Lesen konnte er nun, und er übt sich in dieser Fähigkeit reichlich und mit großer Ausdauer. »Da lag ich dann Stunden und Tage und las und las. Ich wurde nicht müde, meinen Marryat und meinen Gerstäcker und den heimlich geliehenen Karl May zu lesen. Je untragbarer mir mein Alltagsleben erschien, um so dringlicher suchte ich Zuflucht bei den Helden meiner Abenteuerbücher. Mit ihnen fuhr ich zur See, bestand die schwersten Stürme, auf einer Rahe beim Segelreffen schaukelnd (ich wäre beim leisesten Windstoß hinuntergeflogen!), schwamm zu einer wüsten Insel (ich konnte nicht schwimmen) und führte dort ein Robinsondasein, ferne allen geflickten Hosen, gedrehten Zöpfchen und Heulerchen im Latein«, schreibt Ditzen im *»Damals bei uns daheim«*.

Die Eltern beobachten diese Neigung des Sohnes, soweit sie sie überhaupt bemerken, mit Sorge. Der Mutter macht vor allem der labile Gesundheitszustand des Jungen Kummer; der Vater sucht – meist vergeblich – dem Jungen den Lesestoff zuzuteilen und dadurch den Zusammenhalt mit den Altersgenossen zu fördern. Rudolf findet in dem schier unübersehbaren Büchervorrat des Vaters immer neue Abenteuer, die ihn weitaus mehr fesseln als die Suche nach eigenen Erlebnissen.

In dem gegen Ende seines Lebens entstandenen Aufsatz *»Wie ich Schriftsteller wurde«* erzählt Ditzen über diese Berliner und die folgenden Leipziger Jahre: »Mein Vater besaß aus früheren Zeiten noch eine sehr reichliche Auswahl von Reclambändchen, die er der Ordnung halber in großen Kartons verwahrte und deren Fehlen er darum nicht merkte. Aus diesen Kartons stillte ich nun meinen Lesehunger, und den guten Papa wäre wohl ein Grausen angekommen, wenn er gesehen hätte, was der gute Junge da alles las.« Diese Lesegier trug dazu bei, stellt Ditzen fest, daß er »vor der wirklichen Welt die Welt der Bücher kennengelernt« hat und – ehe er noch etwas vom Leben wußte – schon recht genau das »erdichtete Leben erdichteter Gestalten« kannte.

Nur selten ändert sich in den Berliner Jahren etwas an dieser Reihenfolge, zum Beispiel dann, wenn Rudolf mit seinem einzigen Freund Hans durch das neueröffnete Kaufhaus am Potsdamer Platz streift und das pulsierende Leben der Hauptstadt auffängt. Zum ersten Mal begegnet er nun Gestalten, von denen er bislang nur aus den Büchern Dickens', Raabes oder Balzacs gehört hatte: kauzigen Marktschreiern, Bettlern, Straßendirnen, Ladendieben, Polizisten, Droschkenkutschern.

Am Fischerkietz und im verrufenen Scheunenviertel stehen die beiden Jungen tausend Ängste aus, wenn sie – von vertrauten Wegen und Straßen abgedrängt – immer weiter in unbekannte Gegenden vorstoßen und von bettelnden Kinderhorden gejagt oder von mißtrauischen Schupos beobachtet werden. Aber eine unerklärliche, prickelnde Neugier auf dieses so gänzlich unbekannte Leben und Treiben läßt vor allem den Juristensohn Ort und Stunde vergessen.

Wenn sich Rudolf und Hans schließlich auf die Rückkehr besinnen, ist es meist schon spät, und sie empfangen zu Hause Schelte, Hans auch Prügel. Vor dem Einschlafen ziehen die aufgefangenen Eindrücke des Tages noch einmal an Rudolf vorüber; sie mischen sich mit trüben Gedanken an den nächsten Schultag und die unerledigten Hausaufgaben. Ein starkes Fernweh erfaßt den Jungen. Er möchte alles – Aufgaben, Schule, Eltern – hinter sich lassen. »Von diesen Träumen war es nur ein Schritt bis zu dem erst spielerischen Gedanken, all diesem Elend hier zu entfliehen, wirklich ein Schiffsjunge zu werden und wirklich Schiffbruch und Landung auf einer Insel zu erleben«, erinnert sich Ditzen. »Je öfter ich daran dachte, um so leichter erschien mir die Ausführung.«

Rudolf spricht mit seinem Freund Hans darüber, und auch dieser »war es müde, länger dieses ungerechte Dasein zu ertragen«. Die beiden Jungen beschließen, nach Hamburg zu fliehen und sich dort auf einem Schiff anheuern zu lassen. Ditzen »borgt« das erforderliche Geld für Proviant und Reise aus der Wirtschaftskasse des Vaters. Er ist überzeugt, es von seiner ersten Heuer, seinen Einnahmen als Farmer oder Plantagenbesitzer zurückzahlen zu können. Der Zeitpunkt der heimlichen Abreise wird bestimmt, die Flucht am nächsten Morgen vorbereitet.

Da wird der Diebstahl entdeckt, und der Plan scheitert, bevor noch die Jungen Berlin verlassen haben.

Wilhelm Ditzen ist über den Diebstahl an seinem Eigentum erschüttert, die Mutter besonders durch den Mangel an Vertrauen verletzt. Immerhin bringt es Rudolf in dem sich anschließenden Verhör fertig, endlich einige Andeutungen über die Verhältnisse am Gymnasium und seine Stellung in der Klasse zu machen, die den Gerechtigkeitssinn des Vaters wachrufen. Wilhelm Ditzen sucht den Klassenlehrer seines Sohnes auf, um den Wahrheitsgehalt des Gehörten zu prüfen. Der Lateinlehrer, eben jener, welcher dem »Schwachköpfchen« durch Anklopfen auf die Sprünge zu helfen suchte, hört den Bericht über den Ausreißversuch mit Genugtuung an und unterbreitet dem entsetzten Vater die Ansicht, bei Rudolf sei wohl ein »leichter Schwachsinn« zu vermuten: »Ich muß Ihnen empfehlen, mein sehr verehrter Herr Kammergerichtsrat, Ihren Sohn sofort vom Gymnasium abzumelden. Schon damit er einem consilium abeundi entgeht, denn ich fühle mich verpflichtet, das mir von Ihnen Mitgeteilte dem Lehrerkollegium zu unterbreiten. Für eine weitere Bildung Ihres Sohnes halte ich nun freilich eine Volksschule für das höchst Erreichbare, vielleicht wäre noch richtiger eine Anstalt für geistig zurückgebliebene Kinder.«

Der Vater – so sehr er selbst dem Sohn auch zürnt – ist empört über die anmaßende Empfehlung des Lehrers. Noch am selben Tag nimmt Wilhelm Ditzen seinen Sohn vom Schöneberger Gymnasium und meldet ihn beim Bismarck-Gymnasium in Berlin-Wilmersdorf an.

Diese Lehranstalt stellt bescheidenere Ansprüche; die Schüler sind weniger exklusiv, die Lehrer toleranter. Rudolf gehört schon bei der nächsten Versetzung zu den sechs besten Schülern seiner Klasse.

Trotz dieser nachträglichen »Rechtfertigung« des Ausreißversuchs und der deutlich besseren Lernleistungen bleibt die entstandene Kluft zwischen Rudolf und seinen Eltern. Der Vater vergißt nicht den groben Vertrauensbruch und verfolgt jeden der Schritte seines Sohnes argwöhnisch. Und Rudolf hat außerdem seinen einzigen Freund verloren, dem er die eigentliche Schuld am Scheitern des großartigen Plans zumißt.

Im Jahre 1908 geht der Lebenstraum Wilhelm Ditzens in Erfüllung. Er wird als Richter an die höchste juristische Instanz Deutschlands, an das Reichsgericht nach Leipzig, berufen. »Damit hatte ich mein Ziel erreicht«, stellt er in seinen Erinnerungen mit Befriedigung fest. »Etwa jetzt noch eine Stufe höher zu steigen, war ausgeschlossen und konnte mir nicht in den Sinn kommen. Schon mein Lebensalter stand dagegen, daß ich hier in Leipzig etwa Senatspräsident wurde.«

Auf dieses Ziel ist der nunmehr 57jährige Wilhelm Ditzen seit seiner Jugend mit Beharrlichkeit und Energie zugegangen, ohne Umwege, ohne die Protektion vermögender Eltern.

Rudolf hat diese Zielstrebigkeit seines Vaters wohl bemerkt, ihn jedoch nicht darum beneidet, wie man in *»Damals bei uns daheim«* nachlesen kann: »Unbegreiflich erschien mir bei einem so schwachen, von Krankheit ständig bedrohten Manne solches Festhalten an einem Jugendplan. Durch fast vierzig Jahre ein einziges, allerdings im Möglichen gestecktes Ziel zu verfolgen, kam mir nicht nur unmöglich, sondern auch geradezu langweilig vor. Ich war immer auf der Suche nach etwas Neuem.«

Tatsächlich hat Wilhelm Ditzen an sich ähnliche Charakterschwächen auch bemerkt, aber die Selbstanalyse führt ihn zu ganz anderen Schlüssen als den Sohn: Er erzog sich zur Härte und Selbstdisziplin, ordnete alles dem vorgesetzten Ziel unter: »Denn ich glaubte mich gut genug zu kennen, um zu wissen, daß ich im Grunde zu Weichheit und Unentschlossenheit neige.« Wilhelm Ditzen hat, um an sein Ziel zu gelangen, die zermürbende Tätigkeit als Amts- und Landrichter auf sich genommen; er hat seine Gesundheit nicht geschont und kräftezehrende Dienstreisen im Interesse seiner Karriere durchgeführt. Um eine tadellose Handschrift zu erzielen, die bei der Berufung an das Reichsgericht offenbar erwartet wurde, hat er monatelang vorher unzählige Schönschreib-Übungen absolviert. In den letzten Berliner Monaten türmen sich in seinem Arbeitszimmer die Schreibkladden und Vorlagen zu hohen Stapeln. Sie werden von der Mutter genutzt, den Kindern Anschauungsunterricht in Beharrlichkeit, Fleiß und Ausdauer zu erteilen.

Es ist also nicht verwunderlich, daß der frischgebackene Reichsgerichtsrat der bevorstehenden Übersiedlung der Familie nach Leipzig mit Freude und großen Erwartungen entgegensieht. Er weiß, daß er hier seinen Lebensabend verbringen wird. Die ältesten Kinder werden bald das Haus verlassen und eigene Familien gründen. Die 19jährige Margarete soll in einer renommierten Schweizer Pension in der Nähe von Lausanne Sprachen und Landwirtschaft erlernen; die älteste Tochter Elisabeth wird in Leipzig Physik studieren. Da sie bereits einen Freund hat, verfolgt sie eigene Pläne und wird von dem neuerlichen Wohnungswechsel der Eltern kaum überrascht. Auch die Mutter verabschiedet sich gern von Berlin. Sie hat sich unter den lauten, selbstbewußten Menschen dieser Stadt nie recht wohl gefühlt. »So ging ich frohen Herzens dem neuen Leben entgegen, fest entschlossen, mich gut in Leipzig einzuleben«, schreibt Elisabeth Ditzen.

Wilhelm Ditzen sieht es als ein gutes Omen für seine Tätigkeit am Reichsgericht an, daß just zum Zeitpunkt seiner Berufung der ehemalige Schulfreund Theobald Bethmann Hollweg ebenfalls seinen größten beruflichen Erfolg hat und deutscher Reichskanzler wird. Wilhelm Ditzen beglückwünscht den Freund zu seiner Wahl und versichert bei dieser Gelegenheit, auch auf seinem Platz das Nötige »zum allgemeinen Wohl« tun zu wollen.[6]

Zwischen

Berlin und Leipzig

Am 21. März 1909, kurz vor der Übersiedlung der Familie nach Leipzig, wird Rudolf Ditzen noch rasch von dem Militärpfarrer Goens im Berliner Dom konfirmiert. Am mittlerweile Sechzehnjährigen lassen die Eltern diese Pflicht um des lieben Friedens in der Verwandtschaft willen nachholen, obwohl sie sich seit langem von jeder Art Religionsausübung getrennt haben.

Ab Ostern 1909 soll Rudolf – vorausgesetzt, er besteht die Aufnahmeprüfung – am Königin-Carola-Gymnasium in Leipzig weiterlernen.

Auf den 25. März ist der Umzug festgesetzt. Wilhelm Ditzen hat in der Schenkendorfstraße, in der Nähe des Bayrischen Bahnhofs, eine Etage mit acht Zimmern in einem Mehrfamilienhaus gemietet. Diese Wohnung soll für die nächsten Jahre das Domizil der Familie und des Gymnasiasten Rudolf Ditzen werden.

3

Das Gymnasium in Leipzig

»Da bin zum Beispiel ich«, beginnt Rudolf Ditzen in seinem Erinnerungsbuch den Leipziger Lebensabschnitt und berichtet von den mannigfaltigen Schwierigkeiten, denen er sich – im Unterschied zu den anderen Familienmitgliedern – durch die Übersiedlung gegenübersah. Um schon zu Ostern in die Sekunda des Carola-Gymnasiums aufgenommen werden zu können, wie es der Vater wünscht, muß er sich einer Prüfung unterziehen. Damit sie nicht zu einem skandalösen Debakel wird, hat Wilhelm Ditzen seinem Sohn in den letzten Berliner Monaten Privatunterricht erteilen lassen. Dennoch sieht Rudolf, auch auf diesem schweren Gang von seinem Vater begleitet, der Prüfung mit geringen Erwartungen entgegen.

Aber irgendwie schafft er es. Sei es, daß ihm der Rat des Privatlehrers, Wissenslücken einzugestehen und nicht zu »faseln«, geholfen hat, oder sei es, daß der Prüfungskommission die Position Wilhelm Ditzens imponierte – jedenfalls wird Rudolf ab Ostern die Sekunda besuchen.

Niemand ist über diesen Erfolg mehr erfreut als der Vater. Durch die in Berlin und Leipzig unterschiedlichen Einschulungstermine gewinnt der Sohn ein halbes Jahr. Das bedeutet sechs Monate eher zur Universität, rechnet Wilhelm Ditzen, sechs Monate früher ins Berufsleben, ein halbes Jahr Sorgen und Ängste weniger ...

Die Freude des Vaters ist groß. Er stellt dem Sohn einen

Wunsch frei, und der bringt den sonst so sparsamen Vater dazu, ihm seinen Lieblingswunsch zu erfüllen: Er kauft ein nagelneues Fahrrad der Marke Brennabor, mit Torpedo-Freilauf und Rücktritt, ein Rad mit viel Chrom für viel Geld.

Mit diesem Rad macht sich Rudolf Ditzen am nächsten Morgen, dem 17. April, ohne Wissen der Eltern auf den Weg zu seinem Onkel, der in der Vorstadt ein kleines Häuschen besitzt. Er hat aber wenig Zeit für den Neffen. Sie rauchen eine Zigarette zusammen – die erste in Rudolfs Leben –, dann radelt der Junge wieder in die Stadt zurück. Diesmal meidet er die langweiligen Parkwege und fährt durch die Vorstadtstraßen: »Die Straßen sind hier fast leer, es sind glatte Asphaltstraßen. Unwillkürlich beginne ich rascher und rascher zu treten, ich fliege nur so dahin! Der Rausch der Schnelligkeit, die Freude über das schöne flinke Rad bezaubern mich immer mehr, in kurzem Bogen, ganz schräg liegend, sause ich um die Ecke und sehe direkt vor mir einen Fleischerwagen, dessen beide Braune auf mich zu galoppieren.« Der schwere Lieferwagen rollt mit zwei Rädern über Rudolfs Leib, er bekommt einen Hufschlag ins Gesicht und verliert das Bewußtsein. Die Folgen des Unfalls sind Gesichtswunden, Quetschungen und innere Verletzungen, ein gebrochener Fuß, eine schwere Gehirnerschütterung.

Rudolf liegt neun Wochen im Krankenhaus; erst nach fünf Monaten kann er die Schule wieder besuchen – die Obertertia nun. »Zurückgeblieben aber waren bei ihm Schwindelanfälle, starke Kopfschmerzen, auch hatte er einen auffallend starren Blick bekommen«, bemerkt die Mutter.

Die moralischen Folgen des Unglücks wiegen nicht minder schwer: Hat der Vater nicht recht, wenn er ihn stets den »geschundenen Raubritter« nennt? Rufen ihn nicht auch die Mitschüler nur den »ewigen Pechvogel«? Welcher Sinn besteht eigentlich darin, sich anzustrengen und durch Lernen hervorzutun? Hatte er sich nicht besonders gründlich auf die Leipziger Prüfung vorbereitet? Statt ein halbes Jahr zu gewinnen, ist nun ein ganzes verloren. »Alles wurde dadurch anders. Ich bekam andere Freunde, andere Lehrer. Mein lange hinkendes Bein schloß mich nicht nur von aller körperlicher Betätigung, sondern auch von der Tanzstunde aus. So habe ich nie tanzen gelernt. Ich denke manchmal, mein ganzes Leben wäre anders verlaufen, wenn ich hätte tanzen können. So geriet ich immer mehr in die Isolierung, ich hatte so vieles nicht mit den anderen gemeinsam.«

Im Juli 1910 versucht Rudolf Ditzen noch einmal, Anschluß an seine unternehmungslustigen Altersgefährten zu finden. Er schließt sich der Wandervogelbewegung an, die sich in Deutschland gerade herauszubilden beginnt. Mit Ausflügen in die Natur, Musik und Tanz im Freien und sportlicher Betätigung suchen die »Wandervögel« dem Großstadtleben und den gesellschaftlichen Problemen zu entfliehen. Der Beitritt Rudolf Ditzens zu dieser Organisation gleicht einem selbstmörderischen Versuch, der aufgezwungenen Isolation zu entrinnen.

Der Vater stimmt nach längerem Bedenken zu: Der Sohn darf im August an einer Holland-Fahrt der »Wandervögel« teilnehmen. Er ist einer der jüngsten Fahrtteilnehmer. Rudolf imponiert das unkonventionelle Auftreten der jungen Leute. Er bewundert die reibungslose Organisation der Reise, die hierarchische Unterordnung unter den »Führer«. Nicht lange allerdings. Dann nämlich muß er – wie die anderen auch – erkennen, daß der Finanzplan des Anführers eine komplette Fehlrechnung ist und sie ohne einen Pfennig in dem fremden Land dastehen. Nur durch Singen und Musizieren verdienen sich die Jungen das Geld für Lebensunterhalt und Rückreise. Die Idee stammt von Ditzen, aber das ändert seine Stellung in der Gruppe nicht. Er bleibt der geduldete, mitunter sogar lästige Nachzügler, der auf seinen langen Beinen der Gruppe hinterherhinkt.

In seinem Roman *»Wir hatten mal ein Kind«* beschreibt Rudolf Ditzen später seine Rolle bei den musikalischen Auftritten schonungslos selbstironisch: »Die Wandervögel hatten Gitarren und Mandolinen mit, und wenn sie in einen Ort kamen, so stellten sie sich auf den Marktplatz, ließen ihre Klampfen loszittern und sangen dazu alte deutsche Volkslieder. Sie hatten unter sich einen Gymnasiasten, ein langes, wadenloses Tier, ungeschickt, mit einer Brille, das weder ein Instrument spielen, noch eine Melodie mitbrummen konnte, das aber einen herrlichen grünen Filzhut mit einer langen Fasanenfeder hatte. Wenn dann die Holländer, erfreut über diese schöne Abendmusik, klatschten, tauchte das musikalische Untier aus dem Hintergrund auf, zog seinen Hut und sah, während die anderen weitersangen und spielten, das Publikum mit seinen großen, traurigen, bebrillten Eulenaugen und seiner großen, bleichen Nase so kläglich an, daß ganz von selbst nicht nur Fünf- und Zehn-Cent-Stücke, sondern auch Gulden in den Hut fielen.«

Gegen Ende der Fahrt kommt es durch Ditzens Schuld zu einem neuen Mißgeschick: Beim Kochdienst für die Gruppe stürzt ihm der Kessel mit der Bohnensuppe um. Rudolf sammelt die Bohnen aus dem Sand und streckt die Suppe mit salzigem, ungenießbarem Meerwasser. Um den bitteren Geschmack zu neutralisieren, schüttet er allen Zucker, den die Jungen in ihren Rucksäcken mit sich führen, in die Suppe.

Als die hungrige Horde vom Baden zurückkehrt und von der Suppe gekostet hat, rächt sie sich mitleidlos an Ditzen für das verdorbene Mittagessen. Die Jungen ziehen Rudolf ins Wasser und tauchen ihn so lange unter, bis er kaum noch bei Besinnung ist. In seiner Todesangst schlägt er verzweifelt um sich, stachelt die Wut der anderen dadurch noch mehr an. Er schluckt schmutziges Meerwasser. Endlich geben sie ihn frei. Noch auf der Heimfahrt erkrankt er an Typhus abdominalis. Für vier Wochen muß er wieder ins Krankenhaus. Zum wievielten Male?

Die Wandervogel-Fahrt wäre freilich auch dann nicht ohne Folgen für die psychische Entwicklung Ditzens geblieben, wenn es nicht zu dieser Erkrankung gekommen wäre. Der Versuch, sich anzupassen und einzufügen, wie die anderen unbeschwert das Leben zu genießen, ist er endgültig fehlgeschlagen? Sie, die Gesunden und Starken, wollen ihn nicht. Dieser linkische, schwächliche Junge ist ihnen überall im Wege mit seiner Ungeschicklichkeit. Das Pech klebt an ihm wie an der faulen Marie. Es ist, als ob sie gesagt hätten: Geh weg, wir brauchen dich nicht! Warum hassen sie ihn?

Noch dreißig Jahre später redet sich Ditzen ein, daß es eben einen Urhaß zwischen den Menschen gebe, den man nur mit Haß erwidern könne. »Ich habe mein ganzes Leben hindurch solche Menschen getroffen, die mich instinktiv haßten, oft noch ehe sie mich überhaupt kannten. Es ist die alte Geschichte von dem Urhaß, der zwischen dem eigenen und dem anderen Samen eingesetzt ist. Ich habe ihnen diesen Haß aber immer redlich zurückgezahlt«, schreibt er in *»Damals bei uns daheim«*.

Ditzen bleibt den »Wandervögeln« fern, wie er künftig allen Vereinen, Gliederungen und Organisationen jeder Art möglichst auszuweichen sucht.

Die erneute Krankheit läßt den Jungen schwermütiger, noch unbeständiger und unberechenbarer in seinen Reaktionen werden. Die Streiche, die er anderen spielt, verlieren ihre Harmlosigkeit, sie sind listiger, verschlagener, berechnender. »Das Unglück hatte alles getan, mich trübe und mißvergnügt zu machen, meinen Anstrengungen den Mut zu nehmen und in mir einen gewissen Fatalismus zu erzeugen, der auch das Widrigste mit der Apathie eines abgetriebenen Packesels hinnahm.« Zugleich beginnt sein Rückzug in die Welt der Träume, der Phantasie, der Bücher.

Die Leseleidenschaft ist das Steckenpferd der ganzen Familie. Es gibt keinen Ort in der großen Wohnung, die Toilette eingeschlossen, wo nicht offen oder heimlich gelesen wird. Kein Buch ist vor den Kindern sicher. Da Rudolf, seit ihm der Vater die Lektüre von Karl-May-Büchern kategorisch untersagt hat,* an dessen literarischem Geschmack stark zweifelt, macht er sich auf eigene Faust über des Vaters Bücherschätze her. Er trifft selber die Auswahl oder – besser gesagt – liest wahllos, was ihm in die Hände gerät. Für den sensiblen, geistig frühreifen Jungen wird die Lektüre zu einer Entdeckungsreise ohne Ende: »Welch eine ungeahnte Welt eröffnet sich mir da! Ich hatte nie gedacht, daß Romane so sein könnten! Stücke aus dem Leben nämlich, wirkliches Leben, das sich jeden Augenblick auf dieser Erde abspielen konnte.«

Es sind nicht mehr die Abenteuer- und Indianerbücher, die unwirklichen Sagen und Märchen vom Bücherbrett des Kinderzimmers in der Berliner Luitpold-Straße. Rudolf Ditzen entdeckt Zola, Flaubert, Daudet, Dickens, Maupassant und Dostojewskij, »Dumas und Scott, Sterne und Petöfy, Manzoni und Lie, die ganze Weltliteratur kunterbunt durcheinander und in keiner Weise ausgewählt und gereinigt«. Er folgt dem Weg David Copperfields, Raskolnikows und Vater Goriots; die drei Musketiere, die Brüder Karamasow, Gervaise und viele andere werden seine neuen Freunde und künftigen Gefährten. Aber auch skurrile Gestalten wie Veitel Itzig aus

* 1932 kauft Ditzen von seinem ersten größeren Honorar die 65bändige Ausgabe der Karl-May-Bände. Er liest sie mehrere Male, sie hat noch im Bücherschrank in Carwitz ihren Ehrenplatz erhalten.

Gustav Freytags Buch *»Soll und Haben«* erregen ihn, prägen sich ein. Die nachhaltigste Wirkung übt, wie schon bei der Mutter, Robinson Crusoe aus, der Herr über die einsame Insel. Crusoe wird zum eigentlichen Helden von Ditzens Kindheit, Vorbild für viele Lebenssituationen: Wie Robinson umsichtig sein Reich aufbaut, wie er es vor fremdem Zugriff schützt und sich unabhängig macht – solches Verhalten und Handeln regt die Phantasie des Knaben immer von neuem an.

Die Erkenntnis, daß sich ihm in all diesen Büchern mögliches Leben, eine zweite »wirkliche« Welt auftut, läßt ihn die kleinen und die scheinbar großen Kümmernisse seiner Jugend besser ertragen. Er verwindet Niederlagen und Demütigungen in der Schule, hört über die Ermahnungen des Vaters hinweg. Er sehnt die Stunden des Tages herbei, da er sich in sein Zimmer einschließen und seine literarischen Freunde herbeirufen kann. Hier fühlt er sich sicher und geborgen. Hier hat alles seinen Sinn, eine höhere Ordnung, die sich nach dem Willen ihrer Meister zu immer neuen Bildern zusammenfügt.

Der Junge beginnt, aufmerksamer in sich hineinzuhorchen, er beobachtet auch die anderen kritischer. Er vergleicht die Eltern, die Lehrer und Freunde mit den Gestalten seiner Lieblingsbücher, mißt sie an ihnen. Und fast immer schneiden die Mitschüler und die Erwachsenen schlechter ab.

Wie der Held seines ersten Buches, Kai Goedeschal, gewöhnt sich Rudolf daran, seine Gedanken- und Gefühlswelt ganz für sich allein zu haben, jedem den Zutritt zu dieser Insel zu verwehren: »Nein, nicht nach außen durften die Gedanken treiben. In ihm, tief drinnen mußten sie wachsen wie Blumen. Man durfte das keimende Samenkorn nicht beachten. Wolken mußten darüber hinwandern, Sonne scheinen, eines Tages aufblühend, war es vielleicht stark genug, das Äußere zu ertragen.«

Den Eltern fällt es schwer zu verstehen, was in dem heranwachsenden Jungen vor sich geht. Sie sind in der Welt ihrer eigenen Grundsätze, Normen und Anschauungen zu sehr befangen.

Zu diesen Eckpfeilern der elterlichen Moral gehört, daß sie mit ihren Kindern nie über sexuelle Probleme sprechen. Die Aufklärung der Söhne wird vom Vater kategorisch abgelehnt. »Nun noch ein Wort über die sogenannte sexuelle Aufklärung«, schreibt Wilhelm Ditzen im Tone einer nachträglichen Rechtfertigung 1925. »Sie gilt jetzt als Allheilmittel gegen Gefahren, die wir Leute von der älteren Generation zwar als vorhanden anerkannten, denen wir aber nicht abzuhelfen wußten. Wir pflegten zu sagen: Man muß seinem guten Stern vertrauen; der junge Mensch hat sich eben durchzukämpfen. Und die meisten Menschen kämpften sich auch durch, wenn auch einige, oder viele, mit mehr oder weniger schweren Wunden, so daß einer oder der andere auf der Strecke liegenblieb ... Und dann: der junge Mensch, der schon wissend ist, braucht nicht aufgeklärt zu werden; bei ihm ist das Mittel mindestens überflüssig. Ist er aber nicht wissend, dann ist nicht ausgeschlossen, daß das Mittel nicht nur aufklärt, sondern daneben auch aufreizt.«

Und die Mutter, im Umkreis kirchlicher Vorstellungen aufgewachsen und erzogen, hat in der Ehe mit Wilhelm Ditzen ihre Religiosität durch eine weltliche Prüderie ersetzt. Wie auf den meisten anderen Gebieten, folgt sie auch hier den Ansichten des Mannes und leistet sich keine eigene Meinung.

Rudolf Ditzen erkennt mit Schrecken, daß er sich gegenüber dem anderen Geschlecht nicht unbekümmert und natürlich verhalten kann. Nun wirken auch die erotischen Sätze und Szenen aus den Büchern Zolas und Maupassants nach. Sie verlieren ihre Harmlosigkeit, verschärfen den Konflikt des Jungen: Warum verhält er sich nicht wie die anderen? Was ist mit ihm? Warum kann er nicht, wie sein Freund Willi Burlage, in die Tanzstunde gehen, Mädchen kennenlernen, mit ihnen scherzen und harmlose Spiele machen? Was nutzt es, nachträglich festzustellen, daß seine Ängste eingebildet, seine Alpträume in der physischen Entwicklung begründet oder durch die lange Krankheit bedingt sind? Er trägt sie mit sich herum, ohne darüber zu reden. Keiner kann ihm helfen.

Rudolf Ditzen lebt von nun an mehr und mehr in zwei verschiedenen Welten, qualvoll, bedrückt: Da ist die Welt draußen, in der alle auf ihn einreden, ihm Entscheidungen abverlangen und sein Verhalten kontrollieren. Und da ist die einsame Insel, angefüllt mit »möglichem« Leben; eine Welt voller Freiheit und Schönheit, eingerichtet nach eigenen Plänen und Vorstellungen. Wo ist die Brücke zwischen dieser und jener Welt? Gibt es überhaupt eine? Woran soll man glauben?[7]

Rudolf Ditzen sucht nach dem Sinn seines Lebens, nach einem Weg für sich. Aber er bringt für diese Suche weder Ausdauer noch die erforderliche Ruhe auf. Bietet der Ausweg sich nicht gewissermaßen von selbst an, so schafft er seinem Drängen einen spontanen Weg.

Zeitweilig haßt er seinen Körper wegen der darin schwelenden Leidenschaften. Dann wieder schleicht er nachts heimlich in die Vorhalle und beobachtet seinen nackten Leib in dem großen Stehspiegel. Von dieser Selbstbeobachtung bis zur Selbstbefriedigung ist nur ein kleiner Schritt.

Rudolf empfindet seine erotischen und sexuellen Wünsche zunehmend selbst als anormal und unmoralisch. Er sucht diesen Zustand zu überwinden, indem er andere auf sich aufmerksam macht. Wieder stehen ihm dabei seine literarischen Freunde mit Rat und Tat zur Seite. Von ihnen sieht er einen »klassischen Lösungsversuch« ab: den anonymen Brief. Er schreibt an die Eltern eines Mädchens in der Nachbarschaft, das er kaum kennt, das ihn aber wegen ihrer vornehmen Zurückhaltung nachts in seinen Träumen beschäftigt: »In den Anlagen der Promenade zwischen fünf und sechs Uhr werden Sie den Schüler Ditzen mit Ihrer Tochter Unzucht treiben sehen. Ein Freund des Hauses, der wacht.«

Für einen Moment wird er unsicher. Der Vater des Mädchens ist ein Kollege von Wilhelm Ditzen. Aber er schickt den Brief ab; die Bombe ist gelegt.

Er geht mit den anderen zur Schule, als wäre nichts geschehen. Er hört gleichgültig auf die Worte der Freunde und der Lehrer, kehrt ins Elternhaus zurück und wartet auf die Antwort des Schicksals, das er herausgefordert hat. Als nach dem zweiten Tag immer noch Ruhe herrscht, schreibt Rudolf einen zweiten Brief gleichen Inhalts, dann einen dritten, einen vierten ...

Eines Morgens auf dem Schulweg trifft er unvermittelt auf Elise, das Mädchen, an das die Briefe gerichtet sind. Als sie ihn erblickt, errötet sie tief, macht einen weiten Bogen um ihn und entfernt sich rasch. Da weiß Rudolf, daß seine Bombe gezündet hat.

Weil er in den Briefen offen seinen Namen genannt hat, rechnet Ditzen kaum damit, selbst in den Kreis der Verdächtigen zu geraten. Wie hat der Vater in solchen Fällen gesagt: Wenn du einen Übeltäter fassen willst, frage zuerst: Cui bono? Wem nützt eine solche Tat? Aber Ditzens Rechnung, wenn es überhaupt eine ist, geht nicht auf. Es können nur wenige Personen Schreiber der Briefe sein; Elise ist ein stilles, zurückhaltendes Mädchen, das nur selten Besuch erhält und kaum Freunde hat. Einer von ihnen muß der Schreiber sein. Man vergleicht Handschriftproben und kommt der Sache rasch auf den Grund. Reichsgerichtsrat Ditzen und Elises Vater konferieren lange miteinander. Rudolfs Mutter wird hinzugezogen, der Hausarzt Dr. Eggebrecht konsultiert. Der läßt den Jungen in seine Sprechstunde kommen, spricht lange und gründlich mit ihm, und Rudolf überwindet seine Verstocktheit. Gegenüber Dr. Eggebrecht erklärt Ditzen, er habe sich verliebt und im Verlaufe der Bekanntschaft den »unwiderstehlichen Drang« in sich gefühlt, das Mädchen, das er liebt, zu verletzen. Er habe die Briefe »aus einem Zwang heraus« geschrieben.

Auf Dr. Eggebrecht macht der Junge den Eindruck »eines schwer hysterischen Menschen, der in seiner Zurechnungsfähigkeit erheblich vermindert erscheint«.

Ein langes Gespräch mit dem Vater schließt sich an, in dessen Verlauf der Arzt erklärt: »Die seelische Überreizung Ihres Sohnes hat ihre Ursache in seiner vollkommenen sexuellen Unaufgeklärtheit. Indem er plötzlichen, aus der Pubertät resultierenden Verschiebungen seiner Physis als etwas Rätselhaftem gegenübersteht, zwingen eben diese ständig vermehrten Verschiebungen seine Psyche, sich unausgesetzt damit zu beschäftigen. Diese Überreizung ist bereits derart stark geworden, daß sie in ihren Äußerungen das Pathologische streift, wenn nicht gar schon sehr hierin übergreift.«

Der Vater wertet die Diagnose als schweren Eingriff des Arztes in interne Familienangelegenheiten. Er findet die Feststellungen und Vorschläge übertrieben und kompromittierend zugleich. Er befürchtet Rückschlüsse der Kollegen auf sein Privatleben, wenn bekannt würde, daß der Sohn abnorm veranlagt sei. Wilhelm Ditzen ist tief gekränkt, die Ehrlichkeit wird dem Arzt übelgenommen, seine Vorschläge bleiben vorerst unbeachtet.

Am Abend kommt die Mutter in das Zimmer des Sohnes. Sie setzt sich zu ihm ans Bett, ist aufgeregt und verlegen zugleich, findet keine Worte für ein klärendes Gespräch. Schließlich nimmt sie die Hände des Sohnes und sieht ihn lange an. Tränen stehen in ihren Augen. Dann zieht sie einen Zettel hervor, wirft ihn angewidert auf das Bett und ruft verzweifelt: »Und ich dachte, mein Junge wäre noch unschuldig!«

Auf dem Bett liegt einer der anonymen Briefe.

Am darauffolgenden Tag wird Rudolf Ditzen vor das Lehrerkollegium geladen. Man sagt ihm auf den Kopf zu, daß er der Schreiber dieser Briefe sei. Zu seinem eigenen Erstaunen leugnet Ditzen nicht. Er hatte sich vorgenommen, geheimnisvoll zu allem zu schweigen, weder andere zu beschuldigen, noch dem Verdacht gegen ihn neue Nahrung zu geben. Aber nun macht er seinem Herzen Luft, das lange Angestaute muß heraus: Oh, wie ich euch alle miteinander hasse! Nichts wißt ihr über uns, gar nichts. Und dünkt euch doch so gescheit! Ja, ich habe die Briefe geschrieben. Aber ihr fragt nicht einmal, ob es stimmt, was darin steht. Nicht das ist euch wichtig. Wichtig allein ist euch, einen Sündenbock zu haben für euer eigenes Versagen. Ihr seid hinterhältig und gemein ... Ich hasse euch ... Ich brauche euch nicht!

Ditzen läuft aus dem Raum, ohne den Beschluß des Kollegiums abzuwarten. Dieser ist übrigens milder als befürchtet: Man tadelt das Verhalten des Gymnasiasten Ditzen gerade wegen seiner Verstocktheit heftig und äußert sich sogar – mit gebotener Zurückhaltung – kritisch zur elterlichen Erziehung. Aber ansonsten ist der Rektor an einer weiteren Zuspitzung der Situation nicht interessiert. Dafür ist weniger die Stellung des Vaters entscheidend, sondern vielmehr die Furcht des Schulsenats vor den sich zu dieser Zeit häufenden Schülerselbstmorden.* Schon melden sich in der sozialdemokratischen Presse immer öfter Stimmen zu Wort, die eine Untersuchung fordern und sich dafür aussprechen, dem Unterricht an den höheren Lehranstalten mehr Augenmerk zu schenken.

* Im Jahre 1910 ereigneten sich allein am Leipziger Carola-Gymnasium drei Fälle von Schülerselbstmorden und zahlreiche Selbstmordversuche aus ähnlichen Motiven.

Der Ruf nach einer grundlegenden Reform des Schulsystems wird erhoben.

Rudolf läuft durch die Straßen der Leipziger Innenstadt, ziellos, verstört. Ein Plan entsteht in seinem Kopf: Zu Willi Burlage wird er gehen, sich von ihm verabschieden. Auch andere Abschiedsbriefe wird er schreiben, das gehört sich so. Keiner seiner literarischen Helden, der freiwillig aus dem Leben schied, trat ab, ohne der Welt noch einmal seine Verachtung vor die Füße geschleudert zu haben. Elise wird er schreiben, sich ihr erklären und von seiner großen Liebe zu ihr sprechen. Hanns Dietrich, der Brieffreund aus Rudolstadt, erhält einen letzten Gruß. Vater und Mutter wird er großmütig verzeihen. Dann ist alles erledigt.

Während er an den Menschen vorbei durch die Stadt hetzt, genießt Rudolf, wie später sein Held Goedeschal, das Vorgefühl des nahen Todes: »So wird es dort sein: in der Heide die Föhren und jener sanfte Sand ... blauer Himmel ... einmal noch Lerchen ... das Wolkenwandern weiß, selig, reißt sich von dieser Erde auf ... Doch ich habe keinen Revolver ... Wie tue ich es? – Nur zwei Radelstunden bis dort ... ein Stück Wäscheleine werde ich mitnehmen im Rucksack ... dann, Ruhe ...«

Willi Burlage kann das bestürzende Geständnis, das Rudolf ihm macht, nicht für sich behalten. Er will eines Tages Arzt werden, und obwohl er den Freund gut versteht, kann er doch nicht zulassen, daß der Hand an sich legt. Und er hat gespürt, daß Rudolf es ernst meint. Willi spricht, als Ditzen gegangen ist, mit seiner Mutter. Sie eilen in die Schenkendorfstraße und informieren Rudolfs Eltern.

Wilhelm Ditzen verschafft sich gewaltsam Zutritt zum Zimmer des Sohnes. Rudolf sitzt am Tisch und schreibt Abschiedsbriefe. Er ist wie erstarrt: Der überfallartige Sturm auf seine Blockhütte, der Verrat des Freundes, die Zerstörung des Planes, die Vorhaltungen der Eltern – all das verletzt ihn tief. Er spricht stundenlang kein Wort. Er rührt sich nicht einmal. Die Eltern wagen nicht, ihn unbeaufsichtigt zu lassen, die Schwester Elisabeth wird zur Wache vor sein Zimmer gesetzt. Sie beobachtet ihn mißtrauisch wie einen Geisteskranken.

Der Vater tritt, wie er sagt, den schwersten Gang seines Lebens an: Er ist unterwegs zu Elises Eltern, um sich zu entschuldigen. Nun läßt sich weder vor der Nachbarschaft noch vor den Kollegen länger verbergen, daß er einen mißratenen, aus der Art geschlagenen Sohn hat. Schon längst glaubt Wilhelm Ditzen, in den Gesichtern der Kollegen und des Senatspräsidenten ein überlegenes, wissendes Lächeln zu erkennen, wenn er sie grüßt oder mit ihnen spricht.

Es steht fest: Rudolf muß aus dem Haus, bevor tatsächlich ein Unglück geschieht. Es ist unumgänglich, sich vorzeitig von ihm zu trennen. Zunächst wird man ihn für ein paar Wochen in ein Sanatorium oder zu Verwandten ins Hannoversche schicken. Dann soll er, wenn er etwas ruhiger und stabiler geworden ist, in irgendeinem Winkel des Landes sein Abitur machen. Mit arger Verspätung freilich, zu einer Zeit, da seine Klassengenossen schon in Hörsälen und Labors sitzen und sich auf ehrenwerte Berufe vorbereiten. Aber nun ist alles egal. Wenn dieser labile, eigensinnige Sohn nur halbwegs über die Runden käme, wäre es ein Segen für die ganze Familie.

Diesen Überlegungen folgt ein neuerlicher Familienrat, eine Beratung mit dem Hausarzt, endlich ein offenes Gespräch mit dem Sohn selbst.

Zögernd macht sich Wilhelm Ditzen mit dem Vorschlag seines Sohnes vertraut, ihn am Rudolstädter Gymnasium anzumelden. In Rudolstadt wohnt Hanns Dietrich von Necker, mit dem Ditzen seit einigen Monaten in Briefwechsel steht.

Auch die Mutter begegnet diesem Vorschlag mit Zurückhaltung. Wird der schwächliche, überreizte Junge einen weiteren Wohnungs- und Schulwechsel ohne zusätzliche Schwierigkeiten überstehen? Werden sich so rasch geeignete Pensionseltern in Rudolstadt finden lassen, die ihm das Elternhaus ersetzen können? Ist der zwei Jahre jüngere von Necker ein passender Freund?

Doch schlimmer als zuvor kann es eigentlich gar nicht mehr kommen. Mindestens einmal im Jahr ist Rudolf dem Tode sehr nahe gewesen. Von jedem dieser halben Tode ist etwas in ihm nicht wieder geheilt. Vielleicht, daß er in einer neuen Umgebung endlich einmal zur Ruhe kommt.

Der Vater hat den Wunsch, der Sohn möge die Familientradition fortführen, längst aufgegeben. Seine Hilfe wird sich fortan darauf reduzieren, das Geld für den Unterhalt des Sohnes bis zu seiner wirtschaftlichen Selbständigkeit aufzubringen.

Bevor sich die Tür des Elternhauses endgültig hinter Rudolf Ditzen schließt, erklärt der Vater, daß sie ihm jederzeit wieder offenstünde, wenn er nur anderen Sinnes würde, sich befleißigen wolle, nach der Art seiner Eltern und seiner Vorfahren zu leben, sein Denken und Handeln abzustimmen auf die Position und das Ansehen des Vaters, Rücksicht nähme auf die schwache, empfindliche Konstitution der Mutter ...

Als Rudolf dies hört, weiß er, daß die unglücklichen Tage seiner Kindheit und Jugend im Elternhaus endgültig zu Ende gehen. Die Bedingungen und Forderungen des Vaters sind für ihn unannehmbar. Sie zu befolgen würde bedeuten, auf ein eigenes Leben zu verzichten, das Leben der Eltern einfach nachzuleben. Das kann und will er nicht. Er will tun, wozu er in sich die Kraft und die Berufung fühlt: aus sich selbst heraus leben.

So stirbt in der Stunde seines Fortgangs aus Leipzig der Sohn dem Vater und der Vater dem Sohn. Keiner von beiden bedauert aufrichtig den Verlust.

Zwischen

Leipzig
und
Rudolstadt

Zwischen Leipzig und Rudolstadt liegen einige Monate. Schon am Morgen nach dem mißglückten Selbstmordversuch wird Rudolf von seiner Schwester Elisabeth zu Verwandten nach Mariensee bei Hannover gebracht. Als er dort auch nach vier Wochen noch keine Ruhe findet, bringt die Mutter ihn in ein Sanatorium nach Bad Berka. Rudolf wehrt sich, weil er annimmt, die Eltern wollten ihn in ein Irrenhaus abschieben. Ditzen nennt diese Heilanstalt später nur das »Satanorium«. Der Kurarzt in Berka, Dr. Starke, bescheinigt dem Jungen eine »traumatische Neurose mit eigentümlichen pathologischen Erscheinungen«.

Viereinhalb Wochen wohnt Rudolf danach bei Verwandten auf dem Lande in Schnepfenthal, dann endlich wird er — seinem Wunsche entsprechend — Schüler des Fürstlichen Gymnasiums zu Rudolstadt. Am 11. Juni 1911 reist Ditzen nach Thüringen. Er freut sich auf die Wiederbegegnung mit seinem einzigen Freund, Hanns Dietrich von Necker, der ihm das Leben in Rudolstadt in den schillerndsten Farben ausgemalt hat . . .

4

Das Duell

Am Mittwoch, dem 18. Oktober 1911, erscheint auf der Titelseite der »Rudolstädter Zeitung – Tageblatt für das Fürstentum Schwarzburg-Rudolstadt« ein großaufgemachter Bericht über eine »Gymnasiastentragödie«, der mit den Sätzen beginnt: »Eine fürchterliche Tragödie, die schweren Kummer über zwei Familien gebracht hat, die aber neben der allgemeinen Anteilnahme infolge der unerhörten Begleitumstände geradezu sensationelles Aufsehen wachzurufen geeignet ist, hat sich in der Frühe des heutigen Dienstag in der Nähe des benachbarten Dorfes Eichfeld zugetragen. Dort haben zwei Schüler des hiesigen Gymnasiums, ein Unterprimaner und ein Obersekundaner, einen blutigen Zweikampf miteinander ausgefochten, bei welchem der Obersekundaner sofort getötet wurde, während der Unterprimaner sich selbst durch zwei Schüsse lebensgefährlich verletzte.«

Der schwerverletzte Unterprimaner ist Rudolf Ditzen, der Getötete sein siebzehnjähriger Freund Hanns Dietrich von Necker, jener Junge, auf dessen Bitte hin Ditzen nach Rudolstadt gekommen ist.

Was hat sich in dem Vierteljahr, das seit Rudolfs Ankunft in Rudolstadt vergangen ist, ereignet?

Rudolf Ditzen hat, noch durch Vermittlung seines Vaters, beim Generalsuperintendenten von Rudolstadt, Dr. Arnold Braune, Pension gefunden. Unter der Voraussetzung, daß er sich »willig in die christliche Hausordnung füge«, wird ihm Aufnahme gewährt.

Rudolf wird dieses Versprechen wohl oder übel gegeben haben, ohne eine rechte Vorstellung von der Art der christlichen Ordnung im Hause Braune gehabt zu haben. Er hält sich nur selten an den Abenden im Brauneschen Haus auf; meist ist er mit Klassenkameraden unterwegs. Unmittelbar nach seiner Aufnahme in das Fürstliche Gymnasium ist Rudolf nämlich dem Schüler-Literaturklub »Literaria« beigetreten, der Ende September sein 30. Stiftungsfest begeht. Zwei- bis dreimal wöchentlich kommen die Jungen in der Schule oder in der sogenannten Pörzbierhalle zusammen, lesen einander aus ihren Lieblingsbüchern vor oder rezitieren eigene kleine Werke.

Zum diesjährigen Gründungsfest wollen die Primaner ein Theaterstück einstudieren. Sie haben Ernst von Wildenbruchs Trauerspiel *»Der Mennonit«* ausgewählt.

Als Ditzen dem Verein beitritt, sind die Proben bereits in vollem Gange, nur die Hauptrolle ist noch unbesetzt. Man trägt ihm die jugendliche Heldengestalt an. Er übernimmt diese Aufgabe und macht sich mit der Rolle vertraut. Der junge Reinhold, der sich mit seinen mennonitischen Eltern überwirft und seinen eigenen Weg gehen will, ist eine Figur nach Ditzens Geschmack, obwohl er das hohe Pathos von Wildenbruch nicht besonders mag. Ditzen fühlt sich in dem Kreis Gleichgesinnter wohl. Angeregt durch andere junge Poeten in der Runde, beginnt auch er, Gedichte zu schreiben. Er widmet sie der 15jährigen Schülerin Erna Simon.

Hanns Dietrich von Necker und Rudolf Ditzen lesen gemeinsam Wildes Künstlerroman *»Das Bildnis des Dorian Gray«*. Sie improvisieren Szenen und Gespräche nach der Romanvorlage, machen sich die Gedankenwelt Wildes zu eigen. Von Lord Henry Wotton borgt Ditzen den Vornamen, er läßt sich von seinen Freunden »Harry« nennen. Lord Wottons Anspruch auf Selbstentfaltung* wird uneingeschränkt übernommen und als eigene Maxime vertreten.

Die Jungen lesen auch gemeinsam Nietzsches Schriften, vor allem den *»Zarathustra«*. Sie unterhalten sich bis in die Nächte hinein über weltanschauliche, moralische und ästhetische Fragen. In ihren Urteilen neigen sie zur Rigorosität und zu einem alles erfassenden Skeptizismus. Für beide steht fest, daß sie eines Tages Schriftsteller werden wollen. Ditzen äußert gegenüber einem seiner Lehrer, daß er »das ganze Leben nur als Stoff für lyrische und dramatische Versuche« auffasse; seine Schulzeit ist nur Vorbereitung auf diese künftige Aufgabe, notwendiges Übel.

Den Gedichten und Skizzen, die Ditzen in Rudolstadt geschrieben hat, ist eine »schwermütige Todessehnsucht« eigen. In dem *»Prometheus«* genannten Gedicht wendet er sich gegen die bei Goethe angelegte optimistische Haltung. Ein anderes Gedicht mit dem Titel *»Von der großen Müdigkeit«* enthält die Zeilen:

»Sind wir nicht zur Trauer hier geboren?
Ich hatte einstmals Freude,
nun ist sie ganz vorbei. –
Und einmal ist genug:
Wir tragen beid an einem großen Leid,
Wir sprechen nicht, wir klagen nicht,
nicht ein Wort kam davon von unseren Lippen.
Ja, nicht einmal ein feuchtes Schwingen –

---

* »Das Ziel des Lebens ist Selbstentfaltung«, lautet eine der Thesen Wottons. »Seine eigene Natur vollständig zu verwirklichen – das ist es, wozu jeder von uns da ist. Heutzutage haben die Leute Angst vor sich selber. Sie haben die höchste aller Pflichten vergessen, die Pflicht, die man sich selbst schuldig ist . . .«

unserer Kehle – verriet, welch Riesenleid
wir ganz unfaßbar litten.«

Rudolf Ditzen hat – im Unterschied zu späteren Jahren – in den Rudolstädter Wochen und Monaten erstaunlich vielen Menschen Einblick in seine literarischen Versuche gewährt. Bei einem Besuch zeigt er der Mutter den dicken Manuskriptband. Aber sie »hat die Sachen zum großen Teil nicht gelesen« und mag mit dem Sohn nicht darüber reden. Sein Pensionsvater, Dr. Braune, stellt – nach anfänglichem gemeinsamem Interesse für Dantes *»Göttliche Komödie«* – zwischen sich und Ditzen zunehmend Differenzen im literarischen Geschmack fest. Von dem »ziemlich starken Manuskriptband von selbstverfaßten lyrischen Gedichten«, den ihm Ditzen zur Lektüre gibt, hat er »nur ein einziges gelesen«, das »in gewandter Form eine uralt schmerzliche Stimmung atmete«. Von Erna Simon und einigen Schulkameraden erhält er die Gedichte kommentar- und verständnislos zurück.

Möglich, es sind gerade die Erfahrungen dieser Zeit, die Ditzen fortan bestimmen, seine Arbeiten nur noch wenigen Menschen zu zeigen und am Nutzen der Kritik überhaupt zu zweifeln.*

Die intensive Beschäftigung mit der Literatur – eigener und fremder –, das Sich-Verlieren in sich selbst bleibt den Lehrern nicht verborgen. Die Schulleistungen schwanken, sind aber insgesamt kaum ausreichend. Nur die Noten in der

---

* »Es hat mich nie interessiert, was meine Leser oder was die Kritik zu meinen Büchern zu sagen hat ... Und was in den Zeitungen über mich steht, sei es nun gut oder schlimm, das bekümmert mich nicht. Ich lese es schon seit vielen Jahren nicht mehr, und kommt es mir doch einmal zu Auge, so geht es mich nichts an, es interessiert mich nicht, es hat nichts mit mir zu tun«, so Ditzen in: *»Wie ich Schriftsteller wurde.«*

mündlichen Schriftstellerlektüre ragen heraus. Rudolf übersetzt Horaz und Homer nach dem Urteil seines Deutschlehrers »mit Geschmack und Verständnis, er fühlt sich gut in das horazische Versmaß ein«.

Bei den Lehrern gilt Rudolf zwar als scharfsinnig und intelligent, aber auch als exzentrisch und aufsässig. Ihnen fällt an dem jungen Mann das unerklärliche Selbstbewußtsein auf, das sie ihm als Arroganz und Mißachtung ihrer Person auslegen. Sie nehmen an fast allem Anstoß, was sein äußeres und inneres Wesen ausmacht: Dem Klassenlehrer »hat von Anfang an sein starrer Blick nicht gefallen«, der – wie wir wissen – eine Folgeerscheinung des Unfalls von 1910 ist. Ein anderer stößt sich daran, daß er seine Haare länger – »fast bis auf die Nasenspitze« – trägt. Vor allem aber monieren sie das Lesen von Büchern, für die er »noch nicht reif« ist. Seinem Klassenleiter, Professor Rübesamen, erscheint er als ein »dekadenter, fast lebensmüder Mensch, der sich über Sitte und Gesetz erhaben« fühlt.

Rudolf wird durch Vorurteile und Vorhaltungen mutlos und unempfindlich gegen jegliche Kritik an seiner Person. Er ist mit seinen achtzehn Jahren schon fast ein Geächteter: Die Lehrer warnen vor dem Umgang mit ihm. Neckers Mutter, eine Offizierswitwe, verbietet ihrem Sohn, sich weiterhin mit dem frühreifen Primaner zu treffen, weil ihr Ditzen »von Anfang an mißfiel«. In der Pension gibt er zu Beanstandungen Anlaß, weil er raucht und hin und wieder Bier trinkt.

Der Rektor des Gymnasiums lädt Ditzen innerhalb kurzer Zeit zweimal zu Aussprachen vor. Er ermahnt den jungen Mann, sein renitentes Verhalten aufzugeben, sich ganz auf die Schulaufgaben zu konzentrieren und das Rauchen zu unterlassen.

Ditzen verspricht, sich daran zu halten – und weiß doch, daß er es nicht kann. Der Haß auf die Schule, auf die Erwachsenen, auf jegliche Art von Bevormundung wächst. Es gibt nur einen Menschen, mit dem er darüber sprechen kann und mit dem er sich einig weiß – Hanns Dietrich von Necker. Ihr gemeinsames Urteil über die Schule entstammt einer Rezension zu drei progressiven Erziehungsromanen; dieser Artikel trägt die Überschrift: »In der modernen Schule kann man nur als Verbrecher oder Irrsinniger enden!« Rudolf Ditzen und Hanns Dietrich von Necker sind entschlossen, nicht darauf zu warten, daß sie das eine oder andere dieser beiden Schicksale ereilt.

Die Aufführung des *»Mennoniten«* durch die Gymnasiasten rückt näher. Ditzen beherrscht seine Rolle gut, er spielt sie bei den letzten Proben mit großer Leidenschaftlichkeit. Vor der Aufführung selbst ist er seltsam erregt und angespannt. Schon Stunden vorher versucht er, dieser Erregung Herr zu werden, indem er Bier trinkt und viel raucht. Je mehr sich der Saal im *»Deutschen Krug«* mit Eltern, Lehrern und Mitschülern füllt, desto größer wird die Erregung. Eine Militärkapelle des 7. Thüringischen Infanterie-Regiments umrahmt die Veranstaltung.

Dann beginnen die Primaner und Senioren des Fürstlichen Gymnasiums ihr Spiel. Ditzen vergißt wie die anderen alles um sich herum. Als er dem Mennoniten-Priester vorhält, kein Verständnis für die Jugend und ihre patriotischen Pflichten zu haben, steht er in Gedanken den Lehrern und dem Vater in Leipzig gegenüber. Er schmettert seinen Protest heraus, die Wut, die Verachtung. Er hört kaum den Beifall zwischen den Akten, er fiebert seinem nächsten Part entgegen und reißt durch seine Erregung die anderen Schüler mit.

Am nächsten Tag spricht sich die Lokalpresse[8] außerordentlich lobend über die Veranstaltung aus: »Die Vorstellung war vom ersten bis zum letzten Moment bestens gelungen ... Als Schauspieler traten die jetzigen Mitglieder der Literaria auf, denen sich einige ›alte Herren‹ zugesellt hatten. Die Darsteller hatten sich mit Liebe in ihre Rollen versenkt, beherrschten sie vollständig und boten tüchtige Leistungen. Der Vater Waldemar wurde von Herrn Trinckler mit milder Ruhe gespielt, den Helden des Stückes, Reinhold, gab Herr Ditzen mit jugendlicher Begeisterung, und aus dem Intriganten Mathias machte Herr Simon eine scharf charakterisierte Gestalt.«

Die Erregung wirkt tagelang nach. Ditzen leidet an Kopfschmerz, an Schlaflosigkeit. Wieder stellen sich mit dem fehlenden Schlaf Angstträume und Zwangsvorstellungen ein, wie in Leipzig. Hinzu kommt, daß sich durch den Erfolg der Theateraufführung Ditzens Stellung im Gymnasium eher zu seinem Nachteil verändert: Der Rektor macht sich später Vorwürfe, daß er dem überreizten, offensichtlich pathologisch veranlagten Schüler das Mitwirken nicht untersagt hat; den Lehrern ist die Leidenschaftlichkeit seines Spiels verdächtig wie zuvor seine Lesewut. Unter den Mitschülern aber finden sich mehrere, die ihn bewundern und sich seinem Willen uneingeschränkt unterwerfen.

Noch der Abend des Stiftungsfestes wird ausgiebig genutzt, einen tüchtigen Kommers zu veranstalten, der, wie man in der Presse lesen kann, »einen harmonischen und alle Teilnehmer befriedigenden Verlauf nahm«.

Für Rudolf Ditzen allerdings hat der Abend ein Nachspiel. Seinem Pensionsvater entgeht der angetrunkene Zustand seines Untermieters nicht wie weiland den Lehrern des Vaters in Pforte. Dr. Braune benutzt den Vorfall, sich des unbequemen Hausgastes zu entledigen. Er zählt in einem Brief an den Vater kleinliche, belanglose Verstöße gegen die Hausordnung her und empfiehlt, für den Sohn ein anderes Quartier zu suchen.

In einem letzten Gespräch am Abend nach dem Vereinsfest

erklärt Ditzen dem Superintendenten, daß seine Aufnahme in das christliche Haus ohnehin nur einem Mißverständnis zuzuschreiben sei, denn er sei »dissidentisch erzogen« und habe bei Tischgebet, Abendandacht und sonntäglichem Kirchgang nur »Theater gespielt«. Dr. Braune nimmt dem jungen Mann seine Offenheit nicht übel, legt aber Wert auf die Feststellung, daß er Ditzen zu keiner Zeit gezwungen habe, an den Gottesdiensten teilzunehmen. »Glauben Sie denn an gar nichts?« kann Dr. Braune schließlich nicht umhin, Ditzen zu fragen. Der hat darüber noch nicht allzu oft nachgedacht. Er verspricht, es gelegentlich zu tun und seine Gedanken darüber zu Papier zu bringen.

»Vielleicht glaube ich nur an einen anderen Gott, er hat einen anderen Namen als der Ihre.«

»Aber im Alten und Neuen Testament gibt es doch genügend Gottesbeweise . . .«

»Das ist es gerade, was mich zum Nachdenken anregt«, entgegnet Ditzen, »wir beweisen doch auch nicht ständig, daß die Welt existiert, mit all ihrer Klugheit und Schönheit. Es ist nicht nötig, das Leben nachzuweisen, ja, man machte sich lächerlich, wenn man es täte. Die Bibel ist für mich eine Dichtung, eine schöne, zugegeben, aber doch Dichtung.«

Dr. Braune ist erschüttert über Ausmaß und Intensität der Gottesverachtung bei seinem Zögling. »Wie wollen Sie Ihr Leben einrichten, ohne Gott?« fragt er ratlos.

Ditzen lächelt: »Alle guten Menschen glauben an einen Gott, wie verschieden sie ihn auch nennen, und deshalb kann ich nicht begreifen, warum man von den Atheisten sagt, sie hätten keinen Gott. Wenn ich einmal etwas ganz Gutes oder Großes getan haben werde, so werde ich nicht sagen wie die Christen: Ich danke dir, Gott, daß du mir die Kraft gabst, sondern ich sage: O du schöne, schöne Welt, ich danke dir, daß deine Schönheit so stark war, daß sie mir gab, das Schöne in mir zu entwickeln....«*

Rudolf Ditzen sieht sich nach einer neuen Bleibe in der Stadt um und findet sie im Hause des 63jährigen Oskar von Busse, eines pensionierten Obersten, der mit Tochter und Haushälterin ein kleines Haus in der Mörlaer Straße, in der Nähe des Gymnasiums, bewohnt. Anfang Oktober 1911 zieht Rudolf um, ohne den Rektor vorher verständigt oder gar um dessen Erlaubnis gebeten zu haben – Anlaß für erneute Aussprache und Kritik.

Ditzens Hoffnung, durch den Wohnungswechsel auf andere Gedanken zu kommen und seine Zwangsvorstellungen zu besiegen, erfüllt sich nicht.

Unklar zunächst, dann immer bestimmter und konkreter entsteht die Idee, einen Menschen töten zu müssen. Ditzen versucht, sich abzulenken und nicht mehr daran zu denken. Je mehr er den Wunsch hat, von dem Vorsatz loszukommen, desto mehr muß er darüber nachgrübeln. Bald verbindet sich die Zwangsvorstellung mit dem Bild seiner Freundin Erna Simon. Irgend etwas in ihm befiehlt: Du mußt sie erschießen! Er erzählt diesen Wachtraum einem Klassenkameraden in der Hoffnung, durch das »Öffentlichmachen« dieser Idee sicher zu sein, ihr nicht nachgeben zu müssen. Seit dem Schulfest hat er sich von Erna Simon bewußt ferngehalten. Aber nachts, wenn alles dunkel und ruhig ist, steht ihr Bild wieder vor ihm, plastischer denn je. Er muß sich, ob er es will oder nicht, vorstellen, wie und wo er sie mit einem einzigen Schuß niederstreckt.

Ditzen schaltet das Licht an und versucht, seine Gedanken aufzuschreiben. Es entsteht die *»Geschichte von einem, der vor sich selbst floh«*, eine flüchtige Skizze, die allem Anschein

---

* Die Grundgedanken dieses Gesprächs sind einem sechs Seiten umfassenden Manuskript *»Gedanken über den Glauben«* entnommen, das Ditzen in Rudolstadt angefertigt hat.

nach nicht erhalten geblieben ist. Doch sobald das Licht verlöscht, ist das fremde Gesicht wieder da und die Aufforderung, es zu zerstören.

Ditzen sieht keine andere Möglichkeit mehr, von seinem Wahn freizukommen, als ihm nachzugeben oder sich selbst zu töten, um Ruhe zu finden. Er spricht mit Hanns Dietrich von Necker darüber und bittet den Freund, ihn zu töten.

Das Verhältnis zwischen den beiden ist, bedingt durch Ditzens Stellung in der »Literaria«, in der letzten Zeit immer einseitiger geworden: Necker ist Ditzen völlig ergeben.* Seine Unterwerfung geht bis zur Selbstaufgabe. Mag Ditzen diese Anpassung anfänglich noch geschmeichelt haben, so ward sie ihm mehr und mehr lästig. Er mag keine Menschen, die schwach sind und sich selbst aufgeben, ohne eigenen Willen sind. Er quält den Jungen, preßt ihm Ehrenworte ab, um ihn abzustoßen. Das Verhältnis wird dadurch nur noch einseitiger, sklavischer. Aber den Wunsch, ihn zu töten, kann selbst von Necker Ditzen nicht erfüllen.

Doch wie wäre es, wenn sie beide, von Necker und Ditzen, gemeinsam aus dem Leben schieden?

Hanns Dietrich erläutert dem Älteren seinen Plan. Die Idee, freiwillig aus dem Leben zu gehen, ist auch ihm nicht neu. Er hat oft mit diesem Gedanken gespielt. Am Rande der Saale hat er waghalsige Klettertouren unternommen, um das Schicksal herauszufordern. Als sein Vater noch lebte, kamen ihm Selbstmordgedanken, weil er in der Schule schlechte Noten erhielt und sich nicht nach Hause traute. Auch eine Skizze, wie man sich als Selbstmörder fühlt, hat er offenbar geschrieben.

---

* In seinem Abschiedsbrief an die Mutter schreibt Hanns Dietrich von Necker: »Ich liebe meinen Freund Harry Ditzen sehr. Er übte über mich eine seltsame Gewalt aus, er konnte mich völlig seinem Willen unterwerfen.«

Rudolf erscheint der Gedanke des Doppeltodes zunächst abwegig. Wer soll zuerst aus dem Leben scheiden? Wer soll die Kraft haben, sich danach mit derselben Waffe zu erschießen? Aber von Neckers Plan sieht ein Scheinduell mit zwei verschiedenen Waffen vor.

Die Jungen malen sich die Situation aus, verlieren sich in Details und steigern sich immer mehr in ihren Plan hinein: Ditzen könnte vom Oberst Busse die Waffen besorgen, eine Ausrede fiele ihm schon ein. Und Abschiedsbriefe würden sie schreiben, um sich in aller Form von der Welt loszusagen. Vielleicht wäre es gut, einen öffentlichen Anlaß für das Duell zu inszenieren?! Ditzen schlägt vor: Literarischer Wettstreit, eine Art »Gottesurteil« über das größere Talent.

Doch Hanns Dietrich weiß etwas Besseres: Beleidigung einer Dame, das klassische Motiv: »Wir schreiben Karten mit dem Duellgrund und unserer Anschrift und tauschen sie auf der Promenade in Gegenwart unserer Damen aus. Auch wäre es gut, wenn wir unsere Todesanzeigen selber schrieben — das macht furchtbaren Effekt.« Sie beraten Einzelheiten, Aufträge werden verteilt.

Ditzen, der die Idee mit den Damen etwas kitschig findet, entwirft schließlich einen »Vertrag«, der beide verpflichtet, ein Drama mit dem Titel »Der Ring« zu schreiben und es einer neutralen Person zur Begutachtung vorzulegen. Der Unterlegene verpflichtet sich, freiwillig aus dem Leben zu scheiden, während der Sieger das Werk seines Freundes der Öffentlichkeit bekanntmacht. Aber dann kehren sie doch zu der ursprünglichen Variante zurück, die den Vorzug hat, daß keiner von beiden weiterleben muß.

Als Termin für die Beleidigungsszene wird der 16. Oktober, für das »Duell« selbst der darauffolgende Dienstag, fünf Uhr morgens, vereinbart. Schauplatz soll der Uhufelsen mit seiner düster-gruseligen Kulisse sein.

Nach dem Gespräch mit von Necker fühlt sich Ditzen wunderbar erleichtert. Der Druck im Kopf läßt nach; das quälende Bild verblaßt. Er kehrt zu Oberst Busse zurück und spielt am Abend mit den Damen des Hauses, der Tochter und einer Schwester Busses, Brettspiele. Wie beiläufig erwähnt er, daß er und sein Freund am nächsten Morgen sehr früh zum Uhu und zum Greifenstein wandern werden. Er bittet den Oberst um das Tesching und eine Pistole, da sie auf Spatzen schießen wollten. Der Oberst hat nichts gegen die Benutzung der Waffen einzuwenden. Sollen sich die jungen Leute nur früh im Umgang mit ihnen üben. Wer weiß, wozu sie es noch brauchen können.

Lange bevor an diesem dritten Dienstag im Oktober die Sonne aufgeht, ist Rudolf Ditzen mit seinem Freund, dem Obersekundaner von Necker, auf dem Weg zur Uhuhöhe vor der Stadt. Es ist kühl, die beiden haben Rock und Überzieher an, auf dem Kopf die Schülermützen. Ditzen trägt ein kleines Bündel Bücher bei sich, das von einem Ledergurt zusammengehalten wird, verschiedene Schriften Friedrich Nietzsches. Von Necker trägt die Waffen.

Schweigend gehen die beiden nebeneinander her. Wer ihnen zu dieser Stunde begegnet, hält sie für harmlose Frühaufsteher, Naturfreunde oder Laienjäger. Hin und wieder wenden sie sich um und sehen zur Stadt zurück. Irgendwo dort unten liegt die Schloßgasse, wo Neckers Mutter noch arglos schläft.

Ditzen und von Necker treten in den Wald ein. Auf der Uhuhöhe suchen die beiden nach einem geeigneten Platz. Sie finden eine kleine Lichtung zwischen den Kiefernschonungen. Für einen Moment setzen sie sich an einem der Bäume nieder, die am Rande der Lichtung stehen. Ditzen gibt Zigaretten aus. Sie werden bis zum Sonnenaufgang warten, um besseres Licht zu haben.

Noch immer schweigen die beiden; jeder hängt seinen Gedanken nach. Hanns Dietrich denkt an seine Mutter, die kranke Offizierswitwe, die nach dem Tod des Vaters noch hilfloser geworden ist. Hat er ihr in seinem letzten Brief wirklich alles Wichtige gesagt? Wird sie begreifen, daß es eine Frage der Ehre ist, so zu leben, wie man es sich vorgenommen hat, oder aber zu sterben? Wenn Vater noch lebte, er würde ihn gewiß verstehen.

Ditzen spürt, daß er im Begriff ist, einem unbestimmten Gefühl nachzugeben, das ihm von diesem unsinnigen Duell abrät. Aber was dann? Kommen dann wieder die aufdringlichen Bilder? Kommen neue, noch quälendere Zwangsvorstellungen? Jetzt hat er es doch in der Hand, all dem ein rasches Ende zu machen, sich dazu noch einen effektvollen Abgang zu verschaffen.

Soll das Schicksal seinen Lauf nehmen, denkt er schließlich, es kommt ohnehin alles so, wie es kommen soll.

Ditzen ist bewußt, daß er die geringere Chance hat, sich in diesem Zweikampf durchzusetzen. Er ist kurzsichtig, und obwohl er mit dem Tesching schießen soll – so hat es das Los bestimmt –, wird er doch nur Löcher in die Luft schießen.

Die beiden Jungen drücken die Zigarettenreste aus, erheben sich. Sie sehen einander nicht an. Hanns Dietrich zieht aus der Jackentasche zwei rote Schleifen, eine davon gibt er Rudolf. Sie nehmen die Waffen in die Hand, stellen sich inmitten der kleinen Lichtung auf, Rücken an Rücken, und gehen dann jeder zehn Schritte in entgegengesetzte Richtungen. Das alles haben sie viele Male in Büchern gelesen, sie haben es vorher genau durchgesprochen.

Rudolf hat, seit er die Waffe in der Hand fühlt, das eigenartige Gefühl, wieder auf einer Bühne zu stehen. Es sind eingeübte Gänge und Bewegungen, die er zu machen hat. Alles hat seinen Sinn, auch ohne viel Worte.

Die beiden Gymnasiasten stehen einander gegenüber, hängen gleichzeitig Mütze, Überzieher und Rock an die Äste zweier Bäume. Dann befestigen sie die Schleifen auf der linken Seite am Hemd, dort, wo sie das Herz vermuten. Hanns Dietrich hat, um die Stelle auch sicher markieren zu können, vorher in einem Konversationslexikon nachgelesen.

Sie werden zugleich schießen, so ist es ausgemacht. Hat keiner getroffen, so wird es einen zweiten oder dritten Schußwechsel geben, bis alles zu Ende ist.

Ditzen blinzelt kurzsichtig in die ersten Strahlen der Morgensonne. Er steht ungünstig, sieht fast nichts. Nur die unscharfen Umrisse einer Gestalt erkennt er wie von weitem.

Eigentlich müßte man die Standorte verändern, denkt er. Eigentlich müßte man doch noch einmal miteinander reden, letzte Worte austauschen. Aber das ist nicht vorgesehen, ein Regiefehler vielleicht.

Eigentlich hätte er ...

»Los«, kommandiert Ditzen, wartet einen Moment – eine Ewigkeit, wie ihm scheint – und schießt. Er hört einen zweiten Schuß, einen dritten, dumpfer, entfernter – das vielfache Echo von den Bergen. Hat er geschossen, war es Hanns, oder brachen beide Schüsse gleichzeitig?

Ditzen untersucht seine Waffe. Der Schuß ist heraus. Was nun? Er bemüht sich erfolglos, eine neue Patrone in den Lauf zu schieben. Er ruft nach von Necker. Der Freund kommt und hilft ihm, das Tesching erneut zu laden. Mit einem leichten Schlag auf die Schulter verabschiedet sich Hanns Dietrich wieder und geht auf seinen Platz zurück.

Erneut gibt Ditzen das Kommando und schießt in die Richtung, in der von Necker verschwunden ist. Wiederum hallt es von den Bergen zurück.

Plötzlich fällt Ditzen auf, daß der Schattenriß vor ihm nicht mehr zu sehen ist. Er macht ein paar unsichere Schritte vorwärts, um den Freund zu suchen. Er geht vorsichtig, die Waffe halb erhoben, als ob er einen Hinterhalt vermute. Auf den Gedanken, den anderen getroffen, verwundet oder gar getötet zu haben, kommt er gar nicht.

Dann sieht er Necker mit schmerzverzerrtem Gesicht am Boden liegen. Er will ihm aufhelfen. Doch der Freund hält beide Hände vor der Brust und krümmt sich vor Schmerzen. Er formt mit Mühe die Worte: »Schieß noch einmal, Harry!«

Nun erst erwacht Ditzen. Das war nicht ausgemacht! Es sollte ein Doppelselbstmord sein, bei dem keiner die Last des Überlebens tragen muß. Ditzen gerät in Panik. Er ergreift den Revolver des Freundes und schießt, mit seitlich abgewendetem Gesicht, noch einmal in dessen Richtung. Wieder hört er das vielfache Echo. Aber dann ist es ruhig; der Kopf des Freundes ist zurückgefallen, das Stöhnen verstummt.

Ohne zu zögern, richtet Ditzen den Revolver auf sich, schießt zweimal rasch hintereinander.

Dann verliert er das Bewußtsein.

Rudolf Ditzen wird von einem Bauern gefunden, der in der Nähe gearbeitet und die Schüsse gehört hat. Er wird in das nahegelegene Dorf Eichfeld und von dort mit lebensgefährlichen Verletzungen in das Rudolstädter Krankenhaus gebracht. Hanns Dietrich von Necker ist zu diesem Zeitpunkt bereits tot. Spätere Untersuchungen ergeben, daß der erste, aus größerer Entfernung abgegebene Teschingschuß tödlich war; die zweite Verletzung, aus nächster Nähe verursacht, »ist eine harmlose Quetschwunde und ungefährlicher Natur«.

Rudolf Ditzen ist schwer verletzt. Ein Schuß ist in die Lunge gedrungen, der andere hat das Herz gestreift. Viele Stunden lang hängt sein Leben am seidenen Faden. Wenn es mit rechten Dingen zuginge, müßte er tot sein, sagen die Ärzte. Aber eine winzige Chance ist da noch, man wird sehen . . .

Der zu Tode erschrockene Oberst, der seine Mitschuld an

dem Unglück beklagt, schickt ein Telegramm an die Eltern. Sie sind erschüttert, aber der erste Gedanke der Mutter ist: »Gott sei Dank, wenigstens nichts Sexuelles!«

Das Städtchen hat seine Sensation, die Presse berichtet ausgiebig. Die Journalisten ergehen sich in zahlreichen Vermutungen über die Hintergründe: Handelt es sich um ein politisch motiviertes Verbrechen? Liegt eine Liebestragödie vor? Hat Ditzen den Freund aus Haß gegen Adel und Standesdünkel ermordet?

Gegen Ditzen wird Anklage wegen Mordes erhoben und eine gerichtliche Untersuchung eingeleitet.[9]

Die aufgefundenen Briefe der beiden, die Duellkarten und der von Ditzen verfaßte »Dramenvertrag« sowie die in einer Regentonne im Busseschen Garten gefundenen Gedichthefte machen die Sache eher verworrener denn klarer.

Auch die überregionale Presse bedient sich des Vorgangs. Die *»Berliner Abendpost«* vom 19. Oktober 1911 berichtet über das Ereignis ausführlich auf der Titelseite, neben der Erklärung des Reichskanzlers Bethmann Hollweg (!) zur außenpolitischen Lage und einem Bericht über die Schlacht bei Hankau. Kritische Stimmen am Schulsystem werden wieder laut.*

Zu ernsthaften Untersuchungen in dieser Richtung kommt es allerdings nicht. Der Vorgang wird als individuelles Versagen behandelt.

Ditzen selbst kann wochenlang keine Auskunft über Hergang und Motive der Tat geben. Er ist nach einer Woche

---

* »Die blutige Tat der beiden Gymnasiasten wird aufs neue alle diejenigen Menschenfreunde erschüttern und zum Nachdenken anregen, die sich schon aus Anlaß so mancher Schülerselbstmorde der letzten Zeit mehr als bisher mit dem Seelenleben der Schüler unserer höheren Lehranstalten beschäftigt haben«, schreibt die *»Rudolstädter Zeitung«* vom 18. 10. 1911.

außer Lebensgefahr, aber nur langsam kehren Erinnerungsvermögen und Lebenswille zurück.

Was erwartet ihn nun?

»Selbst im Falle einer Genesung wird er schwerer gerichtlicher Strafe und einer vernichteten Existenz gegenüberstehen«, prophezeit die *»Schwarzburg-Rudolstädter Zeitung«*. Vor der Tür des Krankenhauses warten der Staatsanwalt mit dem Haftbefehl und der Psychiater mit einer Einweisung zur Untersuchung des Geisteszustandes.

Für Rudolf Ditzen geht mit diesem tragischen Vorfall die Schulzeit zu Ende – ohne Abschluß. Wird er, wie befürchtet, die Schule als Verbrecher oder als Irrsinniger verlassen?

Wilhelm Ditzen hat, unmittelbar nachdem der Haftbefehl gegen seinen Sohn am 24. Oktober 1911 erteilt war, den beiden Rudolstädter Rechtsanwälten Paul Sommer und Paul Fambach die erforderliche Vollmacht zur Verteidigung gegeben. Er kommt mehrmals nach Rudolstadt, um mit den Anwälten die Führung des bevorstehenden Prozesses zu besprechen. Bei der Lage der Dinge erscheint es ihm am ratsamsten, die Verteidigung darauf aufzubauen, daß die Unzurechnungsfähigkeit Rudolfs nachgewiesen und ihm der Paragraph 51 des StGB zugebilligt wird.

So suchen denn auch die Aussagen der Mutter und anderer Zeugen in der Voruntersuchung den Eindruck zu erwecken, als handele es sich bei den psychischen Defekten des Sohnes ausschließlich um eine Erb- und Familienkrankheit.*

---

* So gibt die Mutter, nachdem sie ausführlich die Krankengeschichte des Sohnes dargestellt hat, zu Protokoll: »In unserer Familie sind mehrere Fälle abnormen Geisteszustandes vorgekommen. Mein Bruder hat sich als Student das Leben genommen, weil er, wie er angab, fürchtete, geisteskrank zu sein. Auch eine Schwester meines Vaters soll sich das Leben genommen haben. Unter den Verwandten meines Vaters fanden sich mehrere eigentümliche Menschen.«

Rudolf Ditzen kommt den taktischen Überlegungen des Vaters unbewußt dadurch entgegen, daß er keinerlei Reue- oder Schuldgefühl zeigt, sondern im Gegenteil zeitweilig eine »im Hinblick auf seine Tat unmotivierte Heiterkeit« an den Tag legt.

Den für den Psychiater geschriebenen Lebenslauf beschließt Rudolf mit den Sätzen: »Ich fing mit Unlust diese Lebensbeschreibung an, diese Erzählung eines Lebens, das nie zart und schön, sondern stets ekelhaft und krankhaft war. Aber ich sah mit Staunen, wie sich eins fein aufs andere aufbaute und daß von frühester Jugend an alles diese Tat vorbereitete, ja ahnen ließ. Hatte ich bis jetzt nur die Rückseite des gewobenen Lebens gesehen, auf der alle Fäden wirr und unenträtselbar durcheinander schossen, so sah ich jetzt die rechte Seite und sah, daß alles sinngemäß war und alles kam, wie es kommen mußte.«

Die krampfartigen Zwangsvorstellungen sind weg; der Kopf ist wieder frei für eigene Gedanken.

Wie der junge Mann mit seiner Schuld am Tod eines Menschen in der Zukunft zurechtkommt, ob er es lernen wird, seine Zwangsideen zu beherrschen und sich nicht von diesen treiben zu lassen – diese Fragen sind damit nicht beantwortet. Dazu braucht es außer eines starken eigenen Willens auch einer verständnisvollen, hilfsbereiten Umwelt und wirklicher Freunde.

Adalaide Ditzen, die Schwester des Vaters, sagt u. a. aus: »Meine Mutter ist 12 Jahre lang rückenmarksleidend gewesen und hat öfters den Wunsch bestätigt, Selbstmord zu begehen. Ein Sohn der Schwester meiner Mutter ist im Irrenhaus gewesen, und mehrere ihrer Schwestern waren hochgradig hysterisch. Die Mutter des Angeschuldigten leidet seit über 10 Jahren an schweren Depressionszuständen, die vielleicht durch eine leichte Epilepsie verursacht sind ...« usw.

Zwischen

Duell und Lehrzeit

In seinem ausführlichen Gutachten gelangt Professor Binswanger von der Universitätsklinik Jena zu dem Schluß, Ditzen habe sich »zum Zeitpunkt der Begehung der inkriminierten Handlung . . . in einer Gemütsdepression mit ausgesprochenen Zwangsvorstellungen« befunden.

Ditzen wird nach diesem Gutachten der Paragraph 51 des StGB zugebilligt und seine Einweisung in eine geschlossene Anstalt verfügt. Durch Binswanger wird Wilhelm Ditzen auf die »Heilanstalt für Nerven- und Gemütskranke« in Tannenfeld aufmerksam gemacht, die von einem seiner Schüler, Dr. Arthur Tecklenburg, geleitet wird.

Justiz- und Presseorgane schließen im Januar 1912 die Akte Rudolf Ditzen – vorläufig. Die »LEIPZIGER NEUESTEN NACHRICHTEN« nehmen auf das Gutachten Bezug und folgern abschließend: »Ditzen war hiernach zur Zeit der Tat geisteskrank und ist es noch heute, so daß sich jedenfalls seine dauernde Unterbringung in einer Irrenanstalt nötig machen wird.«

Sein weiteres Schicksal scheint beschlossen und besiegelt. Da fallen die Zeitungsberichte über die »Rudolstädter Gymnasiasten-Tragödie« in Rom der 53jährigen Schwester Wilhelm Ditzens, Adalaide, in die Hände. Ohne die näheren Umstände zu kennen, bietet sie der Familie ihre Hilfe an. »Tante Ada« ist unverheiratet und arbeitet am Römischen Policlini-

cum als Assistentin des italienischen Chirurgen Professor Bastianelli. Sie ordnet ihre persönlichen Angelegenheiten und fährt nach Jena.

Am 2. Februar 1912 machen sich von dort aus Adalaide Ditzen und ihr Neffe Rudolf auf den Weg zu der Heilstätte, die dem Reichsgerichtsrat Ditzen als »überaus geeignet« für die Genesung seines Sohnes empfohlen wurde.

5

Die Lehrzeit

Tannenfeld, an der Fernverkehrsstraße Nr. 7 zwischen Ronneburg und Schmölln gelegen, ist Literaturhistorikern nicht ganz unbekannt. Hier lebte zu Beginn des 19. Jahrhunderts auf ihrem Sommerschlößchen die Herzogin Dorothea von Kurland, die im benachbarten Löbichau ihren ständigen Sitz hatte. Dorothea und ihre ältere Schwester, Elisa von der Recke, scharten zahlreiche Kunstfreunde und Dichter um sich. Zu denen, die sich während der Sommermonate in diesem »Klein-Weimar« in Löbichau und auf dem Tannenfeld einfanden, gehörten Christian August Tiedge, Christian Gottfried Körner, sein Sohn Theodor Körner, Johann Friedrich Schink, Jean Paul und der Buchhändler F. A. Brockhaus. Auch Geheimrat Goethe sah gelegentlich von Weimar herüber und fühlte sich in Tannenfeld »recht heimisch«. Mit dem Tode der Herzogin Dorothea von Kurland im Jahre 1821 zerfiel der »Löbichauer Dichterkreis« bald wieder.

Jean Paul hatte 1819 begeistert geschwärmt, »ein lieblicheres, mehr italienisches, heiteres Landgut als in Tannenfeld« könne man sich kaum vorstellen.

Rudolf Ditzen, der dieses reizvolle Fleckchen Erde in den Februartagen des Jahres 1912 erstmalig in Begleitung seiner Tante betritt, wird Tannenfeld kaum so paradiesisch gefunden haben wie Jean Paul oder wie Christian August Tiedge, der es so beschreibt: »Eine, an der Straße nach Ronneburg sanft aufsteigende Anhöhe, das Tannenfeld genannt, wurde späterhin mit einem freundlichen Gartenhaus gezieret, welches weite, reiche Aussicht beherrscht. Die zerstreuten alten Baumgruppen umher, durch junge Zwischenpflanzungen vereinigt, entwickelten bald einen labyrinthischen Park. So stellte nun das Ganze nach seiner äußeren Gestalt das Werk eines schöpferischen Geistes dar, welcher mit Wucherzinsen gleichsam der Natur zurückgab, was sie darzubieten vermocht hatte.«

Ditzen hingegen wird bei seiner Ankunft in Tannenfeld weder für die großartige Aussicht auf das Westerzgebirge mit dem Auersberg noch für den schönen Park besonderes Interesse gezeigt haben. Hingegen werden ihm der hohe, feste Zaun um das Gelände und die starke Pforte nicht entgangen sein.

Tannenfeld ist seit 1899 ein Privatsanatorium, das sich im Besitz von Medizinalrat Dr. Tecklenburg befindet. Zum Anstaltsgelände gehören fünf Villen und mehrere Wirtschaftsgebäude; das von Tiedge erwähnte Gartenhaus, »Schlößchen« genannt, bildet den gesellschaftlichen Mittelpunkt. Hier befinden sich der Speisesaal, eine kleine Bibliothek, das Spielzimmer und weitere Klubräume. Die abgeschiedene, idyllische Lage am Hang der Sprotte, eine vorzügliche medizinische Betreuung, die mit 60 Patienten relativ niedrige Kapazität der Anstalt, nicht zuletzt aber ein monatlicher Pensionspreis von 210 bis 450 Mark, sichern dem »Kurhaus Tannenfeld« eine gewisse Exklusivität. Illustre Namen* finden sich in der Patientenliste; junge Frauen und Männer aus »gutem Hause« machen das Gros der Kranken aus.

Ditzen erhält auf Grund seiner labilen psychischen Verfas-

* Unter den Tannenfelder Patienten befanden sich u. a. eine Prinzessin von Preußen, die Herzogin von Mecklenburg, eine Tochter Ernst Haeckels.

sung in der isolierten Abteilung ein Einzelzimmer und einen eigenen Pfleger. Über seinen Krankheitsverlauf wird eine umfangreiche Dokumentation angelegt.[10]

Rudolf hat in den ersten Wochen erhebliche Schwierigkeiten, sich mit seinem Los abzufinden und dem Anstaltsalltag anzupassen. »Tante Ada«, die in einem Gästezimmer des Sanatoriums wohnt, sucht ihrem Neffen die Eingewöhnung zu erleichtern. Aber er ist auch ihr gegenüber launisch, mißtrauisch. So duldet er z. B. keinerlei »Übergriffe« in sein kleines Privatreich. Die Tante berichtet dem Anstaltsleiter darüber: »Rudolf erlaubt schon seit dem Aufenthalt in Jena ungern, daß ich seine Bücher berühre. Die englische Grammatik habe ich nie durchblättern dürfen. Muß ich einmal etwas darin nachsehen, so hält er das Buch krampfhaft mit beiden Händen fest und gestattet mir einen kurzen Blick hinein. Als seine Schwester ihn besucht, wurde dieser sofort die ›Hausordnung‹ mitgeteilt, mit dem Bemerken, ›Tante Ada ist schon eingefuchst und erlaubt sich keine Übergriffe mehr!‹ ... Als er (Mitte März) einen Augenblick das Zimmer verließ und ich währenddessen eins seiner Bücher vom Bord nahm und auf den Tisch legte, brachte er es erst wieder zurück auf den alten Platz, ›nun ist es, als ob nichts gewesen wäre‹, setzte sich hin, stand dann wieder auf und holte es von neuem.«

Bald treten auch die gefürchteten Zwangsvorstellungen wieder auf. Der Anblick von debilen und schizophrenen Menschen führt Ditzen in Versuchung, sich selbst in diese Rolle zu versetzen. Wie schon vor Jahren in Leipzig beobachtet sich Rudolf vor dem Spiegel, schneidet Grimassen und ahmt das Verhalten Geistesgestörter nach. Er trippelt mit kleinen Schritten auf und ab, rutscht mit dem Stuhl durchs Zimmer, lacht unmotiviert und kindisch. Erst als er diese Rolle so gut beherrscht, daß sich selbst seine Tante von ihm täuschen läßt, macht sie ihm keine Freude mehr, und er läßt von ihr ab. Er verfällt in einen lethargischen Zustand, trägt sich auch wieder mit Selbstmordabsichten und muß auf die Wachstation verlegt werden.

Eine sich häufig wiederholende Zwangsvorstellung beschreibt Ditzen Dr. Tecklenburg gegenüber folgendermaßen: »Ich träumte von dem älteren Bruder meines Freundes Nekker, der plötzlich vor mir stand und auf mich schoß. Davon wachte ich auf.« Dieser Traum verfolgte ihn auch tagsüber auf den Spaziergängen: »Ich saß allein im Park auf der Bank, plötzlich raschelte es hinter mir in der Hecke. Sofort hatte ich den Gedanken: Jetzt steht der ältere Necker hinter dir und will auf dich schießen. So stark war das Gefühl, daß ... ich sogar schon die Stelle empfand, an die er mich treffen würde ...« Von der beängstigend genauen Vorstellung bis zur Zwangshandlung ist es nicht weit. Er verläßt den Park und geht ins Musikzimmer: »Plötzlich aber kam es mir so vor, als ob jemand hinter dem Fenster stände und mich da hindurch beobachtete. Das ließ mich nicht eher in Ruhe, als bis ich mich so gesetzt hatte, daß man mich vom Fenster aus nicht mehr sah.«

Immer noch befindet sich Ditzen auf der Flucht vor seinen Träumen und Einbildungen.

Adalaide Ditzen beobachtet die Entwicklung des Neffen mit Besorgnis. Sie versucht, den Jungen durch Arbeit und Beschäftigung von seinen Angstträumen abzulenken. Sie nimmt seinen Hang zur Literatur nicht als eine einseitige Neigung, sondern zeigt für dieses Interesse Verständnis. Allmählich weckt sie die Achtung des jungen Menschen vor dem Leben.

Von der zweiten Woche des Tannenfeld-Aufenthaltes ab erteilt Adalaide Ditzen Rudolf Unterricht in englischer, französischer, zeitweilig auch in italienischer Sprache. Sie selbst spricht eine Reihe weiterer Sprachen, darunter russisch und japanisch.

Wenn »Tante Ada« nach dem Unterricht oder an den langen Abenden von ihren Freunden in Rom erzählt, hört Rudolf interessiert zu. Vergessen sind dann die Depressionen, die Flucht- und Selbstmordgedanken. Ihm tut sich eine neue Welt auf. In den Erzählungen der Tante erscheinen bedeutende Namen: Alexander Herzen, Malwida von Meysenbug, Friedrich Nietzsche, Giuseppe Garibaldi, Franz Liszt, Gabriel Monod, Romain Rolland, Richard Wagner.

Adalaide Ditzen schloß sich Mitte der neunziger Jahre dem progressiven Kreis um Malwida von Meysenbug an, zu dem auch Herzens Töchter Olga Monod und Natalie Herzen sowie Nadine Helbig, eine Tochter des Malers Wilhelm von Kügelgen, zählten. Zeitweilig gehörte auch Friedrich Nietzsche zu dem Kreis, aber sein aggressiv-reaktionäres Gebaren schreckte die Damen ab, die im Hause Malwidas oder Adalaides zusammenkamen, klöppelten und sich von dem Schweizer Lyriker Emanuel Zäslein aus demokratischen Schriften vorlesen ließen.[11]

Die italienischen Erlebnisse und Erfahrungen läßt »Tante Ada« unmerklich in die Erziehung und Ausbildung ihres Neffen einfließen. Sie macht ihn zudem auf Wilhelm Raabe, Theodor Fontane, Jean Paul und Charles Dickens aufmerksam. Manches vergißt Ditzen bald wieder, anderes – z. B. Raabe oder Jean Paul – bleibt unauslöschliches Bildungsgut dieser Jahre.

Als Ada Ditzen im Juli 1912 wegen eines periodisch auftretenden Heufiebers Tannenfeld verlassen und in dem Nordseebad Juist Erholung suchen muß, ist Rudolf bald wieder unselbständig und hilflos. Er arbeitet nicht mehr an seinen Sprachlektionen; eine Liebesaffäre mit der Hauslehrerin von Dr. Tecklenburgs Kindern macht ihn wehleidig und unglücklich. Er unterzeichnet seine Briefe an die Tante wieder mit »Harry« – ein deutliches Zeichen, daß er sich in einer ähnlichen Verfassung wie im Herbst des Vorjahres befindet.

Sobald die Tante zurückkehrt, wird sein Verhalten ausgeglichener.

An seinem 19. Geburtstag, am 21. Juli 1912, findet Rudolf Ditzen unter den Büchergeschenken der Tante auch Romain Rollands Biographie *»Das Leben des Michelangelo«* in der Originalsprache. Rudolf beginnt, zunächst nur für sich, das Buch zu übersetzen, das die Tante für Rollands bisher bestes Werk hält. Auch er findet rasch Zugang zu diesem Buch. Irgendwann zwischen Juli und Oktober 1912 wird dann die Idee geboren, das Übersetzen nicht nur als Sprachübung zu betreiben, sondern einen Verlag dafür zu interessieren, das Buch in deutscher Sprache – in Rudolf Ditzens Übertragung – herauszubringen. Zunächst ist es nur ein unbestimmter Plan, aber die Tante bestärkt ihren Neffen in dieser Idee.[12]

Nach Tante Adas Auffassung sind für den Schriftstellerberuf zwei Voraussetzungen unerläßlich: die genaue Kenntnis des Lebens und die meisterhafte Sprachbeherrschung. Da für ersteres die Möglichkeiten in Tannenfeld stark eingeschränkt sind, versucht die Tante, Rudolfs Liebe zum Wort zu wecken, seine Beobachtungsgabe für Präzision und Schönheit im Umgang mit der Sprache zu schärfen.

Rudolf wird bald auch vom Gegenstand der Rollandschen Darstellung gefesselt. Er überträgt Wort für Wort, Zeile für Zeile des Originals ins Deutsche. Das Vorwort des Verfassers kennt er bald auswendig, so den Satz: »Man hat sich sein Wesen nicht aussuchen können, man hat weder begehrt zu leben, noch das zu sein, was man ist.« Ditzen empfindet gerade für sich als Wahrheit, was hinter dieser Maxime steckt. Aber er ist nun bereit, das aufgezwungene Leben zu ertragen und daraus das Beste zu machen. Er arbeitet fleißig, sechs bis acht Stunden am Tag. Seine Tante ist mit ihm zufrieden.

Die Arbeit wird tagsüber nur unterbrochen, wenn sie zu den gemeinsamen Mahlzeiten in den Speisesaal gehen. Hier hält sich das ungleiche Paar meist abseits, sucht keinen Kontakt zu den anderen Anstaltsinsassen.

Der einzige, außer der Tante, zu dem Rudolf großes Vertrauen hat, ist Dr. Tecklenburg. Der Direktor hat den günstigen Einfluß, den die Tante auf den Patienten ausübt, längst bemerkt. Auch zwischen dem Arzt und Adalaide Ditzen entwickelt sich im Verlaufe der Tannenfeld-Zeit eine enge freundschaftliche Beziehung, die noch lange nach Ditzens Fortgang weiterbesteht.*

Im Oktober 1912 wendet sich Rudolf Ditzen an Romain Rolland in Paris, um von ihm das Recht zur deutschen Übersetzung seines »Michelangelo« zu erhalten. Daraufhin kommt es vorübergehend zu einem Briefwechsel zwischen Rudolf Ditzen und Romain Rolland.[13]

Ditzen weiß, daß von Rollands Autorisation viel für ihn abhängt. Er hat sich, ohne die Antwort aus Paris abzuwarten, an den bekannten Verleger Eugen Diederichs in Jena gewandt und ihm die Übersetzung angeboten. Da er nicht sicher ist, eine Antwort zu erhalten, schreibt er weitere Briefe: an den Verleger Albert Langen in München und an den Xenien-Verlag in Leipzig. Er hat, wie er in seinem ersten Brief Rolland mitteilt, »die Frechheit, nur an die angesehensten und größten deutschen Verlagsanstalten zu schreiben«.

Die Antworten der Verlage fallen unterschiedlich aus: Der Albert Langen Verlag München schlägt das Angebot ganz aus und macht darauf aufmerksam, daß es schon einen anderen Bewerber um die Übersetzungsrechte gibt, der auch die Auto-

* Als sich Adalaide Ditzen im März 1918 als Sprachlehrerin an der Universität Marburg bewerben will, bittet sie Dr. Tecklenburg um ein Empfehlungsschreiben, und er bescheinigt ihr »vorzügliche Charakter- und Geisteseigenschaften, Zuverlässigkeit, Gewissenhaftigkeit und hohe ethische Lebensauffassung sowie große intellektuelle Begabung«.

risation von Rolland besitzen soll.[14] Der Xenien-Verlag bittet schlicht um die Übersetzung des Gesamtmanuskripts, ohne die geringste Verbindlichkeit einzugehen.[15] Von Eugen Diederichs aber erhält Ditzen ein persönliches Schreiben, das ihn ermuntert, eine Übersetzungsprobe einzureichen und seine Honorarwünsche mitzuteilen.[16]

Ditzen beeilt sich, Rolland diesen neuen Sachverhalt mitzuteilen. Mit der vagen Aussicht auf das Zustandekommen des Projekts bricht seine alte Selbstüberschätzung wieder hervor. Der Ton, den er dem Schriftsteller gegenüber in seinem zweiten Brief anschlägt, ist entschiedener, nicht mehr bittend: »Sehr geehrter Herr, endlich komme ich dazu (!), Ihnen für Ihren freundlichen Brief zu danken.« Ditzen erweckt den Eindruck eines vielbeschäftigten jungen Mannes und bekennt, daß der erste Brief Rollands seinen »Stolz und Hochmut« herausgefordert habe. »Und nun habe ich Ihnen eine freudige Mitteilung zu machen«, fährt Rudolf fort. Bei der Nachricht, die allein für ihn freudig ist, handelt es sich um Diederichs' vorläufige Zusage. Sodann kommt Ditzen zum Kern der Sache, den Finanzen, und gesteht: »Ich habe nicht das geringste Geld, das ich hineinstecken könnte.«

Dennoch ist er entschlossen, die sich bietende Gelegenheit gut zu nutzen. Er will es zu etwas bringen, noch bevor er die Anstalt verläßt.

Auf Rolland ist er mehr oder weniger zufällig gestoßen. Einerseits ahnt er, daß Rollands Bücher in Deutschland eine große Zukunft haben werden, andererseits hat ihm die Bekanntschaft zwischen Ada Ditzen und dem Schriftsteller einen Weg geebnet. Die Stelle Rollands könnte auch Maurice Maeterlinck oder Gustave Flaubert oder Alphonse Daudet einnehmen, denn Ditzens Interesse ist noch nicht gefestigt oder auf einen bestimmten Gegenstand gerichtet.

Die Aussicht auf Erfolg beflügelt seine Energie. Ditzen läßt

Briefköpfe drucken, auf denen er sich als »Schriftsteller« bezeichnet – Kredit auf die Zukunft. Seit er aus dem *»Michel-Ange«* überträgt, hat sein Anstaltsalltag einen Sinn bekommen. Er nimmt sich ein tägliches Pensum vor und arbeitet bis zum Abend unter Anleitung seiner Tante an der Übersetzung. Seine Krankenakte bleibt von nun an geschlossen; die letzte Eintragung des Pflegers lautet am 15. Juli 1912, ein ganzes Jahr vor der Entlassung aus Tannenfeld: »Ruhig und geordnet.«

Am 2. November trifft ein zweiter Brief von Rolland ein, der mit einem Schlag alle Hoffnungen zerstört. Er enthält die Nachricht, daß nicht Ditzen, sondern der zweite Bewerber um die Übertragungsrechte das Rennen gemacht hat.

Rudolf schreibt in bitterem Ton an Rolland zurück: »So wie Ihr Michelange ringt und kämpft und unterliegt und wieder ringt und kämpft und unterliegt, so haben auch Sie und wir alle, die wir Künstler sind oder werden wollen, gerungen, gekämpft und sind unterlegen.«

Vor allem aber bedauert er die zerstörte Hoffnung, sich in literarische Kreise einführen zu können: »Und die Aussichten, die sich durch diese Arbeit für mich eröffneten! Durch diese Übersetzung Ihres Buches hätte ich mir einen Namen gemacht, ich wäre nicht mehr ein unbekannter Schreiberling gewesen, ich wäre der Übersetzer Romain Rollands gewesen.«

Lange verweilt Rudolf Ditzen allerdings nicht bei seiner Niederlage. Noch im selben Brief nutzt er die einmal geschlossene Bekanntschaft, um Rolland ein neues Vorhaben zu unterbreiten: »Schon damals, als Sie mir schrieben, daß sich noch ein zweiter um die Übersetzung Ihres Buches bewerbe, dachte ich an Ihren *›Beethoven‹*. Ich will ganz offen sein. Ich kenne das Buch nicht, ich besitze es nicht. Und wenn seine Übersetzung musikalische Fachkenntnisse verlangt, muß ich darauf verzichten. Denn davon habe ich keine Ahnung. Sollte das

Buch aber noch nicht zur Übersetzung vergeben sein, so bitte ich Sie herzlich darum. Und uns in Deutschland fehlt gerade ein gut geschriebenes Buch über Beethoven. Man müßte wieder von vorn anfangen. Aber der Mut und der Trieb in mir wollen es nun einmal so.«

Indes: Auch für die Übertragung des Rollandschen Beethoven-Buches sind die Rechte längst vergeben, auch hier kommt Ditzen zu spät.

Einen dritten Anlauf, sich etwa um die Rechte für den *»Jean Christophe«* zu bewerben, wagt er nicht; auch erscheint ihm dieses Unternehmen wegen seines Umfangs zu aufwendig.

Doch sein jugendliches Streben ist jetzt unbeugsam. Da es noch nicht auf etwas Bestimmtes gerichtet ist, verträgt es die Niederlagen ohne sichtbare Folgen. Ditzen läßt das Übersetzen vorerst ganz* und wartet nicht länger auf Wunder und Zufälle. »Mir geschehen sie sicher nicht. Und ich will sie auch nicht. Ich will durch mich weiter und nicht durch Zufälle«, schreibt er abschließend an Romain Rolland.

Aber auch die ersten Versuche, eigene Gedanken aufzuschreiben und zu publizieren, sind nicht sonderlich erfolgreich: Kurz vor Weihnachten sendet er einen Artikel an die *»Tägliche Rundschau«*, der seine Ansichten zu einem in die-

* Später hat Rudolf Ditzen noch einige Male Übersetzungen angefertigt. So spricht sich Adalaide Ditzen in einem Brief an Dr. Tecklenburg vom 3. 7. 1917 lobend darüber aus, daß Rudolf eine »sehr schöne, formvollendete Übersetzung des ‚Sivcondo‘ von Gabriele d'Annunzio« aus dem Italienischen (!) geschrieben habe.

1936, als die Faschisten ihm die Möglichkeit zur Publikation von eigenen Werken stark einschränken, übersetzt Ditzen nach Vorlagen seiner Tante aus dem Englischen (!) zwei Bücher von Clarence Day: *»Life with Father« (»Unser Herr Vater«, 1936)* und *»Life with Mother« (»Unsere Frau Mama«*, 1938).

ser Zeitung veröffentlichten Essay über französische Literatur in Deutschland enthält.[17] Noch einmal soll der Briefwechsel mit Rolland ihm helfen und die anderen auf ihn aufmerksam machen. Ditzen bricht eine Lanze für Rolland, erweckt den Eindruck, die ganze französische Literatur bestens zu kennen, und wirft dem Verfasser des Essays Einseitigkeit in der Berichterstattung vor. Er lobt den *»Jean Christophe«*, den er gerade von Rolland erhalten hat, führt ihn als Gegenbeispiel zu den in der Zeitschrift genannten kritikwürdigen Titeln an: »Wie ich dieses Buch las, mußte ich immer wieder an ein Wort denken, das er mir einmal schrieb: Voyez-voús: Les braves gens de tous les pays se ressemblent. Je me trouve chez moi partout en Europe.«*

Erst am 10. Februar 1913 erhält Rudolf Ditzen überhaupt eine Antwort auf seine Einsendung. Mit drei Sätzen sucht man beim Verfasser um Entschuldigung nach, daß die »freundschaftliche Einsendung in der Hitze der vorweihnachtlichen Arbeiten liegengeblieben« ist. Man sendet sie »nachträglich mit bestem Dank und vorzüglicher Hochachtung« an den Autor zurück.

Zufall oder Absicht?

Der wahre Grund für die Ablehnung dürfte ein anderer gewesen sein. Am Schluß des Artikels nämlich zieht der junge Ditzen sein etwas naives Resümee: »Wer das Buch gelesen hat, wird anderes von unseren Nachbarn jenseits des Rheins denken und ihnen über alle Streitigkeiten unseres Tages hinweg die Hand schütteln als tüchtiger Mann, der den anderen ebenso tüchtig grüßt. Rudolf Ditzen.«

Solche Worte, achtzehn Monate vor dem großen Weltbrand geschrieben, mögen den Redakteuren der Rundschau denn

* »Sehen Sie: Die braven Leute ähneln sich in allen Ländern. Ich fühle mich überall in Europa zu Hause.«

doch entschieden zu versöhnlerisch und defätistisch geklungen haben. Es riecht bereits brenzlig in Europa. In diese Dinge hat Ditzen von Tannenfeld aus keine Einsicht. Er denkt auch nicht viel über die Gründe seiner Mißerfolge nach. Kommt eine Absage, so gibt er sich zufrieden und probiert etwas Neues. So fängt er in Tannenfeld vieles an, auch wenn sich ein Ergebnis noch nicht einstellt. Er bietet dem Xenien-Verlag eine Übersetzung von Rossetti-Gedichten aus dem Italienischen (!) an, er offeriert »zwei eigene Werke«, die er offenbar noch gar nicht geschrieben hat und auch nie schreiben wird. Dabei ist es ihm mit allem, was er schreibt, vorschlägt und zusagt, in dem Moment, da er es tut, völlig ernst. Er ist überzeugt, das, was er verspricht, auch halten und erfüllen zu können. Er traut sich viel, zu viel zu. Immer fehlt es an Geduld, am Willen, eine Sache bis zu ihrem Ende durchzustehen.

Bei anderen Projekten, die schon in greifbare Nähe gerückt scheinen, gibt es objektive Gründe für die Absagen: So geht den Partnern entweder das Geld aus, oder sie haben Weisung, bei der allgemein unsicheren Lage keine neuen Verträge zu schließen.

Die literarische Bilanz der achtzehn Tannenfelder Monate ist jedenfalls am Ende gleich Null. Aber es sind wichtige Anläufe, die Ditzen hier unternimmt, und sie kommen aus einer anderen Richtung als in Rudolstadt.

Im Sommer 1913 geht der Aufenthalt in der Heilanstalt für Nerven- und Gemütskranke seinem Ende entgegen. Dr. Tecklenburg ist überzeugt, daß auch jetzt noch die von Professor Binswanger in Jena festgestellte »degenerative psychopathische Constitution« fortbesteht. Dennoch unternimmt er den Versuch, »Ditzen dem sozialen Leben wiederzugeben und ihn vielleicht doch noch zu einem nützlichen Gliede der menschlichen Gesellschaft zu machen«. Ausschlaggebend dafür sind —

wie er in einem Gutachten[18] schreibt — »die genaue Kenntnis des Menschen und Kranken selbst« sowie die Tatsache, daß sich sein Zustand wesentlich gebessert hat. Der Arzt erklärt, daß sein Bestreben während der Behandlungszeit dahin ging, den »sich selbst überschätzenden, einem krankhaften Affektleben unterliegenden jungen Mann zu lehren, nüchtern und klar die Grenzen seiner Persönlichkeit zu erkennen, sich zu beherrschen, das Affektleben durch Verstandestätigkeit zurückzudrängen, geordnet zu leben und sich einer praktischen Tätigkeit zuzuwenden«. Er würdigt das Verdienst der Tante, die diese »langsam umbildende Tätigkeit« des Arztes in selbstloser Weise unterstützte und »durch ihr reiches Wissen in systematischem Unterricht in mehreren fremden Sprachen den Kranken zu geordneter Arbeit und Erwerbung von realen Lebenswerten erzog«. Tecklenburg ist überzeugt, daß es Ditzen gelingen wird, sich weiter vorwärtszuarbeiten. Er rechnet Rudolf jenen Fällen zu, »in denen derartige konstitutionell Minderwertige, die in der gefährlichen Zeit der Pubertät zu entgleisen und seelischer Erkrankung zu verfallen drohten, diese für sie ominöse Periode ihres Lebens doch noch glücklich überwinden, sich eine berufliche Zukunft gründen und mit zunehmender körperlicher und seelischer Reifung bis auf ihre nervöse Anlage gesunden«.

Rudolf ist inzwischen 20 Jahre alt. Vielleicht zum ersten Mal stellt er sich bewußt die Frage: Was nun? Er hätte — nach dem väterlichen Lebensfahrplan — jetzt fast die Hälfte seines Jurastudiums bereits absolviert haben müssen — und hat doch nicht einmal das Abitur. Es noch nachzuholen, erscheint allen Beteiligten ein schier aussichtsloses Unterfangen. Zu groß sind die Lücken, vornehmlich in den Naturwissenschaften und Altsprachen. Ditzen selbst scheint die gänzliche Hoffnungslosigkeit eines solchen Versuchs damals bewußt gewesen zu sein. Jedenfalls urteilt er in der autobiographischen Skizze »*Wie ich Schriftsteller wurde*«: »Es stellte sich heraus, daß von meinen früher schon recht lückenhaften Kenntnissen ... nur noch sehr wenig vorhanden war. Es hätte Jahre gebraucht, um das Verlorene nachzuholen, und es waren damals noch Zeiten, in denen alles rechtzeitig zu geschehen hatte, das heißt, man machte sein Abitur mit achtzehn oder neunzehn Jahren und nicht mit zwei- oder dreiundzwanzig, das allein war Ordnung. Alles andere war Unordnung, und Unordnung, also aus einem zu späten Abiturienten konnte nie im Leben ein richtiger Student werden! So war das damals wirklich.«

Wieder ist es Tante Adalaide, die Rat weiß. Sie empfiehlt, Rudolf in die Landwirtschaftslehre zu geben. Er hat bei der Arbeit in der Anstaltsgärtnerei einiges Geschick bewiesen, auch manches Nützliche über Bestellung und Bodenbearbeitung sowie über den Rhythmus des Jahres in der Natur gelernt.

Der Vater ist einverstanden und bemüht sich gemeinsam mit Dr. Tecklenburg um eine Lehrstelle.

Am 15. September 1913 wird Rudolf Ditzen als Patient aus Tannenfeld entlassen. Auch wenn er zunächst noch eine Art Bewährungszeit absolvieren muß, während der er von Dr. Tecklenburg weiter betreut wird. Vater Ditzen hat inzwischen mit dem Besitzer des benachbarten Gutes Posterstein, Walter Hermann, korrespondiert und angefragt, ob eine Lehrstelle für den Sohn frei wäre. Die Antwort fällt günstig aus: Zum ersten Oktober wird der neue Eleve auf Posterstein erwartet.

Auch Adalaide Ditzen verläßt Tannenfeld. Sie hat in Marburg einen neuen Gegenstand ihres Samaritertums gefunden und wird einem blinden Studenten bei der Fertigstellung seiner Dissertation helfen. In einem langen letzten Gespräch bereitet die Tante ihren Schützling auf die nächste Phase seines Lebens vor. Sie versucht, noch einmal zusammenzufassen, was sie für wichtig hält: Die Felder und Wiesen Postersteins werden nun seine Schule sein; hier wird er seine Prüfungen bestehen müssen. Er soll versuchen, herauszufinden, was die Menschen bewegt, was sie ärgert und freut. Wenn er bei seinem Plan bleiben und über sie schreiben will, muß er sie gut kennen und ihre Arbeit achten.

Posterstein wird von Tannenfeld nur durch das reizvolle Tal der Sprotte getrennt. Das kleine Sommerschloß der Herzogin und die düstere, mittelalterliche Burg Posterstein stehen einander unmittelbar gegenüber, in Luftlinie nicht mehr als zwei Kilometer voneinander entfernt. Die Burg, auf dem sogenannten Steyn gelegen, befindet sich im Privatbesitz der Familie Hermann. Sie hat ihre militärische wie auch wirtschaftliche Bedeutung längst verloren und dient nur noch als Lagerhaus. Seit 1833 bewohnen die Hermanns ein komfortableres Herrenhaus neben der Burg.

Das Gut gehört mit einer Nutzfläche von nur 200 ha zu den kleinsten seiner Art; der Rittergutsbesitzer und sein Inspektor Schönekerl verwalten es.

Beide werden durch Dr. Tecklenburg in groben Zügen über Ditzens Vergangenheit aufgeklärt. Der Medizinalrat bittet die Herren, von diesem Wissen keinen Gebrauch zu machen, um den Heilprozeß nicht zu gefährden und dem Patienten die Wiedereingliederung zu erleichtern. Daran haben sich die Beteiligten allem Anschein nach gehalten, denn als Rudolf Anfang Oktober nach Posterstein kommt, rührt niemand an die alten Geschichten. Ditzen kann ganz unbefangen von vorn beginnen.

Die Position eines Eleven auf einem kleinen Rittergut ist

nicht sonderlich privilegiert, sie ist eher eine besonders harte Lehrzeit. Frühmorgens um fünf hat Ditzen im Kuhstall zu sein, um das Melken der Kühe zu überwachen. Ist das geschehen und die Milch zur Stadt unterwegs, so wird er zum Felddienst eingeteilt oder muß den Holzeinschlag beaufsichtigen.

Diese Jahre werden Ditzens eigentliche Schule. Er lernt die Landwirtschaft von Grund auf kennen. Er lauscht mit wachen Sinnen auf die Gespräche der Knechte, Mägde und Landarbeiter. Obwohl er nicht zu ihnen gehört, verlieren die Arbeiter bald die Scheu vor dem neuen Beamten.

Später schreibt Ditzen darüber in der Skizze *»Wie ich Schriftsteller wurde«*: »Wenn man ein halbes Jahr lang fast keine Stunde von dem verdammten Zuckerrübenacker herunterkommt, so gehört man eben zur Kolonne, man mag noch so sehr aus einem behüteten stillen Bürgerhaus kommen, jetzt ist man so eine Art Feldarbeiter geworden. Und wenn man auch zehnmal Beamter ist und das Kommando hat, die Leute wissen es doch, der muß ja schimpfen, oder der hat heute seinen schlechten Tag, man gehört dazu.«

Auf seinen langen, dürren Gamaschenbeinen steht er neben den Leuten, raucht eine Zigarette nach der anderen. Bald zählt der neue Eleve zum lebenden Inventar des Gutes, man nimmt sich vor ihm nicht sonderlich in acht, selbst wenn man ausgelassen und freimütig über die »Gnädige« herzieht oder sich über das Leuteessen beschwert. Nur selten beteiligt er sich an ihren Gesprächen. Seine Rolle beschränkt sich auf die eines stummen Zuhörers, der – mehr unfreiwillig – ihr Gerede anhören muß. Doch von jedem noch so unbedeutenden Geschwätz bleibt etwas in seinem Kopf haften, ob er es nun will oder nicht: die Art, wie einer spricht, oder seine Bewegungen beim Sprechen, ein Stück von einer Lebensgeschichte oder das Gesicht des Erzählers. Ditzens Kopf wird zu einem einzigen Speicher für Details, Episoden, Bilder und Gestalten.

So reiht sich ein Tag an den anderen. Rudolf Ditzen ist auf dem besten Weg, sich wieder ganz im Leben zurechtzufinden. Abends und an den Sonntagen geht er oft hinunter ins Dorf in »Simons Gasthof«, der unmittelbar unter der Burg liegt. Er hat sich mit den beiden Wirtstöchtern, Gerdi und Margarete, angefreundet und macht ihnen abwechselnd den Hof. Es sind harmlose, kleine Neckereien und Komplimente, die der Eigenliebe der beiden Mädchen schmeicheln.

Als er im Herbst wieder einmal die Gaststube betritt, bereitet Margarete mit ihrer Schwester gerade den Tisch für eine Familienfeier vor; sie hat ihren 18. Geburtstag. Rudolf gratuliert artig und wird daraufhin eingeladen, an der Feier teilzunehmen. Andere Mädchen aus dem Dorf kommen hinzu, die Geburtstagstorte wird gereicht. Beim Kaffeetrinken fragt Margarete, wann Ditzen seinerseits Geburtstag habe und sich revanchieren wolle. Da nimmt der junge Mann, ohne zu zögern, ein Inspektorbuch aus der Rocktasche, reißt eine Seite heraus und dichtet aus dem Stegreif:

»Wann mein Geburtstag ist,
das willst du wissen?
Warum, mein schönes Kind,
darum sich quälen müssen?
Wenn du nur mein gedenkst
früh, morgens und zur Nacht,
so hast du mich ja schon
ganz froh und lieb gemacht.«

Das Mädchen wird verlegen, als er die Zeilen vorträgt; die anderen sind begeistert, in dem Eleven einen Dichter zu sehen.

Gerdi ist gar ein wenig eifersüchtig und verlangt ebenfalls ein Gedicht. »Mit Ihnen, mein Fräulein, habe ich etwas weit Angenehmeres vor«, pariert der Eleve.

Er lädt die Mädchen zur Kirmes ein. Im Dorf ist Jahrmarkt: Zuckerbuden, Karussells; sogar ein Riesenrad ist aufgebaut worden. Ditzen spendiert »gebrannte Hummeln« und Zuckerwatte; Gerdi erhält ein großes Lebkuchenherz mit der Inschrift: »Ewig Dein!« Ditzen ist unbeschwert, wirklich glücklich.

Zum Erntedankfest wird in der kleinen Burgkapelle traditionsgemäß ein Dankgottesdienst mit anschließendem Abendmahl für die Leute vom Gut abgehalten, an dem alle Angehörigen, vom Herrn bis zum letzten Knecht, teilnehmen. Da Posterstein keinen eigenen Prediger hat, ist für den Gottesdienst Pastor Schultze aus Lohma herübergekommen.

Obwohl Ditzens Verhältnis zur Religion seit der Aussprache mit Dr. Braune eher noch ablehnender geworden ist, kann er sich nicht ausschließen. Auch am Empfang des Abendmahls nimmt er teil. In Gruppen treten die Gutsarbeiter und Beamten nach vorn und empfangen das Abendmahl. Unter den letzten geht Rudolf Ditzen mit dem Gutsherrn und dem Inspektor vor. Sie knien auf der kleinen, mit rotem Samt bezogenen Altarbank nieder.

»Empfangt die Himmelslust, die heilge Gottesspeise,
die auf verborgne Weise erquicket jede Brust«,

singt die Gemeinde zu dem Zeremoniell.

Aber der Leib Gottes geht an Ditzen vorüber, ohne ihn gestärkt zu haben. Die Oblate hat zwar für den Bruchteil einer Sekunde auch vor seinem Mund gestanden, aber sie wird sogleich weitergereicht an den Nachbarn.

Rudolf schaut hoch und sieht direkt in die Augen des Pastors: »Entferne dich. Du bist nicht würdig, die Speise des

Herrn zu empfangen«, sagt der Pastor halblaut, »an deinen Händen klebt Blut!«

Ditzen ist wie betäubt. Er kann nicht begreifen, was dieser unvermutete Angriff bedeuten soll. Auch Inspektor Schönekerl und Walter Hermann haben die Worte des Pastors gehört. Für sie kommt die brüske Zurückweisung des Eleven genauso überraschend. Als Ditzen auch der Kelch verweigert wird, erhebt er sich langsam. Und während der Chor wie zum Hohn singt: »Verwunden sind die Schmerzen, getröstet ist der Gram«, verläßt der Eleve langsam die Kapelle. Er ist ausgestoßen aus den Reihen der Bußfertigen, geht vorüber an den Bankreihen, aus denen ihm neugierige und erschrockene Gesichter entgegensehen.

Etwa zur gleichen Zeit fragt der Erste Staatsanwalt Bernhard aus Rudolstadt in Posterstein und Tannenfeld an, welche Maßnahmen die Verantwortlichen getroffen hätten, den früheren Unterprimaner Rudolf Ditzen »als gemeingefährlich dauernd in einer geschlossenen Anstalt unterzubringen«. Der Staatsanwalt regt eine »unauffällige polizeiliche Überwachung« an, da er Informationen erhalten habe, wonach Ditzen »in der Anstalt einen Wärter zu töten versucht« und auf dem Gut mehrere Arbeiter tätlich angegriffen habe.

Diese Anschuldigungen sind frei erfunden. Urheber der Verleumdungen ist offenbar derselbe Pastor Schultze aus Lohma, der ein Schwiegersohn des Superintendenten Dr. Braune aus Rudolstadt ist.

Das reichsrichterliche Gerechtigkeitsgefühl des Vaters gerät in Aufruhr; auch Dr. Tecklenburg schaltet sich ein und teilt dem Herzoglichen Landratsamt Ronneburg mit, daß es sich bei den Vorwürfen um eine unverständliche, unbegründete Denunziation handele und eine polizeiliche Überwachung Ditzens nicht erforderlich sei. Rudolf selbst reagiert auf den Vorfall zunächst gelassen; erst mit dem späteren Nachdenken wächst die Erregung.* Er ist nahe daran, wieder sein psychisches Gleichgewicht zu verlieren.

Wenn er über den Hof geht, glaubt er die Mägde und Knechte miteinander tuscheln zu hören. Als ihn in »Simons Gasthof« ein paarmal hintereinander Gerdi und Margarete nicht begrüßen, bildet er sich ein, sie meiden ihn. Bewegt sich nicht hin und wieder die kleine Gardine vor dem ovalen Fenster zu den Privaträumen der Familie? Stehen die Mädchen dahinter und beobachten den »Mörder«? Wo kann er vor sich und den anderen Ruhe finden?

Im August 1914, unmittelbar nach der allgemeinen Mobilmachung, meldet sich Rudolf Ditzen freiwillig zum Militärdienst, obwohl er bereits im März 1913 »beim Musterungsgeschäft für ›dauernd untauglich‹ vorgemustert« worden war. Der Weg in den Krieg wird ihm als der einfachste erschienen sein, erst einmal alles hinter sich zurückzulassen: die Landwirtschaft (die bei allen Erfolgen sein Ziel nicht ist), die Nachstellungen der Ronneburger und Rudolstädter Behörden. Vor

---

* Dr. Tecklenburg berichtet dem Vater: »In der vorigen Woche ist Rudolf hier gewesen, und ich habe bereits mit ihm über die ganze Angelegenheit gesprochen, habe ihm auch insbesondere von dem Schreiben des Staatsanwalts und des Landrates erzählt und ihm entsprechende Belehrungen darüber gegeben. Er faßt die Sache vernünftig auf, soll allerdings, wie mir Herr Hermann mitteilte, später noch etwas aufgeregt darüber gewesen sein. Daß Rudolf aber auf dem richtigen Wege ist, die Sache zu verarbeiten, schließe ich schon daraus, daß er mir gegenüber spontan äußerte, daß er nun erst recht sich bemühen würde, sich tadellos zu führen und unverständigen Menschen nicht den geringsten Anlaß zu geben, etwaigen über ihn umlaufenden Gerüchten Bedeutung beizumessen. Daß dieses Ereignis ihn nicht nur nicht entmutigen würde, sondern ihm ein weiterer Ansporn sein sollte, seinen Vorsätzen getreu zu bleiben.«
(Brief Dr. Tecklenburgs an Wilhelm Ditzen vom 18. 11. 1913)

allem aber will Ditzen — wie seinerzeit beim Anschluß an den »Wandervogel« — beweisen, daß er wieder ganz gesund ist und seine bürgerlichen Rechte wahrnehmen kann. Bei Kriegsausbruch ist Rudolf gerade bei seinen Eltern in Leipzig zu Besuch. Der Vater unterstützt den Wunsch seines Sohnes aus ähnlichen Motiven.* Er wendet sich an Dr. Tecklenburg mit der Frage, was er als ärztlicher Mentor und Vertrauter der Familie davon halte.

Der Arzt wendet sich entschieden gegen Ditzens Entschluß, Kriegsfreiwilliger zu werden, und weigert sich, ihm den dazu notwendigen Gesundheitszustand zu attestieren. Tecklenburg durchschaut, daß Rudolfs »Meldung zum Kriegsdienst dem Versuch einer sozialen Rehabilitierung verzweifelt ähnlich« sieht — ein Nachweis, den ein Kranker seiner Meinung nach nicht nötig hat. Fühlt sich Rudolf aber gesund, so gibt es genügend andere Wege, das zu beweisen und zu bestätigen. So hofft Tecklenburg, daß Ditzen »im Interesse seiner Gesundheit und seiner ganzen künftigen Lebensgestaltung« abgewiesen wird.

Das geschieht nicht. Rudolf wird, nachdem er sich in Altenburg vergeblich beworben hat, in Leipzig beim Train angenommen.

Elf Tage lang, vom 11. bis 22. September 1914, dient Rudolf Ditzen seinem Kaiser als Soldat. Sein Dienst unterscheidet sich vom zivilen Elevendasein wesentlich. Morgens nach dem Frühstück geht es in den Marstall zum Pferdestriegeln. Gegen Mittag werden die Pferde eine Stunde lang auf dem

* »... Ich denke, daß wir, wenn Rudolf körperlich durchhält, auf einen günstigen Ausgang hoffen können. Und dann: bei der allgemeinen Not können und müssen doch Einzelbedenken zurücktreten. Sie werden sicher verstehen, daß auch bei einem Mißerfolge der Gedanke, auch diese — schwache — Kraft dem Vaterlande dargeboten zu haben, uns trösten kann«, schreibt Wilhelm Ditzen in seinem Brief vom 12. 9. 1914 an Dr. Tecklenburg.

Exerzierplatz bewegt. Nach dem Mittagessen: zurück in die Ställe – wieder zum Pferdestriegeln. Und das tagtäglich, nur unterbrochen durch schrille Kommandorufe, lächerliche Exerzitien und einen totenähnlichen, immer viel zu kurzen Schlaf. Hinzu kommt die im Wesen der Sache liegende Entwürdigung der Persönlichkeit durch die Vorgesetzten. Noch viele Jahre später erinnert sich Ditzen mit Schrecken daran, wie er »ob seiner Ungeschicklichkeit abgekanzelt und schikaniert wurde«.

Vom dritten Tag seines Eintritts in das Heer an betreibt er seinen Austritt. Sein schauspielerisches Talent, die in Tannenfeld gesammelten Erfahrungen im Umgang mit Geistesgestörten, vor allem aber der zwei Jahre zuvor zugebilligte Paragraph 51 des StGB befördern die Entlassungsprozedur erheblich. Nach zehn Tagen haben beide Seiten voneinander genug: Der Kaiser will den Soldaten, der Soldat den kaiserlichen Militärrock nicht mehr. Sie trennen sich.

Ditzens Papiere ziert fortan ein »dauernd k. v. u.«, das ihm auch im zweiten Weltkrieg noch ausreichend Schutz gewähren wird. Rudolf ist um eine Erfahrung reicher. Wie bei manchen seiner Altersgefährten hat sich auch bei ihm der chauvinistische Sturm durch die unmittelbare Begegnung mit der Militärmaschinerie rasch gelegt. Während erste Siegesmeldungen von Kriegsschauplätzen verbreitet und erste Todesnachrichten ausgetragen werden, kehrt Ditzen nach Posterstein zurück. Er ist dem späteren Schicksal seines Bruders Ulrich entgangen, der noch in diesem Krieg den »Tod für Kaiser, Volk und Vaterland« stirbt.

Ditzen weiß nicht, ob er seinem Schicksal für diese Schonung dankbar sein soll. In ihm ist wieder die immer latente Ratlosigkeit, eine gähnende Leere.

Zwischen

Lehrzeit und kleinem Tod

Die Jahre 1915 bis 1926 sind der unübersichtlichste, am wenigsten erschlossene Abschnitt in Rudolf Ditzens Leben. Ditzen wechselt häufig die Arbeitsstellen und Wohnsitze. Deckadressen und falsche Zertifikate von Freunden erschweren zudem das Nachvollziehen des Lebensweges in dieser Zeit.

Am 1. Oktober 1915 tritt Ditzen eine Stelle als Rendant auf einem Gut in Heydebreck, Hinterpommern, an. Hier gibt er sich, um zu renommieren, als Autor des von Maurice Maeterlinck geschriebenen Buches »Das Leben der Bienen« aus. Der harmlose Schwindel wird bald aufgedeckt und Ditzen Ende Februar 1916 entlassen.

Da zu dieser Zeit bereits ein kriegsbedingter Mangel an geeigneten Fachkräften besteht, kann Ditzen wissenschaftlicher Hilfsarbeiter der Landwirtschaftskammer Stettin, dann gar Leiter der dortigen Vermittlungsstelle für Saatkartoffeln werden.

Aber auch hier macht er kein Hehl daraus, daß er vorhat, ein Buch zu schreiben und Schriftsteller zu werden. Er ergreift die erste sich ihm bietende Gelegenheit, die Arbeit in Stettin mit einer ähnlichen in Berlin zu vertauschen, um den großen Zentren der Literatur wieder näher zu sein. Er wird zum 15. November 1916 Angestellter einer Kartoffelanbaugesellschaft in Berlin.

6

Der kleine Tod

Im November 1916 kommt Rudolf Ditzen nach Berlin, das er mit der Familie verlassen hat, als der Vater an das Reichsgericht berufen wurde. Die Stadt hat sich in diesen sieben Jahren sehr verändert. Der Krieg drückt der Hauptstadt des imperialistischen Deutschland seinen Stempel auf.

Vor den Geschäften stehen in diesem 3. Kriegsjahr lange Reihen wartender Frauen. Es geht auf den bitteren Kohlrübenwinter zu, der den Berlinern die härtesten Prüfungen auferlegt, die sie bisher erlebt haben. Für Erwachsene betragen die Lebensmittelrationen pro Monat 2 kg Brot, 2,5 kg Kohlrüben, 250 g Fleisch, 180 g Zucker und 80 g Butter. In Wirklichkeit sind die Mengen oft viel kleiner, weil die vorgesehenen Lebensmittel nicht geliefert oder von geldgierigen Händlern mit Ersatzstoffen »gestreckt« werden.

Das Geschäft mit der Not blüht. Schleichhandel, Spekulation und Schwarzhandel breiten sich unaufhörlich aus. Die durch Bestechung oder Beziehungen ihre »Unabkömmlichkeit« oder Kriegsuntauglichkeit nachweisen können, gehen dunklen Geschäften nach und ziehen auf ihre Weise aus der allgemeinen Misere Nutzen.

In dieses Berlin der Kriegsnot und der Spekulation kommt Rudolf Ditzen, als er sich bei der neugegründeten Kartoffelanbaugesellschaft G.m.b.H. in der Bernburger Straße bewirbt und die Stelle eines wissenschaftlichen Hilfsarbeiters erhält. Das Leid der anderen wird seine Chance.*

In fast allen deutschen Städten, aber auch auf dem Lande und an der Front ist die Unzufriedenheit mit der allgemeinen Ernährungslage nach der Mißernte des Jahres 1916 so angewachsen, daß es zu Massendemonstrationen und defätistischen Erscheinungen unter den Soldaten kommt.

Die Steigerung des Kartoffelanbaus in den nächsten Jahren verspricht große Gewinne. Die Kartoffel ist zu einer strategischen Waffe im Kampf gegen den Hunger geworden. Die Kartoffelanbaugesellschaft hat die Aufgabe übernommen, Staats- und Rittergutsverwaltungen beim erweiterten Anbau zu beraten und die Qualität der Kartoffel einzuschätzen.

Für Rudolf Ditzen beginnt, wie er sagt, »ein Leben in den Eisenbahnen, von einem Gut zum anderen fahrend, Ratschläge erteilend, Zuchten aufbauend, altes Saatgut auswechselnd«.

Er konnte als Eleve in Posterstein, als 2. Inspektor in Heydebreck und als Assistent der Landwirtschaftskammer in Stettin einige fachliche Erfahrungen sammeln und tritt selbstsicher auf. Die Inspektoren und Pächter hören bereitwillig zu, was ihnen der junge Mann zu sagen hat, der eher wie ein Gymnasiast aussieht, nicht wie ein wissenschaftlicher Mitarbeiter.

»Ich wurde ein Spezialist für Kartoffelzüchtung«, schreibt Ditzen, »in meinen besten Zeiten habe ich rund 1200 Kartoffelsorten nicht nur dem Namen nach gekannt, sondern auch nach dem Aussehen, den Augen, der Form und Farbe der Knollen zu bestimmen gewußt.«

Wenn er in die Dörfer Mecklenburgs, Pommerns und der

* Ditzen hat die besondere Situation durchaus erkannt und realistisch bewertet. Am 7. 11. 1915 schreibt er aus Heydebreck: »Ja, so viel Unglück der Krieg auch vielen gebracht hat, mir hat er nur Gutes gebracht, denn im Frieden hätte natürlich kein Mensch daran gedacht, mir je eine so verantwortungsvolle Stellung zu übertragen.«

Mark kommt, sieht er, daß auch hier die meisten Menschen Hunger leiden. Viele versuchen, die Not durch Felddiebstähle und Mietenplünderung zu mildern. Dazu kommen die Städter, die ein paar Pfund Kartoffeln, einen Laib Brot oder ein Stück Speck eintauschen wollen.

Ditzen sieht all das. Er hört, während er Kartoffelproben aus den Mieten entnimmt, schweigend den Hofbeamten und Verwaltern zu, wenn sie auf die Feld- und Mietendiebe schimpfen. Er ist vom Gefühl her auf der Seite derer, die sich gegen den Hunger auf diese Weise wehren. Er sieht, daß es Landarme gibt, die auf Almosen und Kartenrationen angewiesen sind, und daneben andere, die im Überfluß leben und lohnende Geschäfte machen.

»Es gab Leute, die hatten noch und noch zu fressen; Fett und Brot und Kartoffeln. Und sie fraßen. Sie schlachteten Schweine, sie schlachteten Kälber und Schafe, gutes, reines Brot buken sie aus sauberem Mehl — und sie ließen die anderen hungern. Sie schlugen die Tür zu und sagten nein, sie beschimpften die anderen noch mit den Worten ›Hungervolk‹ für das, was sie ihnen vorenthielten. Es war eine verfluchte Zeit.« Während sich der junge Hilfsarbeiter mit den Verwaltern über Kalk- und Stickstoffdüngung, über Mietenfäule und Kartoffelkrebs austauscht, prägen sich ihm die Gesichter der Landarbeiter und Dorfarmen ein — verbitterte, hoffnungslose, gleichgültige ...

An den langen Abenden dieses Steckrübenwinters entflieht Ditzen der grauen Welt des Alltags mit ihrem Hunger und Kriegsleid und geht ins *»Café des Westens«*, wo er auf Geschäftsleute, Künstler, Bohemiens, Demobilisierte, Spekulanten und Dirnen trifft. Hierher kommen auch Journalisten und Schriftsteller. Hier hat Ernst Rowohlt die Vorbereitungen für seinen ersten Verlag getroffen, Verbindungen geknüpft und Bekanntschaft mit Autoren geschlossen.

»Alle Richtungen, alle Meinungen waren hier vertreten«,

schreibt der Rowohlt-Biograph und spätere Fallada-Lektor Paul Mayer. »Da gab es Pazifisten wie Leonhard Frank, und Kriegslüsterne, deren Namen der Vergessenheit anheim gegeben seien. Kavaliere brachten Mädchen mit und Journalisten Gerüchte. Wer Turniere des Geistes liebte, konnte mit Max Scheler diskutieren oder mit Franz Blei.« Hier, im traditionsreichen *»Café des Westens«*, lernt Ditzen eines Abends den Geschäftsmann Egmont Seyerlen kennen, der auch als Schriftsteller schon von sich reden gemacht hat.*

Seyerlen ist nur einige Jahre älter als Ditzen, aber alt genug, um sich als Mäzen für den jungen Mann zu fühlen und sich seiner anzunehmen, als er hört, daß Ditzen auch schriftstellert. Seyerlen ist gerade vom Kriegsdienst zurück. Gemeinsam mit Ernst Rowohlt hatte er sich 1914 in Potsdam als Kriegsfreiwilliger gemeldet. Beide wurden zunächst abgelehnt, dann aber dem 77. Königlichen Sächsischen Feldartillerieregiment zugeteilt – wie Ditzen zum Dienst in den Pferdeställen. Rowohlt und Seyerlen verwendeten allerdings mehr Aufmerksamkeit auf die abendlichen Stammtische als auf die Pflege der ihnen anvertrauten Pferde. Manche Schweykiade wurde Anlaß für Kritik und Bestrafung. Während man Seyerlen wieder demobilisierte, mußte Rowohlt mit seinem Regiment an die Westfront, ehe auch er abgemustert wurde.

Ditzen und Seyerlen fühlen sich spontan zueinander hingezogen. Die gemeinsamen Interessen, die Bekanntschaft mit Rowohlt – all das läßt sie rasch Freunde werden.

»Sie müssen uns unbedingt mal besuchen, Ditzen«, schlägt Seyerlen vor. »Meine Frau interessiert sich nämlich auch sehr

---

* Egmont Seyerlen schrieb das Buch *»Die schmerzliche Scham«*, S.-Fischer-Verlag, 1913 – ein Buch, das weniger wegen seines Inhalts diskutiert wurde als vielmehr der expressionistischen Mode wegen, der es in seiner Form folgte.

für Literatur. Leider habe ich wenig Zeit, mit ihr darüber zu reden. Kommen Sie doch am Sonntag zum Essen ins Hotel ›*Koschel*‹, dort wohnen wir. Einverstanden?«

Ditzen sagt für einen der nächsten Sonntage zu, denn während die anderen jungen Leute aus seiner Umgebung sich ihren Familien widmen oder auf Rennbahnen gehen oder Gesellschaften geben, weiß er wenig mit sich anzufangen. Er ist auch neugierig auf die Frau, von der am Stammtisch in den verschiedensten Zusammenhängen die Rede war: Man sagt, sie hätte Seyerlen »unter der Fuchtel«. Man redet, sie sei es eigentlich gewesen, die sein Buch geschrieben habe.

Am Sonntag verwendet Ditzen besondere Sorgfalt auf seine Kleidung. Aber er ist nicht recht zufrieden mit sich: Der Anzug ist nicht besonders modern, die hohen Schnürschuhe sind gewiß auch kein sonderlich schönes Attribut. Er wird sich ein Paar Halbschuhe zulegen müssen, die immer mehr in Mode kommen. Auch eine Weste wäre nicht übel, dazu ein freches Stöckchen und ein Hut ...

Auf dem Weg zu den Seyerlens beobachtet Ditzen die Anzüge der Männer genauer. Aber es sind nur wenige sonntäglich gekleidete Menschen auf der Straße. Uniformen bestimmen das Bild. Viele Frauen und Männer tragen auch an diesem Sonntag Arbeitskluft, weil sie Rüstungssonderschichten leisten müssen.

Im Hotel »*Koschel*« fragt Ditzen nach Seyerlens und wird in die erste Etage gewiesen. Er klopft und betritt einen Raum, der Flur, Garderobe und Empfangsraum in einem ist. Ehe er noch sich umsehen und einen Eindruck fassen kann, hört er eine helle, angenehme Stimme: »Sehen Sie sich nur nicht bei uns um; es ist alles etwas provisorisch. Ich verstehe gar nicht, wie Egmont Sie hierher einladen konnte ...« Vor Ditzen steht eine junge, auffallend schöne Frau in einem eleganten Hauskleid. Anne Marie Seyerlen begrüßt den Gast und führt ihn in einen kleinen Salon. Sie nehmen in einer Sitzecke Platz.

Wo ist Seyerlen? Er war es schließlich, der ihn hierher eingeladen hat. Da sagt die Frau auch schon: »Egmont müssen Sie einen Augenblick entschuldigen, Herr Ditzen. Er hat irgendwelche Geschäfte im Souterrain mit einigen Herren vom Militär. Er hat immer irgendwelche Geschäfte, wissen Sie? Bis zum Essen werden Sie schon mit mir vorlieb nehmen müssen.« Ditzen will eine Artigkeit entgegnen, aber die Frau steht auf. Gleich darauf kehrt sie mit einer Flasche Rotwein und Gläsern zurück.

»Erzählen Sie von sich«, fordert sie ihn auf, »Graf Egmont sagt, daß Sie wunderbar plaudern können. Erzählen Sie von sich, Ihren Eltern, Ihrer Kindheit, Ihrer Frau, Ihrer Familie ...«

Ach Gott, was gibt es da viel zu erzählen; Frau und Kinder hat er nicht, und seine Kindheit ist gewiß nicht interessant gewesen ... »Das gibt es doch nicht«, erwidert Anne Marie Seyerlen, »daß einem die eigene Vergangenheit unbedeutend und uninteressant erscheint. Also, fangen Sie schon an!« Sie schenkt Wein ein und hält ihm ein Glas entgegen.

Ditzen muten die Situation, die Bitte der fremden Frau und die ungewohnte Umgebung grotesk an. Nie wird er vor dieser selbstbewußten, schönen Frau seine Erinnerungen, sein Intimstes preisgeben. Ein paar oberflächliche Bemerkungen, dann wird er wieder aufbrechen.

Ditzen redet über Belangloses, über die Schwierigkeit, sich in eine schon geformte Welt hineinzufinden und zu behaupten mit eigenen Wünschen und Träumen. Oft stockt er, und Anne Marie Seyerlen fordert ihn durch Gesten manchmal zum Weiterreden auf. Und er stellt erstaunt fest, daß er entgegen seinem ursprünglichen Vorsatz schließlich sogar imstande ist, über die Affäre mit den anonymen Briefen, den Ausreißversuch nach Hamburg und das Rudolstädter Drama zu sprechen.

Das Gespräch wird durch Egmont Seyerlen unterbrochen, der ins Zimmer stürmt, den Freund flüchtig begrüßt und mit ein paar Akten unter dem Arm wieder verschwindet: »Wir sehen uns dann beim Essen.«

»Sehen Sie, so ist er«, sagt die Frau, »immer hat er nur diese Geschäfte im Kopf. Dabei könnte er schreiben, das Zeug dazu hat er. Aber es fehlt ihm an Energie. Sie sind da ganz anders, Rolf. Sie haben doch nichts dagegen, daß ich Sie ›Rolf‹ nenne? Sie müssen ›Annia‹ zu mir sagen!« Ditzen ist einverstanden; er hat wieder eine Rolle, einen neuen Namen, und er sagt »Annia« zu der jungen Frau, die er vor zwei Stunden noch nicht kannte. Der Wein macht ihn redselig.

Sonntag für Sonntag, oft auch während der Woche ist Ditzen von nun an bei Seyerlens. Er geht mit Annia im Tiergarten oder im Grunewald spazieren, sie besuchen Ausstellungen. Oft reden sie über Literatur. Anne Marie Seyerlen liest aus Dauthendeys *»Phallus«*, aus Hasenclevers *»Der Sohn«* oder aus Bronnens ersten dramatischen Versuchen.

Nach der heimlichen Lektüre im Elternhaus und der gezielten Beschäftigung mit Büchern unter Tante Adas Anleitung in Tannenfeld kommt Rudolf hier zum dritten Mal mit Literatur in Berührung. Die Frau wählt aus, und Ditzen ordnet sich ihrem Geschmack unter, denn das, was sie ihm vorliest, ist neu und ungewöhnlich. Er lernt neue Namen kennen; die größte Entdeckung sind die Expressionisten mit ihren lyrischen oder dramatischen Arbeiten. Es sind erregende Töne, die ihm wie ein verzweifelter Schrei klingen.

Meist sind Ditzen und Annia allein; Seyerlen ist irgendwo in Berlin oder im Ausland unterwegs. Er hat offenbar nichts dagegen, daß die Beziehungen zwischen seiner Frau und dem jungen Mann immer vertraulicher werden.

Während Ditzen tagsüber Kartoffeln prüft oder in Eisenbahnzügen zu den Landwirtschaftsbetrieben unterwegs ist, während er mit den Leuten spricht und ihre Saatkartoffeln begutachtet – während er das lustlos und ohne Ehrgeiz tut, denkt er über die Forderung der Frau nach, die Geschichte seiner Kindheit zu schreiben.

Bevor er daran geht, entstehen noch einmal Gedichte. 1917 bietet Rudolf Ditzen dem Kurt-Wolff-Verlag einen Lyrikband mit dem Titel *»Gestalten und Bilder«* an, den er aber mit der Begründung zurückerhält, der Verlag schließe auf Grund der angespannten ökonomischen Lage keine neuen Verträge. Nach dieser Ablehnung schweigt der Lyriker Ditzen künftig gänzlich; ihn interessiert nur noch die Prosa mit ihren vielfältigen Ausdrucksformen.

Am 24. August 1917 beginnt Rudolf seinen ersten Roman. Held des Buches ist der Gymnasiast Kai Goedeschal, ein sensibler, psychisch labiler Junge, der sich von Lehrern und Eltern unverstanden fühlt. Er ist aus der Welt der Erwachsenen ausgeschlossen. Als er eines Abends aus seinem Zimmer in die elterliche Wohnung hinunterschleicht, den Vater Klavier spielen hört und die Mutter beim Briefeschreiben antrifft, reflektiert er: »Hier war Einheit, nichts wünschen, die Welt nicht brauchen, Zusammensein; dort oben Sehnen, Fortwollen, Schluchzen, Weinen, Begehren ... Sie haben zu bestimmen und doch ist uns nichts gemein.« Einziger Vertrauter ist sein Freund Arne Schütt, dem er seine Selbstmordabsichten mitteilt: »Hast du's nicht schon gefühlt, morgens beim Aufstehen, daß alles so trostlos grau war? Schule, Schule, nicht abzusehen, immer Schule, Arbeiten, Pauker, dann die Eltern, nichts, nichts. Alles war schon da, alles so alt, so reizlos. Du besinnst dich, du überlegst, was zu hoffen sei, was Neues. Du findest nichts. Am Ende scheint es dir sinnlos, dich überhaupt anzuziehen, wozu? Lebst du denn? Was ist das? Eine Maschine, die rattert. Immer den gleichen Gang ... alles war schon da, wird so immer da sein. Und während du dann am

Fenster stehst, überkommt es dich plötzlich. Deine Handgelenke brennen. Von oben möchtest du sie in das spitze, splitternde Glas hineinschlagen, in die Pulsadern, — nur damit du fühlst, am roten Strömen deines Blutes fühlst: du lebst, lebst, lebst.«

Die autobiographischen Züge sind unverkennbar: Goedeschal stammt »mütterlicherseits aus den Kreisen der Geistlichkeit, väterlicherseits von Juristen ab«, er ist kurzsichtig, darf an der Tanzstunde nicht teilnehmen, will den »Wandervögeln« beitreten, leidet unter Zwangsvorstellungen, von denen er sich auf die gleiche Weise, durch das Schreiben anonymer Briefe, zu befreien sucht wie ehemals Rudolf Ditzen in Leipzig. Gemeinsam ist beiden das Sich-Verlieren in Literatur, die Auseinandersetzungen mit dem Vater: » ›Triebst du wieder einmal Nebendinge?‹ — — ›Ah so! Andere Arbeiten gemacht?‹ ›Nein‹ ›Romane gelesen?‹ ›Nein‹ ›Keine Winkelzüge mehr. Was hast du gemacht? frage ich.‹ ›Gedichte ...‹ Staatsrat Goedeschal sagte: ›Geh auf dein Zimmer, Kai! Siebzehn Jahre bist du bald, und was hatten wir von dir? Sorgen. Sorgen. Sorgen. Sieh hin, deine Mutter weint. Du tust uns Übles auf Übles.‹ Ganz nah an ihm stehend: ›Und schämst dich nicht einmal. Wenn du Ostern sitzenbleibst, dir ist's egal. Aber wenn ich bei *andern* Eltern höre, deren Söhne sind versetzt, und meiner, der blieb sitzen. Natürlich, er hatte ja keine Zeit zum Lernen, er mußte ja Gedichte machen, der Herr Sohn. Geh! Ich mag dich nicht sehen.‹ « Schließlich unternimmt Kai Goedeschal einen verzweifelten Selbstmordversuch, der mit Hilfe des Freundes aufgedeckt und verhindert wird.

Rudolf setzt sich, um die Geschichte voranzutreiben, ein tägliches Schreibpensum. Während der Niederschrift geht er nur selten zu den Seyerlens; erst als ein größerer Teil des Buches abgeschlossen ist, erzählt er beiden, daß ein Manuskript vorhanden ist. Seyerlen nutzt die Bekanntschaft mit Ernst Rowohlt, ihn auf den Freund aufmerksam zu machen. Obwohl sich Lektor Paul Mayer und Rowohlt zunächst zurückhaltend äußern, kommt eine Verlagsverbindung zustande.

Rowohlt, der das Buch erst später liest, folgt einer spontanen Eingebung – seine Freunde nennen es seine »Nase für Literatur« – und ermutigt den jungen Mann zum Weiterschreiben. Vielleicht spürt er, daß in ihm mehr steckt als diese expressionistische Pubertätsgeschichte.

Ditzen sieht den kommenden Ereignissen mit zwiespältigen Empfindungen entgegen: Einerseits ist er stolz darauf, daß bald ein richtiges Buch von ihm erscheint. Andererseits aber fragt er sich, wie die Eltern, Verwandten und Freunde diese Geschichte aufnehmen werden. Wird der Vater ihn nicht endgültig verurteilen, ihn vielleicht gar enterben? Und die Mutter? Was mag sie zu der Preisgabe des Innersten und Intimsten aus dem Familienleben sagen? Das Herz wird ihr im Leib zerspringen, wenn sie es erfährt.

Muß sie es denn erfahren? Kann man nicht, wie andere Bücherschreiber auch, einen anderen Menschen aus sich machen und neben den alten stellen? Dann gibt es zwei, die nichts miteinander zu tun haben: einer, der Bücher schreibt, und ein anderer, der Rudolf Ditzen heißt. Auch das Problem mit den Eltern wäre dann gelöst.

»Da war der Roman, und auf der anderen Seite war das Leben. Und im Leben war es nun eigentlich so, daß ich meine schriftlich-episch so arg getadelten Eltern sehr gern mochte und daß ich keinesfalls wünschte, ihnen komme besagter Tadel unter die Augen. So mußte ich denn ein heimlicher Dichter werden ...«*

---

* In einem Brief an Dr. Tecklenburg, Tannenfeld, vom 19. Mai 1918 gibt Wilhelm Ditzen eine andere Erklärung für das Entstehen des Pseudonyms. Danach hat *er* die Zahlung weiterer finanzieller Zuwen-

»Dem treuen Schimmelpferd, das da hanget, legte ich noch ein ›l‹ zu, und der Fallada war da.« Der Vorname im Pseudonym soll an *»Hans im Glück«* erinnern. Zum geschundenen Schimmelpferd, das für die Wahrheit kämpft, kommt Hans, der spricht: »So glücklich wie ich gibt es keinen Menschen unter der Sonne.« Ditzen, immer schon ein wenig abergläubisch, hofft, daß dieser Name sein gutes Omen sein wird.

Das Geheimnis um den Autor, der eigentliche Zweck des Pseudonyms, erweist sich freilich als außerordentlich kurzlebig. Als Fallada seine Eltern in Leipzig besucht, zeigt ihm der Vater ein amtliches Mitteilungsblatt. »Darin stand zu lesen, daß der wissenschaftliche Hilfsarbeiter bei der Kartoffelanbaugesellschaft Berlin, Ditzen, den Antrag gestellt habe, den Künstlernamen Fallada usw. usw.«

Dennoch, Ditzen behält den einmal gewählten Namen bei und unternimmt keinen weiteren Versuch, seine Identität zu verbergen. Fortan ist er der Hans im Glück — und das gequälte Pferd, das lieber stirbt als zu lügen.

Ditzen geht daran, die von Paul Mayer gemachten Vorschläge zur Überarbeitung des Goedeschal-Manuskripts auszuführen. Er trägt sich nun ernsthaft mit dem Gedanken, seine Stellung bei der Kartoffelanbaugesellschaft aufzugeben und freier Schriftsteller zu werden. Da er nicht über die entsprechenden finanziellen Mittel verfügt, bittet er den Vater um Unterstützung.

---

dungen u. a. davon abhängig gemacht, daß der Sohn seinen Roman unter einem anderen Namen veröffentlicht: »Er solle nicht in Berlin bleiben, sondern seiner Gesundheit wegen anderswohin, etwa aufs Land, gehen. Außerdem solle er seinen Roman ... unter einem anderen Namen rausgeben. Das fordere ich in erster Linie in seinem eigenen Interesse. Die Rudolstädter Ereignisse liegen noch nicht weit genug zurück.«

Wilhelm Ditzen reagiert nicht ablehnend, aber zurückhaltend: Er fordert den Sohn auf, »zunächst einmal eine ›Autorität‹ unter Vorlegung von Proben um ein Gutachten über seine Befähigung zu bitten« und ein »Probejahr« zu absolvieren, dessen Verlauf über seine berufliche Zukunft entscheiden soll. Rudolf lehnt es ab, seine bereits geschriebenen Manuskripte von Dritten beurteilen zu lassen: Sie sind nicht das, was er selbst mit gutem Gewissen vorzeigen möchte. Der überarbeitete *»Goedeschal«* aber wird erst später fertig werden. Mit der vom Vater vorgeschlagenen »Probezeit« erklärt sich Rudolf einverstanden. Der Vater setzt seinen förmlichen Vertrag auf, in dem er sich zur Zahlung eines jährlichen Unterhaltsbeitrags in Höhe von 1200 Mark, »fällig in monatlichen Beiträgen von hundert Mark am 15. jeden Monats« verpflichtet.

Nun, da die Geschichte »aus ihm heraus« ist, erlahmt Ditzens Energie zusehends. Was jetzt folgen müßte, ist die harte Kleinarbeit am Manuskript, das Feilen und Abwägen, Streichen und Vertiefen. Rudolf verliert bald die Lust dazu; er läßt sich bei der Kartoffelanbaugesellschaft krankschreiben und bleibt im Bett.

Eines Abends besucht ihn Anne Marie Seyerlen. Sie ist zum ersten Mal in seinem Zimmer. Sie fragt, was er denn für Sachen macht, sagt, daß er bald wieder auf die Beine kommen muß und daß er unbedingt etwas braucht, was ihn auf andere Gedanken bringt. Sie habe einen Arzt mitgebracht, einen Freund Egmonts, der ihm »etwas geben« werde. Mit einem Schlag hat Ditzen vergessen, daß er sich eigentlich von Annia trennen wollte. Diese Frau ist wie ein Wirbelwind, der alles durcheinanderbringt.

Wenig später kommt ein junger Arzt. Er nimmt aus seiner Tasche ein Kästchen mit Ampullen und eine Spritze. Ditzen beobachtet, wie er die Ampulle öffnet und den Inhalt in die Spritze zieht. Wozu das, denkt Ditzen flüchtig, jetzt, wo Annia da ist, geht es mir doch viel besser.

Der Arzt verabschiedet sich mit einer Verbeugung zu der Frau hin. Rudolf Ditzen will etwas sagen, fragen, aber eine wohlige Wärme breitet sich in ihm aus. Er sinkt auf das Bett zurück, das Gesicht Annias verschwimmt allmählich, Bilder und Gestalten kommen.

»Ja ... So ... So ist das Leben. Das Leben ist schön«, schreibt Ditzen.[19] »Es ist so sanft, ein glücklicher Strom wallt durch meine Glieder dahin, in ihm bewegen sich alle kleinen Nerven zart und sacht wie Wasserpflanzen in einem klaren See. Ich habe Rosenblätter gesehen – und wieder weiß ich, wie schön ein einziger kleiner Baum in der Heide ist. Läuten die Glocken einer Kirche? Ach, das Leben ist schön.«

Die Bilder verschwimmen, neue treten hervor. Auch sie verschwinden, und es bleibt nichts mehr als ein großer roter Fleck vor den Augen, der langsam erlischt.

Ditzen ist seinen »kleinen Tod« gestorben, wie er in dem autobiographischen Buch *»Der Alpdruck«* beschrieben wird: »Es gab ein Gedicht, es stand vorne in einem Novellenband der Irene Forbes-Mosse. Es hieß *›Der kleine Tod‹* und fing etwa so an: ›Den kleinen Tod, den stürb ich gar zu gerne, den kleinen Tod beim ersten Licht der Sterne.‹ « Was immer die Autorin darunter verstanden haben mag – jedenfalls nicht, was Ditzen darin sah –, er nennt das »Ausgelöschtwerden durch Medikamente« künftig seinen kleinen Tod, den er bald über alles zu lieben beginnt.

Manchmal läßt sich auch Annia eine Spritze geben. Dann liegen die beiden nebeneinander auf dem Bett in Ditzens Zimmer, halten sich bei den Händen, bis sie einander nicht mehr spüren und jeder mit sich allein bleibt.

Ditzen beginnt, sich nach den Stunden zu sehnen, in denen die Bilder kommen und gehen. Immer unwichtiger wird ihm die Frau; er hat eine neue Geliebte gefunden: das Gift, das Bilder und Gestalten vorgaukelt. Wenn er seine Dosis bekommt, vergehen ein paar Minuten angespannten Wartens, und eine tiefe, feierliche Ruhe strömt durch seinen Körper: »Ich werde nur zu lächeln brauchen, denn jeden Wunsch erfüllt mir Morphium, ich brauche nur die Augen zu schließen, und die ganze Welt gehört mir.« Rudolf Ditzen hat die Kellnerin Lotte Fröhlich kennengelernt, bei der er bleibt, wenn er nicht mit Annia Seyerlen in Nachtlokale und nicht in die Welt des Rausches geflüchtet ist. Lotte arbeitet in einem kleinen Café in der Tauentzienstraße. Ditzen holt sie abends oft ab, läßt sich von ihr im Café ein oder zwei Kognak spendieren und bringt sie dann nach Hause.

Wenn Rudolf über Nacht bei Lotte Fröhlich ist, dreht sie ein Bild auf dem Nachttisch zur Wand, das einen Mann in Uniform zeigt. Ditzen fragt nichts, er will nichts wissen. Er haßt Konflikte und Komplikationen und ist froh, daß auch die Frau nichts anderes als seine Gesellschaft will.

Eines Tages lernt Ditzen Lottes Sohn aus erster Ehe, Wolfgang Parsenow, kennen, der etwa in seinem Alter ist und an der Westfront gekämpft hat. Beide verbindet bald eine echte Kumpanei.*

---

* Jahre später, als Rudolf Angestellter des Rowohlt-Verlages ist, meldet sich nach langem Schweigen Wolfgang Parsenow noch einmal bei Ditzen, der in einem Brief an seine Frau die Bekanntschaft mit Parsenow so charakterisiert: »Er ist gewissermaßen der Vater alles Übels ... Wir haben wie Pech und Schwefel zusammengehalten. Er hat immer Morphium besorgt und ich ihm Geld ... Er ist aber immer auch in diesem Laster mäßig gewesen, hat nie so große Quantitäten wie ich gebraucht. Er ist dann alles mögliche gewesen: Chauffeur und Berufsspieler und Antiquitätenhändler und was weiß ich, hat auch dazwischen geheiratet, heimlich, irgendeine Stenotypistin, die auch Morphinistin war. Dann ging es nicht weiter mit ihm, aber ein Bruder schickte ihm Geld, daß er nach Canada kommen sollte. In der Zeit pumpte ich ihm noch mal eine Handvoll Dollar, ich weiß nicht

»Wolf« Parsenow scheint es keineswegs ungewöhnlich zu finden, daß Lotte – er sagt tatsächlich »Lotte« zu seiner Mutter – einen Hausfreund hat, der sein Bruder sein könnte. Ditzen kann stundenlang zuhören, wenn Parsenow erzählt, was er an der Front erlebt hat, wie er sich im Feldlazarett Morphium verschafft hat, um den Anblick von Toten und Verwundeten ertragen zu können.

Oft sehen die beiden jungen Leute einander allerdings nicht. Nur selten taucht Parsenow nach einem seiner nächtlichen Streifzüge in der Wohnung der Mutter auf. Er kramt dann aus einem alten Koffer auf dem Küchenschrank Morphium und eine Spritze hervor und zeigt Ditzen, wie man sich eine Injektion macht. Er hat im Feldlazarett das Morphiumspritzen gelernt. Da er einen unausgefüllten Rezeptblock aus dem Lazarett mitgenommen hat, ist immer für Nachschub gesorgt.

Bald kann auch Rudolf mit der Spritze umgehen. Während für Wolf das Morphiumspritzen mehr ein Spiel ist wie das ganze Leben, gewöhnt sich Ditzen rasch an ein tägliches Quantum, das langsam, aber sicher immer größer wird. Längst bedient er sich eigenmächtig aus Wolfgangs Vorrat auf dem Küchenschrank. Er nimmt, was er braucht. Die Abrechnung erfolgt, wenn Wolf von seinen Touren zurückkommt.

Noch kann Ditzen immer rechtzeitig das Geld beschaffen, das Wolfgang Parsenow für die Ampullen haben will. Aber was wird morgen sein? Ditzen wischt die Gedanken fort: Kommt Zeit, kommt Rat. Erst einmal eine neue Spritze; alles andere findet sich, wenn man erst einmal »satt« ist. Ditzen giert nach seinem Quantum, und wenn er es hat, legt er sich

---

mehr, wieviel, aber es war mir damals gar nicht leicht, und ich habe das Geld irgendwie unterschlagen. Ich sollte es gleich wiederbekommen, aber natürlich bekam ich es nicht wieder ...« Ditzen bricht 1931 den Kontakt mit Parsenow ab.

wieder zu Lotte Fröhlich und wartet darauf, daß die Bilder vor seinen Augen zu tanzen beginnen.

Irgendwann ändert sich dann wieder etwas, als der Leutnant Fröhlich aus dem Krieg kommt und Ditzen aus dem Bett seiner Frau vertreibt. Ditzen kehrt mit dem noch verbliebenen Morphiumvorrat in das kalte, möblierte Zimmer im Berliner Osten zurück. Jetzt, da er sich nicht mehr aus Wolfs Koffer versorgen kann, muß er selbst auf die Jagd nach »Stoff« gehen. Er erfindet immer neue Krankheiten, um bei Ärzten für Geld und gute Worte eine Dosis Morphium zu erhalten. Er entwendet Rezeptformulare und versucht, in Apotheken Ampullen zu erhalten. Auch auf dem Schwarzmarkt gelingt ihm hin und wieder ein erfolgreiches »Geschäft«. Manchmal aber kann er für sein Geld nur Kokain erhalten, das er in seiner Not nimmt – eine gefährliche Steigerung der Süchtigkeit.*

»Mein Blut wallt siedend auf, in meinem Gehirn flammt Blitz um Blitz, wilde Rhythmen drängen an mein Ohr«, schildert Ditzen diesen Vorgang. »Wilde weite Welt! Da jeder allein ist und jeder dem anderen die Zähne in die Flanken schlagen darf, wundersam genießerisch. Oh, die Abenteuer, die nächstens auf mich warten, die stillen Straßen, auf denen man die Mädchen überfallen kann, die Hoftüren zu Apotheken, die ich aufbrechen, die Kassenboten, die ich berauben werde. Ich bin überall, ich bin alles, ich allein bin die Welt und Gott. Ich schaffe und ich vergesse, und alles vergeht.«

Stunden später nur gleicht derselbe Mann einem Häufchen Elend. Er fühlt sich zerschlagen, zittert am ganzen Körper und

---

* »Ich bekam dann die wahnsinnige Idee, es ein wenig mit Kokain zu versuchen. Morphium ist eine stille, sanfte Freude, weiß und blumig, es macht seine Jünger glücklich. Aber Kokain ist ein rohes, reißendes Tier, es quält den Körper, die Welt wird wild, verzerrt und hassenswert.«
(Aus: *»Sachlicher Bericht über das Glück, ein Morphinist zu sein«*)

ist völlig hilflos. Ihn beschäftigt nur ein Gedanke: Wie komme ich zu einer neuen Portion »Benzin« oder »Koks«?

In dem Dämmer zwischen Tag und Nacht erreicht ihn eines Tages die Nachricht vom Tod seines Bruders Ulrich, der in Frankreich gefallen ist: »Er war der liebste Bruder, er war aber auch der anständigste Mensch, den ich in meinem Leben getroffen habe«, erinnert sich Ditzen. »Die Eltern haben seinen Verlust nie verwunden.« Der Vater läßt sich in den Ruhestand versetzen.

Warum mußte Uli sterben, und wofür? Warum der Bruder und nicht er? Warum ist der Tod ungerecht? Ihn, der am Leben nicht hängt, aber der inzwischen auch erfahren hat, daß er zu feige ist, es zu beenden – ihn schont der Tod unverdient. Wie gut, daß man den »kleinen Tod« sterben kann, immer wieder, jeden Tag ...

Einige Male hat Ditzen den festen Vorsatz gefaßt, sich in einem Sanatorium systematisch und unter medizinischer Kontrolle vom Morphium entwöhnen zu lassen. Er verläßt zeitweilig Berlin, um weiterer Gefährdung zu entgehen.

Im August 1919 meldet er sich von Dramburg in Pommern aus in Tannenfeld zu einer Kur an. Dr. Tecklenburg stimmt der erneuten Aufnahme in sein Sanatorium zu. Anfangs hält sich Rudolf Ditzen auch an die Hinweise und Ratschläge der Ärzte. Aber nach vier Wochen, als ihm das Morphium bereits fast völlig entzogen ist, kommt es noch einmal zu einer schweren Krise. Sie führt zum endgültigen Bruch mit Tannenfeld und Tecklenburg: Der Patient verschafft sich eigenmächtig Morphium; woher ist nicht mehr zu ermitteln. Einmal will er in einer Geraer Apotheke »Stoff« auf ein Rezept hin erhalten haben, ein andermal nimmt er hinter dem Rücken des Arztes während einer Injektion heimlich aus einem in Reichweite stehenden Fläschchen eine größere Dosis.

Dr. Tecklenburg, der jahrelang Umsicht und Geduld mit

dem schwierigen Patienten bewiesen hat, stellt ihm den Austritt aus dem Sanatorium anheim. Ditzen verläßt Tannenfeld.

Im Zusammenhang mit diesem Vorfall taucht die Frage der Zwangsentmündigung Ditzens »wegen Geistesschwäche infolge von Morphiumsucht« und seine dauernde Einweisung in eine Heilanstalt auf. Dr. Eggebrecht in Leipzig hat sich für eine solche Lösung ausgesprochen, Wilhelm Ditzen selber ist dagegen, konsultiert Dr. Tecklenburg. Dieser hält Rudolf »für die Entmündigung durchaus für reif«, sieht aber, daß es dafür keine rechtliche Handhabe gibt.*

Rudolf Ditzen kehrt nach Berlin zurück.

Er taucht wieder ein in das Meer von Hoffnungslosigkeit, Täuschung und Selbstbetrug . . .

---

* »Rudolf in eine geschlossene Anstalt gegen seinen Willen zu bringen, werden Sie wohl keine Befugnis haben. Der Morphinismus allein berechtigt leider dazu so wenig wie die Trunksucht. Wenn ich ihn auch für die Entmündigung durchaus für reif halte, bezweifle ich doch, daß der Richter ohne weiteres davon zu überzeugen sein wird.

Um weiteres, leichter überzeugendes Material zu beschaffen, wird es wohl nötig sein, den Mißerfolg der jetzt eingeleiteten Entziehung abzuwarten und den Rückfall, der sicher kommen wird.«
(Brief Dr. Tecklenburgs an Wilhelm Ditzen v. 25. 9. 1919)

Zwischen

kleinem Tod und Gefängnis

Als »Der junge Goedeschal« erscheint, ist der Autor längst nicht mehr Angestellter der Kartoffelanbaugesellschaft in Berlin, er befindet sich zu einer erneuten Entziehungskur in Rinteln an der Weser. Diese, wie auch zuvor die Aufenthalte in Tannenfeld und Carlsfeld bei Halle, bleiben ohne Erfolg.

Rudolf Ditzen wechselt in der Folgezeit häufig die Stellen: Im Sommer 1919 ist er in Baumgarten, Pommern; im Herbst 1920 auf einem Lehrgut in der Nähe von Bad Doberan; im Sommer 1922 meldet er sich aus der Nähe von Fulgen; im Winter desselben Jahres arbeitet er auf einem Rittergut in Märzdorf, Deutschkrone. Im Frühjahr 1923 schreibt er an seinen Verleger Ernst Rowohlt aus Gudderitz auf Rügen . . .

7

Das Gefängnis

Das Jahr 1923 wird später jenes sein, auf das sich Hans Fallada am häufigsten besinnt, wenn in seinem Kopf sozialkritische Geschichten entstehen. Die rasch um sich greifende Inflation mit ihren schwindelerregenden Papiergeldbergen und den millionenfach zerstörten Hoffnungen kleiner Leute; die Massenaktionen der Arbeiter an Ruhr und Spree, in Sachsen und Thüringen sowie der Putsch der *»Schwarzen Reichswehr«* in Küstrin sind Ereignisse, die auch den »unpolitischen« Schriftsteller Fallada nicht in Ruhe lassen.*

Bis dahin ist noch ein gutes Stück des Weges zurückzulegen; 1923 nähert sich die Lebenskurve Rudolf Ditzens, die eher einer Fieberkurve gleicht, ihrem absoluten Tiefpunkt. Er wandert von einem Gut zum anderen, nirgendwo hält es ihn länger als einen Sommer oder einen Winter: »Wieder nichts von Büchern, nichts von Literatur, aber herrliches, nahrhaftes Leben, und nun war ich immerhin schon um die dreißig Jahre herum ...«

* Die Ereignisse des Jahres 1923, insbesondere die Inflation und ihre Folgen, spielen in verschiedenen Romanen eine Rolle: in *»Bauern, Bonzen und Bomben«*, *»Wir hatten mal ein Kind«*, *»Wolf unter Wölfen«* und im *»Eisernen Gustav«*. Als ein bewegendes Einzelschicksal steht Ditzen auch das Los seines eigenen Vaters vor Augen, der zeitlebens sparte und nach der Inflation von der Bank aufgefordert wurde, sein Konto wegen »Geringfügigkeit« aufzulösen.

Auf den ruhelosen Wanderungen durch Mecklenburg, Vorpommern und Schlesien gibt es nur einen Fixpunkt: Gudderitz in der Nähe von Altenkirchen auf Rügen, der Hof des Freundes Johannes Kagelmacher. Ditzen hat ein Porträt des Freundes später in einem seiner Romane[20] gezeichnet und ihn als einen Hünen »mit etwas strengem, bartlosem Gesicht« beschrieben, »aus dem zwei sehr große blaue Augen scharf blickten«.

1916 sind die beiden einander in der Stettiner Landwirtschaftskammer zum ersten Mal begegnet,* aber erst 1920 nimmt Rudolf Ditzen das Angebot Kagelmachers an, zu ihm nach Gudderitz zu kommen. Hier, in einem der verträumtesten Winkel der Insel Rügen, fühlt sich Ditzen wohl; er sagt 1924: »Nirgends bin ich so zu Haus.«

Im Frühjahr 1923 ist er ein zweites Mal für längere Zeit dort. Ditzen nennt Kagelmacher einen »schnurrigen Kauz mit tausend Eigenheiten«, aber auch einen ausgezeichneten Landwirt. In vielem hat Kagelmacher Ähnlichkeit mit Ditzen. Auch er hat jahrelang das Land ruhelos durchstreift, bevor er den Hof seiner Eltern auf Rügen erbte – eine völlig heruntergekommene Wirtschaft. Wie Ditzen hat auch Kagelmacher für seine Zeit und Umgebung recht ungewöhnliche Ansichten. Er versucht sein Glück mit zahlreichen Neuerungen im Anbauplan und in der Tierzucht – mit stets wechselndem Ergebnis. Kagelmacher läßt keine Gelegenheit aus, seinen Trotz gegenüber der »Welt« zu zeigen: Auf seinem Hof finden ehemalige Häftlinge, Verfemte, sozial Entwurzelte und gescheiterte Existenzen Unterschlupf und Anstellung. Vor ihren Augen teilt Kagelmacher das vorhandene Bargeld in zwölf Stapel für das

* Ditzen verlagert in dem Roman *»Wir hatten mal ein Kind«* die erste Begegnung mit Kagelmacher/Gäntschow in das Jahr 1910 und nimmt die Holland-Fahrt der »Wandervögel« zum Anlaß für die Begegnung.

folgende Jahr auf. Er verwahrt es unverschlossen in mit Monatsnamen beschrifteten Steintöpfen und handelt nach dem Motto: Wer etwas nimmt, der wird es ja wohl brauchen! Ist der Topf vorzeitig leer, so wird eben gespart oder gehungert. Mit solchen und ähnlichen Methoden versucht Kagelmacher — allen Warnungen und Erfahrungen zuwider — eine »soziale Gleichstellung« aller auf dem Hof Beschäftigten zu erreichen, was sich aber als unmöglich erweist. Angesichts der grassierenden Inflation sind auch die eigenwilligen »Sparmaßnahmen« des Freundes ein ökonomischer Verlust, Kagelmacher muß den Hof bald danach aufgeben.

Doch Ditzen ist von der Persönlichkeit Kagelmachers beeindruckt, vor allem die Tatsache, daß sich der Freund mit Astrologie befaßt und aus den Sternen das Schicksal »vorhersagen« kann, imponiert ihm sehr.

Immer noch schleppt Rudolf Ditzen, als er 1923 nach Gudderitz kommt, seine Gier nach dem Rauschgift mit sich. Unter den Leuten auf Kagelmachers Hof findet sich auch stets jemand, der ihm für Geld einen Weg zum Morphium oder Kokain weist.

Kagelmacher versucht, den Freund von den Rauschmitteln zu entwöhnen, indem er ihm rät, seine Sucht mit Alkohol zu bekämpfen. Er geht mit Ditzen des öfteren in den Dorfkrug, oder sie trinken zu Hause gemeinsam eine Flasche Wein.

Vom Rauschgift kommt Ditzen nicht los, aber er gewöhnt sich an den Alkoholgenuß. Kagelmacher hat den Teufel mit dem Beelzebub austreiben wollen, aber beide Teufel bleiben.

Rudolf Ditzen ist bei Kagelmacher offiziell als Rechnungsführer angestellt. In seinen freien Stunden schreibt er an seinem zweiten Buch, *»Anton und Gerda«*, das in wesentlichen Teilen die Probleme des Goedeschal-Romans wiederholt: »... das ist der Sonntag und morgen ist Penne und in drei

Wochen ist Penne und Universität ist Penne und Beruf ist Penne und Heiraten ist Penne und Kinder Aufbörnen ist Penne und ... ist Penne und ... ist Penne ...«

Aber auch der Konflikt mit den Eltern und Lehrern wird wieder aufgegriffen: »Wer bin ich denn, was hat man mich denn lernen lassen, daß ich leben könnte außer ihren Umkopplungen? ... gleich achtzehn und so hilflos, daß ich nicht einen Tag ohne Eltern zu leben hätte. Doch mit herrlichem, kostbarem Wissen im Kopf! Das haben sie sehr gut gemacht, die uns gerade so viel und gerade das lernen lassen, was in ihren Händen Geltung hat, aber nicht einen Schritt draußen. Also eine Verschwörung ist das, eine große, über die ganze Welt erstreckte, die schlecht heißt, was sich zu ihren Zeichen nicht bekennt, aber vorgibt, Gesinnungen jeder Art zu achten, auf daß sie die Wölfe erkenne ...«

Lediglich in der Liebesgeschichte zwischen dem siebzehnjährigen Anton Färber und der Prostituierten Gerda Loo gelingt Ditzen etwas mehr als die Variierung des Goedeschal-Stoffes. Die beiden entfliehen den Zwängen der Stadt und des Elternhauses und suchen auf der Insel Hiddensee Einsamkeit und Schutz vor den mißgünstigen Mitmenschen.

Ditzen hofft, mit diesem zweiten Buch die Anerkennung zu finden, die seinem Erstling versagt blieb.* Als er den Roman

---

* Von wenigen Ausnahmen abgesehen, reagierten Kritik und Lesepublikum kalt auf das Buch. Innerhalb eines Jahres wurden lediglich 1000 Exemplare verkauft. Zu den wenigen, die den Goedeschal enthusiastisch begrüßen, gehören z. B. Auguste Hauschner (»Hans Fallada gab ein Gott zu sagen, was er leidet«); die »BZ am Mittag« (»Der junge Goedeschal bedeutet das erste Werk einer neuen Kunstrichtung und gleichzeitig einen Weg zum Studium für Ärzte und Pädagogen«) und das »8-Uhr-Abendblatt« (»Knappe des Expressionismus. Jugend, wie des Knaben Pulse, gärend und aufrührerisch. Ein starkes, bedeutendes Werk«).

abgeschlossen hat, hält es Ditzen nicht länger auf Rügen. Er verabschiedet sich von dem Freund und setzt seine Wanderung durch Deutschland fort.

Ditzen findet eine Anstellung als Rendant in Neu-Schönfeld bei Bunzlau in Schlesien. Hier begeht er, um seinen durch Morphium und Alkohol arg strapazierten Etat aufzubessern, eine Unterschlagung. Er verschiebt eine größere Menge Korn an Städter; es ist nicht seine erste Unterschlagung, aber die erste, die aufgedeckt wird. Rudolf Ditzen wird von einem Schöffengericht in Bunzlau zu einem halben Jahr Gefängnis verurteilt, ohne Bewährungsfrist. Das Ganze ist im allgemeinen Strudel von Inflation, Spekulation und Korruption kaum mehr als ein »Kavaliersdelikt«. Ditzen muß die Strafe auch nicht gleich antreten. Erst ein Jahr später wird er sie verbüßen.

Am 15. Juli 1923 arbeitet er als Gutssekretär auf dem Rittergut Radach in der Neumark. Bei der Einstellung verschweigt Rudolf Ditzen, daß ihn noch eine Gefängnisstrafe erwartet.

In Radach sind die wenigen Gutsbeamten des Ritterschaftsdirektors von Pappritz und seines Pächters Gustav Schwanecke »Mädchen für alles«. Es gibt keine strenge Trennung von Innen- und Außendienst; neben der Verwaltung und Rechnungsführung wird Ditzen zum Beispiel zu Nachtwachen auf den Feldern und an den Mieten herangezogen. »Es war eine seltsame Tätigkeit«, erinnert er sich, »Nacht für Nacht unterwegs, über die endlosen Feldbreiten eines Rittergutes in der Neumark, meist mit einem kleinen Kollegen, der damals einer meiner getreuesten Lebensfreunde wurde, immer wachsam und doch so oft ganz der Schönheit der Nachtstunden hingegeben.«

War die Elevenzeit Ditzens eigentliche Schule, so sind diese Jahre als Beamter in Gudderitz und Radach seine Universität mit allen Freiheiten und Prüfungen, die das Studentenleben mit sich bringt: »Diese Prüfungen waren draußen auf dem Acker abzulegen, auf den endlosen Feldern der großen Güter, im Zusammenleben mit den Leuten, den Kollegen, den großen Herren.«

Der Kollege, mit dem Ditzen häufig zusammen ist und der ihm einer der »getreuesten Lebensfreunde« wurde, heißt Hans-Joachim Geyer. Er ist Feldbeamter und hat wie Rudolf Ditzen den Wunsch, Schriftsteller zu werden.*

Sie werden bald unzertrennliche Freunde, lesen einander abends aus Reclamheften vor oder unternehmen ausgedehnte Streifzüge durch die Nachbardörfer. Kaum ein Tanzvergnügen in Radach und Umgebung, das sie auslassen; kaum ein Dienstmädchen ist vor ihren Streichen und Nachstellungen sicher; ihre Zechtouren sind bald in der ganzen Gegend bekannt und berüchtigt.

Die Erinnerung an die Radacher Zeit ist auch später bei beiden noch reich an Erlebnissen dieser Art. 1944 fragt Ditzen bei Geyer an: »Wissen Sie noch, wie ich des Nachts in seidenen Strümpfen von Drossen an Ihrer Seite heimgewandert bin, meine viel zu kleinen Schimmy-Schuhe in der Hand? Und wie wir uns da sofort wieder – morgens zwischen drei und vier – ins Tanzgewühl stürzten.«

Ditzen ist – durch Arbeit und Vergnügen – meist abgespannt und müde. Er gewöhnt sich daran, schon vor der Arbeit auf nüchternen Magen jeden Morgen vier Glas Kognak zu trinken. Auch regelmäßige Morphiumspritzen gehören zu den Vorbereitungen auf den neuen Tag. Die Ausgaben dafür übersteigen Ditzens Monatsgehalt von 200,– Mark – bei

---

* Hans-Joachim Geyer veröffentlicht 1936 einen Roman, dem die Radacher Erlebnisse zugrunde liegen, unter dem Titel *»Der Gutsbeamte Peter Möcke«*. Später entstehen nur noch unbedeutende Kriminalgeschichten. Geyer stirbt am 21. Juli 1972 in Lehnitz bei Oranienburg.

freier Kost und freiem Logis — bei weitem. Oft muß Hans-Joachim Geyer helfen, Geld und Rauschmittel zu beschaffen. Ditzens Süchtigkeit wird Ursache für manche Unausgeglichenheit in seinem Verhalten und für Spannungen im Umgang mit Geyer und den anderen Gutsangestellten.

Über einen dieser Vorfälle berichtet Geyer in einem Filminterview: »An einem solchen Abend, Fallada hatte gerade sein letztes Morphium verspritzt, sich ins Bett gelegt und lauschte mit geschlossenen Augen meinen Worten (ich las aus einem Reclamheft vor), richtete er sich plötzlich auf, riß eine Pistole unter dem Kopfkissen hervor, richtete diese auf mich und schrie, er würde mich erschießen, wenn ich ihm nicht verspräche, noch am selben Abend nach Berlin zu fahren und ihm Morphium zu holen.«

Während Geyers Abwesenheit klopfen Hofgängermädchen ans Fenster und necken Ditzen. Er öffnet das Fenster und schießt mit der Pistole hinter ihnen her.

Natürlich bleiben solche und ähnliche Vorgänge Herrn von Pappritz und dessen Schwiegersohn Schwanecke nicht verborgen. Hinzu kommt, daß Rudolf sich in Schwaneckes Haustochter, Violet von Abercron, verliebt hat — ein Verhältnis, das der Rittmeister durch die Entlassung des Beamten Ditzen zu unterbinden trachtet.

Bevor er aber dazu kommt, etwas zu unternehmen, geschehen in der Umgebung Radachs Dinge, die seine Aufmerksamkeit von dem Gutssekretär ablenken.

Im September 1923 sind in den Wäldern um Küstrin illegale Verbände der *»Schwarzen Reichswehr«* in Bereitschaft gegangen, die als Arbeitskommandos oder als Reservetruppen getarnt sind. Der Name des Majors Buchrucker taucht im Zusammenhang mit diesen Truppenbewegungen in der Nähe der Festung Küstrin auf. Auch Radachs *»Roter Reiterorden«* probt mit Nachtübungen für einen »Ernstfall«.

Am 30. September wird das Signal zum Aufbruch gegeben. Radachs Rote Adler erhalten den Auftrag, das Küstriner Fort zu besetzen. Ehe aber noch Entscheidendes geschieht, wird Buchrucker in Küstrin verhaftet, und die Radacher Truppe kehrt unverrichteter Dinge in ihre Ausgangsstellungen zurück. Der Angriff ist noch verfrüht, außerdem ist die alliierte Kontrollbehörde hellhörig geworden. Als in der Nähe von Radach illegale Waffenlager entdeckt werden und die Alliierten mit Sanktionen drohen, läßt die Reichswehrführung die Putschisten im Stich und bestimmt einen anderen Zeitpunkt für die »nationale Revolution«. Die Generalprobe hat ein vorzeitiges Ende gefunden.

Ditzen und Geyer beobachten die Vorgänge aus nächster Nähe, aber mit Abstand. Sie sind weder Mitglieder des Adlerordens, noch gehören sie zu den Kreisen, die den Putsch moralisch gutheißen und auf seinen Erfolg rechnen. Ditzen bringt den Aufruhr in Verbindung mit der Inflation, die sich ihrem Höhepunkt nähert, und mit der allgemeinen Unzufriedenheit der Bevölkerung. Er sieht alles und hebt es in seinem Gedächtnis auf. Sein Herz und sein Verstand sind wiederum auf der Seite der Leidtragenden all dieser Manipulationen. Er hält zu jenen, die Tag für Tag mühsam um ihre bloße Existenz ringen.

Wenn er mit Geyer zu den Nachtwachen an den Mieten und Feldern eingesetzt wird, um die Diebstähle am Gutseigentum zu unterbinden, hängen beide ihren Gedanken nach und interessieren sich kaum für die Geräusche in ihrer Nähe: Sie wollen weder sehen noch hören, wer da von den Dorfarmen nach ein paar Ähren oder einigen Kartoffeln unterwegs ist.

Die Nachlässigkeit der Beamten und Ditzens Lebenswandel erregen bei der Gutsherrschaft zunehmend Anstoß. Ein Anlaß zur Entlassung findet sich in der merkwürdigen Freizeitbeschäftigung des Gutssekretärs. Schon des öfteren wurde

Schwanecke berichtet, daß die beiden Beamten abends einander vorläsen und schriftstellerten; Genaueres aber wußte keiner.

Nun ist bei Rowohlt Ditzens zweiter Roman erschienen; der Verlag hat die Belegexemplare an die Radacher Adresse seines Autors geschickt. Der gibt das Buch seinen Freunden zum Lesen. »Da kam ein Exemplar dem Tierarzt Dr. Defuß in die Hand, und der hat dann zusammen mit Schwanecke die Sache so hingestellt, daß Fallada unmöglich wurde. Er mußte weg aus Radach«, erzählt Geyer.

Wieder ist Ditzen die Schriftstellerei zum Verhängnis geworden. Von der leidenschaftlichen Liebe der Gerda Loo zu Anton Färber auf Ditzens Tändelei mit Violet von Abercron zu schließen, erscheint dem Rittmeister und seiner Frau naheliegend und logisch. So entlassen sie den Beamten, der nicht weiß, »wo die Grenze ist«, aus dem Dienst.

Ditzen schnürt sein Bündel und zieht weiter.

Nach einem Zwischenspiel als Angestellter bei der Landwirtschaftsgroßhandlung im benachbarten Drossen und einem erneuten Aufenthalt bei Kagelmacher in Gudderitz tritt Rudolf Ditzen am 20. Juni 1924 seine erste Haftstrafe an. Er wird sie im Gerichtsgefängnis Greifswald absitzen.

Während das zweite Buch Hans Falladas den Weg zu seinen Lesern sucht, kehrt Rudolf Ditzen als Gefangener in seine Geburtsstadt zurück.

Ditzen geht mit dem festen Vorsatz ins Gefängnis, sich »unbedingt anständig« zu betragen und es als ein anderer zu verlassen, frei von der Sucht nach Morphium und Kokain. Am meisten fürchtet er für die erste Zeit die Abstinenzerscheinungen und die damit verbundenen Depressionen, »die so schleichend kommen, jeden Willen untergraben«.

Rudolf ist ein sogenannter »Selbststeller«; im Unterschied zu jenen, die durch Verhaftung dem Strafvollzug zugeführt werden, muß er sich zu einem bestimmten Zeitpunkt selber im Gefängnis melden. Nicht ganz nüchtern, nach einem letzten amourösen Abenteuer mit einem Greifswalder Mädchen langt er am 20. Juni, gegen 3 Uhr nachmittags, in der Domstraße 6/7 an und bittet um Einlaß.

Das Gefängnis liegt unmittelbar neben der ehemaligen Wirkungsstätte des Vaters, dem Landgericht. Ditzen erhält die feldgraue Gefängniskleidung und bekommt eine Einzelzelle zugewiesen. Die Greifswalder Anstalt ist mit etwa 60 Mann Belegung eine relativ kleine Vollzugseinrichtung, in der nur »leichte Fälle« ihre Kurzstrafen abbüßen. Die Häftlinge werden zur Arbeit hauptsächlich auf dem angrenzenden Holzhof eingesetzt: Sie sägen die Kloben, spalten und stapeln Mieten. Auch der Holztransport zu Kunden in der Stadt gehört zu den Tätigkeiten, die die Häftlinge auszuführen haben.

Rudolf wird schon am ersten Tag zu Sägearbeiten herangezogen. Der Gefängnisvorsteher beobachtet ihn und führt ein erstes Gespräch, das Ditzen in seinem Gefängnis-Tagebuch[21] festgehalten hat:

»Weswegen?«

»Unterschlagung. Ich habe Korn verschoben.«

»Zum ersten Mal bestraft?«

»Ja.«

»Und keine Bewährung bekommen?«

»Nein.«

»Aber das ist doch hart, sehr hart.« (Wie gut das tut! Hat man Mitleid je verachtet? Dies ist ein Trost. Sei gesegnet dafür, Herr Vorsteher.)

»Was sind Ihre Eltern? – Wie alt sind Sie?«

»Nächsten Monat einunddreißig.«

»Wenn Sie sich gut führen, können Sie nach Verbüßung der Hälfte Ihrer Strafzeit Bewährungsfrist beantragen. Ich würde das befürworten.«

»An meinem guten Willen soll es nicht fehlen. Wenn nur die Kräfte reichen.«

Ditzen weiß, daß man sein Verhalten genau beobachten und sich entsprechend zu ihm stellen wird. Die Arbeit auf dem Holzhof ist für ihn eine Fron: Die Säge klemmt bei jedem Zug, niemand mag mit dem ungeschickten Mann zusammenarbeiten.

Ditzen sehnt sich an den Abenden zurück nach Gudderitz, nach Kagelmacher, dem Garten und den Feldern. Und so sehr er in den letzten Jahren auch der Kartoffeln überdrüssig geworden ist, nun muß er voller Wehmut daran denken, daß er »sie nicht blühen, nicht abwelken, nicht geerntet sehen würde«.

Nach zwei Tagen erhält Ditzen die Erlaubnis, in seiner Freizeit schreiben zu dürfen. Er fiebert dem Augenblick entgegen, da er sein Schreibzeug erhält und ein Manuskript beginnen darf. Was wird es wohl werden? Endlich kommt der Wachtmeister noch einmal mit den Privatsachen in die Zelle: »Ich suche aus meinem Koffer Papier und Federn, ich erhalte Tinte. Nun sitze ich auf meiner Zelle. Das Leben ist wieder linde geworden. So leicht. So leicht. Aber eigentlich weiß ich gar nicht, was ich schreiben soll. Ich habe zu nichts rechte Lust. Umarbeiten? Etwas Neues? Und da kommt mir die Erinnerung an das Tagebuch, von dem ich zu Kagelmacher sprach, jenes Tagebuch, in dem ich so wahrheitsgetreu, wie ich eben sein kann, das einschreiben werde, was ich erlebe. Wie dieses Erleben auf mein Fühlen wirkt. Und wenn das Erleben schwer ist, wird es schon durch das Niederschreiben gelindert werden.«

So beginnt er am 23. Juni 1923 ein Tagebuch, das psychologische Studie und Werkstattbericht in einem ist. Ditzen notiert jede noch so geringfügige Kleinigkeit, um sich später ein genaues Bild dieser Tage machen zu können, vor allem aber, um den gefürchteten Depressionen zu entgehen.

An einem schmalen, 35 cm breiten und 70 cm langen Klapptisch schreibt er nach der ungewohnten körperlichen Arbeit täglich einen 5–10 Seiten umfassenden Bericht. Die kleine Zelle ist unbeleuchtet: er kann nur so lange schreiben, wie das Tageslicht durch das schmale, hohe Fenster fällt.

Er erträgt nun das Sägen und Holzhacken leichter, weil er sich schon am Morgen auf die Stunden am Abend freut: »Es ist beinahe, als lebte ich tagsüber nur für sie, ich sammle Material, ich sehe dies, ich höre das, aber endlich sitze ich doch wieder hier, vor dem weißen Papier und schreibe.« Auch wenn abends die Kraft kaum noch reicht, um die Blasen an Füßen und Händen zu kühlen oder die Wanzen zu bekämpfen, führt er die Schreibarbeit fort. Eine Lücke im Tagebuch widerstrebt seinem pedantischen Ordnungssinn, wäre wie ein häßlicher Fleck auf einer sauberen Wand.

Liefert der eintönige Gefängnisalltag keinen Stoff mehr zum Schreiben, so beschäftigt sich Rudolf Ditzen doch immer weiter mit seinem Tagebuch: Er zeichnet seine Zelle samt dem Inventar auf, schreibt die Gefängnisordnung von der Wand ab und notiert seine Träume. Auch seine Leseerlebnisse hält er fest; es sind allerdings keine besonders angenehmen: Pro Woche erhält jeder Gefangene, der es wünscht, ein Bibliotheksbuch zugeteilt; Privatbücher sind verboten. Ditzen liest – nur mit Widerwillen und um seinen Lesehunger wenigstens etwas zu stillen – von Walter Bloem *»Der Vormarsch«*, von Hans Hopfen *»Robert Leichtfuß«*, von Jakob Christoph Heer *»Der Wetterwart«*, Ida Boy-Eds *»Ein königlicher Kaufmann«*, Rudolf Stratz' *»Die letzte Wahl«* und von Frenssen *»Die drei Getreuen«*. Er macht sich über die Naivität der Autoren und die Trivialität ihrer Bücher lustig und notiert Stilblüten wie diese Bloemsche: »Wir alle sind sterblich. Diese drei sind unsterblich: Deutschland, Preußen, das 12. Regiment.«

Rudolf Ditzens Notizen in der Gefängniszelle sind ein schonungsloses Bekenntnis zur Wahrheit, zur Ehrlichkeit gegenüber sich selbst. Das Motto des Tagebuches lautet übrigens: »Hoffentlich geben Sie sich über meinen Charakter keinen Illusionen hin!« Er schildert die unausbleibliche menschliche Erniedrigung, die der Häftling durchmacht, die zahlreichen Kompromisse, die nötig sind, um eine kleine Vorzugsstellung zu erkämpfen und zu behaupten. »So ist das Leben«, schreibt er unter dem 4. Juli ins Tagebuch. »Ich muß leben. Stärkere mögen Helden und Märtyrer sein, ich habe nur das Talent zu einem kleinen Feigling.«

Er überwindet sich, Zigarettenreste von der Straße aufzulesen und fremde Menschen um Rauchzeug zu bitten. Sogar als er eines Tages in sein vermeintliches Geburtshaus kommt*, bettelt er beim derzeitigen Mieter, freilich mit »seltsamen Gefühlen«, um Tabak und Streichhölzer.

Nach vierwöchigem Aufenthalt in der Haftanstalt fragt sich Ditzen am 19. Juli, ob es nicht an der Zeit wäre, neben dem Tagebuch auch wieder eine Romanarbeit zu beginnen. »Habe ich denn nichts zu schreiben? Wäre es nicht endlich so weit, neben den nötigsten Tagebuchnotizen irgendein Opus zu beginnen, das man veröffentlichen kann? (Denn ich muß doch, ehe ich eine neue Stelle antrete, noch einiges anschaffen, und Rowohlt ist doch schließlich die einzige Geldquelle.) Aber das ›stille Buch‹, das ich schreiben möchte, will sich nicht gestalten lassen, und die anderen lauten, heftigen, leidenschaftlichen locken mich nicht. Trotzdem werde ich mich morgen, am Sonntag, nun zu einem Anfang zwingen, gehe es, wie es will.«

---

* Ditzen wird zum Holzabladen in das Haus geschickt, wo die Familie Ditzen von 1895 bis 1898 gewohnt hatte: »Dann fuhren wir Holz in das Haus Karlsplatz 18, jenes Haus, in dem ich vor 31 Jahren geboren bin.« Das tatsächliche Geburtshaus in der Steinstraße liegt am entgegengesetzten Ende der Stadt.

Tatsächlich entstehen schon am nächsten Tag die ersten zehn Seiten eines kleinen Romans[22], der in den folgenden Wochen weitergeführt wird. Ditzen registriert den eigenartigen Vorgang, daß er eine ganz andere Geschichte zu Papier bringen muß, als er sie sich noch am Vorabend zurechtgelegt hat: »Es ist doch seltsam: als ich gestern abend im Tagebuch von dem Roman schrieb, den ich heute in Gang bringen will, dachte ich an einen ganz anderen Stoff. Wie das Gehirn im Schlaf arbeiten muß! Als ich heute früh erwachte, war der Plan zu diesem umgeänderten Roman (nur weniges aus dem 1. Kapitel des alten Entwurfes ist übernommen) fix und fertig, für die ersten 20, 30 Seiten sogar schon mit Kapiteleinteilungen und Überschriften! Im Schlaf! Ich bleibe dabei, dies ist das Unbegreiflichste und Beglückendste, was ich je erlebt habe.«

Ditzens Geschichten entstehen meist spontan, scheinbar aus dem Nichts heraus. Und scheinbar haben sie nichts mit ihm zu tun. Sobald er sie zu Papier gebracht hat, treten sie ihm als fremd, als nicht zu ihm gehörend entgegen, und er kann sich nicht genug darüber wundern, daß er sie geschaffen haben soll.

Aber es ist seine Geschichte. Der Vergleich der Tagebuchnotizen mit den parallel dazu entstandenen Manuskriptseiten ermöglicht es, die Gedanken- und Figurenwelt Falladas in diesen Tagen genauer zu umreißen. Die Helden in der Geschichte sind entweder Menschen, die denen ähneln, nach denen er in seinen Träumen eine unklare Sehnsucht hegt: die ermordete Prostituierte, die Frau Ria, das Mädchen »Rübe«, oder aber es sind skurrile, abartige Typen wie der Oberkellner Anders, für die Ditzen in seiner gegenwärtigen Umwelt genügend Vorbilder hat. Die Schauplätze der Handlung reichen vom paradiesischen Traumgarten bis zur sattsam bekannten Gefängniszelle, die der eigenen nicht unähnlich ist. Der Erzähler ist dem Autor verwandt: Er fühlt sich wie dieser als Spielball des Schicksals, als ein vom Glück Benachteiligter und Gehetzter. Der Spielraum zwischen Ditzens Tag und Traum ist der Stoff für Falladas schauerlich-sentimentale Geschichte vom Mörder, dem Mädchen und der Einsamkeit. Das eigene Schicksal noch stark überhöht, die Gefahren gesteigert und die eingebildeten Ängste ausgemalt – das ist Tuch vom Garn des jungen Fallada.

Während Rudolf Ditzen mit wunden Füßen Holz durch seine Geburtsstadt trägt, ersinnt Fallada immer neue Hindernisse, die sich dem verfolgten und gehetzten Helden in den Weg stellen. So spult er den einmal aufgenommenen Faden immer weiter ab. Erst Anfang August reißt das ohnehin nicht besonders fein gesponnene Garn. Eine neue Romanidee taucht flüchtig auf: »Ich, meine Gefängniszeit, Rückkehr unter das Volk, etwa durch Vermittlung eines Mädchens, im Garten kennengelernt. Und doch trotz guten Willens auf beiden Seiten ewiges Fremdfühlen, beinahe Feindschaft. Das fühle ich. Es wäre etwa das umgekehrte Thema von H. Manns Armen, aber schöner, weil nicht so konstruiert. Man müßte das Volk nur besser kennen; es muß schließlich doch außer der Zote und dem Gedanken an Fresserei noch etwas anderes geben ...«

Der Anspruch ist groß, aber noch fehlt es an allem, was die späteren Werke Falladas auszeichnet. Der Plan wird nicht realisiert, er ist schon am nächsten Tag vergessen. Auch der angefangene »kleine Roman« bleibt liegen. Selbst das bisher so gewissenhaft geführte Tagebuch bricht Anfang September unvermittelt ab: Ditzen ist erster Kalfaktor der Strafanstalt geworden und hat zum Schreiben keine Zeit mehr. Er muß für die 60 Mann starke Belegschaft Brot schneiden und bei der Essenausgabe helfen.

Die Zeit vergeht über dieser praktischen Arbeit nun wesentlich schneller. Bald werden sich für Ditzen die Tore des Gefängnisses öffnen.

Elf Jahre sind seit der Entlassung aus der Tannenfelder Anstalt vergangen, aber die Situation, vor der Ditzen am Ende seiner Greifswalder Haftzeit steht, ähnelt der damaligen sehr: In der selbstverschuldeten Isolierung wurde vieles begonnen und ausprobiert, doch nichts beendet. Werden das Tagebuch und das Erlebnis des Strafvollzugs ihm helfen, zu ernsthafter Selbsteinschätzung und klarer sozialer Orientierung zu gelangen?

Zwischen

Gefängnis
und
Wende

Unmittelbar nach der Entlassung entstehen einige kleinere journalistische Arbeiten, die 1925 in dem von Franz Hessel geleiteten »TAGE-BUCH« erscheinen. So die Skizze »STIMME AUS DEN GEFÄNGNISSEN« (»Es liegt am System, der Gesamtheit des Strafvollzugsdienstes, der längst ein toter Körper, versteinertes Gerippe ist«) und der Artikel »STAHLHELM-NACHTÜBUNG« (»Sie marschieren zu der Spielerei ihrer Nachtübung, sie marschieren zu jedem Mord und Totschlag, sie marschieren heute noch«). Ditzen findet, nachdem er einige Wochen bei Kagelmacher in Gudderitz gelebt hat, eine Anstellung als Rendant in Lübgust, Kreis Neustettin; kurz darauf in Neuhaus, Kreis Lütjenburg, in Holstein. Hier begeht er eine neue Unterschlagung. Am 18. September 1925 stellt er sich selbst der Polizei und wird am 26. März 1926 vom Landgericht Kiel zu zweieinhalb Jahren Gefängnis verurteilt.

Diese zweite Strafe verbüßt er im Zentralgefängnis Neumünster; während der Haftzeit sind keine nennenswerten Manuskripte entstanden.

Gegen Ende der Haftzeit bemüht sich Ditzen um die Wiederaufnahme des Verfahrens, um durch einen nachträglichen Freispruch seine Eingliederung in die Gesellschaft zu erleichtern. Das Gesuch wird jedoch abgelehnt, die Gründe für eine Wiederaufnahme reichen nicht aus.

8

Die Wende

Als Rudolf Ditzen im Februar 1928 aus dem Gefängnis Neumünster entlassen wird, muß er, wie Willi Kufalt, der Held des Romans *»Wer einmal aus dem Blechnapf frißt«*, all die Hindernisse überwinden, die sich vor ihm auftürmen: Wohnungssuche, die Gefahr der Arbeitslosigkeit, Kampf ums Dasein, neue moralische Gefährdungen ... Wird auch er zum Blechnapf zurückkehren, weil er den Teufelskreis nicht durchbrechen kann?

Rudolf Ditzen ist nun 35 Jahre, mittellos, ohne Schulabschluß, ohne Beruf. Er läßt sich nach Hamburg entlassen, da er hofft, in der Großstadt eher eine Stellung zu finden. Mit Hilfe seines Schwagers, des Rechtsanwaltes Fritz Bechert, hat er eine gebrauchte Schreibmaschine kaufen können. Sein gesamtes im Gefängnis mühsam erarbeitetes »Vermögen« hat er für diese Anschaffung ausgeben müssen. Die Maschine ist für ihn, wie später für Willi Kufalt, seine ganze Hoffnung: »Eine eigene Schreibmaschine ist etwas Großes, nicht nur ein Ding aus Stahl und Eisen mit Rädern, Federn, Walzen, Gummi – eine Schreibmaschine ist eine Hoffnung, mit einer Schreibmaschine kann man sich durchs Leben schlagen, sie ist ein Wechsel auf die Zukunft ... So viel mußte sich doch zusammenbringen lassen im großen Hamburg, daß ein einzelner Mensch nicht darüber verhungerte«, schreibt Ditzen von seinem Helden Kufalt.

Er sucht nun mit Initiative und Energie dem gefürchteten Arbeitslosendasein zu entgehen. Das ist nicht leicht; Ende 1928 hat die große Krise auch auf die Hafenstadt Hamburg übergegriffen.

Rudolf steht früh auf und läuft im Hafenviertel von einem Exporthaus zum anderen, um nachzufragen, ob man Adressen zu schreiben hat. Er muß möglichst unmittelbar nach Bürobeginn bei den aussichtsreichsten Kunden vorsprechen, denn die Konkurrenz ist groß. Oft widerfährt ihm, daß man ihn mit der Auskunft abfertigt: Da müssen Sie schon früher aufstehen, junger Mann, es war jemand vor Ihnen da. Oder man zuckt nur mit den Schultern: Adressenschreiben, bei dem miserablen Geschäft? Schon mal was von Krise gehört?

Aber hin und wieder hat Ditzen Glück. Dann erhält er Aufkleber oder Umschläge und die Liste mit den Adressen. Man notiert im Büro seinen Namen und entläßt ihn, nicht ohne ihn zu ermahnen, auch ja pünktlich am nächsten Morgen zu liefern, sonst ... Und jedesmal folgt irgendeine Drohung: Daß es kein Geld gibt, daß man sich einen anderen Schreiber suchen wird, daß man ihn wegen Geschäftsschädigung belangen wird ...

Zu Hause, in dem kleinen möblierten Zimmer in der Hasselbrookstraße, das er mit Hilfe der Fürsorge gefunden hat, setzt er sich an die Maschine und beginnt zu tippen. Er schreibt Adresse um Adresse; er korrespondiert mit den angesehensten Handelshäusern Europas und der ganzen Welt, ohne an den großen Geschäften beteiligt zu sein. Was für ihn bleibt, sind nur die Brosamen: »Für das Tausend Adressen bekam ich im besten Falle vier Mark und, wenn es spanische waren, fünf Mark. Es schreibt sich lange an eintausend Adressen, und so habe ich in diesen doch glücklichen Hamburger Tagen nur einmal die Woche, nämlich am Sonntag, warm essen können, sonst leistete ich mir zum Mittag einen halben Liter Milch und zwei Bücklinge.«

Am 8. August 1928 entschließt sich Rudolf Ditzen, einen Brief an Ernst Rowohlt zu schreiben, zu dem er seit fünf Jahren keinen Kontakt mehr hat. Dieser Brief bringt Ditzens ganze Hoffnungslosigkeit zum Ausdruck:

»Sehr verehrter Herr Rowohlt, seit vier Monaten bin ich aus der Haft entlassen. Ich habe in dieser Zeit auf jede erdenkliche Weise versucht, mir Arbeit zu verschaffen: so gut wie erfolglos. Zur Tagesschriftstellerei tauge ich nichts, meine Manuskripte kommen mit einer ermüdenden Regelmäßigkeit an mich zurück, Adressenschreiberei bekomme ich auch nur dann und wann, und wenn ich irgend jemand eine ›Neuheit‹ zu verkaufen suche, so scheint das das sicherste Mittel zu sein, ihn von jeder derartigen Erwerbung für immer abzubringen.

Ich bin so ziemlich am Ende und weiß nicht mehr aus noch ein. Mein Wunsch geht dahin, irgendeine Stellung, und sei es die subalternste, sei es als Packer oder etwas derartiges, zu bekommen, die mir nur einen regelmäßigen Wochenverdienst sichert. Mit 70 bis 80 Mark im Monat kann ich heute leben. Aber freilich heißt Derartiges wünschen, sich den Mond wünschen, niemand scheint den Mut zu haben, es mit mir auch nur zu versuchen. Vielleicht können Sie irgendwo einmal ein gutes Wort für mich einlegen, damit man mir noch einmal eine Chance gibt.

Mit meinen schlechten Gewohnheiten von ehedem habe ich völlig Schluß gemacht. In diesem Punkt dürfen Sie völlig sicher sein. Und ich will keine Extrawurst haben. Ich nehme unbesehen alles.«

Aber dieser Brief scheint Rowohlt nicht erreicht zu haben, jedenfalls kommt aus Berlin keine erlösende Hilfe — noch nicht.

Zweimal in der Woche geht Rudolf in dieser Zeit zu den Logenabenden des Guttempler-Ordens, eines Abstinenzler-Vereins, dem er auf Anraten der Gefangenenfürsorge beigetreten ist. Hier lernt er den jungen Arbeiter Hans Issel kennen, mit dem er sich bald anfreundet und den er wegen seiner einfachen, geradlinigen Meinungen schätzt. Hans ist Sozialdemokrat; stundenlang debattieren die beiden über soziale und moralische Fragen. Die Logenabende gehören bald zu den wenigen angenehmen Abwechslungen in den Hamburger Monaten.

Jeden Tag, den er mühselig an seinem Tausend Adressen schreibt, hofft er auf eine Wende, auf irgendein Wunder, das sein Leben mit einem Schlag verändert, wenn er sich auch sagt, daß er aus eigener Kraft vorankommen muß.

Da erhält er ein Angebot des Berthold-Verlages Neumünster, sich an den Unternehmungen des dortigen Wirtschafts- und Verkehrsvereins zu beteiligen. Für 2000,– Mark Kaution bietet Berthold ihm »sichere Aufstiegschancen«, vom Annoncenwerber zum Redakteur und zum Mitinhaber. Aber 2000,– Mark sind eine märchenhafte Summe für jemanden, der von Milch und Bücklingen leben muß. Nach langem Zögern und großer Überwindung schreibt Rudolf an die Eltern. Es ist ein letzter, verzweifelter Versuch. Er bittet um ein Darlehen in Höhe der geforderten Kaution, mit dessen Hilfe er sich eine neue Existenz schaffen will.

Die Antwort der Eltern läßt auf sich warten. Rudolf muß noch manches Tausend Adressen tippen, bis endlich ein Brief aus Leipzig eintrifft. Die Eltern sind nach langem Überlegen und Abwägen zu der Entscheidung gelangt, dem verlorenen Sohn doch noch einmal unter die Arme zu greifen. Das Darlehen wird gewährt; freilich knüpft der Vater einige Bedingungen daran: Er verlangt die Gewähr, daß das Geld in ein »sicheres« Geschäft investiert wird. Für diese Sicherheit soll eine integere Person garantieren, möglichst der Verlagsdirektor selbst. Die 2000 Mark werden Rudolf zinslos überlassen, sie sind jedoch innerhalb von sechs Monaten zurückzuzahlen.

Rudolf Ditzen ist mit allem einverstanden. Er macht sich um die Rückgabe des Geldes wenig Sorgen. Kommt Zeit, kommt Rat! Hat er sich in dem halben Jahr in Neumünster gut geführt, so muß der Berthold-Verlag die Kaution ohnehin wieder zurückzahlen. Und Rudolf ist überzeugt, daß er zu keinen Beanstandungen Anlaß geben wird.

Er telegrafiert an den »K. H. Berthold Verlag, Schleswig-Holsteinische Verkehrszeitung, Nachrichten des Kraftwerks Neumünster«, daß er imstande ist, die geforderte Kaution zu stellen, und um Vertrag bitte. Mit Wirkung vom 15. Oktober 1928 »werde er frei« (!) und könne die avisierte Stellung als Anzeigenwerber beim *»General-Anzeiger zu Neumünster«* antreten.

Die Antwort aus Neumünster ist positiv: Man rechnet mit seinem Geld und seinem Kommen am 15. ds. Mts.

Zum letzten Mal wird er mit seinem Freund Hans Issel zu einem Logenabend gehen, dann hat die klägliche Hamburger Schreiberzeit ein Ende gefunden. Auch aus einem anderen Grunde muß Ditzen rasch eine Veränderung treffen: Weil er die Miete für sein möbliertes Zimmer einsparen wollte, hat er das Zimmer in der Hasselbrookstraße gekündigt, er wohnt jetzt bei der Familie Issel, im Zimmer der Tochter Anna, die für ein paar Wochen zur Kur war. Da das Zimmer während dieser Zeit leerstand, erklärt sich Mutter Issel einverstanden, den Freund des Sohnes aufzunehmen, bis Anna zurückkommt.

Nun, Mitte Oktober, ist es soweit; Frau Issel teilt Ditzen mit, daß er das Zimmer innerhalb von 24 Stunden räumen muß, die Tochter kehre vorzeitig von der Kur zurück. Rudolf ist es recht gleichgültig, wo und wie er diese letzten Tage vor der Arbeit in Neumünster verbringen wird: »Einen Winkel, in dem ich meinen Handkoffer setzen, ein Bett, in das ich mich legen, eine Stubendecke, die ich anstarren konnte, fand ich überall. Hamburg war mir sowieso über«, schreibt er in seinem zweiten Erinnerungsbuch.[23]

Aber noch vor seinem Weggang aus der Eiffestraße macht er dort die wichtigste Bekanntschaft seines Lebens. Sie ist vielleicht weniger zufällig und nicht gar so dramatisch verlaufen, wie er sie in Erinnerung behalten hat*, aber sie ist von entscheidender Bedeutung für sein ganzes Leben.

Anna Margarete Issel, die Tochter des Hauses, von allen »Suse« genannt, »weil sie so susig ist«, hat gerade eine langwierige Nierenkrankheit hinter sich, als sie nach Hamburg zurückkommt. Sie ist 27 Jahre alt und arbeitet als Lageristin in einem Putzmachergeschäft, Anna ist eine große, schlanke junge Frau mit weichem, verträumtem Gesicht, das fast immer lächelt. Sie hat einen festen Händedruck und einen geraden, offenen Blick. Sie spricht in einem behäbigen Hamburger Dialekt und stolpert kräftig über den »spitzen Stein«. Ditzen verliebt sich auf Anhieb in die junge Frau, die er nur ein paar Stunden lang sieht. Dann muß er Ham-

---

* »Ich trällerte die fünf Treppen hinunter mit meinem Köfferchen, aber unten auf dem Gang sauste mich ein großes, helles, blondes Mädchen fast über den Haufen ... Sie sah mich ziemlich neugierig an, die Ollsche hatte ihr wohl schreckliche Geschichten von mir erzählt. Und ich sah sie auch ziemlich neugierig an ... Was eigentlich mit mir passiert war, davon habe ich keine Ahnung und kann also auch nicht davon berichten. Immerhin war ich 35 Jahre alt und bei weitem nicht mehr das, was man einen heurigen Hasen nennt ... War es Liebe auf den ersten Blick oder war sonst was Rätselhaftes dabei, jedenfalls fuhr ich in einer völlig veränderten Stimmung in eine Stadt, die wir nach bewährten Mustern ›Altholm‹ nennen wollen«, schreibt Ditzen 1943.

burg verlassen, um seine neue Stellung rechtzeitig anzutreten.

Im Oktober 1928 ist Rudolf Ditzen also wieder in Neumünster, der Stätte seines unfreiwilligen zweijährigen Aufenthaltes, die er für immer vergessen wollte. Aber wie das Leben so spielt: Dutzende von Bewerbungsschreiben hat er – noch im Gefängnis – geschrieben; ausgerechnet aus Neumünster kommt das verlockende Angebot, das ihm mit der Aussicht auf einen Redakteursposten wenigstens als erste Stufe auf der Treppe zur Literatur erscheint.

Ditzen liebt die kleine, reizlose Industriestadt mit ihren zahllosen Schornsteinen und der flachen Umgebung nicht, »über der als einziges Wahrzeichen, bedeutender noch als die Kirchen und die Fabriken, der Bau des Zentralgefängnisses in Zement und roten Steinen aufragt«. Aber er sagt sich, daß er schließlich nicht wegen der Stadt, sondern der Arbeit wegen hier ist. Er findet in der Schützenstraße ein kleines Zimmer, das seinen bescheidenen Wünschen entspricht. Dann läßt er sich seine Aufgaben als künftiger Annoncenwerber erläutern.

Obwohl ihn die neue Arbeit zunächst sehr in Anspruch nimmt, denkt Rudolf doch oft an die junge Frau in der Hamburger Eiffestraße. Er schreibt ihr täglich einen Brief; auch Anna bemüht sich, ihm so oft wie möglich wenigstens eine kurze Nachricht zukommen zu lassen. Sie erzählt von ihrer Arbeit als Lageristin bei »Hut-Brammer«, von den Vorbereitungen für eine Hutmodell-Ausstellung, der damit verbundenen zusätzlichen Arbeit, die nicht vergütet wird, und von den kleinen Streitigkeiten mit der Vorarbeiterin.

Rudolf kann zunächst über seine Arbeit ebenfalls wenig Positives mitteilen. Er muß Abonnenten für den *»General-Anzeiger«* gewinnen. »Bei jedem neuen Abonnenten, den ich warb, hatte ich 1,25 RM Bezugsgeld zu kassieren, und diese 1,25 RM waren mein einziger Lohn, mein einziges Einkommen. Ich glaube, es war ein noch schwerer verdientes Brot als das Adressenschreiben für die Hamburger Exporthäuser.«

Der Chef, Karl-Heinz Berthold, ist ein notorischer Trinker, der sich nur selten, dafür aber überraschend und zu den ungewöhnlichsten Zeiten im Büro sehen läßt. Mit der geleisteten Arbeit ist er nie zufrieden. Mitunter wird Ditzen das Gefühl nicht los, daß Berthold lediglich an der Kaution Interesse hatte, weniger an dem neuen Mitarbeiter. Rudolf verdrängt diesen Gedanken; die Hauptsache ist, daß er erst einmal Fuß faßt, daß er Anna zeigen kann, was er zu leisten in der Lage ist.

Am 22. Dezember ist Ditzen wieder auf dem Weg nach Hamburg, um bei Issels das Weihnachtsfest zu verleben. Die wenigen freien Tage vergehen viel zu schnell, aber als Rudolf nach dem Fest zurückfährt, hat er sich mit Anna verlobt, ohne viel Aufhebens, ohne Ringe und große Feier. Sie haben sich nur wenige Male für jeweils ein paar Stunden gesehen, aber sie sind beide sicher, daß sie zueinander gehören.

Rudolf hat Annas Geburtsdaten und seine eigenen an Kagelmacher geschickt mit der Bitte, die Sterne nach seiner Chance zu fragen, und der Freund hat aus der Stellung der Venus zum Saturn für die beiden ein überaus verheißungsvolles Schicksal gelesen: »Die guten Eigenschaften der Venus sind Liebe und Güte, die guten Eigenschaften des Saturn Diplomatie, Gerechtigkeit, Mäßigkeit, Sparsamkeit. Stehen die beiden Planeten in guten Ausblickungen, so machen sie die Person treu und aufrichtig, gerecht und ordnungsliebend, ebenso erfolgreich in allen Lebenslagen. Solch eine Person wird als Freund und Vertrauter gesucht, man kann ihr jeden Auftrag erteilen, der Ehrenhaftigkeit voraussetzt. Die Aspekte schaffen einen einfachen Geschmack, unbestechliche Moral, Treue, Achtung, Gesundheit und gute Lebensverhältnisse.«

Wenn Ditzen insgeheim auch über das pseudowissenschaftliche Testat des Freundes Kagelmacher lächelt, so findet er bei näherer Prüfung doch jede seiner Aussagen (einschließlich derjenigen über seine eigene Person) bestätigt – ein gutes Omen.

In seinen Briefen an »Suse« spricht er von seiner Liebe zu ihr, die für ihn ein bisher unbekanntes Gefühl ist. »Ich will Dir ein Geständnis machen«, schreibt er in seinem Brief vom 5. 1. 1929, »so viel ich auch schon erlebt habe, ich habe mich nie gern lieben lassen; die Gefühle der anderen waren mir lästig. Ich finde die Geschichte Rilkes vom verlorenen Sohn, der nicht geliebt werden wollte, so schön und habe immer gefunden, daß sie auch ein wenig meine Geschichte ist... Ich bin so verletzt worden, daß ich das Gefühl Liebe bei mir wirklich gefürchtet habe. Ich habe die anderen von Liebe reden lassen, ich habe gelächelt, aber ich habe gemeint, das gebe es für mich nicht mehr. Ich habe Angst gehabt. Nur nicht merken lassen, daß man sich innen vielleicht doch einmal nach Weichheit sehnt, lieber darüber spotten, lieber einem anderen auch einmal weh tun, als sich noch einmal einem Menschen in die Hand geben, der einen so wehrlos machen kann. Dann bist Du gekommen!«

Die siebenundzwanzigjährige Arbeiterin Anna Issel erwidert Ditzens Empfindungen mit einer starken, großen Liebe, die sich vom ersten Tag an über zahllose kleine Unwahrheiten und bittere Wahrheiten, über Vergangenes hinwegsetzen und behaupten muß. Rudolf hat seine Braut mit den bisherigen Stationen seines Lebens in groben Zügen vertraut gemacht. Er hat nichts beschönigt, nichts Wesentliches weggelassen; er kann nicht einmal das sichere Versprechen geben, daß er künftig sein »Schicksal« meistern wird.

Anna und Rudolf trennt eine ganze Welt der Herkunft und Erziehung. Das Mädchen ist im proletarischen Milieu aufgewachsen. Der Vater, altes SPD-Mitglied und Funktionär der Partei, hat mit der Familie oft den Wohnsitz wechseln müssen:

von Geestemünde nach Kiel, dann nach Hannover, schließlich nach Hamburg. Immer riefen ihn neue, verantwortliche Funktionen in seiner Partei. Schließlich trennte er sich ganz von der Familie, um sich nur noch seiner politischen Arbeit zu widmen — ein Schritt, unter dem vor allem Anna leidet, die am Vater hängt. Der alte Issel erzieht seine Kinder zu jungen Menschen, die Stolz auf ihre proletarische Herkunft empfinden: »Wenn man euch in der Schule fragt, was euer Vater von Beruf ist, dann antwortet ihr: Arbeiter; Arbeiter und sonst nichts«, schärft er ihnen ein. Anna ist eine der ersten an ihrer Schule, die die Arbeiterjugendweihe, nicht die Konfirmation erhält. Der Vater hat auch nichts dagegen, daß seine Tochter »nur« Lagerarbeiterin bei »Hut-Brammer« wird.

Suse hat den ungelenken, sensiblen Ditzen aufrichtig gern. Er ist wie ein großer, mitunter hilflos wirkender Junge, steckt voller Ideen und Überraschungen; er wirbelt ihr Leben mit einem Schlag durcheinander. »Jetzt hat mein Leben einen Inhalt bekommen, und gingest Du plötzlich wieder aus meinem Leben hinaus, so wäre es gar nicht mehr lebenswert. Mein bisheriges Leben war ja nur ein Suchen und Warten«, schreibt Suse Anfang des neuen Jahres an Rudolf. Gleichzeitig aber scheint ihr auch die Größe und Kompliziertheit der übernommenen Aufgabe schon bewußt zu sein, denn sie fährt fort: »Sollte ich es wirklich manchmal etwas schwerer haben als die anderen, ich habe ja auch nicht so ein alltägliches Glück wie die anderen. Ich habe die feste Überzeugung, daß meine Liebe immer stark und groß genug sein wird und alles, was mein großer Junge braucht, für ihn bereit haben wird.«

Ditzen will sein Glück unzertrennbar fest an sich binden: »Du bist meine ganze Freude, mein völliger Stolz. Endlich lohnt es sich in meinem Leben wieder, vorwärtszukommen, und wir wollen einen guten Kampf kämpfen, Seite an Seite, ohne Furcht, mutig!«

Der Kampf, den Ditzen nach seiner Rückkehr in Neumünster beginnen muß, scheint allerdings ein Fechten gegen Windmühlenflügel zu sein: um die Kautionsrückzahlung, gegen die Tücken des strengen Winters, um jede Mark Anzeigenprovision. Vor allem aber ringt Rudolf Ditzen um seine Anerkennung bei den Honoratioren der Stadt. Und nicht immer ist es — sowohl auf seiten der Behörden, wie auch auf Ditzens Seite — ein fairer Kampf.

Die im Vertrag mit Berthold umrissene Arbeit unterscheidet sich sehr von der des Hamburger Adressenschreibers. Er wirbt nicht nur neue Abonnenten, sondern soll auch dafür sorgen, daß der Anzeigenteil des *»General-Anzeigers«* vergrößert werden kann. Diese Annoncen bilden die hauptsächliche Finanzierungsquelle der Zeitung. Bringt Ditzen nicht genügend Anzeigen von seinen Werbemärschen zurück, so kann der Chef des Blattes, das formell dem Verkehrs- und Wirtschaftsverein Neumünster untersteht, keine Gehälter an die drei Mitarbeiter auszahlen. »In einem Alter, wo alle meine Schulgefährten schon in sicheren Stellungen saßen als Ärzte, als Anwälte, als Oberstudienräte, als Sanskritforscher und Professoren — da war ich der kleine Anzeigenwerber eines dahinsterbenden Blättchens.« Aber Ditzen steckt nicht auf.

Er notiert sich aus Telefonbuch und Innungslisten die Namen und Anschriften der Handwerker und Gewerbetreibenden und legt sich, ganz wie es Willi Kufalt tut, nach Gewerken geordnete Listen an: »Er hat sie beisammen, und nun sucht er sich auf dem Stadtplan, wo sie alle wohnen, entwirft eine Tour — der Weg geht hin und her durch die ganze Stadt —, wie wird er die Stadt kennenlernen in den nächsten Wochen!«

Besonders gegen Monatsende steigern sich die Bemühungen aller bis ans Fieberhafte; selbst Berthold begibt sich dann auf Annoncenjagd. Trotzdem bleibt das Ergebnis mager, wie Rudolf am 24. 1. 1929 Anna mitteilt: »Heute morgen nun, ausgerechnet am Morgen nach der Inventur, sind wir beide losgejagt. Bei mir ist das Ergebnis eines Tages eine achtel Seite und sehr viel Grobheiten, denn welcher Kaufmann hat heute Zeit, an Annoncen zu denken? Bei Berthold wird es wohl ähnlich sein.«

Es ist in diesen Januartagen des Jahres 1929 bitterkalt, das Thermometer zeigt 20 Grad minus. Rudolf besitzt nur einen Anzug und einen leichten Mantel. Aber er beißt die Zähne zusammen, denkt an seine Braut in Hamburg, an das Geld, das sie für einen eigenen Hausstand brauchen, und er macht weiter: »Ich bin eben zwei Stunden nach Annoncen für die Weiße Woche losgewesen. So schändlich habe ich, glaube ich, den ganzen Winter noch nicht gefroren. Es war wirklich nahe daran, daß mir übel wurde, und zum ersten Male seit langer Zeit fühlte ich Sehnsucht nach einem Cognak ... Es war nur ein flüchtiger Gedanke, so wie man eben draußen in der Kälte auch an den warmen Ofen im Zimmer denkt. Übrigens ist das üppige Ergebnis von zwei Stunden Rennerei und Frieren 1,90 RM für mich. Damit ist wirklich kein Blumentopf zu gewinnen. Und auch keine Reise nach Hamburg zu machen.«

Neben der Anzeigenwerbung übernimmt Rudolf Ditzen freiwillig andere Aufgaben: Er läßt sich Freikarten für das Kino geben, besucht Konzerte, Vorträge und Versammlungen, um Notizen und kleine Artikel darüber zu schreiben. Er gibt sich Mühe und findet, wie er am 12. Februar an Suse schreibt, erste Anerkennung: »Ich habe heute die Genugtuung gehabt, daß sowohl der Lokalredakteur wie Geschäftsführer Scharf mir heute sagten, man werde schon bei der Konkurrenz auf mich aufmerksam. Ach, Suse, laß mich doch ein bissel Schwein haben, daß ich aus diesem dreckigen Annoncengeschäft herauskomme; ich will den Leuten schon nette Theaterkritiken und Artikelchen schreiben.«

Hin und wieder macht Ditzen auch Redaktions-Spätdienst,

eine Tätigkeit so recht nach seinem Geschmack. Er ist allein in dem großen Haus, hat sehr viel Zeit, um an Suse zu schreiben und über die Zukunft nachzudenken. Mit den wenigen Besuchern, die zu später Stunde noch in die Redaktion kommen, kann er reden, als sei er der Chef des *»General-Anzeigers«* persönlich. Während einer dieser späten Dienststunden fällt Rudolf durch Zufall aus Bertholds Büchern eine Sammelliste der Holsteinischen Wirtschaftspartei mit über 100 Mark Spendengeldern der Mitglieder in die Hände.

Unmittelbar nach den Reichstagswahlen vom Mai 1928 hatte diese Partei eine Sammelaktion veranstaltet, um ihren Wahlfonds aufzufüllen. Berthold gehörte zu den Sammelberechtigten und hatte sich mehrere Listen geben lassen. Da Ditzen nebenher auch die Kasse der kommunalen Wirtschaftspartei zu führen hat, weiß er, daß die von Berthold gesammelten Beiträge nicht in der Kasse vereinnahmt worden sind. Als er vor einigen Wochen seinen Chef daraufhin ansprach, erklärte der, die Beiträge seien wohl gezeichnet, nachher aber – bis auf 27 Mark – nicht kassiert worden. Berthold hat nachträglich diesen Betrag bei Ditzen eingezahlt, die Listen aber an sich genommen.

Nun also hat Ditzen, beim Kramen und Aufräumen, eine von ihnen wiedergefunden; bei einer genaueren Durchsicht der Bücher fällt ihm eine zweite Liste mit etwa der gleichen Spendensumme in die Hände.

Er steckt beide Listen wieder in die Bücher zurück, merkt sich jedoch den Platz. Dann setzt er sich an die Schreibmaschine, spannt einen Kopfbogen der Redaktion ein und erzählt Anna Issel von dem Plan, der in seinem Kopf entstanden ist. Er ist sicher, daß Berthold eine Unterschlagung begehen und die Spuren verwischen wollte: »Aber ich, ich, ich, Suse, werde diese Zeichnungslisten nach geraumer Zeit an mich nehmen ... und werde sie als Beweis- und Druckmittel gegen den guten Berthold in Händen behalten. Alles andere ist ja nur Rederei, verfliegt, aber dies ist etwas Geschriebenes, aus Büchern und Belegen nachweisbar, und er soll sich hüten, mir dumm zu kommen. Später einmal. Auch dies muß Dir gesagt werden, damit Du weißt, daß Du keinen Engel zum Manne bekommst, sondern ein sehr menschliches Wesen. Aber ich glaub, das weißt Du auch so.«

Ditzen kann sein Wissen um den Betrug bereits wenig später »nutzbringend« für sich anwenden. Er hat im Februar kein Gehalt bekommen, Berthold hält ihn mit fadenscheinigen Argumenten hin, vertröstet ihn. Da geht Ditzen Ende Februar mit dem Privatvertrag, den er mit Berthold geschlossen hat, zum SPD-Bürgermeister Lindemann und beschuldigt seinen Chef des Kautionsschwindels und der Gehaltshinterziehung. Auch die unrechtmäßig angeeigneten Spendengelder kommen zur Sprache.

Lindemann sagt seine Unterstützung bei der Klärung der ganzen Angelegenheit zu. Er kann nicht umhin, die Tatkraft und Energie dieses jungen Mannes anzuerkennen, der ein Jahr zuvor hier in der Stadt noch im Gefängnis saß, nun aber bereits kräftig in die Kommunalpolitik eingreift.

Berthold wird fristlos entlassen, das Betreten der Redaktionsräume wird ihm untersagt, Gehalt und Kaution sind sofort an Ditzen auszuzahlen.

Rudolf empfindet kein Mitleid mit Berthold, der ihn nur ausgenutzt und gedemütigt hat: »Nein, es tut mir nicht leid, wenn er jetzt ohne einen Pfennig auf der Straße liegt«, schreibt er am 1. März. »Ich bin immer ein guter Hasser gewesen und habe meine Sache gut geführt, ihn auf allen Punkten geschlagen.« Er weiß sehr wohl, daß er als Nachfolger Bertholds in Frage kommt und daß alles sehr kleinlich und egoistisch aussieht: »Morgen früh werde ich mit Wachholz Vertrag abschließen (toi, toi, toi!), der mir Bertholds Stellung zusichert. Allerdings nur mit einem Nettogehalt von 200 Mark. Aber, Suse, es ist doch ein großer Schritt vorwärts. Hoffentlich kommt nichts dazwischen, eine 90 %ige Zusage habe ich schon von Wachholz. Aber ich habe in meinem Leben die 10 % fürchten gelernt.«

Doch die Befürchtungen sind unbegründet. Ditzen erhält den Vertrag. Ihm wird die Redaktion der neuen *»Verkehrszeitung«* übertragen; er betreut als Leiter ein eben gegründetes Verkehrsbüro; er wird gegen Provision mit der Vermietung des kommunalen Verkehrsturms – einer überdimensionalen Litfaßsäule – beauftragt.

Rudolf Ditzen hat mit 36 Jahren endlich die Chance, die er nutzen kann. Nun muß er zeigen, was an Tatkraft und Ideen in ihm steckt. Er hat Gelegenheit, Suse zu beweisen, daß er nicht zuviel versprochen hat. Er kann den Eltern das Geld zurückgeben und sie damit vielleicht überzeugen, daß er sich wirklich zum Guten geändert hat. Der Fall Berthold–Ditzen ist das Tagesgespräch von Neumünster: »Wer mich noch nicht kennt, kennt mich nun!« schreibt Ditzen im Brief vom 4. März.

In der ersten Märzwoche wird Rudolf offiziell die Redaktion der »Verkehrszeitung« übertragen. Das kleine, unbedeutende Werbeblättchen muß zunächst einmal stabilisiert und rentabel gestaltet werden. Ditzen entwickelt seiner Verlobten die ersten Vorstellungen: »Ich habe da nun eine Idee gehabt, die Wachholz heute Scharf gegenüber als geradezu glänzend bezeichnet hat. Ich brauche Mitarbeiter, prominente Mitarbeiter, die nichts kosten. Viele laufen von der Sorte nicht herum. Nun las ich gestern in der Volkszeitung, daß heute abend Bürgermeister Lindemann auf einer SPD-Parteiversammlung über Neumünsters kommunalpolitische Nöte reden wird. Ich werde hingehen, mitstenografieren, ihm meine Ausarbeitungen vorlegen und so einen Artikel bekommen, der uns nichts kostet und doch gelesen wird. Zugleich werde ich mir bei Lindemann eine Nummer machen.«

Manches in den Briefen Ditzens aus dieser Zeit in Neumünster erinnert an die Zeit, da er in Tannenfeld mit Rolland korrespondierte: Der Ton ist großspurig, die alte Selbstüberschätzung bricht wieder hervor. In den Versuchen, Anerkennung zu erreichen, ist eine große Hektik nicht zu übersehen.

Rudolf Ditzens Energie konzentriert sich in den folgenden Monaten auf zweierlei: auf die Heirat mit Suse und auf den Ausbau der Stellung beim Verkehrsverein Neumünster.

Als Hochzeitstermin ist der Ostersonntag ausgemacht. Beide Brautleute bemühen sich, die erforderlichen Dokumente und Unterlagen vollzählig und pünktlich beizubringen. Ditzen erhält einen umfangreichen Fragebogen. Er muß unangenehme Fragen beantworten, die die unselige Vergangenheit wieder aufrühren. Noch einmal überlegt er, ob er das Recht hat, die einfache, unbescholtene Anna Issel in sein Leben hineinzuziehen.*

Die Fragen nach der Bildung, den Vorstrafen und dem Vorleben sind wie eine letzte Mahnung, dem Rat der Eltern zu folgen und allein zu bleiben, um nicht auch noch einen anderen Menschen unglücklich zu machen. Die Mutter hatte, nachdem sie von der Verlobung des Sohnes durch Dritte erfahren hatte, an Rudolf geschrieben: »Ich war nach allem Erlebten so

---

* »Ein wenig bedenklich wird es mir doch, je näher der feierliche Tag kommt. Nicht meinetwegen, sondern vor allem Deinetwegen. Ich hoffe, Du bist Dir ganz klar, daß Dich eine finanziell ungewisse Zukunft erwartet, daß ich nicht gesund bin, daß Du von mir keine Kinder haben wirst und haben darfst, daß ich gesellschaftlich deklassiert bin.«
(Aus dem Brief Ditzens an Anna Issel vom 21. 3. 1929)

fest davon überzeugt, daß Du nicht heiraten würdest, daß Deine innere Unruhe, Deine kritische Art und Deine Unbeständigkeit Dir in einer Ehe kein Glück bringen würden, und auch der nicht, die Du erwähltest ... Aber es ist nun einmal geschehen. Nach Deiner impulsiven Art hast Du Dich über diese schweren Bedenken schnell hinweggesetzt. Ich habe nun doch die Pflicht in mir gefühlt, daß ich Dir das noch einmal sage. Du mußt Dich in jeder Weise bemühen, wirklich ein anderer, ruhiger, zuverlässiger und beständiger Mensch zu werden. Wie Du sagst, so ist es jetzt schon so. Es bedarf noch einiger Zeit bei uns, bis wir festen Glauben an diese Veränderung haben. Auch die Geldfrage ist von großer Wichtigkeit. Auf wie anderer Grundlage muß erst Deine Stellung aufgebaut sein, ehe Du ans Heiraten denken kannst.«

Ditzen weiß nur zu gut, wie recht die Mutter mit vielem hat, was sie schreibt. Aber er will kein neues Zaudern, kein langes Bedenken und schon gar kein Zurück. So wird er auch diesen Weg ohne die Billigung der Eltern gehen, allein nur mit seiner Anna, die ihm vertraut und – trotz aller in der Verwandtschaft geäußerten Zweifel am Bestand der künftigen Ehe – zu ihm hält.

Anna Margarete Issel und Rudolf Ditzen heiraten am 5. April 1929 in Hamburg. Sie lassen sich standesamtlich trauen; Mutter Issel und eine Freundin Ditzens sind die Trauzeugen. Zum Schrecken der Brautmutter gibt es weder eine »ordentliche« Trauung in der Kirche noch eine richtige Hochzeit mit Festtafel und Gästen. »Ihr lauft ja zusammen wie die Wilden in Afrika, und ebenso werdet ihr in vier Wochen wieder auseinanderlaufen«, prophezeit sie dem Paar.

Anna und Rudolf fahren unmittelbar nach dem Zeremoniell für einige Tage nach Berlin. Ditzen präsentiert die junge Frau seinen Freunden: Lore Soldin, den Fröhlichs, dem Ehepaar Seyerlen und dem Arztehepaar Deri.

Suse ist unsicher. Sie hat Angst, einen Fehler zu machen oder den Mann spüren zu lassen, daß sie sich in dem ungewohnten Milieu nicht wohl fühlt. Sie ahnt wohl, daß die ehemaligen Freunde Ditzens auch nicht recht an ihre gemeinsame Zukunft glauben.

Ditzen schreibt in *»Heute bei uns zu Haus«*: »Menschen dieser Art hatten nie zu ihrem Verkehrskreis gehört. Lange fühlte sie sich unsicher, sie war sehr still. Aber sie hatte immer zu ihnen gehört, sie besaß ihr Bürgerrecht in der Welt allen wahrhaften Menschentums, wo Auszeichnungen verliehen und Liebe und Vertrauen gegeben werden, unabhängig von Stellung und erlerntem Wissen.«

Wenn Ditzen und seine Freunde über die gemeinsam verbrachten Jahre in Berlin oder über Literatur reden, dann bleibt die junge Frau außerhalb der Gespräche. Nur zu Lore Soldin faßt Suse sofort Vertrauen. Zwischen den beiden Frauen entsteht eine dauerhafte, feste Freundschaft.

Nach den Berliner Tagen, die wie im Fluge vergehen, kehren die beiden jungen Eheleute in ihren Alltag zurück. Suse zu ihren Schleifen, Seiden und Bändern bei »Hut-Brammer«, Ditzen nach Neumünster in die Redaktion. Alles ist fast wie vorher.

Und doch ist alles anders. Zum ersten Mal in seinem Leben trägt Rudolf Ditzen nicht nur für sein eigenes Leben, sondern auch für das eines anderen große Verantwortung, und er ist sich dieser Mitverantwortung wohl bewußt. »Für mich hatte ich nie Angst gehabt, aber jetzt kam sie — die Angst vor der Verantwortung. Suse erwartete so viel von mir, sie hielt mich wirklich für etwas, das spürte ich, trotzdem sie nie ein Wort darüber sprach. Was aber war ich? Ein Mann, der mit seltenem Geschick sich selbst alle Lebensmöglichkeiten zerstört, der alle hilfreichen Hände müde gemacht hatte«, resümiert Rudolf Ditzen sein halbes Leben.

Für Rudolf Ditzen beginnt nach der Heirat eine schwierige Phase: Der Termin für die Rückzahlung der Kaution an die Eltern rückt heran, und noch immer besteht kaum Aussicht, das Geld von Berthold zurückzuerhalten. Suse hat sich während der Hochzeitsreise in Berlin erkältet und wird mit einer langwierigen Mandel- und Nierenentzündung ins Krankenhaus eingeliefert. Auch das Gespenst der Arbeitslosigkeit ist für Ditzen noch längst nicht gebannt. Zum 1. Juli sollen zwei Mitarbeiter des Verkehrsvereins »abgebaut« werden. Außerdem muß eine größere Wohnung gefunden, der gemeinsame Hausstand vorbereitet und die Übersiedlung Annas nach Neumünster in die Wege geleitet werden.

Ein Rudolf Ditzen in einer anderen Etappe seines Lebens hätte vor diesem Sorgenberg kapituliert. Jetzt aber denkt er nicht daran. Er überwindet ein Hindernis nach dem anderen, mit ungewohntem Elan und einem gehörigen Quantum Glück löst er die zahlreichen Probleme.

Zunächst bahnt sich hinsichtlich der Kaution eine überraschende Wende an: Gegen Berthold wird vor der Kriminalpolizei Neumünster ein Verfahren wegen Unterschlagung eröffnet. Gemeinsam mit anderen muß auch Ditzen aussagen, und er bringt die Kautionsangelegenheit zur Sprache. Berthold wird daraufhin zur sofortigen Rückzahlung des Geldes an Ditzen aufgefordert. Der Betrag wird ihm jedoch nicht direkt ausgezahlt, sondern auf das Konto des Verkehrsvereins angewiesen. Noch vertraut man dem ehemals Straffälligen nicht bedingungslos. Der Vorsitzende des Verkehrsvereins, Bithorn, fragt bei den Eltern in Leipzig an, was mit dem Gelde geschehen soll, und stellt bei dieser Gelegenheit seinem Angestellten Ditzen ein günstiges Zeugnis aus: »Er ist frisch, energisch und hat wohl innerlich und äußerlich die damalige Depression ganz überwunden. Die junge Frau . . . mag das meiste dazu getan haben.«

Nun haben allerdings die Eltern – dank Ditzens Feigheit wiederum durch einen Dritten – erfahren müssen, daß er sich inzwischen mit Anna Issel vermählt hat. Es erscheint selbst dem optimistischen Rudolf unwahrscheinlich, daß die Eltern diesen neuerlichen Vertrauensbruch etwa noch durch die Schenkung des Kautionsgeldes quittieren würden – sein geheimer Wunsch.

Doch diesmal antwortete die Mutter prompt, und das Wort des unbestechlich erscheinenden Vereinsvorsitzenden gilt ihr mehr als ein Dutzend Jahre im Leben des Sohnes: Rudolf kann die 2000,– Mark behalten. Sie werden auf sein Erbteil angerechnet. Außerdem wollen die Eltern dem jungen Ehepaar eine monatliche Unterstützung von 85 RM bis zur wirtschaftlichen Selbständigkeit gewähren.

Rudolf fällt ein Stein vom Herzen. Das ist weit mehr, als er nach allem erwartet hat: »Man kann jetzt ohne Krampf von der Zukunft träumen. Ich bin aber wieder einmal fest entschlossen, ganz sparsam zu leben und nur das Nötigste zu kaufen«, schreibt er am 18. April an seine Frau. Und er macht sogleich folgende Rechnung auf: »Was unser künftiges Einkommen angeht, so habe ich von Wachholz 225 und von den Eltern 85 RM, macht 310 Mark, wobei ich etwaige Einnahmen aus der Schriftstellerei ganz außer Ansatz lasse.«

Am Ende des Monats April 1929 ist die Kassenbilanz, die Rudolf Ditzen ziehen kann, weitaus freundlicher als in den vorausgegangenen Monaten.*

---

* Bestand am 30. IV.:

Auf der Sparkasse	1.695,00
Bar	97,55
Guthaben an Verkehrsverein	78,50
Guthaben an Brammer	150,00
	2.021,05

Da Anna auch weiterhin krank ist, schlägt Rudolf ihr vor, zu kündigen und schon Ende Mai zu ihm nach Neumünster zu ziehen. Er schreibt in Suses Namen die Kündigung an Brammer zum 1. Juni und findet eine kleine Wohnung auf dem Kuhberg, in unmittelbarer Nähe des Bahnhofs und der Redaktion.

Nun, da das geklärt ist, geht Ditzen daran, das größte Problem zu lösen: die Gefahr der Entlassung zum 1. Juli zu bannen. Unmittelbar vor der Hochzeit hatte er an mehr als 700 Kurorte und Bäder im In- und Ausland geschrieben und gebeten, ihm Prospekte sowie Kataloge zu senden, die er in einem neugegründeten Verkehrsbüro auslegen möchte. Jetzt, in der zweiten Aprilhälfte, treffen aus allen Teilen Deutschlands und aus dem Ausland zentnerweise Pakete mit Werbematerialien ein. Jeder noch so kleine, entlegene Kurort, jedes noch so unbedeutende Bad wittert eine Chance, die allgemeine Flaute im Kurbetrieb zu überwinden. Man schickt alles, was man an Verheißungsvollem und Verlockendem zahlungskräftigen Kunden anzupreisen hat: Reisebüros bieten Fahrten nach Hawaii, nach Mallorca, in nahezu jeden Winkel der Erde. Sie versuchen, die Reiselustigen durch Rabatte, Vorzugspreise und Hinweise auf Extravaganzen zu animieren und die Konkurrenz zu übertrumpfen.

Im Verkehrsverein Neumünster gibt es nur einen, der diesen schier endlosen Strom von Broschüren, Listen, Prospekten und Katalogen bändigen kann, der da Tag für Tag waschkörbeweise anlangt – Rudolf Ditzen. »Die Geister, die ich rief, werde ich nun nicht los«, klagt er am 25. April. »Heute nachmittag habe ich im Schweiße meines Angesichts – ich kann doch praktische Arbeiten so schlecht machen – mit Hammer und Säge 24 neue Regale eingebaut, dann kam die Abendpost, und nun ist schon wieder alles zum Überlaufen voll. Dabei liegen noch 85 Pfund Pakete auf der Post. Mir ist das alles ja ganz lieb, denn je mehr ich hier zu tun bekomme, um so geringer ist die Wahrscheinlichkeit, daß sie mir schon zum 1. 7. kündigen. Das Annoncengeschäft geht nämlich ganz schlecht. Seit zwei Wochen habe ich — außer für die Verkehrs-Zeitung — noch nichts nach Haus gebracht.«

Ditzens Tätigkeit, seine bedingungslose Loyalität und Einsatzbereitschaft bleiben seinen Vorgesetzten nicht verborgen. Der Kündigungstermin verstreicht, und Ditzen bleibt. Direktor Bithorn lädt den Angestellten sogar mehrmals zum Abendessen ein, Bürgermeister Lindemann erhöht die Provision aus dem Erlös des Verkehrsturms auf 10 %.

Endlich ist alles einigermaßen im Lot und für das gemeinsame Leben mit Suse bereit. Rudolf Ditzen hat seinen inneren Frieden gefunden; alle Gifte der Welt sind fern und ohne Reiz für ihn. Die Lebenswege von Willi Kufalt und Rudolf Ditzen trennen sich. Jener findet »heim« zu der »Ordnung«, die ihm schicksalhaft vorherbestimmt scheint, kehrt zurück ins Gefängnis wie der verlorene Sohn in sein Zuhause. Dieser kann sich noch einmal behaupten. Er hat die Zähne gezeigt und sich durchgebissen. Er wird mit Suse ein Leben aufbauen, das nicht so sehr verschieden ist von dem, das seinen Eltern vorschwebte und das Ditzen zeitweilig so verachtungswert erschien.

Demnächst wird Suse auf dem Kuhberg residieren. Er wird sich ganz ihr und der Liebe unterwerfen, nur für sie wird er leben. Und ein klein wenig auch für seine Literatur.

Im August 1929 wird Rudolf Ditzen in Neumünster Zeuge eines der letzten Höhepunkte der Schleswig-Holsteinischen Landvolkerhebung. Diese Bewegung hatte im Frühjahr des Vorjahres ihren Ausgang bei den Großbauern der Marschen an der Nordseeküste genommen, die mit ihrer klimaabhängigen Weidewirtschaft* die seit 1927 ständig gesunkene Kaufkraft der Städter für Milch, Fleisch und Gemüse am empfindlichsten zu spüren bekamen. Kreditverschuldungen, Pfändungen und Zwangsversteigerungen waren die Folge. Ab Januar 1928 kam es zu Massendemonstrationen der Großbauern, auf denen die Forderung nach Agrar- und Steuerreform laut wurde.

Die »Landvolkbewegung« begann mit dem öffentlichen Zurückweisen und Verbrennen von Steuerbescheiden, dem Widerstand gegen Zwangspfändungen und -versteigerungen. An den Dorfeingängen wurden Tafeln angebracht, die Steuereinnehmern, Gerichtsvollziehern und dem Landrat den Zutritt verwehrten. Im Verlaufe des Jahres 1929 kam es zwischen den beiden Bauernführern, Wilhelm Hamkens und Claus Heim, zu ernsten Meinungsverschiedenheiten über den weiteren Weg: Während Heim mit symbolischen Bombenlegungen in öffentlichen Gebäuden das allgemeine Interesse auf die Forderungen der Großbauern lenken wollte, suchte Hamkens auf dem Weg des passiven Widerstandes Verbindung zu deutschnationalen Kreisen um Hugenberg und die Brüder Strasser.

Im August 1929 kommt es in Itzehoe und Neumünster nochmals zu großen Ansammlungen der Bauern.[24]

Schon in den frühen Morgenstunden des 1. August erreichen erste Bauerngruppen aus den umliegenden Dörfern die Stadt. Die Bauern stehen auf dem Bahnhofsvorplatz; sie sitzen in den nahegelegenen Lokalen, immer neue Abordnungen aus Gadeland, Bordesholm, Nortorf und Einsfeld treffen im Laufe

---

* »Im Frühjahr nimmt man Kredit auf und kauft Vieh, weidet es im Sommer und bringt es im Herbst auf die Märkte. Diese spekulative Wirtschaft bietet große ökonomische Chancen, birgt aber hohe Risiken. Besonders die ›Gräser‹wirtschaft ist stark krisenempfindlich: Schlachtreifes Vieh muß verkauft werden, auch wenn die Nachfrage sinkt und die Preise stürzen.«
(Günter Caspar, Nachwort zu »Bauern, Bonzen und Bomben«)

des Vormittags in der Stadt ein. Sie sammeln sich auf dem Altmarkt, dem Großflecken und auf dem Gänsemarkt.

Ditzen steht mit Lokalredakteur Kahlert und Geschäftsführer Scharf vor dem Büro des *»General-Anzeigers«* und sieht dem Treiben zu. Als die Bauern über den Kuhberg in Richtung auf die Rendsburger Straße ziehen, folgen die Redakteure den Demonstranten. Nur der Bürgersteig trennt sie vom Zug der mehr als 3000 Bauern, die — mit Handstöcken und Knüppeln zum Schutz gegen etwaige Übergriffe der Polizei versehen — zur Auktionshalle marschieren, wo eine genehmigte Kundgebung stattfinden soll.

Unter den Bauern in der ersten Reihe fällt Ditzen ein Mann mit energischen, scharfen Gesichtszügen auf, der auch der Kleidung nach kaum zu den Bauern gehören kann. Er taucht immer einmal an der Spitze des Zuges auf, gibt Hinweise und verschwindet wieder in den Bauernhaufen. Als Ditzen sich bei seinen Kollegen nach dem Mann erkundigt, erfährt er, daß es sich um einen »gewissen Salomon« handelt, der zusammen mit seinem Bruder Redakteur beim *»Landvolk«* sei. »Wo er auftaucht, ist immer etwas los«, fügt Kahlert hinzu.

Auf dem Weg zum Versammlungsort kommt es tatsächlich zu einem blutigen Zwischenfall. Die Polizei sucht die Landvolkfahne mit Pflug und Schwert in ihren Besitz zu bringen. Die Bauern verteidigen dieses Symbol ihres Kampfes; sie bilden eine lebendige Mauer um den Fahnenträger. Die Polizei zieht blank, zwei unbeteiligte Passanten und der Fahnenträger werden schwer verletzt.

Rudolf Ditzen kehrt erst am späten Abend nach Hause zurück. Er ist seltsam angespannt und erregt. Diese Spannung läßt auch in den folgenden Wochen nicht nach, als die Anführer der Bewegung, darunter Hamkens, Heim, Bodo Uhse — Chefredakteur der »Schleswig-Holsteinischen Tageszeitung« — und die Brüder Salomon verhaftet werden.

Die Großbauern verhängen den Boykott über die Stadt Neumünster. Ernst von Salomon schreibt darüber in seinem Lebensbericht[25]: »Eine bäuerliche Solidarität war entstanden, die um so unerhörter war, als sie bis dahin nicht einmal gedacht werden konnte: mußte sie doch entschiedener als jede andere den ›Lebensnerv‹ treffen ... Die Bauern konnten im Konfliktfalle geraumere Zeit auf ihren Höfen aushalten als die auf die ländlichen Produkte angewiesenen Städte, in welchen die Behörden saßen und regierten. Das erwies sich im Falle Neumünsters ... Es bäumte sich der städtische Stolz, die Bauern erklärten den Boykott über die Stadt, kein Bauer betrat mehr die Stadt, keiner lieferte mehr für sie, fast dreiviertel Jahr lang bäumte sich der städtische Stolz, dann brach er, und den Bauern wurde die geforderte Genugtuung.«

Mitte August schickt Ditzen an Rowohlt einen längeren Tätigkeitsbericht, in dem die Ereignisse um das Landvolk eine zentrale Rolle spielen.

»Die Bauern fühlen sich durch das Eingreifen der städtischen Polizei schwer gekränkt und strafen die ganze Stadt mit einem Boykott, der bisher belächelt wurde, jetzt aber schon so sehr in Erscheinung tritt, daß die Regierung mit Telegrammen von allen Wirtschaftsverbänden überschüttet wird«, schreibt Ditzen. Seine eigene Stellung in dieser Auseinandersetzung bezeichnet er als besonders verzwickt: »Ich sitze tatsächlich zwischen zwei Stühlen, bin vormittags gegen die Polizei und für Bürgertum und Bauern und nachmittags umgekehrt.«

Er glaubt aber, auf diese Weise »Einblicke in Kämpfe um Macht, kleine Eifersüchteleien, Geldsackangst, Parteidisziplin, Geschrei, Drohungen und Lavieren« zu erhalten, die er festzuhalten sucht.

Auch als im Spätherbst der Landvolkprozeß gegen die Anführer der Bewegung beginnt, ist Rudolf Ditzen aufmerksamer Beobachter der Verhandlungen. Er sitzt auf der Pressebank im Neumünsteraner Landgericht; er hört die Anklagen wegen Aufruhr, Landfriedensbruch, gefährlicher Körperverletzung und Beamtenbeleidigung. Er verfolgt angespannt die Auseinandersetzungen zwischen Anklage und Verteidigung. Keine noch so minutiöse Rekonstruktion irgendwelchen Tatgeschehens gerät ihm zu langatmig oder zu ausführlich. »Zwei, drei Wochen lang tagte der Gerichtshof, untersuchte, vernahm viele Angeklagte, hörte noch mehr Zeugen — und jeden Morgen durfte ich drei, vier Stunden am Pressetisch sitzen, zuhören, schreiben, berichten ... Die Chance war da«, schreibt Ditzen im Vorwort von 1938 zu *»Bauern, Bonzen und Bomben«* .

Sehr bald aber merkt Ditzen, daß er die Chance für seine Zeitung nicht nutzen kann: »Wir waren bürgerlich parteilos, was nichts anderes hieß, als daß wir uns durch ein Labyrinth vorsichtig durchschlängeln mußten, ohne je anzustoßen, daß wir nie zu einer Frage klar Stellung nahmen.«

Während andere reden, durchdenkt er das Gesehene und Gehörte von neuem, bringt es in Beziehung zur eigenen Tätigkeit als rechtloser, geduldeter, von allen abhängiger Redakteur. Eine Geschichte formt sich.

Zu Hause spricht Ditzen kaum über das Erlebte. Er setzt sich sogleich an den Schreibtisch und beginnt zu schreiben. Auf dem ersten Blatt der Manuskriptseiten steht ein Titel, *»Ein kleiner Zirkus namens Belli«*. Er ist nicht viel mehr als eine Hausnummer oder ein Türschild. Er bezeichnet den Ort der Handlung und ist nur der »Auslöser« für eine andere Geschichte. Noch fehlt dem Titel der leitmotivhafte Charakter, der späteren Arbeiten Ditzens eigen ist[26].

Der Zirkus hat für sein Gastspiel in der kleinen Stadt eine vernichtende Pressekritik erhalten. Man hat ihn öffentlich »angemistet«; nicht etwa, weil er schlecht spielte, sondern aus Verärgerung der Anzeigenwerber darüber, daß Belli nicht in ihrem Blatt inserieren wollte. Nur, um seinem angestauten Ärger – auf den Chef, auf das »Schmierblättchen« – Luft zu machen, verreißt der Redakteur die Eröffnungsvorstellung des Zirkus: Damit fängt es an, und immer weiter gerät der Anzeigenwerber und Lokalredakteur Tredup in dieses Netz aus Lüge, Korruption und Erpressung, bis es ihn endlich ganz gefangen hält.

Hatte nicht Ditzen selbst in den vergangenen Monaten immer wieder vor der Notwendigkeit gestanden, schreiben zu müssen, was seiner eigenen Auffassung widersprach, nur weil man immer Rücksicht nehmen sollte: auf den Chef, auf den »überparteilichen« Charakter des Blattes, auf die Inserenten . . .?* Konnte man sich nicht für all das erlittene Unrecht am besten dadurch schadlos halten, daß man einen solchen Fall der Vernichtung der Persönlichkeit gründlich aufzeichnete?

Natürlich wäre die verlogene Zirkuskritik nur der Anfang, das Vorspiel. Mit diesem Zirkus Belli stößt man eigentlich nur die Tür auf zu einem Haus, das man nun betreten und erkunden muß.

Und was ist hinter dieser Tür? Niemand weiß es genau, am allerwenigsten der Autor selbst. »Ich kann nur beim Niederschreiben denken«, erklärt Ditzen diesen Vorgang später. »Erst bei der Niederschrift, beim langsamen Malen mit schwerer Hand, den Federhalter verquer durch die vom ständigen Schreibkrampf gehemmte Hand gesteckt, kommen mir jene plötzlichen Einfälle, die wie Eingebungen des Himmels sind, die beglücken, begeistern, die Mut machen.«

---

* Vgl. Brief Ditzens an Suse vom 20. 3. 1929:

»Im Kino war es schrecklich; denke Dir, die Qual dauerte von acht bis halb zwölf, ich war erledigt, als ich nach Hause kam. Vor allem deswegen, weil man nicht einmal seine Wut über diesen Mist auslassen darf, sondern zu schreiben hat, wie es die Interessen der Inserentenkontos gebieten.«

Auf dem Papier tauchen immer mehr Figuren auf. Sie beginnen ihr eigenes Leben, spielen ihre Rolle und treten wieder ab: der sozialdemokratische Bürgermeister, der Führer der Gegenpartei, die Bauern; das ganze Städtchen mit seiner Prominenz wird heraufbeschworen.

Längst geht es nicht mehr um den Zirkus, der inzwischen auch nicht mehr »Belli«, sondern »Monte« heißt und weit draußen, am Rande des Stadtgeschehens bleibt. Dafür haben sich die Bauern um ihre Sensenfahne geschart und auf den Marsch in die Stadt gemacht. Sie besetzen Seite um Seite des unbeschriebenen Papiers. »Es ist doch ein wunderbares Abenteuer, dieses Leben! Es ist — trotz alledem, wegen allem — herrlich, über Papier gebeugt zu sitzen und von dem größten aller Wunder, dem Menschen zu schreiben, meinethalben auch einmal von sich. Wenn die dunklen Mächte sich regen in Hirn und Herz, wenn sie Gestalt annehmen, wenn sie zu wandeln anfangen, zu sprechen, Menschen wie du und ich, die doch nie gelebt haben — herrlich!!!«

Ditzen fühlt sich, wie sich zeigt, als Beherrscher weitgespannter Ereignisse. Er schreibt intuitiv, ohne festen Plan, aus Freude am Gestalten. Unter seinen Händen entsteht eine zweite Welt, »mögliches« Leben, wie es ihm in seiner Jugend aus den Büchern Maupassants, Dickens' oder Zolas zum ersten Mal entgegengeschlagen ist. Er empfindet das Gefühl, totes Papier mit Leben zu erfüllen, als einen glückhaften Rausch, schöner und erhebender als all jene, die Alkohol, Morphium und die anderen Gifte erzeugen konnten. Er fürchtet sich vor dem Moment, da dieser Rausch nachläßt und an seiner Stelle der Alltag mit seinen tausend Fragen wieder an ihn herantritt.

So schreibt er, erfindet immer neue Szenen und Begebenheiten, verquickt sie mit dem tatsächlich Erlebten.

Das Ganze nimmt bald einen ungeahnten Umfang an: »Ja,

es stellte sich nun heraus, daß ich einen Roman schreiben wollte. Ich wollte es wenigstens versuchen, denn ich hatte keine Ahnung, ob ich es konnte ... Ich hatte vor, eine ganze Welt zu gestalten, Dutzende von Figuren leben und sprechen zu machen, Taten geschehen zu lassen, Folgen zu zeigen — nein, das war schon etwas anderes als das, was ich einmal versucht und dann wieder aufgegeben hatte.«

Im Sommer 1929 begünstigt ein Zufall den weiteren Schaffensvorgang. Ditzen trifft, bei einem Ausflug mit Suse nach Kampen auf Sylt, unvermutet seinen ehemaligen Verleger Ernst Rowohlt wieder. Zweimal[27] hat Ditzen später über diese Wiederbegegnung geschrieben.

Von Redakteur Kahlert erhält Ditzen zwei Freikarten für eine »Fahrt ins Blaue« nach Westerland und den Auftrag, diese Fahrt über den neuerbauten Hindenburgdamm nach Sylt für die Zeitung zu schildern.

Rudolf und Anna verbringen einen schönen Sonntag auf der Insel. Kurz vor der Rückfahrt schlägt Ditzen seiner Frau vor: »Komm, Suse, laß uns noch einmal auf das hohe Ufer gehen und zur See hinabschauen. Wir haben noch gute zwanzig Minuten, bis unser Zug fährt. Unser Schicksal hat sich wirklich alle Zeit gelassen, in den letzten Minuten griff es zu. Denn als wir da nun an das hohe Ufer kamen, stand dort ein braungebrannter Mann mit einer Baskenmütze auf dem Haupt. Er sah mich an, ich sah ihn an. ›Fallada‹, sagte er.

›Ja, sind Sie das denn wirklich?‹ fragte ich staunend. Und nach zehnjähriger Trennung und Schweigen schüttelten sich Verleger und Autor die Hand.«

Rowohlt spürt, daß Ditzen seine Hilfe braucht: eine andere Umgebung, eine wirkliche Aufgabe, neue Freunde, Geld. Er schlägt seinem ehemaligen Autor vor, als Mitarbeiter seines Verlages nach Berlin zu kommen. Ditzen soll einen Gehaltsvorschlag unterbreiten, dann werde man schon etwas Passendes für ihn im Hause Rowohlt finden. Es wird noch eine Bedenkzeit ausgemacht, aber Ditzen ist sich seiner Sache bereits sicher: Er wird das Angebot annehmen, weil er Vertrauen zu Rowohlt hat und seinem Ziel, ein anerkannter Bücherschreiber zu werden, damit wieder ein Stückchen näherkommt.

In den folgenden Jahren entwickelt sich zwischen Rudolf Ditzen und Ernst Rowohlt eine enge freundschaftliche Beziehung, die erst 1938 wieder unterbrochen wird, als der Verleger emigriert. Es gibt keinen Grund, dieses Verhältnis zu idealisieren. Ernst Rowohlt ist in erster Linie Geschäftsmann.*

Rowohlt setzt auf viele Pferde; Ditzen gibt er eine Außenseiterchance, und als der sie nutzt und einige gute »Rennen«

---

* Ein ausgezeichnetes literarisches Porträt des Verlegers stammt aus der Feder des amerikanischen Schriftstellers Thomas Wolfe. In der Figur des Lewald beschreibt er ihn liebevoll-ironisch mit seinen Vorzügen und Schwächen: »Trotz seines großflächigen Gesichts und seines kolossalen Bauches wirkte Lewalds Erscheinung durchaus nicht lächerlich. Auf den ersten Blick machte er den Eindruck eines auffallend gut aussehenden, keineswegs dicken, sondern eher imponierenden großen Mannes. Wenn er so daherrollte, beherrschte er die ganze Umgebung mit spielerischer und doch unangreifbarer Autorität. Man hätte ihn kaum für einen Geschäftsmann gehalten, keinesfalls für einen sehr gerissenen und geschickten Geschäftsmann, der seinen Vorteil zu nutzen wußte ... Seine ganze Erscheinung zeugt von einem ungeheuren Lebensappetit. Jeder, der ihn sah, spürte das sofort, und deshalb wurde ihm von allen Seiten zugelächelt. Er strotzte von Wein und von einer allumfassenden, ungezwungenen Herzlichkeit, er hatte das Auftreten eines Mannes, der sich mit elementarer Naturkraft über alle Schranken alltäglicher Schablone hinwegsetzt ... Auch wenn man ihn nur kurz gesehen hatte, erinnerte man sich später an ihn, so wie man in einem leeren Haus das einzige möblierte und geheizte Zimmer im Gedächtnis behalten würde ...« (Thomas Wolfe, *»Es führt kein Weg zurück«*)

macht, erweist er seinem treuen Pferd Fallada die verdiente Aufmerksamkeit und hilft ihm auch über die mageren Jahre hinweg.

Im Dezember 1929 löst Ernst Rowohlt sein Versprechen ein, Ditzen eine kleine Stellung zu beschaffen. Er macht ihm das Angebot, für ein monatliches Gehalt von 250 Mark Mitarbeiter des Verlages zu werden. Ditzen bedankt sich am 20. Dezember überschwenglich: »Was Sie mir zeigen, das ist das Paradies ... Mit und um Bücher herum sein, das ist noch immer mein Bestes. Also, lieber Rowohlt, wir danken Ihnen von Herzen, wir danken Ihnen immerzu ... Wir sind soooooooo glücklich.«

Rudolf Ditzen sitzt in dem kleinen Zimmer seiner Wohnung auf dem Kuhberg und schreibt. Die einzige Lampe im Raum, eine Deckenleuchte mit vergilbtem Fransenschirm, verbreitet ein trübes Licht, und Ditzen muß sich tief über das Papier beugen, um die winzige Schrift erkennen zu können.

In der Tür steht Suse. Sie sieht auf den gebeugten Rücken des Mannes, mit dem sie seit einem halben Jahr verheiratet ist. Soll sie ihn zum Essen rufen? Darf sie ihn daran erinnern, daß er »nur ein halbes Stündchen« schreiben wollte und doch schon seit dem frühen Nachmittag über seinen Blättern sitzt? Ditzen würde es als einen Eingriff in sein ureigenstes Reich ansehen, sich umwenden und sie mit fremdem, fernem Blick ansehen, als sei er nicht von dieser Welt. Oder aber er wird ungeduldig fragen, ob man hier, zum Teufel, nicht mal einen Moment in Ruhe arbeiten kann? Ob sie nicht versteht, daß er gerade einen wichtigen Zipfel der Handlung gepackt hat und ihn festhalten muß, ehe er ihm wieder aus der Hand gleitet?

Bisher ist noch jeder Versuch Suses, den Mann abzulenken und für sich zu gewinnen, so oder ähnlich verlaufen. Hat es einen Sinn, ihn an die vor einem halben Jahr gegebenen Versprechen zu erinnern? Wo beginnt, wo endet ihre Macht über diesen Mann? Welches Recht hat sie auf sein Leben? Ist es nicht, als ob eine fremde, unbekannte Kraft über ihn Gewalt hätte? Handelt es sich um eine Krankheit, ein Leiden oder um Glück?

Bei Rudolf scheinen diese ganz gegensätzlichen Regungen auf eine unerklärliche Weise ein Gleichgewicht zu bilden: Er ist nicht glücklich, aber auch nicht unglücklich. Es ist, als habe er überhaupt keine Gewalt über sich und das Schreiben, als zwängen ihn all die fremden Gestalten an den Tisch, mit denen er tagelang, wochenlang lebt; Tage und Wochen, in denen er nichts braucht als Ruhe für sich.

Wenn er nur einmal darüber reden könnte! Aber schon kurz nach der Hochzeit hat er sie wissen lassen: »Ich bin ein Nervenbündel, und viele Dinge fallen mir auf die Nerven, die ein anderer gar nicht merkt. So was müßte man bekämpfen, würden die Spießer sagen. Aber der Vorteil dieser Überempfindlichkeit ist ja nun wieder, daß ich viele Dinge empfinde und genieße, für die die Klotzköpfe kein Organ haben ... Auch ich habe Hemmungen, auch ich kann oft in einem entscheidenden Moment nicht sagen, was ich möchte, und hinge mein Leben, und hinge unser Glück daran ... Dringe nie mit Fragen in mich, bitte, Suse, habe Geduld und warte. Irgendwann kommt dann doch die Stunde, in der ich sprechen kann, und dann spreche ich ganz von selbst ... Ich weiß, das wird manchmal schwer für dich sein, aber auch für mich ist es schwer. Es ist ja gar nicht so, daß ich es nicht sagen will, im Gegenteil, oft möchte ich es brennend gerne sagen, aber ich kann es einfach nicht.«

Leise schließt Suse die Tür. Der Mann am Schreibtisch bemerkt es nicht.

Zwischen

Wende
und Flucht

Im Januar 1930 siedeln Anna und Rudolf Ditzen nach Berlin über. Ditzen wird Leiter der Rezensionsabteilung im Rowohlt-Verlag; er versendet Rezensionsexemplare und führt Buch über die zu den Neuerscheinungen publizierten Kritiken.

In den dienstfreien Nachmittagsstunden schreibt er den Roman »BAUERN, BONZEN UND BOMBEN« (vorher: »EIN KLEINER ZIRKUS NAMENS MONTE«) zu Ende. Bevor das Buch noch erscheint, muß der Verlag Konkurs anmelden. Zur Konkursmasse gehören auch 11 000 Mark Zahlungsschulden an Ditzen. Am 30. Juni 1931 erhält Ditzen die Mitteilung des Rowohlt-Verlages, daß sich »die Firma leider gezwungen sieht, zum 30. September ds. Js. zu kündigen«.

Die finanziellen Sorgen der Familie werden dadurch verschärft, daß am 14. März 1930 der Sohn Ulrich (»Murkel«) geboren wird und Ditzen ein kleines Haus in dem Berliner Vorort Neuenhagen auf Abzahlung erworben hat. Unter dem unmittelbaren Eindruck seiner schwierigen materiellen Lage, innerhalb von 16 Wochen – vom 19. Oktober 1931 bis zum 19. Februar 1932 – schreibt Rudolf Ditzen den Roman »KLEINER MANN – WAS NUN?« nieder, durch den das aufgelaufene Rowohlt-Schiff wieder flott werden soll.

9

Die Flucht

Am 7. April 1932 kommt bei Ditzens in Neuenhagen, Grüner Winkel 10, ein Telegramm mit folgendem Text an: »Nach Kämpfen mit Gott und dem Teufel habe ich soeben 4 Uhr 47 mit der Vossischen abgeschlossen. Pinke Dienstag zur Verfügung. Herzlichst Rowohlt.«

Diese Nachricht, auf die Anna und Rudolf Ditzen seit Tagen gewartet haben, bedeutet die Rettung: Die *»Vossische Zeitung«** wird das vierte Buch Hans Falladas, den Roman *»Kleiner Mann – was nun?«* als Fortsetzungsroman drucken; 7000 Mark liegen in Berlin bereit.

»Hipp Hipp Hurrah«, lautete die Antwort aus dem Grünen Winkel, »wir sind soooooooo glücklich. Wie das klingt: ›Dienstag Pinke zur Verfügung‹, ohgottohgottohgott.«

Der Roman »Kleiner Mann – was nun?« wurde innerhalb von sechzehn Wochen – zwischen dem 19. Oktober 1931 und dem 19. Februar 1932 – niedergeschrieben. Am 24. Sep-

* Die *»Tante Voß«*, wie die *»Zeitung für Staats- und Gelehrte Sachen«* von den Berlinern familiär genannt wird, ist aus einem 1704 gegründeten Wochenblatt hervorgegangen. An ihr wirkten Gotthold Ephraim Lessing und Theodor Fontane mit. 1888 hatte die *»Vossische Zeitung«* Tolstois *»Krieg und Frieden«* erstmalig in deutscher Sprache als Fortsetzungsroman veröffentlicht; auch Fontanes Roman *»Irrungen und Wirrungen«* erschien als Vorabdruck zuerst in der *»Vossischen Zeitung«*.

tember 1931 hatte Ditzen seinem Verleger ein Exposé zu einem neuen Buch übergeben, wonach der Held, der Verkäufer Johannes Pinneberg, durch Arbeitslosigkeit und Krise zum Proletariat finden sollte: »Er erlebt die Miseren Arbeitsamt, Wohlfahrtsamt und landet schließlich im Proletariat, in der Fabrik, wo ihm der Schwiegervater, ein SPD-Mann, Arbeit besorgt. Mit ihm erlebt der Leser die Spannungen seines Daseins wie: Wie kommen wir mit unserem Geld aus? Was macht das Kind? Werde ich gekündigt? Was wird nun? Was in sein Leben reicht, wird gezeigt: der Schwiegervater, der durch die Partei an eine Behörde gekommen ist, die Kollegen, die zu den Nazis gehen, der Schwager, der KPD-Mann ist, die Arbeitgeber, die gleichgültigen, die ausnutzenden, die pedantischen. Die Misere der Krankenkassen, die ›Tätigkeit‹ Arbeitslossein, die Plage Wohlfahrtsamt, die Wohnungsnot.«

Soweit der Vorsatz, wie er im Exposé niedergelegt ist. Beim Schreiben wandelt sich die ursprüngliche Absicht: Die Geschichte büßt ihre sozialpolitische Fundierung ein; dafür treten die eigenen Erfahrungen und Erlebnisse der ersten Ehejahre in Neumünster stärker als auslösendes Element für die Geschichte Pinnebergs und seiner Frau »Lämmchen« hervor. Und auch dieses neue Konzept erscheint Ditzen durchaus problemreich und anspruchsvoll: »Von weitem sieht eine Ehe außerordentlich einfach aus: Zwei heiraten, bekommen Kinder. Das lebt zusammen, ist möglichst nett zueinander und sucht vorwärtszukommen. Kameradschaft, Liebe, Freundschaft, Essen, Trinken, das Geschäft, der Haushalt, sonntags ein Ausflug, abends mal ins Kino! Fertig. Aber in der Nähe löst sich die ganze Geschichte in tausend Einzelprobleme auf.«

Da stehen ihm beim Schreiben wiederum die Monate der Trennung vor Augen; die Suche nach einer größeren Wohnung (»Kein Mensch will Kinder!«); die Sorge um eine kleine, sichere Stellung; das Rechnen mit jedem Pfennig und die Furcht vor dem nächsten Tag.[28]

In wichtigen Teilen folgt Ditzen seinem Exposéplan: Der Verkäufer Pinneberg wird mit seiner Entlassung aus dem bisher als gesichert empfundenen Kleinbürgerdasein herausgerissen. Aber er findet nicht den Weg zu klarer orientierten Kreisen und zur Arbeiterklasse. Er landet, allein gelassen, »ausgerutscht, versunken, erledigt«, in der Gosse: »Ordnung und Sauberkeit: Es war einmal. Arbeit und sicheres Brot: Es war einmal. Vorwärtskommen und Hoffen: Es war einmal. Armut ist nicht nur Elend, Armut ist auch strafwürdig, Armut ist Makel, Armut heißt Verdacht.« Von einem Schupo vom Bürgersteig gestoßen, wie ein lästiger Straßenköter verjagt, kehrt er zu seinem Lämmchen zurück. Emma Pinneberg, das Proletariermädchen, ist die politisch Reifere. Aber auch ihr erscheint die Wahl der Kommunisten bei den nächsten Reichstagswahlen nur wie ein ferner, letzter Ausweg vor dem Ende.

Auf die Lebensfrage »Was nun?« gibt Ditzen nur eine ausweichende, eine »private« Antwort, sie heißt: das kleine Glück mit Lämmchen. Wenn Pinneberg auch manchmal platzen möchte vor Wut, »wie das alles eingerichtet ist in der Welt«, wenn auch oft ein »ganz hübsches Feuerchen aus Wut, Haß und Erbitterung« in ihm brennt, so schlägt es doch nicht nach außen, sondern macht einem tiefen Fatalismus Platz: »Wenn er sich dann mit dem grauen, eintönigen Strom der anderen durch das Arbeitsamt schiebt, so viele verschiedene Gesichter, so viel verschiedene Kleidung, und alle die gleichen Sorgen, alle der gleiche Krampf, alle die gleiche Erbitterung ... Ach, was hat es für einen Sinn? Er ist drin in diesem Betrieb, einer von sechs Millionen, schiebt er sich an den Schaltern vorbei, warum sich aufregen? Zehntausende haben nicht ein Kind, sondern ein halbes Dutzend – weiter, Mann Pinneberg, nimm dein Geld und hau ab, wir haben wirklich keine Zeit für dich, du bist nichts so Besonderes, daß wir uns mit dir aufhalten können.«

Und Pinneberg geht, zurück zu seinem Lämmchen, zum »Murkel«, zu seinem kleinen, stillen Glück: »Es ist das alte Glück, es ist die alte Liebe. Höher und höher, von der befleckten Erde zu den Sternen.« So läßt Fallada seine bittere Chronik vom Leben der »kleinen Leute« verschwommen-kitschig ausklingen.

So unentschieden die Antwort auf die Frage nach der Zukunft auch ausfällt, sie nährt doch die nebulöse Hoffnung von Millionen, die die *»Tante Voß«* lesen oder zu dem Buch greifen. Als Mitte Juni 1932 die ersten 10 000 Exemplare in den Buchhandel gelangen, werden sie — wie Herbert Jhering im *»Berliner Börsenkurier«* schreibt — »verschlungen in den Bahnen und in den Büros. Kein Buch wird so verliehen, kein Buch wandert so von Hand zu Hand. Wie man früher einen Chaplin-Film in den größten Theatern und den kleinsten Bumskinos sehen konnte, so wird *›Kleiner Mann — was nun?‹* in allen Lebenslagen gelesen.«

Die Zahl der »kleinen« Männer und Frauen, die nach dem »Was nun?« fragen, ist groß in Deutschland. Es ist die Frage des Jahrzehnts. Und finden sie ihre Frage in dem Buch auch nicht beantwortet, so bestätigt es sie in ihrem Unglück und festigt dadurch ihren spontanen Zusammenhalt. »Einer sprach aus, was alle leiden. Einem wurde Gestalt, was alle ahnten«, schreibt die *»Literarische Welt«* im Juli 1932. »So geschah das Wunder, an das wir nicht mehr glaubten: einer zersplitterten Gesellschaft, einer Nation, die nichts gemeinsam zu haben scheint als die Not und den von ihr erzeugten Haß eines jeden gegen jeden, diesem mißhandelten Volk entstand in Falladas Roman ein Volksbuch.«

Zu denen, die das Buch wegen seiner Wirklichkeitsnähe loben, gehören Thomas Mann, Carl Zuckmayer (»Die Leute wohnen gleich nebenan, man kann ihre Schatten abends auf den Gardinen sehen, sie sind im ganzen Viertel gut bekannt«), Jakob Wassermann (»... nichts ist aus zweiter Hand, alles ist aus der Quelle«), Hermann Hesse, Alfred Polgar (»solche Fülle von Details«), Robert Musil, Peter Suhrkamp (»Dieses Buch ist geschildertes Leben«).

Die exzellente Schilderung des Lebens der Armen macht den Autor in wenigen Monaten zu einem reichen Mann.

Allein für den Vorabdruck in der *»Vossischen Zeitung«* erhält Ditzen 7000 Mark, für die deutsche Verfilmung im Jahre 1932 12 000 RM und für die Filmrechte in den USA 50 000 RM. Zwanzig Länder bewerben sich um die Übersetzungsrechte. Von überall her kommt plötzlich Geld. Vorbei sind die Abzahlungssorgen; die Schulden können beglichen werden, und es bleibt doch immer noch genug übrig. »Jetzt aber fing das Geld an zu strömen«, schreibt Ditzen 1946. »Es schwoll immer mehr an, es kam nicht nur aus Deutschland, es kam aus zehn, zwanzig Ländern, und es schien immer mehr zu werden, es schien nie enden zu wollen ...«

Die Voraussage Rowohlts, dieses Buch werde ein Welterfolg, hat sich bestätigt. Auch für den Verlag wird das vierte Buch Hans Falladas das große Geschäft.

Der Geldsegen, von dem Ditzen übrigens sagt, daß er bald wieder abflaute und »sich auf einen noch berühmteren Mann stürzte«, hat auch seine Schattenseiten. Ditzen, durch die Einrichtung seines gemeinsamen Hausstandes gerade erst zu Sparsamkeit und maßvollem Lebenswandel angehalten, sieht dazu nun überhaupt keine Notwendigkeit mehr. Mit dem Abstand von fünfzehn Jahren zu diesem auch für seine Verhältnisse einmaligen Zustand schreibt Ditzen: »Niemandem kann ein so plötzlich erworbener Reichtum bekommen, man muß auch mit Geld umgehen lernen, und das hatte ich in meinem

Leben bisher nicht gelernt. Ja, mit wenig hatten wir uns ausgezeichnet eingerichtet, das konnten wir, mit zwei-, mit dreihundert Mark im Monat konnten wir ausgezeichnet leben. Aber mit zweitausend oder mit zwanzigtausend? Konnte man sich nun eigentlich alles erlauben, die halbe Welt kaufen, oder wie war das?«

Statt Geld zu sparen, entdeckt Ditzen eine viel »angenehmere« Beschäftigung: Geld einnehmen und Geld ausgeben. Er unternimmt, teils gemeinsam mit Suse, teils mit dubiosen Freunden, ausgedehnte Streifzüge durch die Berliner Nachtlokale. Aus dem pedantischen, sparsamen Angestellten wird über Nacht der verschwenderische Erfolgsautor, der Barrunden freihält und das Geld mit vollen Händen ausgibt. »Ich bekam für mein Geld nichts anderes als Kopfschmerzen, Arbeitsunlust, Reue, Gewissensbisse. Und fing doch wieder an«, lesen wir in *»Heute bei uns zu Haus«*.

Ohne Suses Einfluß wären diese Abenteuer wohl bis zum Bankrott weitergegangen. Sie versteht es, Ditzen wieder zur Vernunft zu bringen. Sie hütet sich zwar, ihm Vorwürfe wegen der unnötigen Ausgaben zu machen (»Es war ja mein Geld, ich hatte es verdient«), aber sie erreicht schließlich, daß Ditzen selbst die Sinnlosigkeit seines Verhaltens begreift. Im März 1933 schreibt er an seinen Verleger: »Ich habe das Liederleben bis daaaa!«

Anna Ditzen macht ihrem Mann den Vorschlag, aufs Land zu ziehen. »Sie faßte mich bei meiner Liebe zum Landleben ... Sie erzählte mir von einem Haus auf dem Lande, von einem Garten, vom Vieh, vom Wasser, an dem wir wohnen würden.«

Auch aus einem anderen Grund muß die Familie bald zur Ruhe kommen: Suse erwartet wieder ein Kind, und diese zweite Schwangerschaft wird nicht ohne Komplikationen verlaufen. Die ärztliche Untersuchung hat ergeben, daß Anna Ditzen Zwillinge erwartet.

In Berkenbrück bei Fürstenwalde mieten sie bei einem älteren Ehepaar einige Zimmer in dem Zweifamilienhaus *»Rother Krug Nr. 9«*. Das Grundstück liegt direkt an der Spree, etwas außerhalb des Dorfes. Der Garten fällt terrassenartig zum Wasser ab. Vom Balkon aus hat man einen herrlichen Blick auf den Fluß; Spreekähne und Dampfer ziehen nahe am Haus vorüber.

Beide sind froh, dieses Nest gefunden zu haben. Nahe genug zu Berlin, um die geschäftlichen Verbindungen aufrechthalten zu können, und doch weit genug von den Verführungen der Großstadt entfernt.

Am Abend des 27. Februar 1933 sitzt eine kleine Runde in den *Schlichterschen Weinstuben* in der Augsburger Straße, um auf den Erfolg des neuen Fallada-Romans anzustoßen: Elli und Ernst Rowohlt, sein Lektor Peter Zingler und dessen Frau Joie sowie Anna und Rudolf Ditzen.

Rowohlt hat das kleine Sonderzimmer hinter der Gaststube reservieren lassen, damit sie hier ungestört erzählen können. Zum Klöhnen gibt es Stoff genug: Hitler ist vor vier Wochen neuer Reichskanzler geworden. Ob die nun wirklich denken, sie haben es geschafft und können ein zivilisiertes Land regieren? Aber so blöd kann doch keiner sein, daß er diesen mißratenen Gernegroß ernst nimmt. »Regieren und Redenschwingen – das ist nämlich zweierlei«, beruhigt Rowohlt sich und die anderen. »Vier Wochen, und der hat abgewirtschaftet, was ich Ihnen sage, Meister Ditzen.«

Der Autor möchte seinem Verleger wohl gern glauben, obwohl er ein beklemmendes Gefühl nicht los wird. Rowohlt versteht mehr von diesen Dingen, und er hat viele Beziehungen zu Militär- und Wirtschaftskreisen. Jedenfalls gibt es vorerst keinen Grund, Trübsal zu blasen. Das Schwarzsehen überläßt man besser den Kommunisten, die tun es ohnehin schon reichlich. Sie wollen heute feiern, anstoßen auf den Welterfolg, auf den Einstand in Berkenbrück ... »Und darauf, daß der stramme Adolf bald wieder Wände streicht«, ergänzt »Väterchen Rowohlt« den Toast. Sie genießen Schlichters vorzügliche Küche: die eisgekühlten Salate, die Bouillabaise, den unübertrefflichen Holländer Käse, die Filets Stroganoff, den Wein.

Als der Abend schon tüchtig vorangeschritten ist, stürmt Ernst von Salomon – wie Ditzen Lektor im Rowohlt-Verlag – mit der Nachricht ins Zimmer, der Reichstag brenne. Er erntet ungläubiges Staunen, Zweifel, bei Rowohlt sogar Spott: »Das möchten Sie oller Bombenschmeißer und Attentäter wohl gern, wie? Haben Sie wohl selbst inszeniert, he?« Aber Salomon geht darauf nicht ein. Er wiederholt, was soeben über den *»Berliner Rundfunk«* verbreitet wurde: In den späten Abendstunden ist an mehreren Stellen im Reichstagsgebäude ein Brand ausgebrochen, der rasch um sich griff und den Mittelbau einschließlich des großen Sitzungssaales erfaßte. Es liege Brandstiftung vor, meldet der Sender, und man habe am Tatort einen Untäter dingfest gemacht, der nur mit Hemd und Hose bekleidet war, »bei dem man einen holländischen Paß und ein kommunistisches Parteibuch gefunden hat«.

Da hört die kleine Gesellschaft auch schon, wie ein Kellner durch alle Räume geht und – wie wenige Augenblicke zuvor Salomon – die Nachricht weitergibt: Der Reichstag brennt! Auch in das Sonderzimmer sieht er herein und ruft: Der Reichstag brennt, Herrschaften!

Rowohlt springt auf und ruft: »Ganymed, besorgen Sie uns auf der Stelle eine Autodroschke! Wir fahren zum Reichstag. Wir wollen dem Göring kokeln helfen!«

Der Kellner, ein älterer Mann mit grauen Schläfen, wird leichenblaß, als er diese Worte hört. Er bleibt am Eingang stehen, führt weder Rowohlts Auftrag aus, noch entfernt er sich. Freilich nehmen die Männer kaum etwas von der Wirkung dieser Worte auf den »Ganymed« wahr; sie sind damit beschäftigt, sich in lautstarken Vermutungen über Ursache und Zweck der Brandlegung zu ergehen. Nur die Frauen sehen von Zeit zu Zeit besorgt zu dem regungslosen Kellner an der Tür. Will er kein Wort verpassen, um sie anschließend zu denunzieren, oder schirmt er sie gegen lästige Mithörer ab? Wie dem auch sei, die Frauen drängen darauf, daß man die Zeche begleicht und nach Hause fährt.

Die Männer aber, vor allem Rowohlt, wollen den Brand aus nächster Nähe ansehen. »Auf zum Reichstag«, grölt Rowohlt, als sie alle endlich in den Autotaxis sitzen. Auf dem Weg zum Brandenburger Tor, die Linden entlang, vergeht selbst dem weinseligen Verleger die gute Laune. Je mehr sie sich dem Ziel nähern, desto öfter sehen sie Fahrzeuge mit SA- und SS-Leuten, begegnen ihnen bewaffnete Trupps und uniformierte Streifen. Schließlich werden die Autos gestoppt.

Ein Posten fragt in schulmeisterhaftem Ton, ob sie denn nicht wüßten, was da vorne los sei, das wäre nicht die rechte Zeit für Vergnügungsfahrten, das sei blutiger Ernst. Die Fahrgäste gehen noch ein Stück zu Fuß weiter, dann bleiben sie in der dichten Menschenmenge, die sich auf dem Pariser Platz eingefunden hat, stecken. Die Frauen und Männer ringsum stehen schweigend oder flüstern nur leise miteinander. Ganz vorn, dort, wo wenige Wochen zuvor die Nationalsozialisten die Herrschaft an sich gebracht haben, brennt der Himmel.

Rudolf und Suse leben in Berkenbrück ruhig und zurückgezogen. Sie fühlen sich wohl in dem kleinen Haus an der Spree. Hierher dringt nichts von dem Brandgeruch aus der Reichshauptstadt, nichts von dem Schrecklichen, was durch Notverordnung und Ermächtigungsgesetz ausgelöst wird. Mit Verspätung und auf Umwegen sickern Hiobsbotschaften wie diese durch: Unter den Tausenden Verhafteten auch Schriftsteller

– Ludwig Renn, Egon Erwin Kisch, Carl von Ossietzky ... »Gottlob«, sagt Ditzen zu Suse, »die Bauern hier auf dem Lande bekümmern sich nicht um die Nazis. Die bestellen ihren Acker und sind zufrieden, wenn sie in Ruhe gelassen werden.«

Am liebsten würde sich Ditzen hier fest ansiedeln. Dann hätte die größer werdende Familie endlich ein richtiges Zuhause. Er wird mit den Besitzern, dem Ehepaar Sponar, reden, ob sie das Haus nicht verkaufen wollen. Selbstverständlich wird man die beiden alten Leutchen nicht auf die Straße setzen. Sie erhalten Wohnrecht auf Lebenszeit. Ditzen wird die Hypotheken aufkaufen, eine Zwangsvollstreckung mit Zustimmung der Sponars herbeiführen und das Ehepaar durch mietfreies Wohnen entschädigen. Sponar, ein ehemaliger Lampenfabrikant, hat durch Krise und Konkurrenzkampf sein Vermögen verloren; er wird sicher froh über das großzügige Angebot sein.

Sponar und seine Frau, die Ditzen im stillen nur die »entthronte Königin« nennt, willigen – wenn auch zögernd – ein. Gleich nach Ostern soll alles notariell beglaubigt werden. Sie einigen sich auf eine Kaufsumme von 21 000 RM für das Haus. Ditzen freut sich ehrlich über diese Einigung. Er erzählt Suse davon, und sie gehen gemeinsam an die Vorbereitung des Osterfestes.

Am Gründonnerstag kommt Ernst von Salomon auf einen Sprung zu Besuch. Die beiden Männer setzen sich auf den Flur im Obergeschoß, wo Suse eine Raucherecke eingerichtet hat. Salomon erzählt, daß sein Kadettenroman* in den Handel gekommen sei. Er hat sich mehr vom Verkauf versprochen, aber die »Naso«-Kritik hat ihm da tüchtig in die Suppe gespuckt. Wird Ditzen nun trotzdem als nächstes sein Gefängnisbuch schreiben? Leicht wird er es damit jedenfalls nicht haben.

---

* *»Die Kadetten«*, Berlin 1933

Um Ditzen von weiteren düsteren Prognosen abzulenken, erzählt Salomon den neuesten politischen Witz: Kennen Sie den, wo Hitler zum Papst geht und fragt, wie man am schnellsten zur Hölle kommt? . . .

Drei Tage später, am Ostersonntag, wird Rudolf Ditzen in Berkenbrück von der SA verhaftet. Der Zusammenhang zwischen dieser Aktion und dem Gespräch auf der Diele stellt sich für ihn und Suse zwangsläufig her. Sie haben sich politische Witze erzählt, das heißt, Salomon hat erzählt, und Ditzen hat ihn nicht daran gehindert; irgend jemand – wer nur? – hat sie dabei belauscht und angezeigt.

Nun sind sie da, die Herren in den braunen Hemden; sechs oder acht an der Zahl. Ein Landgendarm begleitet sie. Er eröffnet Ditzen, daß sie eine Haussuchung zu machen hätten, auf eine Anzeige hin.

Also doch. Immerhin beruhigt es Ditzen, daß ein offizieller Beamter dabei ist, der bezeugen wird, daß nichts Verbotenes im Hause ist. Rudolf Ditzen weiß, daß sie vergeblich nach Waffen, Agitationsmaterial oder ähnlichem suchen würden. Er versucht sogar zu scherzen: »Wollen die Herren zuerst das Waffenlager oder die Flugblattpresse besichtigen?«

Aber sehr bald merkt er, daß man es auf seine Korrespondenz abgesehen hat.

»Zeigen Sie mir, wo Sie Ihre Briefschaften bewahren«, fordert der Anführer.

Rudolf geht voran in das Arbeitszimmer. In der Tür des Kinderzimmers steht Suse, dahinter Lore Soldin, die gerade zu Besuch gekommen ist. Ditzen zwinkert ihnen im Vorübergehen zu: Keine Sorge, das klärt sich rasch auf! Er zeigt den Herren die sauber gehefteten Briefordner. Sie interessieren sich vor allem für die Mappe mit dem Buchstaben »S«. Also doch der Gründonnerstag und das Witzeln auf der Diele.

Die SA-Leute sind unzufrieden mit dem ersten Ergebnis der Visitation. Sie wenden sich den Büchern zu, ziehen einzelne Bände heraus, packen sie bei den Buchdeckeln – kein gebildeter Mensch würde je so ein Buch anfassen, denkt Ditzen –, sie drehen sie um und schütteln sie über dem Boden, einfach barbarisch! Herausfallende Zettel untersuchen sie gründlich und reichen sie dem Scharführer weiter.

In dem Zeitungsartikel *»Osterfest 1933 mit der SA«*[29] schreibt Ditzen: »Ab und zu liefen sie zu ihrem goldgeschmückten Führer und zeigten ihm ein Buch, das ihnen besonders auffiel, etwa das Erinnerungsbuch von Max Hölz *›Vom Weißen Kreuz zur Roten Fahne‹* oder Marx' *›Kapital‹* oder die Broschüre *›Radikaler Geist‹*. Aber der Führer schüttelt den Kopf. Solche Kleinigkeiten interessieren ihn heute nicht, ihm ging es um etwas Größeres.«

Nach drei Stunden wird die Haussuchung ergebnislos abgebrochen. Man eröffnet Ditzen, daß er trotz dieses »negativen« Ausgangs mitkommen müsse. Der Landgendarm streitet sich daraufhin mit dem Scharführer, ob das rechtmäßig sei oder nicht. Aber der SA-Mann wischt alle kleinlichen Einwände mit der Hand weg: Der Mann steht im Verdacht, Verschwörer, noch dazu jüdische, als Freunde zu haben, der kommt mit und basta! Der Scharführer läßt ein Auto aus dem Dorf herbeischaffen. Ditzen wird untersagt, sich von seiner Frau zu verabschieden.

Suse sieht den Männern aus dem Fenster nach, bis das Auto ihren Augen entschwindet. Alles ist wie ein böser Spuk. Man wäre versucht, es auch dafür zu halten, wenn nicht der SA-Posten vor der Haustür auf und ab patrouillierte. Wie gut, daß es noch gelungen ist, in dem allgemeinen Durcheinander des Aufbruchs die Gelegenheit wahrzunehmen und Lore Soldin aus dem Haus zu lassen. Sie ist Halbjüdin und meidet besser das Zusammentreffen mit den Nationalsozialisten.

Als Suse zum Telefon greifen und als ersten Rowohlt in Grünheide verständigen will, kommt kein Amtszeichen: die Verbindung ist unterbrochen: abgeklemmt oder abgeschnitten. Nun ist Suse mit dem Hausmädchen und Uli allein in dem Haus und ohne jeden Kontakt zur Außenwelt.

Suse, Uli und Marie verleben ein tristes Osterfest. Aus Grünheide kommt zunächst ein Brief von Rowohlt, dann ein Telegramm mit der Anfrage, warum man zum Fest aus Berkenbrück nichts von sich hören läßt.

Anna Ditzen ist entschlossen, um ihren Mann zu kämpfen. Mit der Last der beiden Kinder, die sie unter dem Herzen trägt, macht sie sich heimlich auf den Weg nach Fürstenwalde.

Rudolf Ditzen ist nach seiner Verhaftung ins Amtsgerichtsgefängnis der kleinen Stadt gebracht worden. Dort zeigt man ihm einen Haftbefehl des Landrats von Lebus und eröffnet ihm, er werde in Schutzhaft genommen, weil er dringend verdächtig sei, an einer Verschwörung gegen die Person des Führers beteiligt zu sein.

Ditzen ist versucht, diesen Vorwurf eher lächerlich als gefährlich zu finden, aber er hat dabei doch ein unangenehmes Gefühl, so als ob »mehr dahinter stecke«. Ist alles nur ein Vorwand, um ihn mundtot zu machen? Hat er sich bereits politisch mißliebig gemacht? Da die Beamten sich nach dem ersten – und einzigen – Verhör ausschweigen, ist Ditzen hilflos in die Hände seiner Gegner geliefert.

Wie stets in solchen Fällen findet er sich bald mit der entstandenen Lage ab, so unangenehm und unbequem sie auch sein mag. Wie unterschiedlich die Gründe für seine Aufenthalte in deutschen Strafanstalten bisher auch waren, sie haben doch gemeinsam, daß sie schließlich und endlich in einer

Zelle enden. Und dann kommt es nur darauf an, ob man es darin aushalten kann oder nicht. Sind die Wände feucht, stinkt der Kübel, ist die Schlafstatt verwanzt, dann gilt es, alle Energie darauf zu verwenden, diese Übelstände abzuschaffen. Je nach Lage der Dinge helfen dabei geharnischte Proteste oder eigene, trickreiche Initiative. Steht die Sache so, daß man sich einigermaßen im Recht fühlt, dann können lautstarke Proteste, Klopfen und Schreien nicht schaden. Sind einem die Gründe für die Verhaftung weniger ein- und durchsichtig, dann verhält man sich besser still und wendet lieber all jene Tricks und Ratschläge an, die man den anderen Häftlingen abgesehen hat.

Hier, nach dieser Osterüberraschung durch die SA, sieht Ditzen Gründe genug, sich friedfertig und unauffällig zu verhalten.

So übel hat er es in Fürstenwalde-Nienhagen auch nicht getroffen: Er darf sich als Schutzhäftling mit eigener Zukost versorgen und erhält das für ihn in dieser Lage Wichtigste: ausreichend Rauchzeug.* Er hat zwar eine der gefürchteten Einzelzellen, aber jeden Tag nach Schichtwechsel schließt ihn ein älterer Beamter mit zwei jüdischen Lehrern zusammen in eine Gemeinschaftszelle, und die drei spielen stundenlang Skat.

Die beiden Männer sind nicht unfreundlich gegenüber Ditzen, aber sie bleiben reserviert und reden kaum in seiner Gegenwart. Sie halten Abstand zu dem Mann, der sagt, er sei »wegen einer Verschwörung gegen den Führer« in Haft. Wenn er der ist, der zu sein er vorgibt, und wenn er sitzt, weswegen er zu sitzen vorgibt, dann ist sein weiteres Schicksal so

---

* Ditzen ist seit seiner Jugend ein starker Raucher. Der Vater in Leipzig, die Pensionseltern und Lehrer in Rudolstadt beklagten sich bereits darüber, daß der Junge »übermäßig« rauche. Später wird Ditzen zum Kettenraucher; sein Tageskonsum beträgt, je nach Vorrat und nervlicher Anspannung, 120–200 Zigaretten.

verschieden von dem ihren nicht. Aber wer weiß das schon genau; man begegnet jetzt so viel Lüge und Falschheit. Besser ist es schon, man redet so wenig wie möglich und nimmt den Bücherschreiber als das, was er in der Tat ist: als willkommene Abwechslung.

Am zweiten Tag seiner Haft erhält Ditzen Papier und beginnt, ernsthaft zu arbeiten. Seine psychische Verfassung ist trotz der Ungewißheit gut. Irgend jemand hat einen Fehler gemacht, Ditzen muß warten, bis man diesen Fehler entdeckt und korrigiert. Bis dahin nutzt er die Zeit und nimmt die Arbeit am Blechnapf-Roman wieder auf, den er in Berkenbrück begonnen hat.

Nach seiner pedantischen Art trifft er auch im Gefängnis umfangreiche Vorbereitungen und bringt sich so in Schöpferlaune: »Mittlerweile habe ich meine Zelle in jenen Zustand von Sauberkeit versetzt, der mir hier unbedingtes Bedürfnis ist«, schreibt er am 20. 4. 1933 an Suse, »habe gescheuert und Fenster geputzt, mich rasiert, meinen Kragen umgebunden, fühle mich recht menschlich und werde mich, ist dieser Brief erst fertig, wieder in meinen Roman stürzen. Wie gut, daß ich bei meiner Verhaftung gerade ein Kapitel fertig hatte, nun kann ich, wie aus der Pistole geschossen, wieder einsetzen, und ich hoffe, ich werde gute Arbeit tun, hier, ich freue mich schon darauf, aus der knarrenden Kaffeemühle ewig gleicher Grübeleien zu kommen.«

Vor seiner Verhaftung hatte Ditzen die Geschichte Kufalts bis an jenen Punkt geführt, da er von der Polizei aufgegriffen wird und den Weg ins Gefängnis als einzigen Ausweg ansieht: »Ich . . . geh wieder ins Gefängnis. Es hat alles keinen Zweck, ich seh es schon ein, ich geh wieder rein . . . Meinethalben . . . mir macht es nichts, mir kommt es nicht mehr darauf an . . .«

Das neue Kapitel, das Ditzen in Fürstenwalde beginnt, ist

das sechste, *»Selbst ist der Mann«*: Während sein Autor die Gefängniszelle bezieht, wird Kufalt aus dem Polizeigewahrsam entlassen und macht einen neuen Versuch, mit dem Leben draußen zurechtzukommen.

Ditzen kommt gut voran, und da der Abgabetermin – der 1. Oktober – knapp bemessen ist, wird auch Suse von Fürstenwalde aus in die Arbeit am Roman einbezogen: »Auf dem Schreibtisch lag an jenem unheilvollen Tag das letzte Stück des von mir getippten nebst dem Handschrift-Manuskript des Kapitels *›Schreibstube Cito-Presto‹*. Ich rate Dir nun, lies einmal das ganze Schreibmaschinen-Manuskript, so weit es fertig ist, durch, damit Du mit Namen und Situationen auf dem laufenden bist. (Nimm dazu Exemplar II, mein Arbeitsexemplar). Dann lies, so gut es geht, das handschriftliche Manuskript durch. Du bist ja die einzige, die sich mühelos in mein Krikkel-Krackel findet, ich denke, es wird schon gehen, und in Zweifelsfällen läßt Du die Stelle offen. Zwei Durchschläge, etwa alle 10 Seiten neues Kohlepapier nehmen. Anordnung wie bisher, Rand breit genug lassen.«

Ditzens Arbeitslust hat eine – beabsichtigte? – Nebenwirkung: Suse freut sich über die Ruhe und Ausgeglichenheit, mit der sich Ditzen in sein Schicksal fügt, und sie wird selbst ruhiger. Sie hat schlimme Depressionen erwartet. Es ist nicht dazu gekommen, noch nicht. Denn das weiß Suse auch, daß der geringste Anlaß genügt, um die Situation grundlegend zu ändern.

Suse macht sich an die ihr übertragene Aufgabe. Sie fördert die Hochstimmung Ditzens dadurch, daß sie ihm am 19. April ins Gefängnis schreiben kann, der amerikanische *»Book-of-month-club«* habe den Roman *»Kleiner Mann – was nun?«* zu seinem Juni-Titel gewählt. Das bedeutet 100 000 Exemplare Absatz allein in New York. Auch im Inland hält die gute Verkaufstendenz an; 50 000 Exemplare hat Rowohlt bereits abgesetzt. Ende März ist das 49.–59. Tausend unverändert an den Buchhandel ausgeliefert worden. Nur der Schutzumschlag, mit der Titelzeichnung von George Grosz, wurde von den Nationalsozialisten verboten und mußte verändert werden.

Ditzen schreibt, um die Vorfreude auf die Romanarbeit noch etwas zu verlängern, einige Kinderliedchen für Uli und einen langen Brief an die Eltern. Auch ihnen versichert er, daß sie sich keine Sorgen machen müßten, »wir haben es ja schließlich mit Menschen zu tun – niemand hat ein Interesse daran, mich in Haft zu halten, wenn erst meine Unschuld erwiesen ist, warten wir es also ab«.

Dann setzt er sich unter die große Glocke aus Selbsttäuschung und Naivität und schreibt. Er will nichts hören, nichts sehen, nicht über eine wirkliche Gefahr reden. Er bekämpft mit allen Listen, deren er fähig ist, hartnäckig die Versuchung, die eigene Situation in irgendeine Beziehung zu der seines Helden Kufalt zu setzen.

»Gestern habe ich programmgemäß meinen Roman in Gang gebracht«, wird Suse am 21. April berichtet. »Zuerst dachte ich, es würde nichts Rechtes werden, immer kam mein eigenes kleines Schicksal mir störend in den Weg, aber schließlich bekam ich doch einen Zipfel zu fassen, und wenn ich den erst habe, geht es immer weiter. Ich muß mich tüchtig zusammennehmen, um mich auf das Schicksal Kufalts zu konzentrieren, aber da es dem auch gerade ziemlich dreckig geht, kommen wir doch schließlich immer überein.«

Wie Kufalt erscheint auch Ditzen die Gefängniszelle als eine reale Existenzmöglichkeit. Willi Kufalt ist es, wenn er nach seiner Entlassung an das Gefängnis zurückdenkt, als ob eine »selige Insel aus dem graumeligen Meer seines Lebens auftaucht. War es nicht eine herrliche, ruhige Zeit, als er dort in seiner Zelle lebte, nichts wußte von Geld, Kohldampf, Arbeit, Bleibe ...? Er stand morgens auf, wienerte seine Zelle, er ging zur Freistunde und schwätzte mit Schicksalsgefährten, er stand am Netz und strickte – die Stunden rannen dahin ... eine selige Insel also, wie gesagt.«

Ditzen kommt mit dem Roman gut voran. Zunächst schafft er täglich fünf oder sechs, dann sogar zehn bis zwölf Seiten täglich. Er erfindet die Liebesszenen mit Hildegard Harder, und plötzlich läuft die Geschichte, mit der er sich bisher sehr gequält hat, wieder. Das ist Grund zu ehrlicher Freude: »Ach, es ist sicher eine Todsünde, im Kittchen fidel zu sein«, schreibt Ditzen am 22. April an Suse, »aber ich bin fidel ...«

Mittlerweile ist beim Rowohlt-Verlag die Nachricht von Ditzens Verhaftung eingegangen. Ernst von Salomon hat seinem Verleger nach Ostern mitgeteilt, daß er verhaftet und zum Polizeipräsidium am Alexanderplatz gebracht worden ist. Dort hat ihn der Versammlungsbeamte gefragt, ob er einen gewissen Fallada kenne.

In Salomons Autobiographie liest sich dieses Gespräch so: Salomon bejaht die Frage und erfährt dann von dem redseligen Beamten, daß man diesen Fallada für hinreichend verdächtig halte, eine Verschwörung geplant zu haben: »Der Herr Fallada hat eine Haustochter. Und die ist befreundet mit der Tochter des Hauswirtes. Und mit dem hat der Herr Fallada Mietstreitigkeiten. Und Herr Fallada erzählt seiner Haustochter, morgen zum Mittag komme ein sehr merkwürdiger Mann, ein alter Attentäter. Und die Haustochter erzählt es ihrer Freundin, und die erzählt es ihrem Pappi, und der denkt: Attentäter? Gegen wen? Da gibt's doch nur einen. Und zeigt's an.«

Soweit die Auslassungen des Beamten, Salomon gegenüber. Und der erkennt mit Schrecken, daß er dieser »alte Attentäter« sein soll. Wieder einmal haben ihm seine Vergangenheit* und sein semitisch klingender Name einen Streich gespielt. Salomon kann die Vorwürfe gegen seine Person mühelos zerstreuen. Er ist kein Jude; er ist Sproß eines angesehenen elsässischen Adelsgeschlechts, wenn's recht ist?!? Er wird auch am selben Tag noch entlassen. Zu vage und absurd sind dem Berliner Polizeiamt die Unterstellungen gegen ihn. Aber nach all dem, was sie in den letzten Wochen gesehen und gehört haben, halten Rowohlt und Salomon es doch für möglich, daß man in der Provinz, z. B. in dem Nest, wo der Fallada jetzt steckt, über dieselbe Sache ganz anders denkt und daß etwas, was in Berlin als erwiesen gilt, im Landkreis Lebus erst einmal umständlich und eigensinnig untersucht werden muß.

Bald bestätigt Anna Ditzen Rowohlt gegenüber diesen Verdacht. Rowohlt greift sich an den Kopf: Soviel Stupidität ist doch wohl selbst unter Anstreichern nicht üblich. Da muß man doch gleich ... Ja, was ist am besten zu tun? Rowohlt überlegt nicht lange. Er hat da ein ganz schweres Geschütz, das wird er auffahren: einen Anwalt, Alfons Sack mit Namen, der bei den Braunen hoch im Kurs steht, der Richard Scheringer im sensationellen Reichswehrprozeß von 1930 verteidigte und den sie jetzt sogar als Verteidiger für ihren Reichsschaubrandprozeß einsetzen wollen. »Den werden wir jetzt anrufen und ihm die unglaubliche Story von der Verschutzhaftung unseres lieben Verschwörers mal brühwarm auftischen. Ich bin sicher, der fällt um vor Lachen.«

Und Väterchen Rowohlt lacht selbst erst einmal über diesen einzigartigen Fall von Tragikomik. »Der Verschwörer Fallada, entschuldigen Sie, Suse, aber es ist alles so blöd, daß es fast schon wieder schlau ist. Hoffentlich behält der arme Kerl

---

* Salomon, 1922 wegen Mittäterschaft am Rathenau-Mord zu fünf Jahren Zuchthaus verurteilt, war auch am Gießener Fememordprozeß beteiligt. Gefängnishaft von 1922–1928, danach Beteiligung an der Landvolkbewegung in Schleswig-Holstein.

nicht einen Knacks zurück, wenn wir ihn wieder draußen haben.« Suse ist nicht böse, daß auf Ditzens Kosten der ganze Verlag lacht. Sie ist froh, daß nun endlich, endlich etwas geschieht.

Dr. Alfons Sack, Rowohlts »Geheimwaffe«, zündet sofort, als er von dem Verleger und von Anna Ditzen die Sachlage erfährt: »Wo, sagten Sie, liegt das Kaff, gnädige Frau? Landkreis Lebus? Das paßt ja großartig. Der Landrat ist ein alter Schulkamerad von mir. Morgen mittag haben wir Ihren Göttergatten wieder frei, das garantiere ich Ihnen. Oder lassen wir ihn noch übers Wochenende etwas schmoren? Ein kleiner Schreckschuß kann vielleicht nichts schaden? Nicht? Auch gut.«

Der Rechtsanwalt setzt zu einem längeren Vortrag an, das sei eigentlich gar kein Fall für ihn, wo es doch jetzt um ganz andere Dinge ginge. Es ist ja auch mehr ein Mißverständnis als ein Gerichtsfall, nicht wahr? Das kommt schon vor im Gedränge . . .

Suse und Rowohlt bitten Sack inständig, gleich morgen mit dem Landrat von Lebus in Verbindung zu treten und die sofortige Aufhebung des Haftbefehls zu erwirken. Der Anwalt verspricht es, und sie sind entlassen.

Am 30. April 1933 holt Suse ihren »Jungen« vom Amtsgerichtsgefängnis Fürstenwalde ab. Äußerlich macht Ditzen einen ruhigen, fast heiteren Eindruck. Aber Suse weiß, daß dieser erste Eindruck oft trügt und die Ruhe auch den Sturm ankündigen kann.

Ditzen erzählt, eigentlich habe er es gar nicht so schlecht getroffen, über die Behandlung könnte er sich nicht beklagen. Er sagt es in einem Ton, daß selbst Suse stutzig wird und fragt: »Aber richtig war es doch nicht, dich einfach einzusperren?« – »Nein«, sagt Ditzen, »richtig war es nicht, aber was soll man schon dagegen machen, wenn sie einen einfach holen? Aber nun ist es ja überstanden. Laß uns noch einen Schoppen Wein trinken, bevor wir in das Verräternest zurückgehen, ja?«

Suse, die froh ist, den Mann wieder bei sich zu haben, ist einverstanden, und sie gehen in eine Weinhandlung, die auch eine kleine Probierstube hat. Aus dem einen Schoppen werden bei Ditzen drei, vier. Er hat keine Eile, nach Hause zu kommen. Suse muß erzählen, wie es ihr in den letzten vierzehn Tagen ergangen ist, was sie unternommen hat, ihn freizubekommen, und wie sich der Denunziant Sponar verhielt. Suse hat es nie gelernt, sich und ihre Sorgen in den Mittelpunkt zu rücken. Sie sagt einfach: »Och Gott, Junge, was wird schon gewesen sein? Es war ein bißchen still ohne dich im Haus. Sponars gehen uns schon seit Tagen aus dem Weg; sie haben ein schlechtes Gewissen, das ist doch klar.«

Und sie reden nun darüber, was die beiden Sponars wohl veranlaßt haben könnte, zum NSDAP-Gröschke zu laufen und Ditzen anzuzeigen. Haben sie den mündlichen Zusagen nicht vertraut, die Ditzen ihnen gemacht hat? An das Märchen vom Attentäter Salomon und vom Verschwörer Ditzen werden sie doch selber nicht geglaubt haben.

Ditzen ergeht sich in Vermutungen und Verdächtigungen, wer an seinem Fall ein Interesse gehabt haben könnte. Er vermag keine Ruhe zu finden.

Seine Lage erscheint ihm – je länger sie in der Probierstube sitzen – nachträglich doch sehr bedrohlich. Wie leicht hätte man den Ammenmärchen der Sponars Glauben schenken und ihm einen Hochverratsprozeß anhängen können. Und was dann? Er wäre zu Zuchthaus, vielleicht gar zum Tode verurteilt. Auch liest man jetzt immer öfter in den Zeitungen, daß Leute »auf der Flucht« erschossen werden. Wie, wenn man das mit ihm gemacht hätte, auf halbem Wege nach

Fürstenwalde, inmitten der einsamen Kiefernwälder am Fluß?* Keine Spur wäre von ihm geblieben. Seine Leiche wäre flußabwärts getrieben. Niemand hätte gewagt, sie zu bergen und zu identifizieren, weil man doch weiß, was es mit solchen angeschwemmten Leichen auf sich hat . . .

»Aber du bist doch da«, sagt Suse einfach, die den Gedanken des Mannes kaum noch folgen kann. Ditzen schweigt nun, fühlt sich unverstanden, brütet vor sich hin, und Suse weiß, daß sie jetzt keinen Zugang mehr zu ihm finden wird. Sie erreicht aber, daß er mit dem Trinken aufhört und sie nach Hause fahren können.

Nach Hause, denkt Ditzen bitter. Was ist das schon für ein Zuhause? Doch nicht einsam genug, doch zu nahe an der braunen Welt, doch zu hellhörig und zu gefährlich.

Ditzens Unruhe wächst, je mehr sie sich dem »Rothen Krug« nähern. Sie erreichen das Haus, als es bereits völlig dunkel ist. Marie und Uli schlafen schon. Suse ist erschöpft von den Anstrengungen des Tages und der Last, die sie mit sich trägt.

Da verlangt Ditzen plötzlich, auch für Anna unerwartet, daß sie wieder abfahren sollen. Nein, nicht in eine Weinhandlung, nicht für einen Tag oder eine Nacht, ganz weg will Rudolf Ditzen, weg aus dem Haus und aus Berkenbrück.

Solange er im Gefängnis war und schrieb, fühlte er sich

---

* Später, in dem Aufsatz *»Osterfest 1933 mit der SA«*, stellt Ditzen die Überführung nach Fürstenwalde so dar, als ob die SA-Leute tatsächlich vorhatten, ihn »auf der Flucht« zu erschießen, was nur durch das zufällige Auftauchen des Hausarztes der Familie verhindert wird. In dem Artikel gibt es einige grobe Ungenauigkeiten. Die Zahl der SA-Leute wird mit zwanzig oder fünfundzwanzig angegeben. Obwohl Ditzen am 12. Tag nach seiner Verhaftung wieder frei kam, schreibt er, er habe »Wochen und Monate hier im Gefängnis gesessen« usw.

einigermaßen sicher. Nun aber, umringt von tausend Gefahren, ist er schutzlos wie eine Schnecke ohne Haus. Der Ort, einst als Domizil gedacht für mindestens ein halbes Leben, ist inzwischen unbewohnbar geworden. Nie wieder kann er in einer solchen Umgebung sein tägliches Pensum schreiben. Und was hat dann das Leben noch für einen Sinn . . .

»Aber, Junge, laß uns das noch mal in Ruhe überschlafen«, sucht Suse den Mann zu beruhigen, »wir können doch nicht einfach über Nacht . . .«

»Aber ich kann denunziert, verhaftet, ja, sogar auf der Flucht erschossen werden, ja? Das alles ist dir weniger wichtig als das bißchen Ruhe, auf das du verzichten müßtest, wie?«

Ditzen wird immer lauter, und Anna sieht ein, daß sie nichts mehr erreichen kann. Sie weckt Marie und gibt Anweisung, mit Uli vorläufig hier zu bleiben, bis sie Nachricht erhält, wohin beide kommen sollen.

Dann packt die Frau die notwendigsten Sachen zusammen. Ein Auto darf sie nicht herbeirufen. Soweit kommt es noch, daß das ganze Dorf ihre Abreise miterlebt, und der Ortsgruppenleiter Gröschke steht dann am Dorfausgang und hebt die Hand: »Stop, Ditzen, jetzt haben wir Sie wieder mal erwischt!« Nein, das Ganze muß still und heimlich vor sich gehen. Anna soll so tun, als sei alles in Ordnung, denn gewiß liegen die Sponars schon wieder auf der Lauer und horchen, was oben passiert.

»Das ist doch alles Einbildung«, sagt Suse, aber sie tut, was der Mann in seiner Erregung verlangt. Sie muß das Radio einschalten, in allen Räumen Licht machen, und während das Badewasser rauscht und das Radio plärrt, schleichen sich die beiden wie Diebe aus dem Haus und aus dem Dorf. Sie fahren von Berkenbrück nach Berlin und beziehen ein Zimmer in der Pension Stössinger in der Lietzenburger Straße, wo sie schon oft während der letzten Berliner Monate nach den ausgedehnten Vergnügungstouren Zuflucht und Obdach gefunden haben.

Todmüde sinkt Suse ins Bett. Schon ist der neue Tag angebrochen, der 1. Mai 1933.

Auch Ditzen hat sich in der anonymen Großstadt wieder etwas beruhigt. Das Gefühl, bedroht und verfolgt zu werden, hat sich gelegt. Die beiden sinken in einen tiefen, festen Schlaf.

Wenige Stunden später werden sie durch ein lautstarkes Musikkorps geweckt. Sie sehen aus dem Fenster und sind erstaunt, wie sich die Stadt in den wenigen Stunden seit ihrer Ankunft verändert hat: Aus den Fenstern der gegenüberliegenden Häuser hängen Hakenkreuzfahnen. Menschengruppen und uniformierte Kolonnen ziehen vorbei; aus Lautsprechern dröhnt Marschmusik.

Ditzen zieht die Gardine wieder vor das Fenster, ihn fröstelt. Zu Suse gewandt, sagt er: »Es ist doch gut, daß wir da nicht mitmachen müssen, nicht wahr? Wir wollen sehen, daß wir uns da immer heraushalten können!«

Suse nickt stumm.

Wenige Wochen später sind Ditzens in einem Sanatorium in Waldsieversdorf. Noch einmal hat sich Rowohlt durch Peter Suhrkamp* eingeschaltet und den beiden einen zeitweiligen Unterschlupf in der Märkischen Schweiz besorgt. Peter Suhrkamp rät Ditzen dringend, von dem Rest des Geldes in einer abgeschiedenen Gegend ein Haus zu kaufen und endlich zur Ruhe zu kommen.

---

* Peter Suhrkamp, Redakteur und Verleger, hat einige Geschichten Ditzens im Ullstein-Magazin »Uhu« veröffentlicht. Ab 1933 ist er Redakteur der zum S. Fischer Verlag gehörenden *»Neuen Rundschau«*, ab 1935 Leiter des Verlages. Nach 1945 gründete er einen eigenen Verlag.

Bevor noch diese Pläne verwirklicht werden können, muß Anna Ditzen ins Krankenhaus. Im 9. Monat der Schwangerschaft stellen sich Komplikationen ein. Ditzen ist, um in Suses Nähe zu sein, in die Pension Stössinger gezogen und sucht wieder Ablenkung und Trost im Alkohol.

Am 18. Juli bringt Suse zwei Mädchen zur Welt, von denen eines nur tot geboren wird. Das andere erhält nach der gemeinsamen Freundin Soldin den Namen »Lore«. Die Mutter hat eine schwere Thrombose und muß noch im Krankenhaus bleiben.

Der Tod des einen Kindes und Suses weitere Abwesenheit verschärfen Ditzens psychische Verfassung. Er bekommt einen permanenten Schluckauf; der Körper verweigert jede Nahrungsaufnahme. Ditzen ist völlig hilflos. Ein Arzt verordnet ihm Baldrian und sagt – halb im Scherz –, das sei wie Kognak mit Eis. Ditzen nimmt den Spaß ernst. Also wird er den Baldrian bei erster bester Gelegenheit durch Kognak ersetzen – eine überaus willkommene Medizin.

Am 19. Juli fährt Rudolf Ditzen mit seinem Freund und Lektor Peter Zingler* nach Mecklenburg, wo mehrere Häuser zum Verkauf angeboten werden. Suse erhält vor der Abfahrt Ditzens noch einen Kartengruß in die Klinik, verbunden mit der Versicherung, daß nun – wieder einmal – alles anders werden wird: »Liebste Suse, ich fahre nun also, wenn Du die-

* Walther Kiaulehn, langjähriger Rowohlt-Mitarbeiter, beschreibt Zingler als einen »weißhaarigen Herrn mit einem freundlichen Gelehrtengesicht, aus dem ein Monokel blitzte. Peter Zingler war einer der Mitarbeiter von Rowohlt, die selber nicht genau wußten, ob sie nur Freunde oder zusätzlich auch noch Angestellte von Ernst Rowohlt waren. Zingler war ursprünglich Kunsthändler gewesen. Er hatte Rowohlt 1931 kennengelernt ... Peter Zingler leitete im Rowohlt-Verlag den Auslandsdienst und richtete später den Feuilletondienst des Verlages ein.«

sen Brief liest, nach Mecklenburg und hoffe, dort ein Heim zu finden, wo wir recht glücklich miteinander werden können ... Ich verspreche Dir, und es ist mir ernst damit, daß in der kommenden Zeit die Last, die ich Dir immer auferlege, sehr viel leichter sein wird, daß ich nicht so viel an meine Arbeit, sondern viel mehr an Dich denken werde und daß wir viel enger zusammenleben werden als in der letzten Zeit ... Halte mir den Daumen, halte uns den Daumen, daß ich etwas recht Schönes in Mecklenburg finde, und dann wollen wir auch wieder ganz miteinander leben, auch ganz füreinander ...«

Zwei Häuser sehen sich Ditzen und Zingler an, aber keines kommt so recht in Frage. Das eine liegt an einer großen Straße, das andere ist zu klein für die Familie. In Neustrelitz, fast schon auf dem Heimweg, laufen sie einem Grundstücksmakler namens Beyer in die Arme, an den sich Ditzen bereits vor einigen Monaten einmal wegen des Hauskaufs gewandt hatte. Ein Wort gibt das andere: Was machen Sie denn hier? Noch immer nichts Passendes gefunden? Warten Sie mal, vielleicht habe ich etwas für Sie. Ich weiß ein Haus am Wasser, eine Büdnerei. Sie steht schon seit einiger Zeit zum Verkauf, recht abgelegen und schwierig zu erreichen, aber für Sie vielleicht das Richtige ...

Peter Zingler läßt sich die Adresse geben: Carwitz bei Feldberg, Büdnerei Nr. 17. Die beiden übernachten in Neustrelitz. Am nächsten Morgen besteigen sie wiederum einen Mietwagen und fahren nach Carwitz. Ditzen ist des Suchens längst überdrüssig. Noch immer quält ihn der Schluckauf, und erst als er seine »angenehme Medizin« erhält, ist er zufrieden.

Dann kommen sie in das kleine Fischerdorf. Schon von der Mühle am oberen Dorfeingang haben sie einen herrlichen Blick auf die bewegte Hügellandschaft. Das Dorf ist auf mehreren Seiten von Seen eingeschlossen. Die *»Büdnerei Nr. 17«*

liegt im Unterdorf, unmittelbar am Zugang zu einer idyllischen Halbinsel, dem Bohnenwerder. Bis zur Stadt sind es von hier aus vier Kilometer, der Weg führt über einen ausgefahrenen Feldweg, auf dem man winters sicher kaum vorankommen wird. Aber dieser Weg, am Ufer eines der urzeitlichen Rinnenseen entlang, ist überaus reizvoll; an den Hängen steht der Ginster in voller Blüte.

Peter Zingler sieht auf den ersten Blick, daß sie hier gerade das Richtige für Ditzen und seine Familie gefunden haben. Zu dem Grundstück gehören ein älteres, aber noch stabiles Einfamilienhaus, Stall, Garten und sechseinhalb Morgen Land. Der Besitzer, Sohn des Regierungsrates Dr. Erwin Wehrle aus Berlin, hat alles vor drei Jahren übernommen, aber wenig Geschick mit der Wirtschaft und dem Vieh bewiesen. Er möchte zurück in die Stadt und ist froh, daß sich nun ein offenbar ernsthafter Interessent für das Grundstück meldet. So bewirtet er die beiden Gäste mit Kaffee und zeigt ihnen bereitwillig Haus und Hof.

Rudolf Ditzen hat inzwischen der »Medizin« tüchtig zugesprochen und nimmt an den Verhandlungen nicht teil. Mag Peter das Geschäft machen, auf ihn kann man sich schon verlassen. Man sieht auf den ersten Blick, daß man es hier aushalten kann. Endlich ist auch der verdammte Schluckauf weg.

Zingler prüft genau. Er läßt sich den Stall zeigen, in dem ungepflegtes Vieh steht, und geht in den Garten. Er wandert sogar ein kleines Stück den Hügel hinter dem Haus hinauf und hat von dort einen weiten Rundblick über Seen, Wälder und Wiesen.

Tatsächlich, dieses Fleckchen Erde ist ein Paradies.

Ob die Sache vielleicht doch noch irgendwo einen Haken hat? Zingler läßt sich die Papiere und Dokumente zeigen, einen alten Hausbrief vom 30. März 1847, in dem es heißt:

»Das Haus ist zu Carwitz sub. 17 belegen. Das Areal beträgt 710 Ruthen mit Hof und Gebäuderaum. Bonität 6,53 Scheffel, 0,08 Fuder.« Auf 11.700 Mark soll sich die Kaufsumme belaufen. Eine tilgbare Darlehnshypothek der Mecklenburg-Strelitzer Hypothekenbank von 2.700 Goldmark und eine Grundschuld von 4.000 Mark lasten auf dem Grundstück, nicht allzuviel für einen Mann wie Ditzen. Soweit man sehen kann, ein korrektes Geschäft.

Peter Zingler ist kein Landwirt, er ist auch kein Geschäftsmann, aber er denkt an Suse; er wird alle seine Kraft aufbieten, um den Freund zum Kauf des Hauses zu bewegen.

Doch diese Überzeugungskraft braucht er nicht. Hier gefällt es Ditzen, hier wird er Wurzeln schlagen. Gleich morgen, am 21. Juli 1933, werden sie beim Amtsgericht Feldberg mit Wehrle die Sache perfekt machen. Das wird eine tüchtige Überraschung für Suse werden, und er selbst macht sich zu seinem 40. Geburtstag ein Geschenk, wie es schöner und wertvoller nicht sein kann.

Für elf Jahre wird Rudolf Ditzen hier mit Suse und den Kindern leben; siebzehn Geschichten werden in Carwitz entstehen, bedeutende darunter.[30]

Hier in Carwitz hofft Ditzen auf Frieden, auf Burgfrieden. Er wird niemand mehr durch sein Verhalten herausfordern. Er wird alle Spuren hinter sich verwischen, alle Brücken abbrechen.

»Wir haben unsere kleine Insel in dieser heute etwas stürmischen Welt gefunden«, kann er Anna Ditzen ins Krankenhaus melden. Niemand wird diese Insel ausmachen können. »Wenn ein Flieger über diesen Teil des Mecklenburger Landes fliegt, so sieht er Wälder und Seen, Seen und Wälder«, heißt es in dem Roman *»Wir hatten mal ein Kind«*. »Kaum

Feld, kaum Wiese, kaum ein Haus. Toteneinsamkeit. Das Ende der Welt . . .«

Rudolf Ditzen nimmt es in Kauf, für die Welt da draußen gestorben zu sein, nur noch sich, seiner Familie und seinen Gestalten zu leben . . .

Zwischen

Flucht und Zusammenstoß

Unmittelbar nach dem Kauf des Grundstücks in Carwitz veranlaßt Ditzen die Arbeiten zum Umbau des Landhauses. Er mietet ein Zimmer im Hotel »Deutsches Haus« in Feldberg und setzt dort die Niederschrift des Blechnapf-Romans fort.

Am 9. November 1933 kann Ditzen seinem Verleger diesen seinen »jüngsten Sohn« präsentieren.

Rowohlt antwortet am 14. November: »Ich bin gestern den ganzen Tag noch in einem höchst sonderbaren Zustand umhergelaufen und wäre beinahe gestern abend schwer in den Suff geraten, so erregt war ich.« Er teilt mit, daß auch Ernst von Salomon und Dr. Paul Mayer »wild begeistert« seien und kaum Veränderungsvorschläge hätten.

Noch im November beginnt Ditzen – nun schon im eigenen Haus in Carwitz – ein neues Buch, das den Titel »Wir hatten mal ein Kind« trägt und dessen Niederschrift am 24. Februar 1934 beendet wird. Während dieser Romanarbeit wird am Haus weiter gebaut: eine Wasserleitung verlegt, eine große, helle Veranda angebaut und das Stallgebäude erweitert . . .

10

Der Zusammenstoß

Inmitten der Umbauarbeiten am Haus wird Ditzen im Mai 1934 vom Rowohlt-Verlag Besuch aus Amerika angekündigt. Rowohlts Sohn, Heinrich Maria Ledig*, wird die Gäste begleiten, die sich ein wenig in Deutschland umsehen wollen. Ditzen kann seinem Verleger die Bitte, die Gäste auch für einen Tag in Carwitz zu empfangen, nicht gut abschlagen.

Am frühen Vormittag des 27. Mai kommen die Gäste an: Martha Dodd, eine junge, charmante Frau, Mitte der Zwanziger, die ihr erstes Buch schreibt, das bei Rowohlt erscheinen soll.[31] Sie ist die Tochter des amerikanischen Botschafters in Deutschland und lebt seit einem knappen Jahr in Berlin. An ihrer Seite eine etwa gleichaltrige, auffallend schöne Frau. Wenn Ditzen den Namen, den Ledig am Telefon nannte, richtig verstanden hat, dann heißt sie Mildred Harnack-Fish und ist ebenfalls Amerikanerin. Sie lebt schon seit einigen Jahren in Deutschland mit ihrem Mann, der im Reichswirtschaftsministerium arbeitet. Mildred Harnack hat in Amerika Literaturgeschichte studiert und will in Deutschland promovieren.

---

* Heinrich Maria Ledig-Rowohlt trat 1931 als Gehilfe in den Verlag seines Vaters ein, übernahm nach Fallada die Rezensionsabteilung. Mit Rowohlts Emigration nach Brasilien 1938 wird Ledig Leiter des Restverlages, der der *»Deutschen Verlagsanstalt«* Stuttgart eingegliedert ist. Ledig ist heute Mitinhaber des Rowohlt-Verlages in Reinbek bei Hamburg.

Während des gemeinsamen Kaffeetrinkens am See erzählen die beiden Frauen von Amerika. Der Anblick des Sees und der idyllischen Landschaft hat die Sehnsucht nach der eigenen Heimat geweckt. Nach dem Frühstück unternehmen alle einen kleinen Rundgang. Ditzen führt sein Reich vor: Das Grundstück hätten Sie vor einem Jahr sehen sollen; wir haben es von Grund auf verändert, aber seinen bäuerlichen Charakter beibehalten.

Sie gehen am See entlang. Ditzen folgt Mildred Harnack auf den Bootssteg und knüpft an das Gespräch beim Frühstück an: »Sie lieben Ihre Heimat?«

»O ja, sehr«, sagt Mildred Harnack, »es ist schön, am Strand des Michigan-Sees zu ruhen oder durch die Wälder um Milwaukee zu streifen.«

Ditzen lächelt über die Anstrengung, mit der die Frau diesen Lehrbuchsatz fehlerfrei hervorzubringen sucht. »Es muß schwer für Sie sein, in einem fremden Land zu leben, noch dazu, wenn man sich mit der Literatur und Sprache befaßt.« Mrs. Harnack ist sehr ernst, als sie sagt: »Das stimmt, aber es kann auch schwer sein, im eigenen Land zu leben, wenn man sich mit Literatur befaßt.«

Ditzen sieht der Frau mit langem, erstauntem Blick nach. Dann zündet er eine Zigarette an und sagt langsam: »Ich könnte wohl nie in einer anderen Sprache schreiben, also auch nirgendwo sonst leben als in Deutschland.« Es ist eine Antwort und doch keine. Mildred Harnack läuft auf dem schmalen Bootssteg zurück. Als sie nahe an Ditzen vorübergeht, sagt sie: »Vielleicht, Herr Ditzen, ist es weniger wichtig, wo man lebt, als vielmehr, *wie* man lebt.«

Ditzen ist über diese Direktheit erstaunt; er schweigt. Und wieder fragt die Frau: »Kann man hier und heute noch schreiben, wie man es möchte?«

»Es kommt darauf an, was man darunter versteht«, antwortet Ditzen. »Natürlich kann man uns Bücherschreibern eine Menge Schwierigkeiten und Vorschriften machen. Sie können uns dieses und jenes Wort verbieten*, aber das sind doch nur Äußerlichkeiten. Eine Sprache kann man nicht verbieten; sie ist etwas Lebendiges, was zu den Menschen gehört wie ihr Herz oder Hirn. Ja, ich glaube, man kann auch hier und heute noch schreiben, wenn man die geltenden Spielregeln beachtet und nur ein klein wenig nachgibt. Nicht in den wichtigen Dingen, versteht sich.«

»Was ist wichtig, was unwichtig«, fragt Mildred Harnack leise. Es ist eigentlich keine Frage, eher eine Anmerkung. Sie wartet auch keine Antwort ab, sondern geht langsam zu den anderen zurück.

Ditzen ist verstimmt. Hat ihn das junge Ding belehren wollen? Welches Recht hat sie dazu? Ist sie nicht eine der Vaterlandslosen, die dem bequemen Leben hinterherreisen, ohne daß ihnen Richtung und Ziel wichtig sind?

Aber der Stachel sitzt fest. Was die kleine Gesellschaft an

---

* In dem Aufsatz *»Wie ich Schriftsteller wurde«* führt Ditzen 1946 aus, daß man in der Nazizeit selten so schreiben durfte, wie man wollte, sondern daß es – etwa ab 1936 – »nicht nur thematisch, sondern auch ins einzelne gehende Bestimmungen gab über das, was man schreiben durfte und was nicht. Ich erinnere mich zum Beispiel daran, daß es von einem gewissen Zeitpunkt ab uns Romanschreibern verboten war, von Geistlichen, von Pfarrern zu sprechen, weder im guten noch im bösen Sinne ... Und wiederum war es uns nur erlaubt, von Lehrern im günstigen Sinne zu schreiben, wir durften nur sympathische und völlig fehlerfreie Lehrer in unseren Büchern erwähnen, denn Lehrer waren knapp im Dritten Reich ... Solcher Bestimmungen gab es eine Unzahl, und ich mußte sie beim Schreiben meiner Bücher beachten, sonst gab es keine Aussicht auf Veröffentlichung. Und auch unter diesem Zwang habe ich Bücher geschrieben und erkenne sie als meine Bücher an.«

diesem Tag auch unternimmt – bei der Kutschfahrt zum Hullerbusch, beim Mittagessen, beim anschließenden Schachspiel mit Ledig –, Rudolf Ditzen hängt mit seinen Gedanken dem Gespräch auf dem Bootssteg nach. Hat ihm die Frau nicht nur gesagt, was er selbst sich in letzter Zeit gefragt hat? Kannst du dich anpassen? Mußt du fliehen? Oder gibt es dazwischen einen dritten Weg?

Der Nachmittag gehört der kleinen »Mücke«. Die beiden Amerikanerinnen machen mit Suse und Lore einen Spaziergang zum Bohnenwerder. Die Männer hören sie schwatzend und lachend vom Hof gehen. Die beiden jungen Frauen laufen wie zwei ausgelassene Kinder nebeneinander den Berg hinauf. Keiner, der sie so sähe, würde sie für hoffnungsvolle, ernst zu nehmende Talente der amerikanischen Literatur halten.

Heinz Ledig eröffnet Ditzen, daß der Verlag mit dem bisherigen Verkauf des Blechnapf-Romans wider Erwarten recht zufrieden sein könne. Natürlich lassen sich die Verkaufszahlen nicht mit jenen vom *»Kleinen Mann«* vergleichen, aber das hat auch niemand erwartet. Die ersten zwanzigtausend Exemplare sind im Handel, und nach wie vor gehen neue Bestellungen beim Verlag ein. Eine Beschlagnahme des Buches durch die Kammer ist nun wohl nicht mehr zu befürchten. Auch die ersten Pressestimmen sind überaus günstig, allen voran die von Monty Jacobs in der »Tante Voß«*. So kann man wohl alles in allem von einem Erfolg sprechen, wenn auch die Reaktion der NS-Presse erst noch abzuwarten ist.

Vielleicht wäre es doch nicht notwendig gewesen, im Vor-

---

* *»Vossische Zeitung«* vom 18. März 1934. Das Verbot dieser Zeitung nur 14 Tage später (!) ist u. a. auch auf die Tatsache zurückzuführen, daß es den Nationalsozialisten nicht gelang, das von Monty Jacobs geleitete Ressort Kulturpolitik »gleichzuschalten«.

wort einen gar so tiefen »Knicks« vor den Braunen zu machen?![32] Jedenfalls ist das nach wie vor die Meinung des Verlages, und auch die beiden Amerikanerinnen dachten ähnlich. Sie haben sich auf dem Weg nach Carwitz darüber ausgetauscht.

Ditzen hört aus Ledigs Worten zum zweiten Mal an diesem Tag eine Kritik an seiner literarischen Arbeit heraus. Er reagiert aggressiv: So, hat man das? Da hat man also in seiner Abwesenheit schon tüchtig über ihn getratscht? Was sie aber wohl kaum beurteilen können, ist, wie es einem zumute ist, wenn man hier in der Einsamkeit auf das Verbot seiner Bücher warten muß. Wie sollten die Frauen ihm das auch nachfühlen können? Wenn der Vater der einen Botschafter ist und der Mann der anderen in einem Reichsministerium sitzt, hat man gut reden ... Hat Ledig mal versucht, das den Damen begreiflich zu machen?

Ledig sucht Ditzen zu beruhigen: So sei das alles nicht gemeint; er nehme es zu persönlich ... Sie brechen das Gespräch ab. Es ist Zeit, an die Rückfahrt zu denken.

Beim Abschied drückt Mildred Harnack dem Schriftsteller fest die Hand, und Ditzen hat das Gefühl, als durchschaue ihn diese junge Frau besser als jeder andere.

Was er nicht ahnt, was er nie erfahren wird, ist, daß sich in den wenigen Stunden des Carwitzer Besuchs eine Vertreterin des antifaschistischen Widerstandskampfes ein Bild darüber zu machen sucht, ob auf den Schriftsteller Hans Fallada und den Menschen Rudolf Ditzen gezählt werden kann, wenn der organisierte Kampf gegen die Nazis beginnt. Ihr Urteil muß ganz offenbar negativ ausfallen: Nein, dieser deutsche Schriftsteller ist zu sehr in sein eigenes Lebensnetz, in das Gewirk seiner Figuren und Gestalten verstrickt, als daß er für andere Partei ergreifen würde. Er ist zwar kein Faschist und wird allem Anschein nach nie einer werden, aber vom Nicht-Nazi zum Antifaschisten ist es ein langer, opferreicher Weg, den Ditzen wohl nicht auf sich nehmen würde.

Mildred Harnack-Fish glaubt nach diesem Tag auf der Büdnerei Nr. 17 im Mecklenburgischen, in der Welteinsamkeit, nicht daran, daß sich an diesem ihrem Bilde etwas ändern könnte.*

Die Ereignisse, die in den nächsten zehn Monaten Ditzens Leben berühren, sind nicht weltbewegend, doch reichen sie aus, seine Existenz als Mensch und Schriftsteller tief zu erschüttern. Nach dem Besuch Ledigs und der beiden Amerikanerinnen geht er wieder daran, das alte Fachwerkhaus weiter zu modernisieren. Eine große, helle Veranda entsteht, mit viel Glas und einem herrlichen Blick auf den See. Dann wird das Haus verputzt und gestrichen. Beim Umbau des Hauses sind

---

* Martha Dodd schreibt in dem Buch *»Aus dem Fenster der Botschaft«* über den Besuch in Carwitz am 27. 5. 1934: »Er (Ditzen, T. C.) war vom Leben isoliert und glücklich in seiner Isolierung. Wir unterhielten uns, und obwohl ich den Eindruck gewann, daß er kein Nazi war und es auch nicht werden würde . . ., fühlte ich eine gewisse Resignation in seiner Haltung . . . Dieser Rückzug aus dem Leben war Hans Falladas tragische Lösung für die Probleme, die seinen Frieden hätten stören können. Es war eine Versuchung, der er völlig unterlag. Und der Eindruck des Unterlegenseins, den er auf uns machte, war bedrückend.« Diese Einschätzung und der weitere Weg Mildred Harnacks legen die Vermutung nahe, daß der Carwitz-Besuch mehr als eine neugierig-zufällige Stippvisite bei dem inzwischen weltbekannten Autor war: Mildred wird in den folgenden Jahren eines der führenden Mitglieder der Harnack/Schulze-Boysen-Gruppe. 1942 wird ihr mit weiteren 51 Angeklagten — darunter 19 Frauen — der Prozeß vor dem Reichsgericht gemacht. Ihr Mann, Arvid Harnack, wird zum Tode verurteilt und am 22. 12. 1942 gehenkt. Gegen Mildred, die zunächst »nur« sechs Jahre Zuchthaus erhält, wird in einem zweiten Prozeß die Todesstrafe ausgesprochen. Sie stirbt am 16. 2. 1943 den Tod durch das Fallbeil.

zeitweilig bis zu 15 Arbeiter aus dem Dorf und der Stadt beschäftigt. Ditzen ordnet an und überwacht die Ausführung der Arbeiten. Suse und die beiden Hausmädchen haben vollauf damit zu tun, die vielen zusätzlichen Esser zu versorgen.

Da geht eines Tages in der zweiten Juni-Hälfte vom Ausschnittdienst des Verlages ein Brief mit Pressestimmen zum »Blechnapf« ein. Ditzen findet zwischen Gesprächen mit Handwerksmeistern und Arbeitern Zeit, das Material zu lesen — und ist bestürzt. Die Nazipresse hat, nach einer Phase des Abwartens, zugeschlagen. Was Ditzen auch in die Hand nimmt und überfliegt: den *»Völkischen Beobachter«*, die *»Neue Literatur«*, die *»Berliner Börsenzeitung«* oder die *»Bücherkunde der Reichsstelle zur Förderung des deutschen Schrifttums«* — Verriß auf Verriß.

Als er die Kraft findet, die Rezensionen genauer durchzusehen, entdeckt Ditzen, daß sie fast alle aus der Feder ein und desselben Schreibers stammen und die meisten NS-Blätter aus der Börsenzeitung nachgedruckt haben. Der Verfasser ist Dr. Hellmuth Langenbucher, einer der Literaturpäpste des neuen Systems und Inhaber zahlreicher einflußreicher Ämter.*

Von einem Tag auf den anderen ist das Stimmungsbarometer von »veränderlich bis schön« auf »extrem schlecht« umgeschlagen. Obwohl Ditzen selbst nicht mehr an einen überwältigenden Erfolg seines Gefängnisromans geglaubt hat, haben ihn die ersten — verhalten positiven — Stellungnahmen in der Presse beruhigt und sein Mißtrauen eingeschläfert. Nun trifft ihn dieser jähe Umschwung um so heftiger.

---

* Langenbucher ist u. a. Stellvertretender Leiter der *»Reichsstelle zur Förderung des deutschen Schrifttums«*, Cheflektor des *»Amtes für Schrifttumspflege«*, Hauptschriftleiter des *»Börsenblattes für den deutschen Buchhandel«*.

Langenbucher setzt sich mit seinem Artikel *»Falladas Blechnapf und die deutsche Literaturkritik«* nicht nur das Ziel, den Romanautor und sein Buch mundtot zu machen. Er unternimmt gleichzeitig den Versuch, die deutsche Literaturkritik überhaupt zu »säubern«, deren Stand – Langenbucher zufolge – »nachgerade so beschämend tief (sei), daß er kaum noch zu unterbieten ist«. Als Paradebeispiel der jüngsten Zeit wird eben Falladas Blechnapf-Roman angeführt, ein Buch mit einem Helden, der den Menschen zugerechnet werden müsse, »für die wir heute die Sicherheitsverwahrung haben«.

Langenbuchers Tiraden enden mit der unverhohlenen Aufforderung an Buchhändler und Leser, den Roman zu boykottieren und sich »anständigen deutschen Büchern« zuzuwenden.

Dieser Beitrag wird vielfach nachgedruckt und verschiedentlich mit besonderen »Empfehlungen« versehen, so mit der an die Buchhändler gerichteten Maßgabe, daß dem Artikel »die besondere Aufmerksamkeit aller Berufskameraden« gehören müsse. Dadurch erhält Langenbuchers Attacke den beabsichtigten offiziösen Charakter. Die Rezensionen zum Blechnapf-Roman sind eine offene Kriegserklärung an alle andersdenkenden Kritiker. Das Beispiel Fallada liefert den Vorwand, den faschistischen Lenkungs- und Zensurapparat auf dem Gebiet der Literatur weiter zu perfektionieren, die Gleichschaltung der deutschen Literaturkritik voranzutreiben.

Doch Rudolf Ditzen bezieht jeden der Sätze allein auf sich und betrachtet den stabsmäßig geführten Literaturkampf als eine ausschließlich gegen seine Person gerichtete Kampagne. Er will und kann nicht einsehen, daß es weniger um seine Person und sein Buch geht als vielmehr darum, ein Exempel zu statuieren.

Ditzen sagt sich, daß er nach diesem Überfall seinen Gefängnisroman wohl »abschreiben« muß. Welcher Buchhändler wird den Titel nach dieser wütenden Attacke noch zu bestellen wagen? Welcher Leser wird sich trauen, in einem Buchladen offen danach zu greifen? Wer wird das Buch noch kaufen?

Aber noch ist Rudolf Ditzen ungebrochen, voller Hoffnung. Er hat noch ein weiteres Eisen im Feuer: Der neue Roman *»Wir hatten mal ein Kind«* liegt seit Februar fertig dem Verlag vor. Er wird Ende des Jahres erscheinen und manchen ungünstigen Eindruck, den man im In- und Ausland von ihm gewonnen hat, wieder wettmachen. Die Blechnapfgeschichte mußte notwendigerweise dokumentarisch bleiben. Sie schreckte mit ihrem Stoff, der Heldenwahl und dem verwendeten Jargon die bürgerlichen Leser ab. Das Vorwort hat seine ausgleichende Wirkung verfehlt. Mit dem neuen Buch wird er wieder »der alte Fallada« sein; es ist sogar »sein liebstes Buch« und wird die Leser wieder mit dem Autor des Lämmchen, des Johannes Pinneberg aussöhnen – hofft Ditzen.*

Die Geschichte des eigenbrötlerischen, sturen Rügener Landwirts Johannes Gäntschow hat Ditzen aus einem sehr privaten Anlaß aufgegriffen: Als er im Juli 1933 Suse nach der Zwillingsgeburt in der Berliner Klinik besuchte und eines der beiden Mädchen bereits tot war, empfing ihn der Arzt mit den Worten: »Ihr Töchterchen, Herr Ditzen, liegt schon auf Eis.«

* Bereits am 8. März 1934 hatte Ditzen in einem – zur Veröffentlichung bestimmten – Brief an seinen Verleger geschrieben: »Mein lieber Vater Rowohlt, hier sende ich Ihnen nun mein liebstes und schönstes Buch ... All meine Bücher, vom ›Goedeschal‹ angefangen bis zum ›Blechnapf‹ werden mir blaß und undeutlich vor diesem Buch. Wie ich nach rund zwanzig Jahren städtischen Umhergetriebenseins wieder heimgefunden habe auf das Land, so habe ich, glaube ich, heimgefunden zu meinen liebsten geistigen Vätern: Jean Paul und Wilhelm Raabe. Mir ist, als hätte ich meinen ersten Roman geschrieben, das Buch, das ich wirklich bin.«

Über diese sachlich-kalte Auskunft hat der sensible Ditzen lange nachdenken müssen. Der Vorfall löste beim Schreiben eine lange Gedankenkette aus, die ihn zurückführte bis zu den Rügener Jahren mit Kagelmacher.

»Wir hatten mal ein Kind« ist eher eine Sammlung von Geschichten als ein geschlossener Roman. Im Mittelpunkt steht Johannes Gäntschow, der den Hof seines Vaters nicht erbt, weil der auf den älteren Bruder Max übergeht. Gäntschow verläßt die Insel und lernt in einem Greifswalder Eisenbahnausbesserungswerk Maschinenschlosser. Doch mit den Arbeitern und ihren sozialdemokratischen Ideen kann er sich nicht anfreunden; er bleibt allein: »Er wollte etwas lernen, etwas Ganzes. Er war ein Viertel Bauernjunge gewesen, da war ein läppischer Streit mit dem Vater gekommen, und er hatte seine Nase in die Buchseiten gedrückt. Er war ein halber Gymnasiast geworden, da hatte ihn ein Abenteuer, in das er geraten war, es war fast nicht zu sagen wie, aufgehoben und in diese kleine Stadt gesetzt. Sollte er jetzt wieder nur ein Drittel Schlosser werden?«

Gäntschow ist fortan ein Entwurzelter. Auch als er nach dem Tod seines Vaters und seines Bruders den Hof auf Rügen übernimmt, bleibt er ein Außenseiter und Sonderling, der jeden Kontakt zu den Dorfbewohnern meidet: »Er genießt seine Einsamkeit. Er ist ein Schädling, er ist ein Feind, er ist das Unsozialste, was sich nur denken läßt ... Er braucht keinen, und er ist stolz darauf, daß er keinen braucht ... Er verachtet Dummheit, er verachtet Schwachheit, er verachtet alle Gefühle, alle Frauen, alle Menschen überhaupt. Nur sich nicht.«

Ditzen ist, vor allem im ersten Teil des Buches, dem Weg seines Freundes Kagelmacher recht genau gefolgt. Von diesem Lebensstoff ist, wie Fallada dem Freund im März 1934 schreibt, »eine ganze Portion drinnen«.

Dann aber gibt Ditzen die soziale Motivierung seines Helden ganz auf; Gäntschows Handeln wird nur noch aus sich selbst heraus und mit dem »Rügenschen Dickschädel« erklärt. Bald werden diese Verhaltensweisen kritisch gesehen, bald idealisiert. Die voluminöse Handlung gerät ins Ausweg- und Uferlose, bis Ditzen sie mit dem Tod des Kindes von Gäntschow unvermittelt abbricht: »Jawohl, jawohl, ein kräftiger Schlag, so konnte man es nennen. Ein recht kräftiger Schlag. Aber es lag eigentlich in seiner Linie. Verdammt noch mal, es war gerecht. Wenn Dummheit und Roheit straflos blieben, was würde aus dieser Welt, welche Welt? Es konnte kein Zweifel darüber bestehen, daß er dumm und roh gewesen war. Es hatte alles seine Ordnung. Es war genau richtig.«

Im Spätsommer 1934 fahren Ditzen und seine Frau für ein paar Tage nach Berlin. Der Umbau des Hauses ist abgeschlossen, die Ernte eingebracht. Suse und Ditzen wollen sich nach den Aufregungen der letzten Monate ein paar Wochen Ruhe gönnen.

Bei *»Peltzer«* in der Neuen Wilhelmstraße trifft Ditzen auf Freunde und Berufskollegen. Die meisten haben sich in der letzten Zeit sehr verändert; einer ist darunter, den Ditzen kaum wiedererkennt: Joachim Ringelnatz.

Noch vor ein, zwei Jahren gehörten Ringelnatz' Besuche im Hause Rowohlt zu den Höhepunkten im Verlagsalltag. Wenn »Ringel« in den Verlag kam, standen gewissermaßen alle Räder still, von der jüngsten Tippmamsell bis zum Senior-Chef eilte jeder herbei, um den Dichter spielen zu sehen. Ringelnatz bastelte mit Vorliebe mechanisches Spielzeug; Fahrzeuge aller Art, die sich mit Hilfe von straffgezogenen Gummibändern bewegten, und buntbemalte, groteske Hampelmänner mit den Visagen von Zeitgenossen. All das führte Ringelnatz zum Gaudium der Verlagsleute vor, rezitierte dazu ein paar neue Verse und ließ, wenn er ging, stets fröhliche Gesichter zurück.

Der Mann, dem Rudolf Ditzen im September 1934 in Berlin wiederbegegnet, hat nur noch wenig Ähnlichkeit mit dem Ringelnatz der guten Rowohlt-Jahre. Er ist noch hagerer geworden; sein Gesicht ist eingefallen, die Nase sticht daraus hervor.

Von Rowohlts Mitarbeitern, die bei *»Peltzer«* ihr Mittagessen einnehmen, erfährt Ditzen einiges über »Ringels« Schicksal in den letzten Jahren. Sein Prosabuch *»Als Mariner im Krieg«* ist von den Nazis verboten worden, als Kabarettist kann er nicht mehr auftreten, seine Lyrik gilt als »entartet«. Er fristet ein kümmerliches Dasein.

Ditzen hört auch die Geschichte von dem Zusammentreffen Ringelnatz' mit Alfred Rosenberg, dem Leiter des außenpolitischen Amtes der NSDAP und »Chefphilosophen« Hitlers.* Rosenberg hatte Rowohlt auf dessen Bitte hin zugesagt, den »Fall« Ringelnatz noch einmal zu prüfen, und eine Begegnung mit dem Dichter gewünscht, übrigens eben hier bei *»Peltzer«*. Ringelnatz erschien pünktlich zur vereinbarten Zeit, näherte sich bis auf wenige Schritte Rosenbergs Tisch. Dann blieb er stehen, sagte laut und deutlich »Nein«, wandte sich um und verließ das Lokal.

»Und was hat er nun davon?« fragt eine der jüngsten Verlagsangestellten. »Davon hat er, daß er sich hier freihalten lassen muß und nicht weiß, wovon er leben soll.«

Ditzen hört diese Erzählung mit innerer Erschütterung. Hat er sich nicht selber hundertmal vorgenommen, »nein« zu sagen? Warum ist es so schwer, es dann im entscheidenden Augenblick auch zu tun?

Zu helfen ist »Ringel« wohl kaum. Oder doch? Ditzen faßt

---

* Rosenberg war auch »Beauftragter des Führers für die gesamte geistige und weltanschauliche Erziehung der NSDAP«, 1946 als Kriegsverbrecher in Nürnberg hingerichtet.

den Entschluß, Ringelnatz eine kleine monatliche Unterstützung zukommen zu lassen. Mag er, Ditzen, sich dadurch auch unnötig exponieren. Irgend etwas braucht der Mensch, damit er nicht Furcht vor seinem eigenen Spiegelbild haben muß.*

Von Berlin aus fahren Anna und Rudolf Ditzen nach München zur befreundeten Familie Gundermann. Sie verleben ein paar schöne Tage im bayrischen Vorgebirge, fliegen mit der D 2500, der »Hindenburg«, zurück nach Berlin und sind am 1. Oktober wieder in Carwitz. Kagelmacher, der inzwischen völlig verarmt ist, wird für ein paar Monate aufgenommen.

Nach einer durchzechten Nacht kommt es – wegen Nichtigkeiten – zu einem ersten schweren Zerwürfnis mit Suse. Sie hat bisher alle Launen Ditzens still ertragen. Aber als er sich nun wieder an den Alkohol zu gewöhnen beginnt, schweigt sie nicht länger.

Ditzen läßt alles stehen und liegen und flieht – vor sich und den Problemen – nach Hiddensee. Wieder einmal läßt er die Arbeit, die Sorgen, die Familie zurück. Auf endlosen Spaziergängen auf der Insel, in langen »Streitgesprächen« mit sich selbst, findet Ditzen langsam zu sich. Abends, im Neuendorfer *»Hotel am Meer«*, schreibt er an Suse: »Verzeih mir bitte. Wieder einmal ist alles durch die sinnlose Sauferei gekommen, daran hatte ich schuld. Ich will sehen, daß ich hier arbeite und mich erhole. Ich werde nicht trinken ... Ich grüße Dich, ohne die eben nicht zu leben ist, und es macht mich unglücklich, wenn Du böse auf mich bist ... Werde ich denn nie zur Vernunft kommen? Ich mag Dich nicht einmal mehr um Geduld bitten ...«

Als er drei Jahre zuvor, mitten in der Arbeit am Roman

---

* Ditzen hat, wie aus seinem Arbeitskalender hervorgeht, diesen Vorsatz gehalten und Ringelnatz bis zu dessen Tod am 27. 11. 1934 monatlich eine Unterstützung von 25,– RM gezahlt.

»Kleiner Mann — was nun?«, plötzlich »festsaß« und den Faden verloren hatte, mochte Ditzen keinen Menschen mehr sehen und fuhr ebenfalls nach Hiddensee. Er rannte am Strand entlang, suchte Bernstein, schwatzte Belangloses mit den Fischern, und plötzlich ging es weiter im Romantext. »Es ist wie ein Rausch«, erzählt Ditzen im sogenannten *»Vortragsmanuskript«*, »ich überschreite mein Quantum, ich schreibe an einem Tag das zweifache, dreifache Pensum ...«

Aber diesmal gibt es nichts Wesentliches, was man fortführen müßte, keine große Geschichte, die man in Gang setzen könnte.

Ditzen kehrt nach einer Woche unausgeruht, ohne Elan nach Carwitz zurück.

Inzwischen hat die Nazipresse zu ihrem zweiten Schlag gegen den Bücherschreiber Hans Fallada ausgeholt: Sie nimmt ihm auch sein »liebstes und schönstes Buch«, tritt es mit Füßen und verhöhnt den Autor. Abermals ist es Hellmuth Langenbucher, der auf der gegnerischen Seite die Klinge führt. Und wieder wird der Angriff sowohl auf Falladas Rücken gegen andere ausgetragen wie auch gegen ihn selbst geführt. Walter Julius Bloem gibt in den *»Münchener Neuesten Nachrichten«* den Slogan aus: »Wir hatten mal einen Fallada.« Der *»Völkische Beobachter«* kontert: »Der Unsere ist er nie gewesen!« Andere wollen das »Machwerk an den Schandpfahl nageln«. Selbst die Inanspruchnahme von Jean Paul und Wilhelm Raabe als »liebste geistige Väter« wird dem Autor angekreidet: »Welch eine rohe Anmaßung«, schimpft Langenbucher und versucht, Raabe in einen Kronzeugen der faschistischen Ideologie umzufälschen.

Die Gelegenheit wird benutzt, um am Beispiel Falladas das Wesen der nationalsozialistischen Kritik herauszustellen. Als ideal wird eine Literaturpropaganda gepriesen, die aus dem Instinkt wächst, und »Instinkt ist die Stimme des Blutes, ist

Stimme der Ehre, ist Stimme der völkischen Vergangenheit, ist Stimme des rassischen Schicksals«.

Die Ausfälle gegen Fallada und seine Freunde, die diesen Instinkt ganz offenbar nicht besitzen, enden – wie schon bei den Kritiken zum *»Blechnapf«* – in kaum verhüllten Drohungen: »Wir wollen ein waches Auge haben auf alle anderen, die nicht willens sind, mit ihrer Arbeit den ›betonten Forderungen des Tages‹ Rechnung zu tragen«, schreibt Langenbucher in der *»Berliner Börsen-Zeitung«*.

Die Haltung der Nationalsozialisten, dazu die ausbleibende Reaktion des Lesepublikums hinterlassen bei Rudolf Ditzen tiefe Ratlosigkeit. Ist er immer noch nicht weit genug auf Seitenpfade und Nebengeleise der Literatur ausgewichen? Wie muß sein nächstes Buch beschaffen sein, damit es gedruckt wird und der Autor sich nicht vor seinen Lesern schämen muß?

Ditzen fragt bei Ernst Rowohlt an, ob er aus dem »Reichsverband deutscher Schriftsteller« austreten solle, dem er seit Mitte des Jahres als lizensierter Autor angehört. Aber Rowohlt rät ab: »So ohne weiteres austreten würde ich vorläufig nicht. Det fällt uff, und man soll heute nicht uffallen!«

Rudolf Ditzen ist mit dieser Antwort unzufrieden, er ist auch mit sich und seiner Arbeit unzufrieden. Er bastelt an einer sentimentalen Geschichte herum, die bezeichnenderweise den Arbeitstitel trägt: *»Und wenn der ganze Schnee verbrennt . . .«*

»Ich kann nicht mehr produzieren, wie ich möchte«, schreibt er an seine Schwester Elisabeth. »Da mir erzählen wirklich Freude macht, und da man, um recht erzählen zu können, drauflos erzählen muß, ohne Gedanken an Publikum usw., so klappt eben heute alles nicht mehr.«

Am 16. März 1935 ist Ditzen plötzlich verschwunden. Eines der Hausmädchen hat ihn noch aus dem Dorf gehen sehen, in Richtung Feldberg, das ist alles.

Suse, die die Unausgeglichenheit und Unruhe des Mannes in den letzten Monaten am deutlichsten gespürt hat, hofft zunächst, daß aus der Stadt ein Anruf kommen würde, aus dem *»Deutschen Haus«* oder aus der Bahnhofsgaststätte, aber nichts geschieht. Anna Ditzen verbringt eine schlimme Nacht; beim geringsten Geräusch erwacht sie und horcht in die Dunkelheit. Aber der Mann kehrt nicht zurück.

Am Abend des nächsten Tages ruft Suse bei Rowohlt in Grünheide an. Ob wohl der »Junge« ...

Ja, er war da. Gestern abend kam er bei Rowohlts an. Er machte einen verstörten Eindruck und sprach unzusammenhängend. Nein, getrunken hatte er wohl nichts. Er, Rowohlt, hat ihm erst einmal einen doppelten Whisky eingeschenkt, damit er sich beruhigt. Aber es war reinweg nichts mit ihm anzufangen. Er hat eine richtige, echte Szene gemacht, wegen irgendwelchem Quatsch. Redete sich partout ein, der Verlag wolle ihn jetzt fallenlassen. Sie wissen ja, wie er dann ist, Suse ...

Ob der »Junge« noch immer bei ihm ist?

Nein, er ist regelrecht ausgerissen, hat nicht gesagt, wohin er mitten in der Nacht will. Elli hatte ihm schon das Gästezimmer zurechtgemacht, aber er ist gegangen, ohne sich auch nur zu verabschieden.

Ja, Rowohlt wird sich umhören und ein paar Leute anrufen, bei denen Ditzen manchmal untergekrochen ist. Wir werden ihn schon wieder ausfindig machen, den Eierkopp! Nur keine Sorge, Suse, Kinder und Besoffene schützt der liebe Gott ...

Am 18. März, morgens um 8.00 Uhr, erhält Suse endlich den erlösenden Anruf – aus München. Rudolf Ditzen ist dort eingetroffen, ziemlich abgespannt und wohl auch angetrunken. Gundermanns haben ihn gleich in eine Klinik gebracht, wo er von einem Psychiater behandelt wird. Von Frau Gundermann erfährt Anna Ditzen auch erste Einzelheiten über die Fahrt ihres Mannes nach München. Er hat in Berlin ein Taxi gemietet, hat dem verwunderten Fahrer als Fahrziel nicht Anhalter Bahnhof, Westend oder Erkner genannt, sondern München. Obwohl Berliner Chauffeure allerhand gewohnt sind und die verrücktesten Einfälle ihrer Fahrgäste erfüllen, ist dieser Auftrag doch ungewöhnlich. Der Fahrer läßt sich einen Teil des Geldes im voraus zahlen und fährt los.

In Hof rät der Taxifahrer Ditzen, doch mit dem Zug weiterzufahren. Er spare Geld, außerdem wisse in Berlin niemand, wo er mit seinem Taxi abgeblieben sei. Das müsse der Herr verstehen . . .

Ditzen, der im warmen Fond des Wagens wunderbar geschlafen hat, läßt sich noch zum Münchener Zug bringen und entlohnt den Taxichauffeur.

Auf dem Bahnsteig hört Rudolf Ditzen wie von fern Zeitungsverkäufer die »Sondermeldung« des Tages unablässig wiederholen: »Gesetz über den Aufbau der Wehrpflicht vom Reichstag beschlossen. Allgemeine Wehrpflicht eingeführt.«

Die Meldung dringt nicht voll in Ditzens Bewußtsein. Sie gehört zu dem vielen Fremden, Lebensbedrohenden, das sich in den letzten Monaten angestaut hat und das er nicht mehr werten und verarbeiten kann, das er kaum noch registriert.

Vierzehn Tage lang hält sich Ditzen in der Münchener Klinik auf. Suse reist ihm nach und begleitet ihn Ende März nach Hause. Aber Ditzen bleibt anfällig und labil. Er wird von dem Feldberger Arzt Dr. Westphal weiterbehandelt, der — trotz Suses Abraten — stark morphiumhaltige Präparate anwendet, um mit einer Schlafkur die Neigung zum Alkohol auszutreiben und die Nerven des Patienten zu beruhigen. Rudolf Ditzen verbringt fast vier Wochen in einem dauerschlafähnlichen Zustand. Morgens nach dem Erwachen gibt ihm Anna Ditzen eine intramuskuläre Injektion, bald darauf schläft er wieder ein und erwacht erst gegen Abend, um eine neue Dosis zu erhalten.

Eines Tages dann weist Ditzen – für alle überraschend – alle Medikamente und die Spritzen zurück. Genug, es reicht jetzt. Man kann nicht sein ganzes Leben im Halbschlaf zubringen; es währt nicht hundert Jahre, wenn man gelebt hat wie er.

Er organisiert seine Arbeit neu. Er wird nun vor allem an jenen Geschichten weiterschreiben, die politisch nicht verfänglich sind. Er nimmt sich den Roman *»Altes Herz geht auf die Reise«* wieder vor und überarbeitet ihn für Ullsteins *»Berliner Illustrierte«*. Er schließt mit dem Ufa-Regisseur Schünzel einen Vertrag, der auf eine reine Brotarbeit hinausläuft: Ditzen soll für die Verfilmung von Jules Romains' *»Donogoo Tonka«* die Dialoge schreiben. Auch an die Möglichkeit, wie schon 1912 in Tannenfeld mit Übersetzungen Geld zu verdienen, denkt Ditzen.

Daneben entsteht *»Das Märchen vom Stadtschreiber, der aufs Land flog«*; eine »närrische Mär«, ein »Zauberbuch aus dunklen Mächten und Liebe«, wie es in der Vorrede heißt. Die auf zehn bis fünfzehn Seiten geplante Geschichte, die ursprünglich »von der Winterarbeit des Landmannes« berichten sollte, schwillt dem Verfasser »unversehens unter der Feder« zu einem Buch von 225 Druckseiten an, das noch Ende 1935 bei Rowohlt erscheint.

Der Schreiber Guntram Spatt verteidigt gemeinsam mit seinem Onkel und dessen Tochter Monika den »Spatzenhof« gegen »finstere Mächte«. Auf dem Hof lastet ein Fluch, ein

Bund mit dem »schwarzen Höllenfürsten«. Die drei wehren sich gegen den düsteren Knecht Enak, der in Wahrheit ein Hexenmeister ist, gegen den listigen Zauberer Asio und den verräterischen Schreiber Bubo, weiland Hofzaubermeister des Königs von Kurdistan. Mit der Kraft der Liebe siegen Guntram und Monika über das Böse; »in den Armen einander haltend, schwangen sie höher und höher in den Abendhimmel, in alle Himmel hinein«.

Es besteht kein Anlaß, der Interpretation einzelner Kritiker zu folgen und die Märchenform für einen »Hinterhalt« zu nehmen, »aus dem Fallada einige Pfeile gegen Weltanschauung und Praxis des nationalsozialistischen Staates abschießen kann«[33], es für eine »brillante Satire auf den Faschismus«[34] oder für eine »kluge Allegorie für die Kräfte des Nationalsozialismus«[35] zu halten. Sollten diese Möglichkeiten dem Stoff tatsächlich zugrunde liegen, so hat Ditzen sie jedenfalls nicht erkannt und schon gar nicht bewußt genutzt. *»Das Märchen vom Stadtschreiber, der aufs Land flog«* ist eine phantastische Variation des Fallada-Themas: die uneinheitliche Geschichte vom »kleinen Mann« in der Vogelwelt, der außerhalb der bösen Menschenwelt (»Was für ein niederes Wesen ist doch diese bleiche, größte Made des Weltalls, Mensch genannt«) sein kleines Glück findet und sich mit ihm davonstiehlt.

Im August wird Rudolf Ditzen aufgefordert, seinen Stammbaum und seinen Ahnenpaß zur Prüfung einzureichen. Die Nationalsozialisten bereiten die »Nürnberger Gesetze« vor: Für jede Anstellung im öffentlichen Dienst, für jedes wichtige Amt – auch für das eines Schriftstellers – wird künftig der Nachweis »arischer Abstammung« verlangt. Aber Ditzen vermutet, daß es zwischen der Forderung nach dem Ahnenpaß und der Erteilung der Auslandslizenzen für den neuen Roman einen Zusammenhang gibt. Bei der Reichsschrifttumskammer liegt gerade der Roman *»Altes Herz geht auf die Reise«* zur Begutachtung vor.

Am 12. September erhält er tatsächlich von der Kammer den niederschmetternden Bescheid, daß er fortan als »unerwünschter Autor« angesehen werde, dem es untersagt ist, seine Bücher im Ausland zu publizieren und Verträge mit ausländischen Verlagen abzuschließen.

Das ist der Anfang vom Ende. Es scheint nur noch eine Frage der Zeit zu sein, bis das endgültige und uneingeschränkte Berufsverbot folgt.

Notgedrungen wird Ditzen nun vor die Frage gestellt, ob er nicht doch – wie so viele andere deutsche Schriftsteller – das Land verlassen soll. Ihm fallen die Worte Mildred Harnacks ein, daß es nicht so sehr darauf ankomme, wo man lebe, als vielmehr darauf, wie man sein Leben einrichte. Aber Rudolf Ditzen ist in dieser Hinsicht ein zutiefst mit seiner Heimat verbundener Schriftsteller. Er hat das Land, außer zu der unseligen Hollandfahrt 1910, nie verlassen. Das Netz seiner Lebensstationen zieht sich eng um Berlin, erstreckt sich im Süden bis München, nach Nordwesten bis Kiel, Neumünster und Hamburg, nordöstlich bis Gudderitz und Stettin, östlich bis Heydebreck und Radach. Zwischen diesen geographischen Punkten leben auch Falladas Figuren. Was soll er, der mit diesem konkreten Milieu aufs engste verbundene Dichter, in einem fremden Land?

Rudolf Ditzen stellt sich nicht zuerst die Frage, wovon er und die Familie im Ausland leben sollten – obwohl auch das nicht klar wäre, wichtiger ist ihm die Frage, worüber er in der Fremde schreiben soll.

Gewiß, vieles in seinen Büchern entstammt der Erinnerung, oder es ist frei erfunden, aber man muß doch die Möglichkeit haben, alles an Ort und Stelle nachprüfen zu können. Allein das Gefühl, daß man es jederzeit tun *könnte*, gibt die erforderliche Sicherheit beim Schreiben. Aus der Ferne kann er kein einziges deutsches Gesicht beschreiben, kein Bild von der Landschaft zeichnen, kein charakteristisches Detail erfinden. Zu sehr lebt er in seiner kleinen Welt, die er kennt, genau zu kennen meint.

Als im Dezember die Nachricht aus Berlin eintrifft, daß alles nur ein »Irrtum« war und der im September gefaßte Beschluß, der ihn zu einer »persona non grata« – zu einem unerwünschten Autor – erklärte, wieder aufgehoben ist, bleibt Ditzen mißtrauisch: Wollte man ihn nur einschüchtern? Ist er so etwas wie eine »Streitaxt« zwischen Goebbels und Rosenberg gewesen, im Ränke- und Intrigenkampf der braunen Machthaber? Oder will man ihm durch einen »Sonderstatus« noch einmal eine »Chance« geben? Ist das der nachträgliche Lohn für gezeigte Kompromißbereitschaft? Wie dem auch sei, Fallada hätte allen Grund, die 1930 von Kurt Tucholsky in der »Weltbühne« ausgesprochene Warnung zu bedenken: »Fallada, sieh dich vor! Es gibt ein altes Grimmsches Märchen von der Gänsemagd, die eine Prinzessin war und die nun als Magd dienen muß. Den Kopf ihres treuen Rosses haben sie ans Stadttor genagelt, und jeden Morgen, wenn sie ihre Gänse da vorübertreiben muß, sieht sie es an und spricht: ›Falada, daß du nicht hangest!‹ «

Die nächsten Bücher schon werden zeigen, ob sie Hans Fallada »kriegen«, mit Zuckerbrot oder Peitsche, mit Drohungen oder Versprechungen.

Zwischen

Zusammenstoß und Wolfroman

Am 21. Oktober 1935 wird das »MÄRCHEN VOM STADTSCHREIBER, DER AUFS LAND FLOG« beendet. Innerhalb von fünf Tagen – vom 22. bis 26. Oktober – diktiert er der Rowohlt-Sekretärin, Fräulein Siebert, das gesamte Manuskript in die Maschine; am Tag darauf geht es an den Verlag ab.

Bereits am 27. Oktober wird ein neues Buch begonnen, der Narrenroman »WIZZEL-KIEN«.

Die ständige Sorge, als »unerwünschter Autor« auf die »Schwarze Liste« zu kommen, dazu die überhasteten Schreibprozesse, führen zur totalen physischen Erschöpfung und lösen starke Depressionen und Überreizungsphasen aus.

Am 23. November muß Rudolf Ditzen in das Sanatorium »Heidehaus« nach Zepernick gebracht werden, das von seinem ehemaligen Schulkameraden Dr. Willi Burlage geleitet wird.

11

Der Wolfroman

Zum Weihnachtsfest 1935 wird Rudolf Ditzen für ein paar Tage aus dem »Heidehaus« entlassen. Unmittelbar nach den Festtagen soll ihn eine Krankenschwester nach Zepernick zurückbringen. Dr. Burlage und Suse nehmen zwar an, daß die Unterbrechung des Heilprozesses und die Rückkehr ins Sanatorium nach Weihnachten zu erneuten Depressionen führen werden, aber Ditzen hat – obwohl auch er den »Katzenjammer« fürchtet – um diesen Weihnachtsurlaub gebeten, weil er übers Fest bei der Familie sein will.

Am 29. Dezember fährt er wieder nach Zepernick. Und nun geschieht etwas, womit niemand so bald gerechnet hat. Statt der erwarteten Depressionen spürt Ditzen, wie die alte Schaffenskraft zurückkehrt und die Wehleidigkeit von ihm abfällt. Er kann sogar Tag und Stunde nennen, da die Veränderung eingetreten ist: Es ist der Tag der Rückkehr, wie er seiner Frau mitteilt: »Die Rückfahrt war ein wenig belämmert, jeder Kilometer von Carwitz weg war ein kleiner Stein, auf das Herz gebracht. Und ich dachte ahnungsvoll: Das kann ja eine ganz hübsche Depression werden! Aber abends, kurz vor acht, geschah das Wunder. Es war, als fiele alles von mir ab. Lebenslust, Freude, Kraft, Glück – alles war plötzlich wieder da. (Leider auch ein Plan für einen neuen, schönen Roman!)«

Was hier Ursache, was Wirkung ist, läßt sich kaum sagen: Ob die Idee für den neuen Roman die Krankheit vertrieb oder

der Romanplan kam, weil die Depressionen verschwanden. Jedenfalls glaubt Ditzen, »über den Berg« zu sein und die mit der Kur verbundenen Entwöhnungserscheinungen überstanden zu haben.

Bis er den neuen Romanplan in die Tat umsetzen kann, vergehen noch Monate. Erst Ende Mai 1936 wird Rudolf Ditzen als halbwegs geheilt aus dem »Heidehaus« entlassen. Dr. Burlage ist einverstanden, daß die Krankenschwester Sophie Zickermann zur weiteren medizinischen Betreuung mit nach Carwitz fährt und ein paar Wochen dortbleibt. Aber im Grunde weiß Ditzen, daß er nun wieder allein zurechtkommen muß, »daß selbst das beste Sanatorium, der rührendste Arzt und die längste Schlafkur einem nicht helfen, die schwierigsten Lebensprobleme zu lösen«.

Seine Lage – auch die finanzielle – ist kompliziert geworden. In dieser Beziehung haben die Kampagnen der nationalsozialistischen Literaturkritik einen vollen »Erfolg« errungen: Noch 1932 war Fallada einer der meistgelesenen deutschen Schriftsteller und ein wohlhabender Mann; im ersten Halbjahr 1936 erbringt der Verkauf seiner nunmehr fünf Bücher nur 358 Reichsmark. Noch im Dezember 1935 hatte Ditzen gegenüber seiner Frau die Monatsbilanz als außerordentlich günstig eingeschätzt: »Wir haben im Dezember wieder etwa 6000,– Reichsmark verdient ... Finanziell brauchen wir uns also keine Sorgen zu machen.« Dagegen schreibt er im Juni 1936, nach der Entlassung aus Zepernick, an Kagelmacher: »Keine Produktionslust mehr, stets steigende wirtschaftliche Sorgen, immer heftigere Angriffe gegen mich.«

Aber nicht nur wegen des negativen ökonomischen Ergebnisses kann ihn die literarische Ernte der letzten Monate kaum befriedigen. Er ist auch mit dem künstlerischen Ertrag nicht zufrieden. Die Überarbeitung von *»Altes Herz geht auf* *die Reise«* für die *»Berliner Illustrierte«* hat viel Zeit gekostet und hinterläßt in ihm doch nur das dumpfe Gefühl, versagt zu haben.*

Das *»Märchen vom Stadtschreiber, der aufs Land flog«* wird ein ökonomischer Mißerfolg. Dieses »so stiefmütterlich vom Publikum behandelte Kind«, das Ditzen »doch sehr am Herzen liegt«, kann sich nicht durchsetzen und behaupten. Nach einem Jahr sind erst 1800 Exemplare von dem Buch verkauft. Die Holzschnitte von Heinz Kiwitz werden von den Nationalsozialisten als »entartete Kunst« diffamiert; eine für Freunde veranstaltete Sonderausgabe der Kiwitz-Illustrationen wird eingezogen und eingestampft.**

Von Februar bis April quält sich Ditzen mit seinem neuen Buch, das den Titel trägt: *»Wizzel Kien, der Narr von Schalkemaren«* herum.[36] Diese Geschichte, die ebenso aus dem »Rahmen« Falladascher Bücher fällt wie der *»Stadtschreiber«*, erzählt in der Manier eines mittelalterlichen Volksbuches vom Kampf eines mißgestalteten, gehetzten Kindes um seine nackte Existenz. Die Gestalten kommen in archaischem Sprachgewand einher, und sie erzählen nichts, das nicht schon besser in den alten Narrenbüchern – etwa den Eulenspiegeln- oder Schildbürgergeschichten – erzählt worden wäre. Das Buch bleibt – zu Recht – unveröffentlicht.

Im Juni und Juli übersetzt Ditzen, nach Vorlagen seiner Tante Adalaide, den Roman des Amerikaners Clarence Day *»Life With Father«* ins Deutsche. Da dieses Buch bereits im

---

* »Die (Lektoren der Ullstein-Illustrierten, T. C.) haben sich nun auf den Titel *›Ein Herz geht auf die Reise‹* geeinigt. Hab sie Gott alle selig! Geld ist schön, aber was man dafür tun muß, gefällt mir nicht so ganz«, schreibt er am 24. 1. 1936 an seine Frau.

** Heinz Kiwitz fällt als Freiwilliger in den Reihen der Interbrigaden während des Spanischen Bürgerkrieges 1938.

Herbst bei Rowohlt erscheinen soll, zahlt sich die unbefriedigende Brotarbeit wenigstens bald aus.*

Im zweiten Halbjahr 1936 leitet Ditzen Maßnahmen ein, um das Leben in Carwitz ökonomischer zu gestalten. Das zum Grundstück gehörende Land verpachtet er; Kuh und Pferd werden verkauft; nur noch eine Hilfskraft aus dem Dorf bleibt auf dem Hof.

Er lernt es wieder, das Geld einzuteilen und sich mit Wenigem einzurichten. »Wenn jemand, so haben doch wir gelernt, daß Geld weder glücklich macht, noch irgend etwas ändert«, tröstet er Suse, »darum soll man sich auch keine Beine danach ausreißen.«

Unklar hegt Ditzen dennoch die Erwartung, daß aus irgendeiner Richtung die Lösung für all seine Probleme kommen könnte. Sogar auf einen hohen Lotteriesieg setzt er seine Hoffnung. Als Suse im März wegen ihres Thrombose-Leidens in eine Berliner Klinik muß, schreibt er an sie: »Es wäre doch ganz schön, den Hauptgewinn zu kriegen. In der Stimmung, in der ich jetzt bin, würde ich dann ein Jahr mal überhaupt nicht schreiben, sondern mich ganz der Landwirtschaft widmen. Na, es wird ja alles schon werden. Ich habe auf alle Dinge in diesem Leben ziemlich lange warten müssen, warte ich noch länger ...« Auch in anderen Briefen kündigt er an, nach Suses Rückkehr wolle er einmal »gar nichts« machen, sich ausschließlich um die Familie und die Wirtschaft kümmern.

Allem Anschein nach glaubt Ditzen tatsächlich, daß er – zumindest zeitweilig – ganz auf das Finden und Erfinden von Geschichten verzichten kann. Er weiß inzwischen genau: Das Schreiben ist für ihn mit ähnlichen Gefahren verbunden wie

---

* Clarence Day, *»Unser Herr Vater«*, Berlin 1936. Ein Jahr später folgt ein zweites Buch von Clarence Day in der Übersetzung Rudolf Ditzens: *»Unsere Frau Mama«*, Berlin 1937.

der Genuß von Alkohol oder Rauschmitteln. Gelingt es ihm nicht bald, seinen Lebensrhythmus unter Kontrolle zu bringen, so werden die Zustände völliger Erschöpfung in absehbarer Zeit die letzten Kraftreserven aufgebraucht haben. Aber von der Sucht des Schreibens freizukommen, erscheint noch schwieriger und aussichtsloser als jeder andere Entwöhnungsprozeß, dem er sich bisher unterzogen hat. Hier kann kein Arzt helfen und kein Medikament; es gibt kein Rezept, das den Strom der Gestalten und Bilder zum Erliegen bringt, der ihn jede Stunde des Tages und der Nacht bedrängt. Und selbst wenn es das Rezept und die Medizin gäbe, würde Ditzen sie anwenden? Welchen Sinn hätte das Leben für ihn, wenn er es nicht immer wieder neu, immer wieder anders zwingen könnte, und sei es nur auf dem Papier und mit Hilfe der Phantasie?

Wenn auch von Ditzens Seite der Wunsch, einmal auszuspannen und abzuschalten, durchaus ehrlich ist, so ahnt Suse doch wohl, was sie davon zu halten hat, als ihr Ditzen nach Abschluß des Narrenbuches in die Klinik schreibt: »Es lag, besonders jetzt gegen den Schluß, doch wie ein Alpdruck auf mir, daß ich produzieren mußte. Jetzt ist es ja vorbei! Das Tippen werden wir in aller Gemütsruhe erledigen, das ist ja nicht mehr schlimm. Dann spannen wir aus, und der schöne Sommer soll uns zu allen Schandtaten bereitfinden.«

Allen diesen Vorsätzen zum Trotz, allen Vorsätzen zuwider, sich nicht noch einmal mit knappen Terminen und einem täglichen Schreibpensum zu hetzen, beginnt Rudolf Ditzen am 27. Juli 1936 die aufregendste und gewaltigste Schreibarbeit seines Lebens. Er fängt einen Roman an, der später von den Literaturhistorikern als einer der bedeutendsten klassifiziert wird, die im faschistischen Deutschland entstehen. Dieses Buch, das Rudolf Ditzen vom ersten Tag an den *»Wolfroman«* nennt, hat die Postersteiner und Radacher Erfahrungen und Erlebnisse zum Inhalt.

Schon im Zepernicker »Heidehaus« ist Ditzen die Idee gekommen, diese Ereignisse vor den Hintergrund des Inflationsjahres 1923 zu stellen. Der Titel des neuen Romans, *»Wolf unter Wölfen«*, ist mehr als ein Etikett oder flüchtiger Arbeitstitel. Er ist für Falladas Anliegen programmatisch: »Es ist eine hungrige Zeit, Wolfszeit. Die Söhne haben sich gegen die eigenen Eltern gekehrt, das hungrige Wolfsrudel fletscht gegeneinander die Zähne – wer stark ist, lebe! Aber wer schwach ist – der sterbe! Und er sterbe unter meinem Biß.« So charakterisiert der Autor die Ausgangsposition seines Helden Wolfgang (»Wolf«) Pagel. Da er die These vom Kampf ums Dasein auf eine historisch wie sozial genau umrissene gesellschaftliche Situation anwendet, erweist sie sich als tragfähiges Motiv.

Die historischen Fakten erarbeitet sich Ditzen aus einem 1930 erschienenen Standardwerk von Cuno Horkenbach: *»Das deutsche Reich von 1918 bis heute«* sowie aus der *»Weltgeschichte«* Leopold von Rankes. Die Namen für seine Helden übernimmt Ditzen von Personen aus seiner Umgebung und mit dem Namen oft auch die äußere Erscheinung. Er muß sich unter jeder seiner Figuren »jemanden vorstellen können, sonst stimmt alles nicht«, schreibt er der Krankenschwester Sophie Zickermann, die für Petra Ledig »ein wenig Modell« gestanden hat. Ditzen »borgt« die Namen von seinen ehemaligen Hofarbeitern, seinem Chauffeur, seinem Arzt und von anderen Feldberger Bürgern. Auch das »Haus Rowohlt« wird bei der Suche nach Namen und Prototypen für die mehr als 60 handelnden Personen nicht übergangen: Der Junior-Chef leiht Pagels Freundin den Zunamen Ledig; die drei Rowohlt-Angestellten Siebert, Ploschitzky und Bierla tauchen als Mitarbeiterinnen einer Kunsthandlung auf. Der kunsthistorische Gehilfe Dr. Mainz hat einiges von Rowohlts Cheflektor Paul Mayer; der Kunsthändler selbst schließlich ähnelt Ernst Rowohlt.

Rudolf Ditzen schreibt ab Ende Juli diszipliniert und mit großer Konzentration. Jeder Tag wird streng eingeteilt; im Hause hat Ruhe zu herrschen, wenn gearbeitet wird. Zu den wenigen, die während der Arbeit am Wolfroman nach Carwitz kommen, gehören Ernst Rowohlt, Dr. Burlage und Ernst von Salomon. Aber auch sie erfahren nichts vom Vorhandensein eines neuen Manuskripts. Ditzen hegt eine abergläubische Furcht, durch das »Veröffentlichen« seiner Pläne die Naivität und innere Handlungsfreiheit zu verlieren. »Dies ist ein heiliges, unantastbares Gesetz, auch im Glauben unseres Volkes tief verankert: du sollst über ein Ungeborenes nicht reden«, schreibt er im Werkstatt-Kapitel seiner Erinnerungen. »Dies ist nichts, was ich mir etwa ausgedacht habe, ich kann einfach nicht darüber sprechen. Es ist mir verboten. Es ist ein Tabu. Allein muß ich sein, mit denen, die ich schaffe, allein will ich mit ihnen umgehen, die in mir entstehen, zum Leben erwachen.«

Außerdem hat Ditzen noch eine persönliche »Rechnung« zu begleichen: Da sich Ernst Rowohlt nicht für den *»Wizzel-Kien«* erwärmen konnte, soll er eine »Lektion« erhalten und eine Weile im unklaren über die Pläne seines Autors bleiben.

Erst am 9. Januar 1937 ist der Groll Ditzens gegenüber seinem Verleger so weit geschwunden, daß er wenigstens darüber schreiben kann. Er gesteht Rowohlt, daß er nach dem entscheidenden Gespräch über den *»Wizzel-Kien«* »allen Mut verloren« hatte: »Ich verstehe vollkommen, daß Sie Absatzmöglichkeiten, Geldfragen, sonstige Sorgen (sind bekannt!) stark beschäftigen – aber für mich sind ja Bücher, die ich schreiben möchte, nicht in erster Linie Dinge, die die Umwelt angehen, sondern die mich angehen. Ungern nur nehme ich von Träumen und Arbeitsplänen aus nur äußeren Gründen Abschied, und irgendwie grolle ich natürlich denen, die mich zu solchem Abschied bringen.« Aus demselben Grunde bittet er Rowohlt, nach Möglichkeit alles Störende und Ablenkende abzuwenden: »Ich bin Ihnen sehr dankbar, wenn Sie Dinge wie schlechte Kritiken, Angriffe, Buchbeschlagnahmen von mir fernhalten. In den meisten Fällen werde ich gar nichts dazu tun können, diese Dinge zu ändern. Sie erledigen das alles ruhiger und besser als ich. Ich aber bin sehr ängstlich geworden. Ich lese keine Kritiken mehr, weder gute noch schlechte. Neue Krankheiten, neue Rückfälle in Depressionen kann ich mir weder geldlich noch innerlich leisten. Ich muß und ich will weiter arbeiten, und ich habe auch die Lust dazu, wenn ich mich nicht stören lasse. Wie ich vor dem Teufel Alkohol auf das Land ausgerissen bin und mich dabei eigentlich recht gut befinde, so möchte ich mich jetzt ganz schneckenhaft von allem, was in der Welt vorgeht, abschließen – und ich glaube auch eigentlich, meiner Arbeit wird das nicht schlecht bekommen ...

Ich bin mimosenhaft empfindlich, und leider werde ich es immer mehr. Da mir aber doch nie eine dicke Haut wachsen wird, warum in aller Welt sollte ich also so tun, als hätte ich eine?! Ich denke also, Sie überlassen mich vorläufig lieber meiner selbstverordneten Einsamkeit, ohne mir das übel zu nehmen ...«

So knüpft Ditzen, ohne fremde Hilfe in Anspruch zu nehmen, die vielfältigen Handlungsfäden zu einem festen, organischen Ganzen. Im Juli wird an 5 Tagen, im August und September an jeweils 26 Tagen am Manuskript gearbeitet. Daneben schreibt Ditzen zunächst noch an einigen Kindergeschichten; sie erfüllen eine Art Alibifunktion gegenüber Rowohlt und anderen. Am 21. November 1936 ist, nach 90 Arbeitstagen, der 1. Romanteil fertig, der mehr als 500 Druckseiten umfaßt.

Um Weihnachten herum legt Ditzen auch die Kindergeschichten zur Seite und konzentriert sich nun ganz auf seinen »Wolfroman«. In einem Brief an seine Schwester Elisabeth begründet Rudolf die vorläufige Zurückstellung der Kindergeschichten damit, daß er nicht in den Ruf eines »liebenswürdigen Autors« kommen wolle. In dem neuen Buch werde er »erst mal wieder ganz pampig« sein.

Anfang Februar 1937 beginnt Ditzen den zweiten Romanteil; im Februar liegen 18 Arbeitstage am Roman, im März und April noch jeweils 15 Tage. Bereits am 11. Mai – nach knapp 60 Arbeitstagen – ist auch der zweite Teil mit seinen mehr als 600 Druckseiten abgeschlossen. In der letzten Arbeitswoche hat Ditzen seinen eigenen Rekord gebrochen und annähernd 125 Druckseiten geschrieben.

Nur zweimal muß die Arbeit am Roman für einige Tage unterbrochen werden: Im März reist Rudolf Ditzen zu seinem schwerkranken Vater nach Leipzig. Der Mutter fällt auf, daß sich Rudolf »ungewöhnlich still und rücksichtsvoll« im Elternhaus verhält. Er mag geahnt haben, daß er seinen Vater zum letzten Mal lebend sieht.

Am 14. April 1937 stirbt der Reichsgerichtsrat a. D. Wilhelm Ditzen an Kreislaufversagen im Alter von 85 Jahren. Anna und Rudolf machen sich wiederum auf den Weg nach Leipzig, um an der Beisetzung teilzunehmen.

In diesen Stunden der Besinnung beginnt Ditzen, seinen Vater mit anderen Augen als bisher zu sehen. Im wichtigsten Punkte freilich, der Berufswahl und der Suche nach einem eigenen Lebensziel, hat sich der »Starrsinn« des Sohnes behauptet, und Rudolf ist – nach dem Wolfroman vielleicht mehr denn je – überzeugt, diesen Eigensinn zu Recht bewiesen zu haben. Doch Rudolf verdankt seinem Vater vieles, was ihm erst in diesen Stunden bewußt wird: Die Liebe zur Literatur und zur Welt der Kunst, die Erziehung zur Selbstdisziplin gehören zum unverlierbaren väterlichen Erbteil. Den literarischen Plänen seines Sohnes stand Wilhelm Ditzen zeit seines Lebens skeptisch gegenüber. Von dieser Haltung konnten ihn selbst Rudolfs spätere unumstrittene Erfolge nicht abbringen. Er, der nur das unstete, wenig disziplinierte Wesen Rudolfs kennengelernt hatte, vermochte sich nicht vorzustellen, daß der Sohn wie ausgewechselt war, sobald er am Schreibtisch saß und an einer Geschichte schrieb.

Auf dem Weg zur Beisetzung nach Leipzig beginnt sich das Bild Ditzens von seinem Vater bereits zu korrigieren. Wenige Jahre später in den Erinnerungen idealisiert er es gar (»Ich hatte den besten Vater der Welt«).

Auf dem Anhalter Bahnhof in Berlin schließt sich Ernst Rowohlt Anna und Rudolf Ditzen an. Er will ebenfalls dem Vater seines Autors die letzte Ehre erweisen. Während sie auf den Anschlußzug warten und auf dem Bahnsteig stehen, überrascht der Schriftsteller seinen Verleger mit der Nachricht, daß in Carwitz ein umfangreiches neues Manuskript liegt, von dessen Existenz »Väterchen« Rowohlt bisher keine Ahnung hat. In groben Zügen umreißt Ditzen die Handlung seines Wolfromans, und Rowohlt spürt sogleich, daß hier wieder ein »echter Fallada« herangereift ist.

Nach den Trauerfeierlichkeiten fährt er nach Carwitz, um den neuen Roman kennenzulernen. Er ist »hoch begeistert« und leitet die zur Herstellung notwendigen Maßnahmen ein, um im Sommer noch mit den Druckarbeiten beginnen zu können. Soll das Buch mit einiger Sicherheit erscheinen, so muß Rowohlt, das wird ihm nach der ersten Lektüre des brisanten Stoffes bewußt, umsichtig vorgehen und die Publikation »stabsmäßig« planen. Er bezieht seine besten Mitarbeiter und Lektoren in die Arbeit ein, darunter Heinz Ledig, Ernst von Salomon und Dr. Friedo Lampe. Verschiedene, für den Gehalt des Romans unwesentliche, aber taktisch notwendige Veränderungen werden dem Autor vorgeschlagen, die dieser fast ausnahmslos berücksichtigt. Zu allem Überfluß sichert er sich auch diesmal wieder durch ein versöhnlerisches Vorwort ab.[37]

Alle Beteiligten wissen um die Größe des Risikos. Einer der Gutachter schließt seine Empfehlungen mit den couragierten Worten, wenn der Verlag über diesem Buch »platze«, dann über einer Sache, »die es wert« sei.

Rowohlt tut alles, um die Zeitspanne zwischen der letzten Zeile der Niederschrift und dem Erscheinen des Romans so kurz wie möglich zu halten. Er läßt den Text der beiden Teile in zwei Druckereien gleichzeitig setzen und drucken. Ende September 1937, ein Vierteljahr, nachdem der Autor die letzte Zeile an den Verlag geliefert hat, können beide Bände in 10 000 Exemplaren an den Buchhandel ausgeliefert werden. Rezensionsexemplare erhalten nur »vertrauenswürdige« Partner bei der Presse, die Feinde gehen leer aus.

Für Rudolf Ditzen beginnt nun die gefürchtete Zeit zwischen der Niederschrift des Romans und der Reaktion des Publikums. Was wird es zu dem neuen Buch sagen? Welches Schicksal ist diesem jüngsten seiner literarischen Kinder beschieden? Es sieht einer ungewissen Zukunft entgegen. Auch die »ersten positiven Stimmen eiliger Freunde« können den Autor nicht darüber hinwegtäuschen, daß das dicke Ende nachkommen wird, die Rezensenten um Langenbucher und Walter Bloem sind erst »beim Schmieden der Waffen«.

Dieses Buch, das weiß selbst der »unpolitische« Fallada, kann nur als politischer Roman verstanden werden. Die Aufdeckung der Reichswehraktivitäten, so historisch angelegt sie auch ist, bedeutet angesichts des verstärkten Aufbaus der deutschen Wehrmacht eine offene Kritik an der Remilitarisierung Deutschlands. Auch von der Wertung der Verhältnisse auf Neulohe als morbid und überlebt bis zur generellen Ablehnung faschistisch-feudaler Herrschaftsstrukturen auf dem Lande ist nur ein kleiner Schritt.

Ditzen muß sich in ehrlichen Stunden aber eingestehen, daß er auch mit diesem Buch nur zu Kompromissen und

Scheinlösungen gelangt ist: Die gesellschaftlichen Hauptklassen bleiben außerhalb der Handlung; eine wirkliche Alternative für seine Helden findet der Autor nicht.

Und der Romanschluß? Ist er nicht geradezu aufreizend idyllisch? Petra Ledig und Wolf Pagel finden ihr »kleines Glück« inmitten des großen Chaos: »Die junge Frau lächelt, sie lächelt dem Leben zu, dem Mann, dem Glück«, schließt der Wolfroman. »Es ist kein Glück, das von äußeren Dingen abhängig ist, es ruht in ihr, wie der Kern in der Nuß. Eine Frau, die liebt und sich geliebt weiß, kennt das Glück, das immer bei ihr ist, wie ein seliges Geflüster im Ohr – den Lärm des Tages übertönend. Eine liebevoll Geliebte ist das ruhige Glück, dem nichts mehr zu wünschen übrigbleibt.«

Diese Schlußlösung liegt voll auf Falladas Linie; er geht auch in diesem seinem größten Romanwerk nirgends über bisher gefundene Möglichkeiten hinaus. Die wohl einfühlsamste, das Wesen des Romans am besten erfassende Wertung kommt von dem österreichischen Schriftsteller Hermann Broch, dem Ditzen ein Exemplar seines Buches mit einer Widmung geschickt hatte.

Broch schreibt seinem Berufskollegen einen langen Brief, in dem er neben vielem Lob auch eine deutliche Kritik ausspricht. Hermann Broch erkennt, daß Ditzen für seine Helden verzweifelt nach einem Weg zwischen den Fronten gesucht und ihn nicht gefunden hat. Er glaubt, diese Verzweiflung besonders dann zu spüren, »wenn Sie einen optimistischen Ausweg für Ihre Leute suchen; ich spüre sie auch in der Art dieses Ausweges, der stets auf der Linie der schlichten Tüchtigkeit und der tüchtigen Schlichtheit liegt, und ich spüre die Verzweiflung an der Routine und an der Artistik, mit der Sie just solch optimistische Wendung ersetzen, so daß das Geschehen gerade hier und nur hier, bei aller einwandfreien Plausiblität, merkwürdig unglaubhaft wird.« Broch kritisiert ausdrücklich die Schlußlösung, die er für »Anempfehlung von Erkenntnisblindheit« und »falschen Optimismus« hält, der wirkungslos bleiben muß, »weil er – will ich scharf sein – in die Gartenlaube flüchtet«.

Ditzen schreibt eine erschütternd ehrliche Antwort an Broch. Wenn der österreichische Dichter die »Tragfähigkeit der Lösungsversuche« anzweifelt, schreibt Ditzen, »so liegt es wohl daran, daß ich selber nicht an einen Lebenssinn glaube. Ich selbst habe mich auf die Linie einer tüchtigen Schlichtheit zurückgezogen, wie Sie ganz richtig sagen, aber das ist natürlich nur ein fauler Kompromiß, damit ist nichts getan. Aber wie anders? . . . Sie haben vollständig recht: Meine Lösungen sind Verlegenheitslösungen, es könnte ebensogut anders kommen, nein, es wäre viel richtiger, wenn mein Pagel versackte.«

Ditzen beschönigt und entschuldigt nichts. Seine Antwort klingt so hilflos, wie er sich Ende 1937 in der Tat fühlt. Wieder hat er die Gelegenheit, etwas konsequent zu Ende zu führen, verpaßt. Erst hinterher, durch den Einfluß von Freunden wie Broch, wird Ditzen überhaupt bewußt, daß er eine größere Chance vertan hat. Meist ist er sogar der Meinung, »viel gewagt« zu haben, und er erwartet mit Bangen das Gewitter von der Gegenseite. Er hofft nur, daß wenigstens bis Weihnachten »kein Blitz aus dem Himmel in den Wolf schlagen« möge.

Diese Hoffnung erfüllt sich, vor allem wohl deshalb, weil ihm unerwartete, wichtige Unterstützung zuteil wird. Mathias Wiemann, »Staatsschauspieler« und einflußreicher Freund der Familie Ditzen, bekennt sich in einem mutigen Interview des *»Reichssenders Berlin«* im November uneingeschränkt zu dem Buch: »Ich kann nur sagen, 12 Mark und die Zeit des Lesens von zwei dicken Bänden kann heute nicht besser angewandt werden als bei diesem Werk, das meiner Meinung nach Dantes *›Göttlicher Komödie‹* und Balzacs *›Menschlicher Ko-*

mödie‹ ebenbürtig ist. Mir will es sogar scheinen, als sei es fast großartiger, handelt es sich doch um ein Inferno, das wir alle noch erlebt haben.«

Aber auch nach dieser eindeutigen Stellungnahme Wiemanns ist die Gefahr, die dem Buch droht, längst nicht gebannt, und auch Ditzen sieht »den Blitz immer wieder in der Wolke«.

Anfang 1938 schlägt er dann tatsächlich ein: In der Spalte *»Rumpelkammer«* der Zeitschrift *»Bücherkunde«** erscheint ein Artikel zu dem Roman *»Wolf unter Wölfen«* mit der Überschrift: »Wirrwarr einer zügellosen Phantasie«. Er ist anonym und wendet sich frontal gegen den Roman, seinen Autor »und alle Stimmen zu Falladas Lobe«. Auch die Fürsprache »aus dem Munde eines bekannten Staatsschauspielers« wird gerügt und am Ende die Aufgabe gestellt, »gegen literarische Machwerke, wie Falladas, auf das schärfste die Stimme zu erheben«.

Dem ersten Blitz folgt ein ganzes Gewitter; vier Wochen später taucht der Roman im *»Gutachtenanzeiger«* derselben offiziösen *»Bücherkunde«* unter der Rubrik: »Nicht zu fördernde Bücher« auf. Das Schicksal des »Wolfromans« ist besiegelt. Die Verkaufszahlen sinken schlagartig, der Titel verschwindet aus den Schaufenstern der Buchhandlungen und den Bestell-Listen der Sortimenter. Um Hans Fallada wird es still.

---

* »Organ des Amtes Schrifttumspflege bei dem Beauftragten des Führers für die gesamte geistige und weltanschauliche Erziehung der NSDAP und der Reichsstelle zur Förderung des deutschen Schrifttums.«

Zwischen

Wolfroman
und
Abstieg

Beim Versenden des Widmungsexemplars von »WOLF UNTER WÖLFEN« an die Mutter tröstet Ditzen sie über das »Betrübende und Unerfreuliche« in dem Buch mit der Versicherung hinweg, er werde »nun bestimmt etwas ganz Erfreuliches schreiben«.

Das Buch, das er unmittelbar danach beginnt, ist tatsächlich ein »heiterer Roman«. Er trägt den Titel »KLEINER MANN – GROSSER MANN, ALLES VERTAUSCHT« und steht am Anfang einer Gruppe sogenannter »MANN-ROMANE«, mit denen Ditzen und seine Verleger Ende der dreißiger und zu Beginn der vierziger Jahre versuchen, an den früheren Erfolg von »KLEINER MANN – WAS NUN?« anzuknüpfen.

Mit der Geschichte von der »Last und Lust des Geldes« stellt Ditzen den kleinen Mann Pinneberg auf den Kopf, nimmt ihn zurück. Der Kontorist Max Schreyvogel wird – wie einstmals Ditzen – mit dem erlangten Reichtum nicht fertig und ist am Ende froh, wieder der arme Angestellte zu sein:

»Last und Lust des Reichtums sind vorüber, die Arbeit fängt wieder an, das gute Alltagsleben. Kleiner Mann und großer Mann tauschen ihre Rollen nicht mehr, der Rausch ist vorbei . . . Er war unrühmlich wie alle Räusche. Aber er ist nun vorbei . . .«

Im November 1937 allerdings legt Ditzen erst einmal – nach einer Woche Arbeit – den heiteren Romanversuch wieder zur Seite und wendet sich einem anderen Projekt zu . . .

12

Der Abstieg

Am 6. November 1937 erhält Rudolf Ditzen ein Telegramm aus Berlin: Teurer Meister, habe neuen Stoff für Sie, belieben Sie mich morgen mittag dringend zu sprechen. Stop. Rowohlt.

Ditzen läßt die gerade begonnene Geschichte, die ihn ohnehin »nicht recht lockt«,* liegen und fährt schon am nächsten Tag nach Berlin zu Rowohlt, in der Hoffnung, daß der Freund und Verleger vielleicht den Anstoß zu einer richtigen, großen Geschichte geben wird. Nach dem Wolfroman darf der Faden nicht wieder abreißen.

Im Verlag erfährt er von der Sekretärin, Rowohlt sei mit Direktor Fritsch von der *»Tobis«* und Herrn Jannings in der Mampestube und warte auf ihn. Ditzen stutzt: Jannings? Er hat ein schlechtes Gedächtnis für Namen, aber dieser muß ihm schon einmal begegnet sein ...

Fräulein Siewert hilft nach: Sie werden doch Emil Jannings schon mal in einem seiner Filme gesehen haben, Herr Ditzen?! Ach, richtig, diesen Mann mit dem Charakterkopf hat er als Professor Unrat in Zuckmayers *»Blauem Engel«* gesehen. Was hat Jannings mit dem neuen Stoff zu tun?

Rowohlt, Fritsch und Jannings sitzen in einer Ecke der

---

* Der Roman *»Kleiner Mann – großer Mann, alles vertauscht«* wird erst in der Zeit von Januar bis April 1939 weitergeführt und im selben Jahr von der Rowohlt Verlag G. m. b. H., Stuttgart, veröffentlicht.

Gaststube. Als Ditzen an den Tisch herantritt, begrüßt Rowohlt ihn flüchtig, bestellt ein Glas Whisky für ihn und fordert, sich wieder umwendend, Emil Jannings zum Weiterreden auf. Offenbar sind sie mitten in einer Geschichte, denn Jannings, nach einem kurzen Seitenblick auf Ditzen, fährt fort: »Und der Mann, den se bloß den ›*Eisernen Justav*‹ nennen, will partout nicht uff 'ne Autotaxe umsteijen; eisern bleibt er bei seine Zossen. Und nun kommt det Dollste: Achtundzwanzig, ick gloobe, im April wart, fährt er mit seine Pferdedroschke von Berlin nach Paris, einfach so, aus Daffke und um zu zeijen, dat sein Jaul noch zu wat taugt. Überall jroßer Jubel, in Paris und in Berlin, als er zurückkommt. Aber det hält nich lange vor, denn bald is er vajessen und vakoft bloß noch 'n paar Ansichtskarten von sich und sein Pferd. Keen Aas denkt mehr an ihn; arm und vasoffen valebt er seine letzten Tage. Is dat nich wat?« beendet der Schauspieler seine Erzählung und sieht gespannt in die Runde.

Ditzen kann sich noch dunkel an die Droschkenfahrt des Gustav Hartmann nach Paris erinnern. Die Presse hatte in rührseligen Beiträgen darüber berichtet. Sollte das etwa der Stoff für einen abendfüllenden Film werden, denn darum ging es hier doch wohl?

Jannings, der die Zweifel in Ditzens Gesicht liest, sagt, nun direkt an ihn gewendet: »Wenn Se mir die Rolle könnten uffn Leib schustern, Fallada, mein Dank würd Ihnen ewig nachschleichen. Allet, wat ick in de nächste Zeit zu spielen hab, stinkt mir an; ›Hinkepoot‹* und seine Abenteuerfilme sowieso. Jetzt soll ick als nächstes einen Arzt und Kemiker spieln, ewig und ewig wer ick bloß ins Mikroskop kieken müssen, det is doch nischt for'n Schauspieler, immer bloß kieken! Ick will wat zu spieln haben!«

---

* Spitzname für Joseph Goebbels, »Reichspropagandaleiter«.

Ditzen, noch immer nicht überzeugt, daß hier für ihn ein Stoff abfällt, wendet ein, daß er keine Drehbücher schreiben könne, ein kleines Buch traue er sich schon zu. Vielleicht, wenn man die Paris-Fahrt nur zu einer einzigen Episode machte, könnte sogar mehr daraus werden, allerdings ... »Fallada«, sagt Emil Jannings nachdrücklich und verfällt nun ins Hochdeutsche, »Sie sind der Mann, der das allein kann. Sie müssen mir eine deutsche *›Cavalcade‹** schreiben. Den Durchschnitt des deutschen Schicksals von etwa 1900 bis zur Pariser Fahrt. Bürgertum. Weltkrieg. Einfach alles. Sie verstehen schon.« Seine Worte klingen eindringlich, fast bittend.

Jetzt schalten sich auch Fritsch und Rowohlt in das Gespräch ein, und es stellt sich heraus, daß bereits die parallele Erarbeitung von Buch und Film vereinbart worden ist. Um das Drehbuch braucht Ditzen sich nicht zu kümmern; ein Stab bei der *»Tobis«* würde das besorgen.

Das Ganze sei als ein »repräsentativer deutscher Film« geplant, an dessen Herstellung Minister Goebbels persönlich sehr interessiert sei, läßt Direktor Fritsch durchblicken.

Ditzen nimmt an, weil die Veröffentlichung bei Rowohlt für ihn eine »sichere Bank« ist; vielleicht auch, um dem großen Emil Jannings eine Rolle auf den Leib zu schreiben, am allerwenigsten jedoch, um sich 1938 an einem repräsentativen deutschen Film zu beteiligen. Er verlangt ein Vierteljahr Zeit für die Arbeit.

Während er mit dem Zug nach Feldberg zurückfährt, dreht und wendet er die Geschichte bereits im Kopf. Er wird sich die Illustrierten- und Zeitschriftenberichte über die Fahrt besorgen. Da kann man sicher vieles wahrheitsgetreu übernehmen. Aber alles andere muß man erfinden. Wie kam Hart-

* Amerikanischer Film aus dem Jahre 1933, Regie: Frank Lloyd.

mann auf die Idee, nach Paris zu fahren? Trieb ihn der Ehrgeiz oder die Verzweiflung? Wenn er sich verzweifelt fühlte, so wohl deshalb, weil mit den Droschkenfuhren bei der Konkurrenz durch das Auto kein Geschäft mehr zu machen war und die Familie Sorgen hatte? Hatte Gustav Hartmann, der echte, Kinder gehabt? Wie viele Kinder wird »sein« Gustav haben müssen? Vier? Nein, besser fünf, das bringt noch mehr gesellschaftliche Breite und Fächerung in die Handlung. So könnte daraus ein großangelegter Entwicklungsroman werden, die Geschichte vom Zerfall einer deutschen Familie, die Fortführung der »Buddenbrooks« vielleicht gar. Am Preußengeist, am Krieg und Nachkrieg, an der Inflation wird sie zugrunde gehen. Der Alte wird an falscher Selbstdisziplin scheitern und alles verlieren. Nur einem seiner Söhne, dem jüngsten vielleicht, soll ein Licht aufgehen. Er wird es besser machen als sein Vater und ein stilles, bescheidenes Glück finden.

Unmittelbar nach seiner Rückkehr aus Berlin leitet Ditzen die Vorarbeiten für die Gustav-Geschichte ein: Er besorgt sich die Presseberichte und studiert sie gründlich. Wenig Verwertbares ist dabei; nur ein von Ernst Toller geschriebenes, scharfsinniges Feuilleton in der *»Weltbühne«* aus dem Jahre 1930 überragt journalistisches Mittelmaß und das Sensationsbedürfnis der Boulevardblätter. Auf mehreren Seiten notiert Ditzen stichpunktartig den Weg Hartmanns bis zu seiner Paris-Fahrt und die Rückkehr nach Berlin.*

Eine Woche nach dem Gespräch in Berlin kann Rudolf Ditzen bereits mit der Arbeit beginnen. Am 13. November

---

* Diese mit Bleistift eng beschriebenen Seiten befinden sich im Fallada-Nachlaß in Feldberg. Günter Caspar, der den Roman »Der Eiserne Gustav« in mühseliger Kleinarbeit von den später gemachten Zusätzen befreite und die Erstfassung zu etwa 98 % wiederherstellte, teilt im Nachwort zu dieser Neuausgabe die Exzerpte aus den Zeitschriften im Wortlaut mit.

schreibt er an seinen Verleger: »Ich habe heute morgen den *Eisernen Gustav* gestartet und werde heute abend damit fortfahren. Das wird ein richtiggehender Roman von schätzungsweise 450 Seiten Umfang – ich habe mir aber ausgerechnet, daß das bei guter Gesundheit – toitoitoi! – und Fleiß bis 28. 2. inkl. Tippen zu schaffen ist. Der Herr halte seine Hände über mir!«

Am 25. November hört Rowohlt von seinem Autor: *»›Der Eiserne Gustav‹* marschiert. Augenblicklich bin ich freilich wieder einmal der Ansicht, daß alles unbrauchbarer Mist ist. Die historische Figur ist übrigens nicht zu gebrauchen. Kinder, ist das alles dumm und trottelhaft – wenn man etwas für eine amerikanische Filmgroteske schreiben wollte, dann, ja dann!«

Aber danach »marschiert« die Niederschrift tatsächlich unaufhaltsam. In einem Zuge wird die Geschichte aufgeschrieben wie alle guten Geschichten Falladas. (Nur bei den weniger guten, den mühseligen, gab es Atempausen, Aufenthalte, Stokkungen.) Für die Niederschrift benötigt er 70 Arbeitstage, am 27. Februar erhalten Rowohlt und die »Tobis« das etwa 800 Seiten starke Manuskript. Jannings und Fritsch bedanken sich beim Autor, der seinen Auftrag damit als erledigt ansieht. Doch die Filmleute melden weitere Wünsche an: die Teilnahme des Schriftstellers an Regiebesprechungen und Beratungen ...

Ditzen hat sechs Jahre später, also noch während der Nazizeit, im *»Trinker-Manuskript«*[38] ausführlich über den Fortgang der Filmarbeiten geschrieben: »Meiner Ansicht nach war alles ganz einfach: man gab dem Minister meinen Roman zu lesen ... Aber die erfahrenen Filmhasen schüttelten zu solchen laienhaften Vorschlägen nur den Kopf: der Minister durfte diesen Roman nicht lesen, er enthielt viel zuviel Dinge, die ein n(azi) Minister nicht wissen darf. Und es fehlte auch vieles – wie ich noch erfahren sollte. Die Herren vom Film ließen es sich also viel Geld kosten, viel mehr Geld, als sie mir bereits gezahlt hatten, und setzten eine Reihe von Autoren in Gang, die E(mil) J(annings) nur als die ›NS-Knülche‹ bezeichnete, also bewährte, bei der n(azi) Partei beliebte Drehbuchautoren. Diese Herren stürzten sich auf meinen Roman, sie exzerpierten ihn, kondensierten und extrahierten ihn, sie verbogen die Handlung, ließen Personen fort, erfanden andere zu, verdrehten die Charaktere, ließen einen Schurken plötzlich in Edelmut erglänzen und ein braves Mädchen eine maßlose Gemeinheit begehen – und sie begründeten all diese Gemeinheiten mit den ›Erfordernissen des Films‹, der anderen Gesetzen folge als das Theater, der Roman, das Leben – das ganze Weltall überhaupt ...«

Nachdem er auf diese Weise beschrieben hat, wie unter nationalsozialistischen Verhältnissen ein Filmdrehbuch entsteht, fährt Ditzen im *»Trinker-Manuskript«* fort: »Ich habe dies alles so breit erzählt, um dem Leser einen Begriff zu geben, wie unter dem n(azi) Regime jede künstlerische Betätigung gehemmt und fast unmöglich gemacht wurde durch die Rücksichten, die auf den Geschmack und die Vorurteile der leitenden Personen genommen werden mußten. Es handelte sich nie um die Frage: wie mache ich einen guten Film? Es handelte sich nicht einmal um die Frage: wie mache ich einen Film, der dem Publikum gefällt? Alles drehte sich allein um die eine Frage: wie mache ich dieses Filmvorhaben meinem Minister schmackhaft? Jede künstlerische Rücksicht, jede Frage des Geschmacks trat zurück vor dieser einen allein interessierenden.«

Ditzen tröstet sich mit dem Gedanken, daß er mit alledem nichts mehr zu tun hat. Seine echte, wirkliche Geschichte von dem Eisernen Gustav liegt beim Rowohlt-Verlag und wird – wenn alles gut geht – spätestens im Herbst ihren Weg zu den Lesern antreten.

Sechs Wochen sind seit der Abgabe des Drehbuchs an den Propagandaminister der Nazis vergangen, und noch immer steht eine Antwort aus. Was geschieht hinter den Kulissen? Wer wird am Ende die Oberhand behalten? Werden sie wieder wie beim *»Blechnapf«*, wie beim Roman *»Wir hatten mal ein Kind«* und beim Wolfroman ihre Fehden auf dem Rücken des Autors austragen?

Ditzen geht ruhelos durch Haus und Hof, er »pusselt« hier und dort etwas umher, ohne rechte Lust. Bevor er nicht weiß, was aus Buch und Film wird, mag er keine neue Arbeit beginnen. Er beschäftigt sich mit ein wenig Schreibkram, macht Rohbilanzen, legt neue Bücherverzeichnisse an, bestellt Sämereien für den Garten und klebt Familienfotos in Alben. Aber all das ist bald getan.

Vielleicht sollte man wirklich auf Suse hören und einmal für längere Zeit ausspannen, reisen, sich ablenken ... Er redet mit seiner Frau, aber die hat Bedenken: Was wird aus dem Garten? Können die Kinder allein bei dem Hausmädchen bleiben? Wer wird das Vieh versorgen?

Dann lassen die beiden doch alles stehen und liegen und fahren mit Uli fort, zunächst für ein paar Tage nach Berlin. Sie besuchen den Zoologischen Garten, Sanssouci, die Automobilausstellung am Funkturm. Aus einem plötzlichen Entschluß heraus kauft Ditzen eines der dort ausgestellten Modelle, einen schweren amerikanischen »Ford«. Er weiß, er müßte das Geld, das durch den Vertrag mit der *»Tobis«* und die Verfilmung von *»Altes Herz geht auf die Reise«* hereingekommen ist, eigentlich aufheben für schlechtere Zeiten. Aber die Freude von Frau und Sohn über das blitzende Cabriolet stekken ihn an, und er kauft das Auto, das einige Zeit lang ein wichtiges Kommunikationsmittel für sie wird.*

---

* Die Episode des »unfreiwilligen«, übereilten Autokaufs hat Ein-

Der Start mit dem neuen Auto verzögerte sich durch unvorhergesehene Dinge: Suse, die die Fahrprüfung ablegen soll, muß wegen eines Gallenleidens in die Klinik, so daß sie erst im April die erste gemeinsame Fahrt im neuen Auto machen können. Im Mai folgt eine große Reise in den Süden: In Tagesetappen von zweihundert bis dreihundert Kilometern fahren Anna und Rudolf Ditzen über Berlin, Wittenberg, Eisenberg nach Nürnberg, von dort nach Schwabach und Rothenburg. Sie besuchen kulturhistorische Stätten, Kirchen und Schlösser und unternehmen Ausfahrten in die bayrischen Voralpen. Zurück fahren sie über Celle, wo die Mutter nun bei Ditzens Schwester Elisabeth lebt. Am 21. Juni sind sie »endlich wieder zu Hause«. Da noch immer keine Entscheidung über den *»Eisernen Gustav«* gefällt ist, beginnt Ditzen mit der Übersetzung des zweiten Buches von Clarence Day aus dem Amerikanischen. Diese Arbeit ist am 25. Juli abgeschlossen.

In dem Begleitbrief an Rowohlt schreibt Ditzen: »Lieber Rowohlt, in der Anlage sende ich Ihnen nun wie versprochen

---

gang in den Erinnerungsband: *»Heute bei uns zu Haus«* gefunden. Sie endet dort:

»Anderthalb Jahre haben wir unseren Wagen gefahren, viele schöne Fahrten haben wir in ihm gemacht. Freunde hat er in unseren abseitigen Winkel geholt, die sonst nicht zu uns hätten kommen können, und zu Freunden sind wir mit ihm gefahren, denen wir sonst nur geschrieben hätten. Es hat unser Leben reicher gemacht, lebendiger. Nie wurde er mir etwas Alltägliches, Selbstverständliches, ich empfand ihn immer als ein beglückendes Geschenk. Dann kam der Krieg. Eine letzte Fahrt machten wir noch mit ihm, unsern Jungen aus der Stadt Berlin zu uns zurückzuholen. Die langen Landstraßen waren fast leer, kaum ein Wagen begegnete uns. In Berlin stand alles an den Lautsprechern. Danzig war besetzt, der Krieg mit Polen begann . . . Dann kam in diesem Winter der Tag, da das Auto zur Wehrmacht einberufen wurde. Jetzt holten sie unseren alten Gefährten!«

den Rest des Day-Manuskriptes. Damit wäre also auch das ausgestanden. Ich könnte jetzt aufatmen, da ich für bessere Arbeiten freie Bahn sehe, aber nun ängstigt mich schon wieder die Aussicht auf einen ›*Eisernen Gustav*‹ mit einem neuen Schwanz.«

Am 29. Juli findet sich in Berlin abermals die kleine Runde zusammen, die ein Dreivierteljahr zuvor in der Mampestube die ersten Ideen für den Film besprach. Aber diesmal findet das Gespräch in den Amtsräumen der »Tobis« statt, der Ton ist nüchtern; hauptsächlich reden die Filmleute. Auffallend schweigsam ist Ernst Rowohlt.

Fritsch und Jannings übermitteln die Meinung Goebbels' zu dem vorgelegten Stoff. »Hinkepoot« hat das Drehbuch gelesen, auf nahezu jeder Seite steht, wie Ditzen 1944 schreibt, »dick mit Bleistift hingeschmiert und mit ein, zwei, drei Ausrufungszeichen, manchmal auch mit einem Fragezeichen versehen, das Wort: Juden!!?« Trotz der fehlenden antisemitischen Ausfälle wird das vorgelegte, von den »NS-Knülchen« stark frisierte Drehbuch gebilligt. Das Propagandaministerium stellt für die Produktion des auf zwei Kino-Abende berechneten Films 1½ Millionen Reichsmark aus einem Sonderfonds zur Verfügung.

So weit, so gut, und Ditzen könnte vielleicht den »gedämpften Optimismus« der anderen teilen, wäre nicht noch ein Haken an der Sache: Goebbels macht die Weiterarbeit – wie Fritsch und Jannings mitteilen – an Film und Buch von einer Bedingung abhängig: Es sei undenkbar, daß die Geschichte 1928, mitten in der »Systemzeit« ende: »Bis zur Machtergreifung seien die einzelnen Figuren weiterzuführen, vor allem aber der alte Hackendahl, der eiserne Gustav, der sich in den Jahren von der Pariser Fahrt bis zur Machtergreifung zu einem glühenden N(azi) zu entwickeln habe. – Ich saß starr bei diesen Ausführungen, das hatte ich nicht geahnt. Hätte ich so etwas vorhergesehen, ich hätte nie diesen Auftrag angenommen! Ich hatte eine Figur für den Schauspieler E. J. schaffen wollen. Propagandatätigkeit für die Partei lag mir sehr, sehr ferne!«

Ditzen macht gegenüber den beiden *»Tobis«*-Vertretern Einwände geltend: Wie soll er, ein »unerwünschter Autor«, plötzlich in seinem Roman Parteileute positiv auftreten lassen, Diskussionen zwischen Kommunisten und Nazis ersinnen, Einrichtungen der Partei gestalten ...

Jannings eröffnet Ditzen, Minister Goebbels sei bereit, in einer Audienz die Einwände des Hans Fallada zu hören und sich mit ihm persönlich auseinanderzusetzen.

»Ich wehrte schaudernd ab«, schreibt Ditzen. »Erträglich war es, in der Ungnade zu leben und ein unerwünschter Autor zu sein; etwa aber in die Sonne Goebbelscher Gunst zu kommen, das erschien mir wie ein Ikarus-Schicksal.«

Emil Jannings übernimmt daher die Vermittlerrolle und trägt Goebbels die Einwände Ditzens vor. Die Antwort ist kurz und kalt: »Wenn Fallada heute noch nicht weiß, wie er zur Partei steht, so weiß die Partei, wie sie zu Fallada steht.«

Unversehens ist Rudolf Ditzen in den Brennpunkt politischer Interessen geraten. Seine Lage hat sich gefährlich zugespitzt; er muß sich entscheiden.

»Ich liebe nicht die hohe Geste, vor Tyrannenthronen mich sinnlos, niemandem zum Nutzen, meinen Kindern zum Schaden, abschlachten zu lassen, — das liegt mir nicht«, bekennt Ditzen 1944. »Nach drei Minuten Überlegung nahm ich den Zusatzauftrag an. Was ich dann freilich mit mir zu Hause abzumachen hatte, das steht auf einem anderen Blatt.«

Im Hause ist es ungewöhnlich still. Suse ist mit den Kindern und dem Hausmädchen nach Feldberg gegangen, wo auf dem

Amtswerder die Dreharbeiten zu dem Ufa-Film *»Altes Herz geht auf die Reise«* beginnen. Die Kinder haben den Vater vergeblich versucht zu überreden, doch mitzukommen und sich das Filmen anzusehen. Aber Ditzen will nichts davon wissen; weder will er noch einmal an die rührselige Herz-Geschichte erinnert werden, noch will er vom Film etwas sehen und hören. Er ist dabei, den »Zusatzauftrag« auszuführen.

Doch wo beginnen, wo aufhören? Niemand – Ditzen ausgenommen – weiß, wie schwer es ist, eine schon abgeschlossene Geschichte noch einmal aufzugreifen und Gestalten, die schon »gestorben« sind, noch einmal Leben einzuhauchen. Dabei ist alles so, wie es auch vor Monaten war, als die erste Niederschrift erfolgte: die Papierstapel, Arbeitskalender, Notizen und die Zeitungsexzerpte liegen bereit. Aber es ist, als ob die weißen Blätter auf dem Schreibtisch ihn höhnisch verlachten: Diesmal bezwingst du uns nicht!

Nachdem er sich lange erfolglos gemüht hat, einen Plan für den neuen Romanschluß zu erarbeiten, zieht Ditzen mit seinen Schreibsachen aus dem großen Arbeitszimmer in das Balkonzimmer um. Solch ein Wechsel hat mitunter geholfen, eine Krise zu überwinden oder eine verfahrene Karre wieder aus dem Dreck zu ziehen.

Gewiß, es bereitet Hans Fallada keine große Mühe, die Geschichte der Familie Hackendahl ein paar Jahre weiterzuführen: den Tod der Mutter, Evas Befreiung von dem Peiniger Bast, Erichs Mord an Bast – all das erfindet der Kopf mit gewohnter Intensität und Vorstellungskraft; es wird nahtlos mit dem bereits Geschriebenen zusammenwachsen. Aber die Bekehrung des eisernen Gustav Hackendahl zu einem überzeugten Nazi? Sie würde den ganzen Romangehalt auf den Kopf stellen. In der Entscheidung für die Nazis soll Gustav einen

»Ausweg« aus der Hoffnungslosigkeit und der Verzweiflung über den Verlust seiner Kinder finden? Wie soll man das glaubhaft machen? Wo gab es das bisher schon in seinen Büchern, daß die »Lösung« des Geschehens im Beitritt zu einer politischen Bewegung liegt? Hat er nicht immer darauf gesehen, daß seine Helden ein »kleines Glück« finden, im stillen, abseits vom Schlachtenlärm der Parteien? Ebenso sollten Heinz und Irma einen neuen Anfang inmitten des großen Zusammenbruchs finden, wie Pinneberg und sein Lämmchen, Wolf Pagel und Petra Ledig . . .

Nein, er wird das Spiel nicht mitspielen und der *»Tobis«* eine Absage schreiben. Sein Gustav wird kein Nazi werden!

Während Ditzen im Kopf den Text dieser Absage formuliert, fragt er sich schon: Und was dann? Wird er sich und den anderen damit nützen, daß er den Auftrag zurückgibt? Sie werden das Buch ohne ihn weiterführen, und er wird sich obendrein unnötig gefährden. Muß ein Bücherschreiber nicht auch das können: Erfinden wider besseres Wissen? Es ist vielleicht besser, das Messer, das den Schnitt tun soll, selbst zu führen – wenn der Schnitt einmal sein muß.

In einem Anfall von Selbstzerstörung zertrümmert Ditzen das Werk Falladas. Ohne Rücksicht auf ihr Eigenleben verbiegt er seine Figuren, verändert ihre Charaktere und ihre bereits angelegten moralischen und sozialen Haltungen. Zunächst nimmt er sich Hackendahls Lieblingssohn Heinz vor. Er ist der einzige, der am Ende aus dem Schicksal des Vaters Konsequenzen für das eigene Leben ableiten und anders als er leben sollte. Gerade noch hat Heinz erklärt: »Ich will kein Schwein werden, ich schwöre es. Die Brüder mögen aufstellen, was sie wollen: Ich – will – kein – Schwein – werden!«, da geht er auch schon zu den Nazis über: zunächst, um die eigene Untätigkeit, die Verzweiflung über die Arbeitslosigkeit zu überwinden, dann gar, weil er dort eine »Aufgabe«, einen

»Glauben«, »Kameradschaft und Gemeinschaft« zu finden hofft.

Nun breitet sich der Nazismus wie eine schlimme Seuche von Heinz auf alle anderen Familienmitglieder aus: Heinz »bekehrt« Irma zu dem neuen Glauben, die sieht, daß Heinz jetzt »Mut« und »Vertrauen« hat. Und Irma wiederum redet mit dem alten Hackendahl, der nach seiner in Vergessenheit geratenen Paris-Fahrt auch keine »Aufgabe« für sich mehr sieht. Als Heinz und dessen Naziführer vor dem Hause von acht finsteren Gestalten, offenbar »Roten«, mit Schlagringen und Bleirohren angegriffen werden, reißt Gustav Hackendahl den alten, verrosteten Säbel von der Wand und stürzt sich mit dem Ruf in den Kampf: »Also denn, mit euch!« Die acht Feinde fliehen vor dem einundsiebzigjährigen Droschkenkutscher, und dieser reicht den beiden Nazis die Hand: Also denn – mit euch!

Ditzen weiß, daß ihm die »Korrekturen« und Ergänzungen immer mehr zur Persiflage des eigenen Romans geraten sind. Aber er gibt nicht eher Ruhe, als bis er das Ganze gründlich verdorben hat. Er häuft nichtssagende Schlagworte wie »Glauben«, »Aufgabe« und »Gemeinschaft« an, um das Handeln seiner Figuren zu »motivieren«; er strapaziert den Zufall, um Personen miteinander in Verbindung zu bringen, die aus dem Romangeschehen längst entlassen waren . . .

Rudolf Ditzen tröstet sich mit dem Gedanken, daß auch den offiziellen Prüfern seine Flickschusterei nicht entgehen würde. So hat er zwar den Auftrag erfüllt, aber das Ergebnis ist nicht dazu angetan, danach einen »repräsentativen deutschen Film« zu drehen.

»Ich hatte erwartet, daß man mein blödes Gehandwerkere mit einiger Entrüstung aufnehmen würde, aber es erfolgte ein vorläufig noch gedämpfter Befriedigungsschrei, gedämpft noch, weil erst noch der Minister schreien mußte. Der Minister schrie, der Minister wies endgültig anderthalb Millionen an. Der Film kam in Gang, sie machten die ersten Entwürfe. Ateliers wurden gemietet, Schauspieler engagiert . . .«

Rowohlt muß wohl oder übel den neuen Schluß auch in die Romanfassung aufnehmen; eine zum Film unterschiedliche, ja gegensätzliche Version vom selben Stoff herauszubringen, käme einem Selbstmord gleich. Rowohlt läßt den angehängten Nazischluß radikal um 100 Seiten kürzen, so daß beim Lesen der Romanfassung der Eindruck entsteht, als hätten es alle »sehr eilig« gehabt, die Seite zu wechseln, als liefen sie den Nazis blindlings in die Arme.

Doch damit ist das Schicksal des Gustavfilms noch immer nicht entschieden. Eine erneute Wendung tritt ein, als das »Amt Rosenberg« eine nochmalige Prüfung vornimmt und Rosenberg erklärt, ein repräsentativer deutscher Film mit dem Namen Fallada auf dem Programm sei »untragbar«, »Fallada sei als Kulturbolschewist anzusehen, und seine Ausrottung im höchsten Maße wünschenswert!«

Damit ist das letzte Wort gesprochen, dem niemand zu widersprechen wagt. Plötzlich – von einem Tag auf den anderen – ist es, als habe es den Filmplan *»Eiserner Gustav«* nie gegeben. Als Rudolf Ditzen im November 1938 noch einmal die Ateliers besucht, findet er sie verlassen; an den Wänden hängen noch die Dekorationen für Hackendahls Wohnung. Ditzen sieht das Fenster, aus dem der Eiserne Gustav lehnen sollte, wenn unten auf der Straße die acht »roten« Schläger seinen Sohn überfallen: Also denn – mit euch!

Ditzen weiß nun, wieder einmal viel zu spät, daß mit »denen« kein Bund zu flechten ist.

Mit dem Rosenberg-Diktat freilich wird das Schlimmste verhindert: daß ein Nazifilm mit Hans Fallada als Autor das letzte Vertrauen des Publikums in den »Dichter des kleinen Mannes« erschüttert.

Ditzen geht durch das nächtliche Berlin. In der Nähe eines Juweliergeschäfts am Oranienburger Tor trifft er auf eine Gruppe von Männern. Jemand schreibt etwas auf ein Ladenfenster, die andern stehen dabei und rauchen. Der Schriftsteller achtet nicht auf sie und will vorübergehen. Da greift aus der Gruppe ein Arm nach ihm, hält ihn fest. Eine unangenehm hohe Stimme sagt: »He, Männecken, wat bist du for einer, ooch Unjeziefer?«

Ditzen will sich freimachen, er sagt: »Lassen Sie das doch!« Er sieht sich in der dunklen Straße nach Hilfe um, aber da ist niemand, der ihm helfen könnte. Die anderen Männer aus der Gruppe sehen unbeteiligt oder hämisch grinsend zu, wie der Mann mit der Fistelstimme den Fremden hin und her beutelt: »Also sach schon, wat biste for einer, willste zu dem Löwenthal hier?«

Ditzen schüttelt den Kopf. Da endlich – Ditzen kommt es wie eine Ewigkeit vor – sagt einer der anderen: »Laß ihn laufen, der is nich unsere Kragenweite!« Es klingt bestimmt, fast wie ein Befehl. Der Mann läßt Ditzen auch sogleich los. Der eilt davon. Hinten, dort, wo er eben noch stand, klirren Fensterscheiben; erst vereinzelt, dann auch an anderen Stellen. In den Wohnungen über den Geschäften wird Licht gemacht, Gardinen werden vorsichtig zur Seite geschoben.

Ditzen ist froh, als er einen Zug erreicht, der ihn aus der Stadt bringt. Auch auf der Heimfahrt hört er noch immer die unangenehme hohe Stimme fragen; er spürt den Griff nach dem Jackett: Wat bist du for einer?

Ja, was für einer ist er? Einer von denen gewiß nicht, und daß sie jetzt noch brutaler gegen die Juden vorgehen, ist ihm verhaßt, weil er nichts gegen diese Menschen hat. In diesem Punkte wenigstens ist er hart geblieben und hat sich nicht dazu hergegeben, die Hetze zu schüren.

Wenig später erreicht Ditzen eine andere erschütternde

Nachricht: Ernst Rowohlt hat – mit seiner aus Brasilien stammenden Frau – das Land verlassen und wird, über Zürich, London und Rotterdam, ins brasilianische Exil gehen.

Für Ditzen ist die Abreise des Verlegers und Freundes ein schwerer Schlag, der seine ganze Existenz erschüttert.

»Erst da ich Sie verliere, spüre ich so recht, was ich an Ihnen gehabt habe«, schreibt Ditzen seinem »Väterchen« Rowohlt. »Ich werde nie wieder einen Verleger wie Sie bekommen.«

Rowohlt hat stets mit der Großmut des Geschäfts- und Lebemannes über alle Launen und Schwächen seines Autors hinweggesehen, hat ihn – auch in persönlichen Fragen – beraten und gegen falsche Freunde und echte Feinde abgeschirmt. Was soll Ditzen ohne ihn beginnen? Wird damit sein Schicksal als Schriftsteller besiegelt? Wird der geschundene, verkrüppelte Gustav Hackendahl die letzte literarische Figur sein, die er seinen Lesern vorstellen konnte?

Im Dezember 1938 wird allen Autoren, Mitarbeitern und Freunden des Rowohlt-Verlages offiziell die Verlags»neuordnung« und das Ausscheiden Ernst Rowohlts als Geschäftsführer und Gesellschafter bekanntgegeben. Die Leitung des Restverlages geht auf Heinrich Maria Ledig über, der sich in der Folgezeit, oft vergeblich, bemüht, zu Ditzen jenes herzliche Verhältnis herzustellen, das »Väterchen« Rowohlt zweifellos besaß.

Ledig wendet sich in der Angelegenheit des *»Eisernen Gustav«* noch einmal an Emil Jannings mit der Bitte um Fürsprache. Inzwischen hat nämlich auch – wie Ledig dem Schauspieler mitteilt – das Trommelfeuer gegen die Buchausgabe eingesetzt. Dem Brief an Jannings legt Ledig eine Auswahl von Pressestimmen bei, darunter einen »recht häßlichen Angriff der *›Berliner Börsenzeitung‹* «, und schreibt ergänzend: »Vertraulich kann ich Ihnen auch mitteilen, daß der Presse anscheinend Anweisung gegeben wurde, das Buch nicht mehr zu besprechen, jedenfalls ist dieses Gerücht über Buchhändler zu uns gelangt. Es ist von manchen Gauleitungen wohl auch darauf hingewirkt worden, daß der Roman nicht mehr in die Auslagen gelangen soll . . .«

Nach der »Kristallnacht« und dem Fortgang Ernst Rowohlts überlegen Anna und Rudolf Ditzen ernsthaft, ob sie nicht doch noch das sinkende Schiff verlassen und auswandern sollen. Legal wäre das schon nicht mehr möglich, aber der englische Verleger Putnam will ein Boot über die Nordsee schicken und den Schriftsteller heimlich nach England holen. Sogar Ort und Tag werden verabredet, da macht Rudolf Ditzen die bereits gegebene Zusage wieder rückgängig. Er kapituliert vor den mit der Flucht zusammenhängenden praktischen Fragen ebenso, wie er vor den anderen Konsequenzen zurückschreckt: Was würde aus Suse, aus den Kindern? Ist es nicht gleichgültig, wo man schweigt?

Nein, er kann nicht aus Deutschland fortgehen, wie es auch aussehen mag! Lieber will er künftig wie in einem Totenhaus leben – tot und doch nicht gestorben, lebend und doch nicht lebendig.

Zwischen

Abstieg
und
Anfang vom Ende

Nach 1938 darf man getrost ganze Jahre in Ditzens Biographie übergehen, ohne sich der Gefahr auszusetzen, Wesentliches zu unterschlagen. Zwar schweigt Hans Fallada nicht, aber er weicht nach dem Anschluß des Rowohlt-Verlages an den faschistischen Eher-Konzern noch weiter auf unverfängliche, »unpolitische« Gebiete der Literatur aus. Zwischen 1940 und 1943 entstehen: »DER UNGELIEBTE MANN« (1940), »EIN MANN WILL HINAUF« (1943), »DER JUNGHERR VON STRAMMIN« (1943) sowie die beiden autobiographischen Bücher »DAMALS BEI UNS DAHEIM« (1940) und »HEUTE BEI UNS ZU HAUS« (1942). Am 3. April 1940 wird der jüngste Sohn, Achim, geboren.

Außer bei Reisen zur Mutter und zur Beisetzung von Tante Adalaide Ditzen 1939 verlassen Anna und Rudolf Ditzen kaum noch den Ort. Im März 1943 erhält Rudolf Ditzen einen offiziellen Auftrag vom Propagandaministerium, an einer Frankreich-Fahrt mit dem »Reichsarbeitsdienst« teilzunehmen und darüber zu schreiben. Da Ditzen inzwischen zivildienstverpflichtet wurde, glaubt er, der Aufforderung im Interesse seiner Sicherheit nachkommen zu müssen. So fährt er vom 12. 5.–23. 6. und vom 2. 8.–3. 10. 1943 als Sonderführer im Majorsrang zweimal nach Frankreich.

Vor und nach diesen Reisen muß sich Ditzen wieder zu Dr. Zutt ins Sanatorium Berlin-Westend zur Behandlung begeben.

13

Der Anfang vom Ende

Die unzähligen »kleinen Nadelstiche« mißgünstiger Nachbarn und nationalsozialistischer Behörden bringen Rudolf Ditzen Mitte 1943 endgültig aus dem bis dahin mühsam gehaltenen Gleichgewicht. Der zuletzt geschriebene Roman *»Ein Mann will hinauf«* ist bereits dreimal umgeschrieben worden, doch noch immer kann sich keine Zeitschrift — und schon gar kein Verlag — zum Abdruck des Manuskripts entschließen.

»Sie können sich aber denken, wie das ständige Umkneten desselben Stoffes bedrückt und hemmt«, klagt Ditzen in seinem Neujahrsbrief Anfang Januar »Väterchen« Rowohlt.* »Auch in Carwitz wachsen die Schwierigkeiten. Teils tragen mißgünstige Nachbarn, teils offizielle Dienststellen zur Brunnenvergiftung bei: Wir sitzen ja nun hier nach der Art der Lebensführung, des Einkommens und des Denkens, auch des Verkehrs, recht auf dem Präsentierteller, sind völlig Außenseiter. Und im Kriege ist das natürlich sehr bemerkbar. Es regnet nur so Anzeigen, alle Augenblicke werden mir meine Leute

* Ernst Rowohlt war 1941 aus der Emigration zurückgekehrt, da er »fest an den bevorstehenden Zusammenbruch des Hitler-Regimes« glaubte und sich durch seine Anwesenheit bei diesem »Untergang« das moralische Recht erwerben wollte, sofort wieder Verleger zu sein. Rowohlt wurde nach seiner Rückkehr zur Wehrmacht eingezogen, 1943 aber nach Berlin zurückbeordert und als »politisch unzuverlässig« entlassen.

fortgenommen, ich soll selber Vieh füttern usw. usw. Also der kleine Ekelkram. Dazu ein paar recht widerliche Anzeigen eines rausgeschmissenen Arbeiters, gemeinste Denunziation aus Rache, aber ein Strafverfahren wird natürlich eingeleitet, ewig Vernehmungen, bald von uns, bald dem Dorf, so daß man zu keiner Arbeitsruhe und innerem Frieden kommt . . .«

Ditzen wird noch leichter reizbar und verschlossener. Er mißtraut allen und jedem. Am meisten hat »Suse« unter der labilen Verfassung ihres Mannes zu leiden. Oft kommt es zum Streit; stets liegen Anlaß und Ursache dazu ganz auf seiner Seite.

Nach der zweiten Frankreich-Reise hat Ditzen das Verhältnis mit der Haustochter Anneliese so offen fortgesetzt, daß es im Dorf zu Gerede kommt. Aber diesmal geht das Mädchen, das sich offenbar schon als Herrin auf dem Hof sieht, zu weit: Sie verbreitet Gerüchte und Lügen über Anna Ditzen.

Als Suse dieser Klatsch, der ihr intimstes Eheleben berührt, zu Ohren kommt, reißt ihr die Geduld. Sie fühlt sich in ihrer Würde tief verletzt und jagt beide, den Mann und das Mädchen, aus dem Haus.

Noch auf dem Weg nach Berlin zerstreiten sich auch Ditzen und Anneliese; in den Kuranstalten Berlin-Westend findet Ditzen Aufnahme. Er schreibt seiner Frau, daß die »Angelegenheit mit A. endgültig und für immer bereinigt« sei und er sein weiteres Schicksal in ihre — Suses — Hände lege. Aber diesmal ist Anna nicht so leicht zu versöhnen; zu tief ist der Schmerz, den ihr Ditzen zugefügt hat. Er wählt den Weg über den Sohn, um eine Aussöhnung zu erreichen: »Du und ihr alle habt keine guten Weihnachtsferien gehabt«, schreibt er am 23. Januar an Uli nach Templin. »Und die Schuld daran habe ich getragen, nicht nur durch meine Krankheit, sondern durch ein großes Unrecht, das ich Deiner Mutter angetan habe. Sie hatte alles Recht, böse auf mich zu sein . . . und wir müssen alles tun, unsere Mummi wieder zu versöhnen und sie das Geschehene vergessen zu machen ... Ich kann im Augenblick noch keine Pläne machen, alles hängt jetzt von der Mummi ab ...«

In Berlin erlebt Ditzen das Gesicht des Krieges aus nächster Nähe, so die Schreckensnacht vom 14. zum 15. Februar 1944 mit pausenlosen Bombenangriffen auf die Stadt: »55 Minuten lang waren in der nächsten Nähe des Sanatoriums Bomben niedergefallen, und eine große Sprengmine hatte eine Ecke weiter alles dem Erdboden gleichgemacht. Sie, die Kranken und die Schwestern, die in einem halb über der Erde befindlichen, völlig unzureichenden Luftschutzkeller saßen, hatten von allen Seiten den Schein der Brände gesehen. Als sie aber nach der Entwarnung nach oben gekommen waren, hatte das Glas aller Fenster in den Zimmern gelegen, die Decken waren zum größten Teil eingestürzt gewesen, und in jener Nacht war auch das Stück Gips da oben aus der Decke abgestürzt.« So erlebt der Held des vorletzten Buches: *»Der Alpdruck«* diese Bombennacht.

»Er erinnert sich jetzt dessen wieder genau; plötzlich war es, als fühle er wieder das Grauen, die Furcht jener Nacht. Plötzlich war es ihm, als könne gleich die Sirene gehen und hinunterscheuchen zu einer anderen schrecklichen Stunde der Qual.«

Es folgen noch viele solcher Nächte des Schreckens; bei einem der Bombenangriffe auf Berlin wird auch Dr. Willi Burlage, der ehemalige Schulfreund und hilfreiche Berater über viele Jahre, getötet.

Noch einmal wendet sich Ditzen an seine Frau mit der Frage, ob er damit rechnen kann, bald wieder nach Carwitz zurückkehren zu dürfen, ansonsten wolle er für ein paar Wochen bei seiner Schwester in Thüringen wohnen.

Mitte Februar schreibt Suse: »Auf Deinen Brief möchte ich

Dir ganz offen antworten: Ich wäre sehr froh, wenn ich wüßte, daß Du nicht mehr in Berlin bist. Aber eine Rückkehr nach Carwitz halte ich für absolut verfrüht. Du bist, wie Du selbst schreibst, noch sehr schwankend in Deiner Stimmung und wirst sicher noch leicht gereizt werden . . . Die Idee, nach Thüringen zu Margarete zu fahren und Dich dort zu erholen, halte ich für sehr gut.«

Wegen der unsicheren Verkehrsverbindungen kann Ditzen noch nicht reisen; er bleibt in Westend. Als Suse sich endlich bereit erklärt, es noch einmal mit ihm zu versuchen, hat er nur noch einen Wunsch: zurück auf sein »Höfchen«, zu Suse und den Kindern.

Professor Zutt* dürfte Ditzen eigentlich nicht von einem Tag auf den anderen entlassen. Ditzen ist längst noch nicht gesund; nach wie vor erhält er Luminal und Scopolamin; er hat danach so lange gebettelt, bis er einen der Ärzte oder eine Schwester bewegen konnte, ihm die Präparate zu verabreichen. Doch Prof. Zutt weiß auch, daß er den Mann nicht halten kann, daß er allein wieder auf die Beine kommen muß wie so oft in den vergangenen Jahren, wenn er eines Tages erklärte, er sei jetzt wieder gesund und wünsche entlassen zu werden. Also entläßt Zutt den Patienten, der immer eine Sonderstellung in Westend eingenommen hat. Aber diesmal kann er ihm keine Schwester zur Begleitung mit auf den Weg geben. Wie wird dieser linkische, unpraktische Mann seinen Weg nach Hause finden?

Eine Reise in diesem vorletzten Kriegsjahr gleicht einem gefährlichen Abenteuer: Die Züge fahren nur noch unregelmä-

* Prof. Dr. Jörg Zutt, ein Schüler Professor Bonhoeffers, behandelt Ditzen nach dem Tode Dr. Burlages in Westend und in der Charité; 1946/47 informiert er J. R. Becher regelmäßig über den Krankheitsverlauf bei Ditzen.

ßig, sie werden, der Militärtransporte oder fehlender Lokomotiven wegen, immer wieder auf Nebengeleise geschoben, und die Reisenden sind zum Warten verurteilt. Aber irgendwann geht es weiter, irgendwann – nach Tagen oder Stunden – langt Rudolf Ditzen wieder in Feldberg an.

Die kleine Stadt ist vollgestopft mit Flüchtlingen und aus Berlin Evakuierten, die eine Notunterkunft erhalten haben. Ditzen hat das Empfinden, in der eigenen Stadt ein Fremder zu sein, er sieht kaum ein bekanntes Gesicht. Aber ihm kann das nur recht sein; er will niemanden sehen, mit keinem reden müssen.

Ditzen geht in die Bahnhofsgaststätte, um den Staub der langen, unbequemen Reise hinunterzuspülen und den Fußmarsch nach Carwitz noch etwas hinauszuschieben. Im Wartesaal sitzen Menschen auf Taschen und Rucksäcken; sie schlafen oder dösen vor sich hin. Ditzen läßt sich einen Kornschnaps einschenken; auch der Wirt ist ein Fremder; eigentlich ist – wie zum Hohn – nur der Wandspruch geblieben: »Rostig ist die Reichsbahnschiene, wenn der Zug nicht läuft, trocken ist des Mannes Kehle, wenn er ab und zu nicht säuft.«

Während Ditzen seinen Korn trinkt, spürt er plötzlich die Blicke einer Frau auf sich gerichtet. Sie steht an der Theke und winkt ihm, als er sie ansieht, freundlich zu. Sie unterscheidet sich auffällig von den anderen Gästen, hat ein gepflegtes Äußeres. Sie trägt das Haar lang, und als sie die Hand mit der Zigarettenspitze an den Mund führt, sieht Ditzen, daß die Fingernägel rot lackiert sind.

Wer mag diese Frau sein? Ditzen hat sie nie zuvor gesehen, oder doch? Was hat sie hier in diesem Krähwinkel verloren, in den sie so wenig paßt?

Irgend etwas an der Frau kommt ihm bekannt und vertraut vor. Wären nicht inzwischen dreißig Jahre vergangen, so würde er fast meinen, sie sei Anne Marie Seyerlen. Aber das kann nicht sein: Annia ist weit weg, irgendwo in China oder Indien. Die Frau hier hat nichts mit ihr zu tun, und dennoch ...

Ditzen zahlt und verläßt die Gaststätte. Auf dem Weg nach Carwitz versucht er, die Begegnung zu vergessen und sich auf die kommenden Wochen und Monate zu konzentrieren. Zu Hause liegt das Tagebuch der Reise mit dem »Reichsarbeitsdienst« nach Frankreich. Die Auftraggeber wollen, daß er ihnen ein Buch daraus macht, eine Geschichte, die vom fleißigen Aufbauwerk der »Sieger« im okkupierten Land erzählt — eine Geschichte, die letzte moralische Reserven mobilisieren soll. Eine ganz andere Geschichte müßte man »denen« erzählen, denkt Ditzen, während die müden Füße Schritt um Schritt dem Hof näher kommen.

Von der Wittenhagener Höhe aus kann Ditzen das Dorf in der Abendsonne sehen. Hier scheint sich in den letzten drei Monaten nichts verändert zu haben. Der Kontrast zu dem brennenden Berlin, das er verlassen hat, ist ungeheuer. Aus dem Dorfkrug dringen Stimmen, Fahrräder lehnen an der Hauswand. Alles ist wie früher, nirgendwo auch nur eine Spur von Zerstörung und Krieg. Dann erreicht Ditzen sein Haus am Wasser. Die Frau ist mit den Kindern zum Holzmachen in den »Hullerbusch« gefahren. Recht so, nur jetzt niemanden sehen! Ditzen geht hinüber in das Gärtnerzimmer und fällt in einen langen, tiefen Schlaf.

Bevor er daran geht, alles für eine neue Schreibarbeit zu ordnen, will er sich ein paar Tage den Kindern widmen. Sie haben unter den Spannungen, die zwischen Suse und Ditzen in den letzten Jahren aufgekommen sind, am meisten zu leiden. Er holt Uli aus dem Gymnasium, da Templin durch Fliegerangriffe bereits schwer beschädigt und der Schulunterricht ohnehin nur noch unregelmäßig geführt wird.

Mit Uli, »Mücke« und dem vierjährigen Achim unternimmt

der Vater einen Ausflug zum Bohnenwerder, wo die Kinder eine kleine Höhle gebaut haben. Bald sind sie auf dem idyllischen Werder, der ihnen ganz allein gehört. Auf allen Seiten von Wasser umgeben, von alten Bäumen verdeckt, führt nur ein schmaler Zugang auf die kleine Insel.

Ditzen muß die Höhle besichtigen, die die Kinder in den Sandberg gegraben haben; er muß Pflanzen und Gräser benennen, die der Jüngste anbringt: Vati, was ist das? Als Achims Wißbegier für einen Moment erlahmt, legt sich der Mann auf den Rücken ins Gras und schließt die Augen: Endlich wieder daheim.

Plötzlich ist die Ruhe vorbei. Ein fremdklingendes Geräusch, das beängstigend anschwillt, ist in der Luft. Ditzen sucht den Himmel nach der Ursache ab. Da kommen, von Südwesten her, zwei Tiefflieger genau auf die Insel zugerast. Der Mann sieht, daß es keine Wehrmachtsmaschinen sind. Sie jagen über die Insel, Ditzen verfolgt sie mit den Augen. Ein weißer Stern am Rumpf — amerikanische Jäger. Als sie schon sehr klein am Himmel werden, ziehen sie eine große Schleife und kehren zurück. Wieder scheint die kleine Insel ihr Ziel zu sein, abermals jagen sie im Tiefflug darüber hinweg und verschwinden in der Richtung, aus der sie gekommen sind. Es folgt eine beängstigende Stille.

Also auch hierher reicht der Arm des Krieges schon!

Ditzen erhebt sich und zieht den Kragen der Jacke hoch. Ihm ist kalt geworden. Er schaut zu den Kindern, die ihr Spiel nur für einen Moment unterbrochen haben. Wie dilettantisch sie ihre Höhle tarnen! Sie stecken frische Zweige in den Sandboden; nach zwei Tagen werden sie vertrocknet sein und noch mehr auffallen, inmitten des satten Grüns ringsum. Nein, so geht es nicht! Ditzen hilft den Kindern, die Höhle besser gegen Fliegersicht zu schützen. Man müßte die Grube vergrößern und mit Gras auslegen, dann böte sie auch für Erwachsene Schutz.

Ditzen beginnt, ohne sich recht bewußt zu sein, was er tut, mit den Händen den lockeren Sand aus der Höhle zu schieben. Das Erdreich türmt sich bald vor dem Eingang auf. Die Kinder sind über diese unerwartete Hilfe begeistert. Seit langem wieder einmal spielt der Vater mit ihnen, wie früher. Sie tragen den Sand mit ihren kleinen Händen bis zum Ufer und werfen ihn in den See.

Rudolf Ditzen gräbt sich mit großer Verbissenheit immer weiter in die Erde. Er hört wieder das Dröhnen in der Luft, das Krachen der Bomben; sieht Häuserwände stürzen und Flammen aufsteigen ... Er ist Robinson auf seiner Insel, der alles tut, um sein kleines Reich vor den Zugriffen Fremder zu schützen. »Denn stets in meinem Leben, wenn meine Lage schwierig oder gefährlich wurde, nahm ich bei den Robinson-Phantasien meine Zuflucht, bis in die allerletzten Tage hinein«, schreibt Ditzen 1946. »Als die Bombennächte in Berlin meinen Nerven fast unerträglich wurden, wurde ich wieder zum Robinson und baute mir und den Meinen einen Bunker, in dem wir nicht nur solche Bombennächte, sondern auch den Krieg und alles danach überdauert hätten. Schließlich wären wir in einer gänzlich verwandelten Welt zum Vorschein gekommen wie die Siebenschläfer, staunend und angestaunt.«

Ditzen steckt den Kopf in den Sand in der Hoffnung, so wenigstens dem Schlimmsten zu entgehen.

Vier Wochen nach der Entlassung aus Westend kommt es zu einem neuen Ehestreit. Irgendeine Kleinigkeit bildet den Ausgangspunkt, an die sich später keiner mehr erinnern kann: ein offenes Fenster, ein im Weg stehender Eimer, eine etwas laut ins Schloß gefallene Tür, eine Spinne an der Wand* ...

* »Und dann war einmal drei Tage lang ein Spinnweb in meinem Zimmer über dem Ofen. Ich ging alle Zimmer ab, aber in keinem gab

Aber die Ursachen sind andere: Mit der Arbeit geht es nicht voran. Ditzen hat, wie er H. M. Ledig im August mitteilt, keinesfalls die Absicht, »Hausdichter des RAD« zu werden: »Ich habe meine eigenen Pläne ...« Doch auch diese kann er nicht realisieren. Das von den Reisen mitgebrachte Tagebuch-Material widersteht allen Versuchen, ihm eine andere, womöglich gar anti-nationalsozialistische Tendenz zu verleihen. Da der Autor seine Reisen aber nicht im faschistischen Propagandastil auswerten will, bleibt das Tagebuch von der Frankreich-Reise schließlich ganz liegen.

Doch nicht nur diese konkrete Arbeit, die berufliche Unsicherheit überhaupt bereitet Ditzen Sorgen. Seit dem Herbst 1943 ist er – zum ersten Mal, seit er ernsthaft Bücher schreibt – ohne feste Verlagsbindung. Der Rowohlt-Verlag, der nach 1938 als Tochtergesellschaft der *»Deutschen Verlagsanstalt Stuttgart«* unter Leitung von Ledig ein kümmerliches Dasein fristete, wurde 1943 schließlich ganz geschlossen.

Die Begründung geschieht unter Hinweis auf zwei »unerwünschte Autoren«: Joachim Ringelnatz und – Hans Fallada.

Durch die Liquidierung des Restverlages wird auch Ditzens finanzielle Lage angespannt. Nach fast 25jähriger Zugehörigkeit zum Ernst-Rowohlt-Verlag kündigt ihm die Stuttgarter

---

es ein Spinnweb, nur in meinem. Ich wollte eigentlich abwarten, wie lange sie es so treiben würde mir zum Ärger, aber am vierten Tag hielt ich es nicht mehr aus und sagte es ihr. Darauf wurde das Spinnweb entfernt. Ich sagte es ihr natürlich ziemlich scharf. Ich wollte mir um keinen Preis merken lassen, wie sehr ich unter diesen Kränkungen und meiner Vereinsamung litt.«
So beschreibt Ditzen in dem Roman *»Der Trinker«* die sich anbahnende Ehekrise des Erwin Sommer.

Verlagsanstalt nun den Generalvertrag. Die geforderte Abstandssumme von 25 000 Mark erhält er nicht voll und erst nach langen Kämpfen. Als ihm der Heyne-Verlag in Dresden im Frühjahr 1944 einen Vertrag anbietet, greift Ditzen nach diesem Strohhalm, obwohl er nicht einmal weiß, ob dort jemals ein Buch von ihm erscheinen wird.

»Papier wird zwar nicht bewilligt«, schreibt Rudolf im Mai 1944 an Schwester Elisabeth, »so ist also nichts zu verlegen, da auch die alten Buchbestände ausverkauft sind, wären die Einnahmen gleich null, wenn nicht der neue Verleger ein großes Zutrauen zu mir hätte und mir gewissermaßen eine Hypothek auf die Zukunft gäbe. So sind wir vorläufig vor finanziellen Sorgen gesichert, wenn wir auch knapper rechnen müssen.«

Für den Heyne-Verlag soll Rudolf Ditzen als erstes einen antisemitischen Roman schreiben, der vom Niedergang des jüdischen Bankhauses Kutisker & Barmat in den zwanziger Jahren handelt. Ditzen stürzt sich auch sogleich in die Vorbereitungen, wie er seiner Schwester etwa um die gleiche Zeit mitteilt: »Vorläufig lebe ich ganz im litauischen Ghetto und schlage mich vor allen Dingen mit rituellen Dingen wie Gebetsriemen, Talmud und Pessach herum. Es ist sehr schwer, diese Dinge lebendig zu machen. Ich schreibe den Roman natürlich so, wie ich ihn auch in normalen Zeiten geschrieben hätte, ob er dann hinterher an offizieller Stelle zusagt, ahne ich nicht, kümmert mich auch nicht.«

Das ist angesichts des immer stärker um sich greifenden Naziterrors eine für Ditzen mutige Aussage. Allerdings müssen diese und alle weiteren Passagen zum *»Kutisker-Roman«* in Ditzens Briefwechsel mit Freunden und Verwandten mit Vorsicht bewertet werden. Wohl macht sich der Autor – wie aus dem Arbeitskalender hervorgeht – an die Vorbereitungsarbeiten zu dem Roman; wahrscheinlich ist aber zu dieser Zeit keine einzige Seite ausgeführt worden. Ditzen braucht offenbar, um sich halbwegs Freiheit zum Schreiben zu verschaffen, ein Alibivorhaben, das ihm eine finanzielle Grundlage bietet und die »immer wachen Feinde« irreführt. Denn wie Rowohlt glaubt Rudolf Ditzen fest, daß nun bald alles »so oder so« zu Ende geht.

Im Frühjahr 1944 verstärken sich nämlich die Attacken nationalsozialistischer Organe gegen Fallada wieder. »Ich habe jetzt wieder einen massiven Angriff von höchst offizieller Stelle lesen müssen«, schreibt Ditzen an Ernst Rowohlt Anfang März 1944, »in dem festgestellt wurde, daß ich, der Renommiergoi sämtlicher Juden Berlins, für die Allgemeinheit überhaupt nichts nütze. Einiges an Dreckspritzern bekamen auch Sie dabei wieder ab.«

So will Ditzen wenigstens nach außen gute Miene zum bösen Spiel machen.

Welchen Zweck er wirklich mit dem Phantom *»Kutisker-Roman«* verfolgt, erhellt ein Brief an seine ärztliche Beraterin, Dr. Schmidt-Rost, vom Juli 1944:

»Ich habe etwa 400 Druckseiten an einem Roman, dem berüchtigten *Kutisker-Roman*, geschrieben und erwarte dieser Tage eine Sekretärin, die den Anfang tippen wird, der zum Beweis meines guten Willens dem Propa(ganda)mi(nisterium) eingereicht werden wird. Wir erwarten daraufhin wieder Papierzuteilungen für meine anderen Bücher. Die Fertigstellung des *Kutisker-Romans* selbst liegt noch in weiter Ferne. Er soll etwa 1800 Druckseiten umfassen, und ich liege mit ihm sozusagen im Wettrennen mit dem Kriege. Es ist mir nicht zweifelhaft, wer in diesem Rennen siegen wird.«

Wie man diese letzte Passage dieses Briefchens auch verstehen mag, es zeigt sich, daß das Manuskript auf lange Sicht einen Schutzschild bieten soll.

So schafft er sich mit dem *Kutisker-Roman*, den es dennoch wohl nie gegeben hat, eine »Glocke«, unter die er sich setzt und seine Aufrechnung mit den 11 vergangenen Jahren vornimmt. Aber auch dieser Vorsatz muß zunächst wieder aufgeschoben werden, da zu den beruflichen Enttäuschungen in letzter Zeit auch immer größere private Sorgen kommen. In den Tagen und Wochen nach der Rückkehr aus Berlin mißlingt einfach alles, was Ditzen anfaßt. Selbst kleinste, alltägliche Arbeiten und Handgriffe geraten daneben, so daß der alte Fatalismus wieder aufkommt und damit die Gefahr für krasse Fehlhandlungen.*

Nach einem Streit mit Suse über die Frage, ob Uli noch einmal nach Templin aufs Gymnasium fahren oder lieber in Carwitz bleiben und auf dem Hof helfen soll, verläßt Ditzen aufgebracht und verärgert das Dorf.

---

* Die Unzufriedenheit und Unausgeglichenheit Ditzens spiegelt sich auch in dem bis 1944 mit großer Sorgfalt geführten Arbeitskalender der Familie wider. Von nun an werden die Eintragungen unregelmäßig; im April und Mai wird u. a. vermerkt:

27. 4.: Musterung: Ausgemustert + + + (drei Kreuze, T. C.); 28. 4.: Nichts getan; 29. 4.: Sehr schlechter Tag, Ankunft Frau Burlage und Adelheid; 30. 4.: Sehr schlechter Tag. Abreise Frau Burlage. 1. 5.: In Neustrelitz beim Anwalt; 7. 5.: Heimlicher Besuch Frau Bröker. Schlimmer Sonntag. 14. 5.: Arbeitsvorbereitungen; 15. 5.: »Archiv« umordnen; »Kutisker« vorbereiten. 16. 5.: Mit Mücke zur Anmeldung in Neustrelitz. Beim Anwalt; 20. 5.: Rumgepusselt. Besuch in Feldberg; 21. 5.: Ruhiger Sonntag bei Anneliese. Vergebliches Warten auf Uli. Fliegerangriff auf Neustrelitz; 24. 5.: In Rosenhof und Feldberg; 25. 5.: Nichts Rechtes getan; 26. 5.: Wenig getan; 29. 5.: Nichts getan; 30. 5.: Verunglücktes Grasmähen (Matjä geprügelt). Achim beim Waschen von der Treppe gefallen (stark geblutet). Uli nach Templin abgeradelt. Mit Uli und Achim nach Feldberg (Nicht gelungene Radioreparatur von Licht); 31. 5.: 1 Karnickelhäsin geworfen. Junge tot, Alte tot . . . usw.

Im *»Deutschen Haus«* in Feldberg trifft er am Stammtisch auf ein paar Bekannte; auch die junge, langhaarige Frau aus der Bahnhofsgaststätte ist dort. Sie scheint die Gaststätten der Stadt durchzuprobieren und sich unter den Männern wohl zu fühlen. Ditzen will sich nicht eingestehen, daß er in den zurückliegenden Wochen unablässig an diese Frau hat denken müssen. Er redet sich ein, daß er sie anders in Erinnerung behalten hat, nicht derart aufdringlich, sondern frischer, natürlicher. Wie sie die Beine übereinanderschlägt! Nicht nur den Mund und die Fingernägel, auch die Fußnägel hat sie rot angemalt. Sie lacht oft und – wie es dem Mann scheint – grundlos.*

Der Wirt bringt Wein und Schnaps. Er sagt zu dem Neuangekommenen: »Schön, daß Sie wieder da sind, Herr Ditzen. Man freut sich immer, wenn wieder ein bekanntes Gesicht auftaucht unter den vielen Fremden. Mit Frau Losch haben Sie sich wohl bereits bekanntgemacht!? Sie hat gerade in Berlin ihren Mann verloren und lebt nun mit ihrer Tochter und der Mutter in dem Häuschen auf den Klinck-Ecken . . .«

So ist das, denkt Ditzen und sieht die Frau nun in einem anderen Licht. Ja, wenn sie verwitwet ist . . . Eine lustige Witwe immerhin!

---

* In dem autobiographischen Roman *»Der Alpdruck«* findet man die Beschreibung einer jungen Berliner Fabrikantenfrau, die später die 2. Frau des Bücherschreibers Doll wird; eine Beschreibung, die auf Ursula Losch zutrifft: »Die blutjunge Frau saß allein zwischen den Männern des Stammtischs, sie schüttelte ihre rotblonden Locken, sie sah mit ihrem länglichen Gesicht und vor allem mit ihrem schönen blutroten Munde jeden Sprecher aufmerksam an – es war ganz, als sähe dieser Mund die Menschen an. Dann warf sie den Kopf zurück, ihre kleine weiße Kehle schien vor Lachen zu tanzen – Himmel, wie sie lachen konnte, Gott, wie jung sie war . . ., was steckte für ein Leben in diesem Wesen . . .«

Von nun an beteiligt er sich rege an dem Gespräch der Stammtischrunde. Bald bestreitet er das Gespräch allein, erzählt von seinen Frankreich-Fahrten, von den Terrorangriffen auf Berlin . . . Er ist ein guter Geschichtenerzähler; von den düsteren, gerade erst durchstandenen Erlebnissen geht er unversehens zu angenehmeren aus früheren Zeiten über, dann zu solchen, die er in dem Augenblick erfindet, da er sie erzählt. Mit einem kurzen Seitenblick auf die Frau »prüft« er von Zeit zu Zeit, wie seine Geschichten bei ihr ankommen. Und wenn der rothaarige Kopf zurückfliegt und die Frau zu lachen beginnt, fährt er schon fort. »Er erzählte rascher, überstürzte sich, übertrumpfte alle – und dazwischen rief er nach Wein, Wein, Wein! Es wurde ein ganz großer Abend.« Und als der Wirt anfragt, ob er ein Zimmer für die Nacht brauche oder ins Dorf zurückgehe, erklärt er, ohne zu zögern: Ich bleibe!

Wenn man sein Pensum nicht mehr schafft, was bedeutet da schon ein verlorener Tag? Wenn es zu Hause doch nur Streit gibt, was ist da schon ein Tag ohne Suse?

Ditzen übernachtet in der Stadt, an diesem und am nächsten Tag. Er bummelt, klatschsüchtigen Mitbürgern zum Trotz, mit der jungen Frau durch die Straßen. Sie werden, wie Doll und seine spätere Frau Alma, von allen Seiten argwöhnisch und mißgünstig beobachtet: »Da war diese junge Frau, jetzt zweifelsfrei Witwe, dreiundzwanzig Jahre alt, nicht mehr, obwohl sie bereits die Mutter eines fünfjährigen Kindes war, und sie trug zur Trauer gelackte Fingernägel und machte sich den Mund purpurrot. Die Kleinstadt wußte, was sie von einer solchen Frau zu halten hatte, genau wie sie über Doll Bescheid wußte. Eine gemeinsame Abwehrfront gegen sich, ausgeschlossen vom Leben der anderen, bespitzelt, beargwöhnt, verleumdet, mußten sie eines Tages zueinander kommen.«

Ursula Losch und Rudolf Ditzen fühlen sich beide als

»Strandgut« des Schicksals, als vom Leben Benachteiligte und Ausgestoßene. Im Unterschied zu Ditzen denkt »Ulla« Losch jedoch nicht daran, zu hadern oder zu kapitulieren. Sie ist jung und vital, steckt voller Launen und Pläne, die rasch wechseln. Auch hier gibt es die Parallele zur Alma Doll aus dem *»Alpdruck«*: »Nirgends sieht sie Hindernisse, sie kann sich nur Erfolge denken. Er lauscht ihr, er nickt oder ist auch bedenklich, aber das alles ist nicht wichtig. Sie ist ein Kind, die Pläne von heute sind morgen vergessen, morgen sind andere Pläne da, andere Hoffnungen. Er kann sie ruhig auch die unmöglichsten Pläne entwickeln lassen, sie haben keine Konsequenz. Und doch fühlt er sich von ihrer Tatkraft angesteckt, von diesem jungen wirbelnden Leben.«

Wo Suse schwerfällig abwägend entscheidet, reagiert diese Frau unbeherrscht-spontan. Wo Suse warnen und kameradschaftlich raten würde, handelt Ulla oft unbedenklich. In allem ist und tut sie das Gegenteil der ausgeglichenen, reifen Anna: Sie schmeichelt der Eigenliebe Ditzens; sie stachelt seinen Lebenswillen an. Sie macht Ditzen, der sich mit großer Mühe zu einem »Pedanten in Kleinigkeiten« erzogen hat, zu dem, was er viel lieber ist und latent auch immer geblieben ist: zum Liedrian und Lebenskünstler.

Ditzen erzählt der Frau von sich und seinen Sorgen: von der Arbeit, den Kindern, dem Streit mit der Frau. Ursula Losch ist eine verständnisvolle Zuhörerin: Es gibt immer einen Weg! Geh zu einem Anwalt und erkläre ihm alles, rät sie. Hast du einen guten Anwalt? Sollst sehen, er macht das schon für dich!

Einen Anwalt, den hätte man schon, Doktor Rehwoldt in Neustrelitz. Aber ist das wirklich schon der einzige Ausweg?

Ulla Losch lenkt sogleich wieder ein: Das müsse er schon selbst wissen. Sie kann ihm nur raten, »so etwas« nicht auf die lange Bank zu schieben. Was Ulla sagt, leuchtet dem Mann ein; er wird es sich überlegen, nichts überstürzen ... Aber die Gedanken, einmal an diesem Punkt angelangt, machen sich selbständig und laufen davon.

Was zunächst jeder prophezeite, was dann doch nicht eintrat, was nun – nach 15 Jahren Ehe – keiner mehr erwartet, es geschieht: Die Ehe von Anna und Rudolf Ditzen wird am 5. Juli 1944 geschieden.

Anna Margarete Issel – die »Suse«, das »Lämmchen«, die »Mummi« der drei Kinder – stimmt der Trennung zu, weil das Leben an der Seite des verbiesterten, überreizten Mannes zur Qual geworden ist und – weil er es so will. Einen Sinn kann Suse in all dem Geschehen nicht erkennen. Sie weiß von der jungen Frau in der Stadt. Sie ahnt auch, daß diese Frau eine Trinkerin und Morphinistin ist und das Ende für »den Jungen« bedeuten wird. Aber sie weiß aus Erfahrung, daß er in seinem Drang, einen einmal angerichteten Schaden »wiedergutzumachen«, alles nur noch verschlimmert und sich jeder Einsicht verschließt. Er wird von selber wieder zur Besinnung kommen, hofft Suse – falls es dann nicht schon zu spät ist.

Anna Ditzen handelt aus Notwehr: Sie hat die Wirtschaft, das Haus und vor allem die drei Kinder mit den hundert täglichen Pflichten und Sorgen. Es ist in den letzten Monaten vieles liegengeblieben oder danebengegangen. Sie wird ihre Kraft brauchen, all das in Ordnung zu bringen. Suse wird nicht untergehen.

Was aber wird aus dem »Jungen« werden? Noch wenige Jahre zuvor, in dem 1942 entstandenen Erinnerungsband, schrieb er: »Sie hat mich erst zu dem gemacht, was ich geworden bin, sie hat einem Verbummelten wieder das Arbeiten gelehrt, einem Hoffnungslosen die Hoffnung. Durch ihren Glauben, ihre Treue, ihre Geduld wurde aufgebaut, was wir heute besitzen, was uns alle Tage freut. Und das alles geschah ohne viele Worte, ohne Aufhebens, ohne Schulmeisterei, einfach dadurch, daß sie da war, daß sie in guten und schlimmen Stunden zu mir hielt. Daß sie an mich glaubte, daß sie so war, wie sie war. Güte und Geduld und Verzeihenkönnen, auch wo sie nicht verstand.«

Ist es möglich, daß diese Sätze zwei Jahre zuvor geschrieben wurden? Ditzen erwähnte zwar auch vergangenen Zank und Streit, aber der schien unbedeutend und klein im Vergleich zu dem, was sie miteinander verband: »Doch, wir haben uns gestritten. O ja, wir waren manchmal sehr verschiedener Ansicht. Vor allem: da wir beide keine redseligen Menschen sind, so haben wir uns auch angeschwiegen. Das Anschweigen durch Wochen, durch Monate ist ein furchtbares Kampfmittel. Wir sind beide Wasserkantenmenschen, wir konnten zur Vollendung schweigen. Kein noch so wilder Zank ist auch nur halb so schlimm wie Schweigen. Diese ewige tote Stille im Haus, dieses trockene Schlucken statt eines ersten einlenkenden Wortes, dieses verstellte Parlieren vor den Kindern und den Haustöchtern und den Gästen – und dieses abgrundtiefe Schweigen, sobald wir beide wieder allein miteinander waren! Monate! Schreckliche Monate! Doch mit Glanz und Glorie stieg aus alledem wieder unser Zusammengehörigkeitsgefühl auf. Sie vergaß es auch in den dunkelsten Tagen nicht, daß wir zusammengehörten. Ich mochte noch so schwierig, noch so unleidlich sein, ich mochte mit allen Streit anfangen, wegen jeder Kleinigkeit wüten: sie bekam mich wieder zurecht. Einfach dadurch, daß sie da war. Daß ihre Güte, ihre Geduld, ihre Liebe über alles triumphierte. Daß sie unermüdlich wieder von vorn anfing, aufbaute, wo alles zerstört schien.«

Nun, im Juli 1944, gibt es nichts mehr aufzubauen, gibt es keinen neuen Anfang. Fortan werden das Schweigen, das Parlieren vor Hausangestellten und Gästen zum Dauerzustand. Jeder, der nun das Haus in Carwitz aufsucht, wird an der Tür sagen müssen, zu wem er möchte: zur Suse im großen Haus oder zu dem Mann, der sich im Gästezimmer des Stallanbaus einquartiert hat. Gemeinsame Gäste der Familie gibt es künftig nicht mehr.

So sehr Anna und Rudolf Ditzen sich auch bemühen, zueinander ein sachliches Verhältnis herzustellen und sich aus dem Weg zu gehen, Zwischenfälle und Spannungen bleiben nicht aus. Zum nachhaltigsten Konflikt kommt es am 28. August 1944.

Rudolf Ditzen hat die Nacht bei Ulla Losch in Feldberg verbracht. Auf dem Rückweg nach Carwitz läßt er sich Zeit, kehrt in der Bahnhofsgaststätte und im Dorfkrug ein. Als er den Hof erreicht, ist es später Nachmittag. An diesem Sonntag sind alle, auch Suse und die Kinder, zum Heuwenden in den Wiesen. Sie nutzen das trockene, heiße Wetter der letzten Tage.

Ditzen geht – zum ersten Mal nach der Scheidung – in das große Arbeitszimmer hinüber, um Wäsche, Schreibsachen und Bücher zu holen. Der große Raum wirkt kalt und ungemütlich. Undenkbar fast, daß hier viele gute literarische Kinder das Licht der Welt erblickt haben. Hier sind Petra Ledig und Wolf Pagel geboren worden; die ganze Familie Hackendahl hat er von hier aus in die Welt geschickt; hier hat der Stadtschreiber Spatt das Fliegen erlernt . . .

Ditzen rafft ein paar Sachen aus dem Schrank zusammen; er will den Raum, der ihn an so viele glückliche Stunden erinnert, rasch wieder verlassen. Das alte Jagdgewehr fällt ihm in die Hände. Soll er es mitnehmen oder dalassen? Er betrachtet die Waffe, streicht mit der Hand darüber. Er hat sie einmal angeschafft, als er noch von sich glaubte, daß er jagen und auf Tiere würde schießen können. Kein einziges Haar hat er einem Tier damit gekrümmt; nicht einmal ein alter schwacher

Hase starb durch eine Kugel aus dem Gewehr. Dennoch hat Ditzen es nicht abgeschafft. Es stand im Schrank, und dort blieb es auch. Es gab ihm ein Gefühl von Sicherheit; der Gedanke, daß man nur aufstehen und nach dem geladenen Gewehr zu greifen brauchte, ließ ihn nicht gar so wehrlos erscheinen. Eher unbewußt hängt Ditzen das Gewehr um und geht.

Als er, mit Büchern, Wäsche und der Waffe beladen, auf den Hof tritt, kehrt gerade Suse mit dem Fahrrad zurück. Um der Frau auszuweichen, geht Rudolf nicht direkt zum Stallanbau hinüber, sondern nach rechts zum Bienenhaus. Ihm ist, als habe er die Frau lächeln sehen, als sie ihn derart bepackt kommen sah. Hat er sich getäuscht, oder hat sie tatsächlich über ihn gelacht? Ist es schon so weit, daß er zu einer Witzfigur geworden ist, über die man ungestraft lachen kann?

Ditzen hantiert am Schloß der Tür zum Bienenhaus; er bekommt es nicht auf, müßte alles aus der Hand legen. Er wird nervös, beginnt zu schwitzen. Endlich gelingt es ihm, die Tür zu öffnen. War da nicht eben ein Gesicht hinter dem Küchenfenster? Spioniert sie ihm nun schon nach? Es wird immer schöner! Ditzen legt die Sachen im Bienenhaus auf den Boden; dabei fällt ihm das Gewehr auf den Fuß. Richtig, er ist ja nicht wehrlos! Man muß sich doch nicht alles gefallen lassen! Er hebt die Waffe und schießt auf das Haus, ohne zu zielen, ohne zu überlegen.

Suse kommt aus dem Haus gelaufen. Hat sich aus dem Gewehr beim Tragen ein Schuß gelöst und den Mann, den sie immer noch gern hat, verletzt? Ditzen, der das Nahen der Frau wiederum mißversteht, schießt noch einmal. Der Schuß prallt weit neben Suse an die Hauswand. Da ist Anna Ditzen auch schon bei ihm, entreißt ihm das Gewehr und läuft zum See. Der Mann fühlt sich blamiert, gedemütigt. Er ruft ihr unsinnige, haltlose Anschuldigungen nach.

Nachdem sie die Waffe in den See geworfen hat, kehrt Suse zum Haus zurück und telefoniert mit dem Feldberger Arzt. Er wird sogleich kommen, verspricht Dr. Hotop, sie soll sich so lange in ihrem Zimmer einschließen.

Eine Stunde später ist der Arzt da. Ditzen, der kaum noch weiß, was eigentlich vorgefallen ist, läßt sich bereitwillig auf sein Zimmer führen und untersuchen. Der Arzt gibt dem Patienten, um dessen Schwächen er seit langem weiß, eine Injektion und rät ihm zu schlafen.

Schlafen, Vergessenkönnen – nichts wünscht Ditzen mehr als das.

Obwohl Suse Dr. Hotop gebeten hat, das Vorgefallene für sich zu behalten, ringen, als er abends am Stammtisch sitzt, Schweigepflicht und Mitteilungsbedürfnis in ihm miteinander. Schweigen könnte in diesem Fall bedeuten, Anna Ditzen neuen Gefahren auszusetzen, denn wenn das Schlafmittel seine Wirkung verliert und der Mann aufwacht, wer sagt, daß er nicht wieder aggressiv reagiert?

So spricht der Arzt an der Tischrunde im »Deutschen Haus« über das Ereignis in Carwitz, und er findet im Frisör, in dem Tierarzt und dem jungen Staatsanwalt Splettstößer aus Neustrelitz aufmerksame Zuhörer. Der Anwalt ist zufällig in Feldberg, er hatte den ganzen Tag über nur Routinesachen in der Stadt zu erledigen: Verleumdungen und Denunziationen, denen nachgegangen werden mußte und die sich doch nur als Fehlmeldungen erwiesen. Und da läuft ihm, fast schon auf dem Heimweg, noch dieser kapitale Bock über den Weg. Ditzen, ist das nicht der Schreiberling Fallada, den Goebbels schon 1938 zum Abschuß freigegeben hatte? Treibt der immer noch sein Unwesen?

Hotop versucht am Ende, seinen Bericht abzuschwächen, indem er hinzufügt, er sei überzeugt, Ditzen habe die Frau nicht vorsätzlich treffen wollen; er habe nur im Affekt einen

Schreckschuß abgegeben. Das meinten die Herren doch auch, nicht wahr?

Aber der junge Staatsanwalt ist ganz und gar nicht Hotops Meinung. Er wird sich der Sache annehmen ... Er verläßt die Gaststätte und kehrt noch einmal zur Polizeiwache zurück, die er vor zwei Stunden verlassen hat. In Begleitung eines Polizisten macht er sich auf den Weg nach Carwitz ...

Noch in derselben Nacht wird Rudolf Ditzen in Gewahrsam genommen. Er läßt sich schlaftrunken und willig abführen. Vergebens hat Suse gebeten, von der Verhaftung Abstand zu nehmen. Sie wird auf gar keinen Fall Anzeige gegen Ditzen erstatten, hat sie den Staatsanwalt wissen lassen. Das sei auch gar nicht nötig, sagt der, das mache er selbst. Immerhin handelt es sich um einen Fall von Gemeingefährdung.

Der »Fall von Gemeingefährdung« wird zunächst für eine Nacht in das Feldberger Spritzenhaus gesperrt, dann in das Amtsgerichtsgefängnis Neustrelitz und von dort in die *»Landesanstalt Strelitz«* überführt, die dem Namen nach eine Heilanstalt und der Sache nach ein Gefängnis ist. Wieder schließen sich hinter Ditzen schwere Eisentore.

Ist es diesmal der schon immer gefürchtete Aufenthalt auf Lebenszeit? Wird man ihn, wie sechs Jahre zuvor Kagelmacher, entmündigen oder sterilisieren oder als lebendigen Toten hier begraben?

Es wird ein gerichtsmedizinisches Gutachten eingeholt. Medizinalrat Dr. Hecker gelangt zu dem Schluß: »Bei Begehung der ihm zur Last gelegten Straftat waren bei Rudolf Ditzen die Voraussetzungen des § 51 Abs. 2 StGB erfüllt. Unterbringung in einer Heil- und Pflegeanstalt im Anschluß an die Strafverbüßung ist m. E. nicht erforderlich.« Außerhalb seines Gutachtens vermerkt der Arzt, daß Ditzen »im ganzen gesehen doch mehr in die Hand eines Psychiaters als in eine Strafanstalt gehört, wenn man bei ihm einen Erfolg erzielen will«.[39]

Erst am 30. 11. 1944, nach acht Wochen Haft, erhält Ditzen den Strafbescheid und damit die Gewißheit über sein Schicksal: Er ist zu 3 Monaten und 14 Tagen Gefängnis verurteilt und wird danach – seiner eigenen Rechnung zufolge – am 13. 12. wieder entlassen werden.

Der kalte, mit Fensterblenden versehene Bau wird von den Einwohnern der Stadt ebenso gefürchtet wie von seinen Insassen. Die Braunen stopfen in diesem vorletzten Kriegsjahr wahllos hinein, was in der näheren oder weiteren Umgebung von der festgelegten Norm abweicht: Asoziale, Trinker, Debile, auch Deserteure, die sich auf der Überführung zu ihrer Hinrichtung befinden. Wie wird Ditzen zurechtkommen? Wird er nun seine stille Opposition aufgeben und – mit seinem Schicksal hadernd – klein beigeben?

Nein, nichts von alledem. Es gelingt Rudolf Ditzen, sich eine bestimmte Aufgabe zu stellen und daraus Kraft zu gewinnen. Ditzen wendet jene »Taktik« an, die ihm 1924 im Greifswalder Gefängnis so gut geholfen hat, über Depression und Verzweiflung hinwegzukommen.

Er läßt sich bald nach seiner Einweisung in die *»Landesanstalt Strelitz«* bei dem Leiter melden. Er wird vorgeführt und kann sein Anliegen vorbringen: Er bittet um nichts, er fordert mit Nachdruck: Er ist lizensierter Schriftsteller, die Herren mögen sich bei der Reichsschrifttumskammer erkundigen. Jetzt hat er den Auftrag, einen Roman über den Untergang des jüdischen Bankhauses Kutisker zu schreiben. Dem Propagandaministerium »höchstpersönlich« ist an der Ausführung dieses Auftrages gelegen. Untersagt sei ihm nur, sich frei unter seinen Mitmenschen zu bewegen, bitte, daran halte er sich. Aber seinen Status als Schriftsteller möge man höflichst respektieren . . .

Die Anstaltsleitung wird unsicher. In dieser Zeit geht so vieles durcheinander; wer sitzt nicht alles in den Strafanstalten?!

Man hält für möglich, daß stimmt, was der Mann sagt. Da ist es auf jeden Fall besser, sich rückzuversichern, bevor man Fehler macht. Rechtskräftig verurteilt ist er ohnehin nicht. Irgendwie wurde die Sache auf Unzurechnungsfähigkeit abgeschoben. Aber Bücher soll der Mann ja tatsächlich mal geschrieben haben. Und wenn es stimmt, was er über seine Pläne sagt, daß er über eine Judensippe schreiben will?

Der Staatsanwalt wird befragt, es wird mit Berlin telefoniert und schließlich entschieden: Wir versuchen es ein letztes Mal mit ihm. Sonderstatus, aber strengste Aufsicht; Papierzuteilung, aber einen Wächter auf ihn ansetzen, der ihn beobachtet und das Geschreibsel kontrolliert; eine gründliche Zensur hat zu erfolgen. Beim geringsten Anzeichen von Verrat geht der Mann ab!!!

In der Anstalt klirren die Türen, die Häftlinge werden zur Arbeit auf dem Hof zusammengetrieben. Die Tür zu der Zelle, in der Ditzen sitzt, bleibt verschlossen. Manchmal beneidet der Büchermann die anderen Insassen um die Abwechslung. Er rückt dann das eiserne Bett vor das Gitterfenster und zieht sich an den Gitterstäben hoch, um über die Blenden hinweg einen Blick auf die Arbeitenden zu werfen. Aber dann schafft er wieder Ordnung, beugt sich über das Papier und schreibt.

In seiner winzigsten Schrift kritzelt er die Seite voll, dreht sie dann herum und beschreibt die Räume zwischen den Zeilen. Ist die Seite auf diese Weise gefüllt, so wendet er sie aufs neue und beschreibt sie noch einmal, auch die letzten freien Räume füllend. Und das bei unzureichendem Licht und mit einem viel zu kleinen Schreibgerät.

Wieder ist er Robinson, der Zäune um sich herum errichtet und sich tarnt. Aber diesmal hat das Robinson-Spiel seinen tiefen, ernsten Sinn: Seit Ditzen in Altstrelitz sitzt, betreibt er ein gefährliches Doppelspiel: In den Briefen, die er an

Freunde, auch an Suse, richtet, schreibt er über den Fortgang der Arbeit am Kutisker-Roman, den er – nach eigener Auskunft – am 28. 11. 1944 beendet.[40] In Wahrheit aber schreibt er anderes: Zunächst ein paar Kurzgeschichten, dann, in der Zeit vom 6. bis 21. September – also in gut zwei Wochen – den Roman *»Der Trinker«*.

In diesem Buch denkt Ditzen das eigene Schicksal bis zum bitteren Ende weiter. Es ist die Geschichte vom Zusammenbruch der Ehe des Erwin Sommer, nachdem dieser zum Trinker wurde. Hatte so nicht auch alles bei Ditzen begonnen? War nicht das Trinken die Ursache allen Übels? »Meine Geschäfte liefen nicht so, wie sie sollten, und mit den Menschen hatte ich auch mancherlei Mißgeschick«, klagt Sommer. »Ich bin immer ein weicher Mensch gewesen, ich brauchte die Sympathie und Anerkennung meiner Umwelt, wenn ich mir das auch nicht merken ließ und stets sehr selbstbewußt und sicher auftrat.«

Es ist, wie bei allen vorangegangenen und kommenden Büchern Ditzens, nicht ohne weiteres möglich, das Schicksal eines der Helden mit dem seines Erzählers gleichzusetzen. Aber in den Roman *»Der Trinker«* fließen wieder viele persönliche Erfahrungen aus verschiedenen Abschnitten seines Lebens ein. Der Autor baut allerdings »Sicherungen« ein, um eine Übertragung der Romanhandlung auf sein eigenes Leben zu verhindern: Sommer ist von Beruf nicht Schriftsteller, sondern Kaufmann; das Ehepaar ist kinderlos geblieben und lebt in der Großstadt; die raffgierige Marga Sommer hat wenig Ähnlichkeit mit Anna Ditzen. Aber es gibt auch viele Parallelen: Wie Anna und Rudolf Ditzen haben die Sommers vierzehn Jahre lang eine gute Ehe geführt. Sie haben aus Liebe geheiratet, »damals waren wir alle beide sehr kleine Angestellte gewesen, jeder mit einem Handköfferchen, so waren wir zusammengelaufen«. Sommer erinnert sich, wie auch Ditzen, gern an die »herrliche entbehrungsreiche Zeit« der ersten Ehejahre, denen eine »wagemutige, von immerwährender Anspannung erfüllte Zeit« folgte. Dann kam – mit den ersten geschäftlichen Mißerfolgen – auch der Streit auf: »Manchmal schien es mir geradezu lächerlich«, bekennt Erwin Sommer, »über was für Dinge alles wir miteinander in Streit gerieten. Es schien, als müßten wir uns zu bestimmten Zeiten streiten, ganz gleich warum. Auch das Streiten scheint ein Gift zu sein, an das man sich rasch gewöhnt und ohne das man bald nicht mehr leben kann.«

Nach einer Affekthandlung gegenüber seiner Frau – infolge von Alkoholgenuß – wird Sommer ins Gefängnis gebracht und Anklage wegen Mordversuchs gegen ihn erhoben. Schließlich landet er in einer Trinkerheilanstalt. Sommer ist damit an jenen Punkt gelangt, an dem sich auch sein geistiger Vater, der Bücherschreiber Hans Fallada, befindet. Ditzen muß von hier aus mit der Geschichte des Trinkers zwangsläufig auch sein eigenes Schicksal weiter- und zu Ende denken.

Zunächst beruhigt Ditzen sich und seinen Helden mit der Feststellung, es werde schon alles nicht so schlimm werden. Man wird ihnen beiden nur einen kleinen »Schreckschuß« verpassen, einen »Denkzettel« geben und sie dann entlassen. Damit ist der Zweck erreicht, auch für den Trinker; »dieser Schreckschuß hat mich ernüchtert, nie werde ich trinken, keinen Tropfen mehr«.

Aber dann werden sich die beiden bald »einig«, daß sie nicht ehrlich vor sich waren und daß es keinen Sinn hat, sich weiter selbst ins Gesicht zu lügen: »Nein, ich will jetzt ehrlich sein, ich will mir nicht wieder etwas vorlügen«, bekennt Sommer. Er muß sich eingestehen, daß er nicht mehr vom Trinken ablassen könnte und daß es auch nicht mit einem kleinen »Denkzettel« abgehen wird. Er ist in das Räderwerk einer barbarischen, unmenschlichen Justizmaschinerie geraten, »da hielt ich alles für möglich, da fühlte ich, wie hilflos ich großen Mächten ohne Gnade ausgeliefert war. Mächten, die kein Herz haben, die kein Mitleid kennen, die nichts Menschliches haben. In eine große Maschine war ich geraten, und nichts bedeutete es mehr, was ich tat oder fühlte, die Maschine lief unabänderlich ihren Lauf, ich mochte weinen oder lachen, das merkt die Maschine gar nicht.«

Sommer wird von der »Maschine« zum Geisteskranken erklärt, von ihr entmündigt und von der Frau, die er noch immer liebt, geschieden. Ihm bleibt nur der Weg, seinem Leben in dem »Totenhaus« ein Ende zu setzen. Er will, da er nicht den Mut zu einem plötzlichen, scharfen Ende hat, einen »Tod nach eigener Wahl«, einen allmählichen, »sanften« Tod sterben: Er infiziert sich mit dem Auswurf von Tuberkulose-Kranken und malt sein eigenes Ende in allen Einzelheiten aus. Sein letzter Wunsch wird einem mit Schnaps gefüllten Wasserglas gelten, langsam wird er verlöschen, aufgeben in »Rausch und Vergessen, aus denen es nie ein Erwachen gibt«.

Damit schließt der Trinker-Roman, der erst nach dem Tod seines Autors veröffentlicht wird und bei einem großen Teil des Publikums auf Unverständnis und Ablehnung stößt.[41] Nach der Niederschrift des Trinker-Romans schreibt Ditzen neue »Alibibriefe«, die den Zensoren zugedacht sind und die Wachsamkeit des Staatsanwalts einschläfern sollen.

Dann bringt der alte Wärter Paselk neue Bogen Papier. Er kann den Fleiß seines Schutzbefohlenen nicht genug loben. Und wie sparsam er mit dem Papier umgeht! In winzig kleiner Schrift schreibt er viele Seiten am Tag, und er macht so viele Zeilen auf eine Seite, daß es einem davon im Kopf schwindlig wird, wenn man auf das Papier sieht. Eigentlich soll Paselk das Geschriebene auch kontrollieren, aber das kann niemand von ihm verlangen, das schreibt keine Dienstvorschrift vor, und sein Gehalt ist sowieso schmal genug. Außerdem interessiert es ihn nicht, was der Mann da gegen die Juden zusammenschreibt. Paselk ist froh, daß der Gefangene, der eigentlich wegen Mordversuchs an seiner Frau und wegen passionierter Blödheit einsitzt, Ruhe hält und nicht aggressiv reagiert.

Wie soll man das nennen, was hier das Entstehen wichtiger Arbeiten begünstigt: eine Verkettung von Zufällen, besonderes Glück oder – auf Ditzens Seite – Leichtsinn und Todesverachtung? Es ist wohl der Mut des Menschen, der nie etwas gewagt und doch alles verloren hat und der nun für sich Bilanz zieht, unbekümmert um die Folgen.

Neben dem Trinker-Roman enthält das sogenannte *»Trinker-Manuskript«* von Altstrelitz den Bericht *»Ostern 1933 mit der SA«* und die Abrechnung mit dem Nazi-Schluß zum *»Eisernen Gustav«*. Nun endlich findet Rudolf Ditzen, gleichsam unter den Augen der Faschisten, zu jenem Ideal zurück, das ihm vorschwebte, als er sich auf die Suche nach der Wahrheit machte und das gute Pferd Falada sein wollte.

»Und dann kam es über mich, daß ich hier ausgerechnet in diesem Haus, bewacht und belauert, mit diesen Aufzeichnungen beginnen mußte«, lesen wir im *Trinker-Manuskript.* »Zu lange schon trage ich sie mit mir herum. Ich muß einfach. Und weiß, daß ich wahnsinnig bin. Ich gefährde nicht nur mein Leben, ich gefährde, wie ich immer mehr beim Weiterschreiben merke, das Leben vieler Menschen, von denen ich berichte. Ich besitze kein abschließbares Fach. Alles liegt jedem Zugriff offen. Ich schreibe in einer mir zugewiesenen Zelle, durch die ständig andere Gefangene laufen. Wachtmeister stehen alle Augenblicke bei mir, rauchen eine Zigarette und stellen dumme Fragen nach der Tätigkeit eines Schriftstellers. Sie bewundern meine sehr kleine Schrift, der einzige Schutz, den ich gegen neugierige Nachschnüffler habe. Ich weiß, daß jeder Brief, jede Zeile, die hier geschrieben wird, erst von der Staatsanwaltschaft zensiert werden muß, ehe sie hinausgeht.

Ich habe noch nicht die geringste Ahnung, wie ich diese Zensur vermeiden, wie ich das M(anuskript) hinausschmuggeln soll. Ist es nur Leichtfertigkeit? Oder handle ich unter einem unwiderstehlichen Zwang? Alle diese Gedanken plagen mich Tag und Nacht, sie lassen mich mein eigenes Schicksal in diesem Totenhaus vergessen, nur wenn ich über diesen Aufzeichnungen sitze, lassen mich diese quälenden Gedanken frei.«

Wenn er nachts auf der Pritsche in einem halbschlafähnlichen, bleiernen Zustand liegt, fragt sich Ditzen: »Ob ich morgen wohl weiterschreibe? Ich bin wahnsinnig, wenn ich es tue.«

Unter den Augen der Wächter, belauert von dem übereifrigen Staatsanwalt, läßt er seinem Herzen endlich freien Lauf. Noch einmal stehen vor ihm jene bitteren Stunden des Jahres 1938, da er auf Weisung von oben das Eigenleben seiner Figuren auslöschte und sie Dinge tun ließ, die weder ihrem angelegten Charakter noch der Absicht ihres Schöpfers entsprachen: »Der Monat, durch den ich an diesem n(azi) Schwanz schrieb, steht mit schwarzer Tinte umrandet in meinem Kalender, die Welt kotzte mich an, ich mich selbst aber noch mehr«, schreibt Ditzen am 2. Oktober 1944. Alles muß nun heraus: die Eingriffe von Goebbels, das Rosenberg-Diktat und seine Folgen: »... ich wurde beschimpft, daß ich es gewagt hatte, Parteigestalten zu schildern, ich wurde in Acht und Bann erklärt, ich war verfemt, ich war vogelfrei. Wieder wie nach dem ›Blechnapf‹ zogen SA und SS durch die Straßen und verlangten von den Buchhändlern, daß meine Bücher aus den Schaufenstern, ja, aus den Regalen entfernt wurden ... Ich stand vor meinem Ruin.«

Für alles will er nun Genugtuung: für die verlorene Suse, die entfremdeten Kinder, vor allem aber für die ihm aufgenötigten literarischen Kinder. Hat er diese Bilanz abgeschlossen, so wird es ihm leichter ums Herz sein, er wird mit sich ins reine kommen. Auch das Unglück mit der Suse wird aufhören. Sie werden sich aussprechen und noch einmal von vorn beginnen. Daran glaubt Ditzen, und diese Zuversicht gibt ihm die Kraft und den Mut, alle widrigen Umstände in dem Altstrelitzer »Totenhaus« zu überwinden. Zu einer Zeit, da ihn die Welt für tot erklärt, beginnt er noch einmal – zum wievielten Mal – zu leben.

Niemand rechnet mehr mit Ditzen, kaum einer, der sich in diesen Tagen an ihn erinnert. Jeder ist sich selbst der nächste: In der Anstalt flüstern die Insassen lange über die Frontlage; Ortsnamen werden genannt, die zuerst russisch, dann polnisch und schließlich sehr deutsch klingen. Alle, selbst die Wachmannschaften, bereiten sich auf das große Ende vor.

Wer hat jetzt noch Zeit, sich um einen armen, irren Schriftsteller zu kümmern, der in seiner Zelle sitzt und schreibt, schreibt, als ob sein Leben davon abhinge. Irgendeiner von den Freunden hat das Gerücht verbreitet, Rudolf Ditzen sei bei einem der schweren Bombenangriffe auf Berlin ums Leben gekommen.

Als Ditzen etwas später von diesen Gerüchten hört, tröstet er sich: »Das macht nichts, daß man mich totsagte. Es heißt doch: ein Totgesagter lebt noch hundert Jahre, und gerade das will ich.«

Zwischen

Anfang vom Ende
und
großer Chance

Am 13. Dezember 1944 kehrt Rudolf Ditzen mit zwei schweren Koffern, die seine Manuskripte enthalten, beladen, nach Carwitz zurück. Er will sich mit Suse aussöhnen und von Ulla Losch trennen. Die junge Frau hat er ein Vierteljahr nicht gesehen, sie hat ihn in Altstrelitz nicht besucht, auch geschrieben haben sie einander nicht.

Ditzen glaubt daher, daß es ihm leichtfallen wird, sich von ihr zu lösen.

14

Die große Chance

Wie Ditzen es vorhatte, spricht er sich mit seiner Frau gründlich aus. »Schönes Weihnachtsfest. Aussöhnung mit Suse«, steht im Tagebuch unter dem 24. Dezember.

Nun wird er – am zweiten Weihnachtstag – noch einmal nach Feldberg gehen, um mit Ulla zu reden und sich von ihr zu verabschieden. Suse muß doch verstehen, daß er Ulla eine Erklärung schuldig ist. Und wie stets ist Anna einverstanden, auch wenn sie nicht alles einsieht oder versteht.

Als Ditzen zum ersten Mal seit längerer Zeit dieser jungen Frau wieder gegenübersteht, sind alle Vorsätze wie weggeblasen. Er erinnert sich kaum noch, weswegen er eigentlich gekommen ist, er verteilt Festtagsgrüße und kleine Geschenke an Ulla, die Tochter Jutta und Ullas Mutter. Weit weg ist nun wieder der Gedanke an Trennung; weit weg auch Suse, die ihn an gegebene Versprechen erinnern könnte.

Ulla Losch fragt teilnahmsvoll nach dem Anstaltsaufenthalt; sie ist nicht böse, daß er sich nicht gemeldet hat. Ach, die Ulla ist schon in Ordnung! Man wird sich einfach zusammentun für die Zeit, die noch bleibt; allen zum Trotz, die keinen Pfifferling auf ihre Verbindung geben.

So verlobt sich Rudolf Ditzen noch an diesem zweiten Weihnachtsabend mit Ulla Losch. Sie werden dem klatschsüchtigen, mißgünstigen Spießervölkchen der Kleinstadt den Rücken kehren und nach Berlin gehen. Sie werden eintauchen in die Großstadtanonymität und in Ullas Wohnung in der Meraner Straße ihr gemeinsames Leben beginnen, ganz so, wie es der Bücherschreiber Dr. Doll und seine Frau Alma in dem vorletzten Roman Falladas, *»Der Alpdruck«*, vorhaben: »Berlin! Berlin, wieder einmal Berlin —! Diese geliebte Stadt, in der sie beide groß geworden waren — er freilich dreißig Jahre früher als sie —, dieser lichterglänzende, jagende, ruhelose Ort! Anscheinend in einen ewigen Taumel von Vergnügungen und Lust verstrickt — aber nur, wenn man nicht an die weiten, dunklen Arbeitervorstädte dachte, Berlin, die Stadt der Arbeit! Wieder einmal kehren sie dorthin zurück, ihr Leben neu aufzubauen; wenn an irgendeinem Platz der Erde, so gab es hier für sie eine Chance: in diesem zertrümmerten, ausgebrannten, verblutenden Berlin —!«

Sie finden die Wohnung in der Meraner Straße zum Teil ausgebombt, zum anderen Teil von Flüchtlingen besetzt. Schließlich gelingt es Ulla, ein Zimmer freizukämpfen.

Am 1. Februar 1945 heiraten Ursula Losch und Rudolf Ditzen. Auf der Hochzeitsanzeige steht ein Zitat aus einem Märchen von Ludwig Bechstein: »So mußte denn das liebe Mägdelein herbei, um mit dem häßlichen Bräutigam fortzufahren. Seinen rauhen Kopf auf des Mädchens Schoß legend, brummte er:

> Graule mich, grabble mich
> Hinter den Ohren zart und fein,
> oder ich freß dich mit Haut und Bein!

Und das Mädchen grabbelte, und so sanft, daß es ihm behagte und daß sein furchtbarer Bärenblick freundlich wurde, so daß allmählich die arme Bärenbraut einiges Vertrauen zu ihm gewann.«

Sie versenden die Hochzeitskarten an Freund und Feind. »Was sie sich von diesen Anzeigen eigentlich für eine Wirkung versprachen, hatten sie selbst so genau nicht sagen können. Es kam ihnen schon wie ein Triumph vor, daß sie nun doch geheiratet hatten — ihnen allen zum Trotz, ein Schlag ins Gesicht der Prüderie.«

Als Trauzeugen werden Ernst Rowohlt und Peter Zingler bestellt. Ditzen weiß sehr wohl, daß sich diese beiden ihrer Freundespflicht kaum entziehen können, obwohl sie die Suse kennen und bei Vergleichen zwischen den beiden Frauen ihre Sympathie ganz auf der Seite von Anna Ditzen liegt.

Ditzen drängt auf eine rasche Erledigung des Zeremoniells auf dem Standesamt. Es ist, als ob er fürchtet, jede neue Verzögerung könne die Angelegenheit noch einmal gänzlich in Frage stellen. Zwischen Todesanzeigen und Vermißtenmeldungen schreibt ein gleichgültiger Standesbeamter die Personalien auf; nimmt die Erklärung der beiden ungleichen Menschen entgegen, daß sie einander Treue halten wollten, »bis daß der Tod sie scheide«. Was auch immer über die beiden gesagt werden muß und gesagt werden wird: Diese Treue haben sie einander — auf ihre Weise — gehalten für die zwei gemeinsamen Jahre.

In der Wohnung des Paares soll eine kleine Feier stattfinden, auch Rowohlt und Zingler werden aufgefordert, mit ihnen auf die Zukunft anzustoßen. In diesem Moment, als die vier fast schon in der Meraner Straße sind, heulen die Sirenen auf: Fliegeralarm.

Rowohlt und Zingler nutzen die Chance. Während Ulla und Ditzen zur Wohnung laufen, kehren die beiden um und laufen quer über die Straße zu einem Luftschutzbunker.

Ditzen ruft den Männern etwas nach: Sie sollen nach der Entwarnung unbedingt zurückkommen, sonst gnade ihnen Gott... Aber Rowohlt und Zingler hören es nicht, oder sie wollen es nicht hören. Nein, das ist zuviel verlangt. Sie können nicht so tun, als ob nichts geschehen sei. Die Anwesenheit auf dem Standesamt war kaum zu umgehen, aber eine Feier mit der neuen Frau geht über ihre Kraft. Die beiden Männer laufen schweigend durch die menschenleeren Straßen, vorbei an dem Luftschutzbunker, unbekümmert um die Folgen.

Ditzen, der den wahren Grund für die Eile Rowohlts und Zinglers errät, kehrt mißmutig mit der jungen Frau in das große Zimmer zurück, das ihnen von der riesigen 7-Zimmer-Wohnung der Familie Losch noch geblieben ist. Auf dem festlich gedeckten Tisch stehen vier Gläser und zwei Weinflaschen, die Ulla – weiß der Teufel, wie – beschafft hat.

Plötzlich überfällt Ditzen eine unbändige Wut: auf die beiden eigensinnigen Trauzeugen, auf Suse und Ulla, auf alles. Er packt einen Stuhl und schleudert ihn in die Ecke. Ein Glas fliegt hinterher, ein weiteres in den Spiegel, aus dem ihn das eigene entstellte Gesicht anstarrt. Ulla, die zunächst fassungslos dem Treiben ihres Mannes zugesehen hat, empfindet bald Freude an dieser allgemeinen Vernichtung. Es ist ja doch gleichgültig, ob der Tod von außen kommt oder ob man dem Ende ein wenig nachhilft. Während in Wilmersdorf die ersten Bomben einschlagen, lacht Ulla unbändig und stachelt die Wut Ditzens aufs neue an. Stück um Stück der Zimmereinrichtung wird unter der Wucht von Fußtritten, Schlägen und Püffen demoliert. »Es hätte keine Hochzeit Hans Falladas sein dürfen, wenn dies nicht passiert wäre«, urteilt Ditzen später.

Nur die beiden Weinflaschen rettet Ulla. Die werden sie brauchen können, wenn alles vorüber ist und der Katzenjammer folgt. Und er kommt so gewiß wie das Ende selbst.

Ditzens Bedarf an Großstadt ist bald gedeckt. Ulla hat sich eine langwierige Beinverletzung zugezogen und braucht außerdem wegen ihrer Gallenkoliken teure Medikamente, für die das Geld fehlt. Ditzen weiß nun längst, daß seine zweite Frau morphiumsüchtig und mancher ihrer Gallenanfälle nur vorgetäuscht ist, um Spritzen oder Präparate zu erhalten. Sie muß aus Berlin fort, ehe es – auch für ihn – zu spät ist. Außerdem kann Ditzen das Heulen der Sirenen, den Geruch verbrannter Häuser und das Leben in stinkenden, muffigen Kellern nicht länger ertragen. Er sehnt sich zurück nach der Ruhe der Feldberger Seen und Berge.

So ziehen Ulla, ihre fünfjährige Tochter und Ditzen wieder zu Ullas Mutter in das Häuschen auf den Feldberger Klinck-Ecken. In den nächsten Tagen schon werden die Russen hier sein und sich vielleicht für alles schadlos halten, was man ihnen angetan hat, befürchtet Ditzen.

Aber in diesem Punkt ist Ulla optimistischer: Ihr Beinleiden ist ausgeheilt, sie ist jung und will noch längst nicht sterben. Das von den Greueltaten der Russen ist doch nur Gerede. Sie glaubt nicht daran. Sollen sie nur kommen, sie wird schon mit ihnen zurechtkommen. Sie versteht sich mit den meisten Menschen gut, schließt rasch Freundschaften, warum nicht auch mit den Russen, es sind doch schließlich Männer ...

Am 28. April sind sie da. Sie bahnen sich durch Flüchtlingstrecks und Fahrzeugwracks ihren Weg. Da die kleine Stadt nicht verteidigt wird und die SS- und Wehrmachtseinheiten längst geflohen sind, fällt kein Schuß, Feldberg bleibt unzerstört.

Von einem Tag auf den anderen verändert sich das Leben der Menschen, auch das von Ursula und Rudolf Ditzen, grundlegend. Für jeden gesunden Bürger besteht nun Arbeitspflicht. Ohne Unterschied haben sich alle rüstigen Männer und Frauen morgens auf dem Schulhof einzufinden, wo sie zu verschiedenen notwendigen Arbeiten eingewiesen werden. »Männlein und Weiblein wurden getrennt aufgestellt, abgezählt, aufgeschrieben und zu den verschiedensten Arbeiten eingeteilt. Ging es gut, konnten sie sich wenigstens beim Abrücken die Art ihrer Arbeit zurufen, so daß sie wußten, wo jedes den langen, getrennten Tag beschäftigt war. ›Ich gehe saubermachen!‹ rief sie etwa. Und er gab zurück: ›Säcke stapeln!‹ Später wurde beiden eine feste Arbeit zugeteilt, er wurde Kuhhirt, sie Säcketrägerin.«

Was hier vom Ehepaar Doll erzählt wird, stimmt mit dem Schicksal des Ehepaares Ditzen überein: Ditzen hütet Kühe; Ulla hilft, die von der SS gehorteten Lebensmittel zu verladen.

Ditzen macht seine Arbeit ruhig und ohne zu klagen. Es hätte auch schlimmer kommen können, sagt er sich. Man ist am Leben geblieben; die Leute, die jetzt hier bestimmen, hätten ganz anderes mit einem tun können. Er hat seine Arbeit, und abends erhält er dafür ein Stück Brot und eine Kanne Milch. Während um Berlin noch gekämpft wird, während die braune Bestie in einem verzweifelten Todeskampf liegt, tragen Ulla und Rudolf Ditzen schon dazu bei, das Leben in der kleinen Stadt wieder in Gang zu setzen. Nicht, daß sie einen Sinn darin sähen, es ist der bloße Selbsterhaltungstrieb, der Ditzen veranlaßt, morgens um fünf Uhr aufzustehen, mit weiteren sieben Männern zum Kühehüten zu gehen und »eine Herde von weit über tausend Kühen, die nicht aus dem gleichen Stall stammten, also auch kein Zusammengehörigkeitsgefühl hatten, beieinanderzuhalten«.

Nur am 8. Mai, als in Berlin der Kampf beendet und die Kapitulation verkündet wird, geht Ditzen nicht seiner nun schon gewohnten Arbeit nach. Zwei sowjetische Soldaten holen ihn frühmorgens aus dem Bett und führen ihn zur Kommandantur. Ditzen ist denunziert worden; auf dem Grundstück der Loschs wurde ein Bündel mit einer SS-Uniform gefunden.

Ditzen muß seine Aussagen zu Protokoll geben: Er ist nie in der SS, nicht einmal in der Partei gewesen. Er hat die Braunen gehaßt und sie ihn. Er ist Bücherschreiber, jawohl Schriftsteller . . . Name?

Ditzen, Rudolf, Ditzen mit »i«, ohne »e«. Aber die Bücher hat er unter dem Namen . . .

Nun gut, man wird alles nachprüfen. Was wird das schon für ein Schriftsteller sein, der während der letzten zwölf Jahre Bücher geschrieben und publiziert hat?!

Er kann gehen – vorerst.

Eine Stunde Angst und neuer Haß gegen die boshaften Nachbarn und Mitbürger sind das Ergebnis dieses Zwischenfalls. Ditzen und Ulla schlucken alles – die Angst, den Haß und auch erste Nachdenklichkeit über die sachliche Ruhe der Sieger – mit einer Flasche Whisky hinunter, die auf geheimnisvolle Weise ins Haus gelangt ist.

Der nächste Tag, der 9. Mai 1945, ist der »Tag des Sieges«. Die Bevölkerung der Stadt ist aufgerufen, zur Kommandantur zu kommen, um an einer Feierstunde aus Anlaß der vollständigen und bedingungslosen Kapitulation Nazideutschlands teilzunehmen.

Da stehen sie nun auf dem kleinen Marktplatz friedlich beieinander: die fanatischen kleinen Nazis (die großen haben sich das Leben genommen oder in Richtung Westen abgesetzt), die zahllosen Mitläufer und die wenigen konsequenten Nazigegner. Ditzens sehen betretene Gesichter, verschlossene und leere, aber auch solche, denen der innere Widerstand gegen die neue Macht deutlich abzulesen ist.

Ulla zieht Ditzen durch die Reihen der Wartenden, bis sie ganz vorn, unmittelbar vor der Kommandantur stehen. Sollen sich die lieben Mitbürger nur recht wundern und ärgern, daß man Ditzen nicht eingesperrt hat, wie es manche unter ihnen erhofften.

Auf dem Balkon der Kommandantur erscheinen sowjetische Offiziere. Sie sehen sich suchend unter den versammelten Deutschen um, bis der Offizier, der Ditzen am Vortag vernommen hat, ihn unter den Leuten entdeckt und den Balkon wieder verläßt. Er taucht bald darauf mit dem Dolmetscher in der Tür auf; Ditzen wird herangewinkt, »und der Dolmetscher fragte ihn namens des Offiziers, ob er es sich wohl zutraue, über die Bedeutung dieses Siegestages zu der deutschen Bevölkerung zu sprechen.«

Ditzen überrascht die Frage. Er, der bisher niemanden als sich selbst vertreten hat, soll als Sprecher seiner Mitbürger auftreten? Werden sie ihn überhaupt als Wortführer anerkennen? Er ist nie ein Mensch der Öffentlichkeit gewesen. Vielleicht findet man einen geeigneteren ...?

Bist du Faschist oder nicht, fragt der junge Offizier.

Natürlich nicht!

Na also! Mehr soll er auch nicht sagen, aber das laut und deutlich, so daß es alle hören können. Und wie er sich vorstellt, daß es weitergehen soll in der Stadt, im ganzen Land. Mitkommen!

Ditzen wird in die Kommandantur geführt, in ein Zimmer des oberen Stockwerks. Draußen auf dem Balkon spricht inzwischen der Stadtkommandant zur Bevölkerung. Der junge Offizier stellt ein Wasserglas voll Wodka neben Ditzen auf den Tisch, gegen das Lampenfieber. »Fünf Minuten später stand nun er an der Brüstung des Balkons, wenig hinter ihm der Kommandant mit seinem Übersetzer ... Es gab übrigens noch mehr Offiziere auf dem Balkon, Offiziere, die Doll in den nächsten Wochen noch recht genau kennenlernen sollte. Aber in dieser Stunde sah er sie nicht, er sah nur die Menschen unter sich, eine große Menge, seine Mitbürger, die alle erwartungsvoll die Gesichter zu ihm erhoben hatten«, heißt es im *»Alpdruck«*.

Ditzen sucht nach den ersten Worten, nach einem Anfang, der alles enthält, was ihn bewegt. »Auf diese Stunde habe ich zwölf Jahre gewartet«, sagt er. Und dann: »Die Waffen schweigen!« Nach einer kurzen Pause, die ihm viel zu lang erscheint, wiederholt er lauter, mit Nachdruck: »Die Waffen schweigen endlich. Jetzt ist es an uns zu reden!« Von Schuld und Mitschuld spricht er und der Chance zu einem neuen Beginn. Er stockt mitunter, aber immer findet er den Faden wieder. Allmählich gerät er sogar in Fahrt, die Wärme des Wodkas steigt in den Kopf. Er zeigt oft – vielleicht zu oft – mit der Hand in die Richtung seiner Mitbürger, wenn er fragt, wo die Schuldigen zu suchen seien.

Die Leute wehren sich innerlich gegen den Mann dort oben und gegen seine Rede. Wer ist derjenige, der sie verurteilt? Der Bücherschreiber Fallada, den sie einst geachtet und verehrt haben, der aber alles andere als ein Antifaschist war? Oder ist er der Trunkenbold aus dem *»Deutschen Haus«*, der seine Frau und drei Kinder wegen eines Stadtflittchens hat sitzenlassen? Zu welchem Ergebnis sie auch kommen, es läuft auf Ablehnung hinaus.

Die vielen Fremden, die Evakuierten und Ausgebombten, die Heimat- und Hoffnungslosen folgen der Rede unbeteiligt.

Das Gesicht des Kommandanten und der anderen Offiziere bleibt bei Ditzens Rede unbeweglich, fast abweisend.[42]

Eine Woche nach dem »Tag des Sieges« wird Ditzen wiederum zur Kommandantur bestellt. Ein russischer Jeep holt ihn von der Viehweide am Hauptmannsberg ab. Die anderen Kuhhirten sehen ihm nach: Nun scheint es ihn doch noch zu erwischen! Eigentlich schade, war ruhig und fleißig, fast, als ob er sein Leben lang nichts anderes getan hätte als Kühe hüten. Dabei soll er mal Bücher geschrieben haben, richtige, dicke Bücher. Und wohl nicht einmal schlechte. Na, Friede seiner Asche!

Ditzens Gedanken auf dem Weg mögen ähnlich gewesen sein. Was mag man ihm dieses Mal vorwerfen? Zu allen möglichen Sünden kommt nun auch noch diese Rede vor einer Woche, die man ihm als opportunistisch auslegen kann.

Ditzen wird nicht, wie er es erwartet, in die Kommandantur gebracht, sondern in das Stadtamt. Dort wartet Major Sidelnikow, der Stadtkommandant, auf ihn. Er begrüßt Ditzen, zeigt auf den Stuhl hinter dem schweren Eichenschreibtisch und sagt: »Jetzt du Bjurgermeister von Feldberg!«

Ditzen glaubt, sich verhört zu haben. Der Offizier unterstreicht durch Gesten seine Aufforderung, am Tisch Platz zu nehmen. Das ist doch nicht möglich! Er soll Bürgermeister werden? Es geht nicht: Er ist kein Beamter; er ist krank, schwach und krank; selbst zum Kriegsdienst hat er nicht getaugt . . .

»Krieg kaputt«, sagt der Kommandant. »Du jetzt Bjurgermeister!« Aber man wird nicht auf ihn hören! Er hat keine Autorität bei der Bevölkerung! Manchmal trinkt er auch! Ditzen macht mit der Hand die Geste des Trinkens.

Der Offizier versteht, lacht, sagt: »Du gutt arbeiten, auch gutt trinken, da?«

Dann nennt er seine Gründe: Ditzen war kein Faschist. Er hat es am »Tag des Sieges« durch seine Rede unterstrichen. Das reicht fürs erste. Antifaschisten sind nicht da, noch im Lager, auf dem Weg nach Hause, gefallen, ermordet, verstehen?

Ditzen ahnt, daß von einem bestimmten Punkt an die Diskussion mit den sowjetischen Offizieren sinnlos wird. Sie haben es sich in den Kopf gesetzt, ihm dieses Amt anzuvertrauen. Sie haben ihre Vorstellung von dem Mann, der jetzt in dem hohen Lehnstuhl an dem mächtigen Schreibtisch sitzt und sich plötzlich sehr allein fühlt.

Wieder einmal hat sein Leben eine überraschende Wendung genommen, von der er bis eben noch nichts geahnt hatte. Ist es verwunderlich, daß auch dieses Erlebnis nur die schon vorhandene Ahnung verstärkt, fremde Mächte beherrschen sein Schicksal? Wie nun weiter, alter Mann? Wird man mit Haß eine Stadt regieren können? Er wird es versuchen und sich dabei nicht schonen.[43]

Der Arbeitstag des ersten Nachkriegs-Bürgermeisters von Feldberg ist schier endlos. Und Ditzen leistet ein Pensum, das sich gründlich von jedem anderen unterscheidet, das er sich bisher aufgegeben hat. Morgens um sechs oder sieben Uhr ist er im Stadtamt, und er verläßt es meist erst bei völliger Dunkelheit.

Und welche Aufgabe! Er soll Arbeitsbummelanten bestrafen und hat doch selbst das halbe Leben verbummelt. Er soll kleine Diebe in Haft nehmen und müßte doch zuerst die eigene Frau wegen ihrer undurchsichtigen Beschaffungsgeschäfte festsetzen. Er muß Wohnungen visitieren von Menschen, die er selbst im tiefsten Frieden nicht freiwillig in ihren Häusern aufgesucht hätte.

Und wer schon kann ihn dabei unterstützen? Ihm unterstehen der Polizeimeister Kock, dessen Stellvertreter Schäfer und zehn weitere Polizisten, denen es außer an Einsatzbereitschaft und gutem Willen an allem mangelt: an Erfahrung ebenso wie an Ausbildung, Zeit und Kraft. Ditzen empfindet die ganze Verlassenheit und Kläglichkeit seines Daseins, wenn diese wackeren Männer ihn bei den Dienstbesprechungen in gläubiger Erwartung ansehen, als ob von ihm die Lösung selbst der schwierigsten Probleme erwartet werden könne. Sie führen nach bestem Wissen und Gewissen jeden Auftrag aus, aber erteilt werden muß er von ihm, dem Bürgermeister.

Da gibt es wieder zwei Anzeigen, anonym die eine, wegen angeblich vergrabener Sachen, Klatsch oder Wahrheit? Da ist eine Information beim Stadtamt eingegangen, daß beim Hullerbusch Soldaten der zerschlagenen Wehrmacht ihr Unwesen treiben. Ist das eine Meldung, der man selber nachgehen oder die man unverzüglich an die Kommandantur weiterleiten muß? Da ist Schiebergut sicherzustellen, Flüchtlingstrecks sind umzuleiten oder die Menschen unterzubringen, Fundwaffen und Munition zu beseitigen, die Hitlerliteratur einzuziehen...

Und dann muß man noch für die dreißig Landgemeinden sorgen, die auch der Amtshoheit Ditzens unterstehen: Cantnitz, Koldenhof, Ollendorf, Wittenhagen, Neuhof, Lichtenberg, Möllenbeck und wie sie alle heißen. Die meisten von ihnen hat Ditzen nie in seinem Leben gesehen, und — wie die Dinge in Feldberg selbst liegen — hat er auch weder Zeit noch Lust, sie jemals kennenzulernen. Sie werden vom Schreibtisch aus verwaltet; Ditzen begnügt sich mit der Anleitung der Dorfpolizisten und der ehrenamtlichen Bürgermeister.

Und ist das alles geschehen und hat man endlich Zeit, dann schreibt man die Protokolle, Anträge und Anzeigen, Informationen und Berichte für den Kommandanten.

Etwa so:

»Vorgeführt erscheint der Harry S., wohnhaft bis zum 11. d. Mts. in Haus Heimgarten, Feldberg. Am 11. ds. Mts. erhielt S. eine Zustellung von der Politischen Abteilung des Bürgermeisteramts, sich am 12. ds. Mts zu einer Vernehmung hier einzufinden. Daraufhin meldete er sich am 11. ds. Mts. nach Parchim ab, ging aber am 12. ds. Mts. nicht nach Parchim, sondern nach Berlin.

Wie die Arbeitsnachweise des Bürgermeisteramts ergeben, hat S. es seit dem Russeneinmarsch erfolgreich verstanden, sich vor jeder positiven Arbeit zu drücken. Seine Abreise aus Feldberg dürfte auch damit zusammenhängen, daß ihm kurz zuvor vom Bürgermeister eine Arbeit als Kesselheizer zugewiesen wurde, was von ihm zugegeben wird.

S. wird wegen dauernder Arbeitsdrückerei zu 5 Tagen Haft verurteilt. Die Haft beginnt am 23. 6. mittags 12.00 Uhr und endet am 28. 6. mittags 12.00 Uhr ...«[44]

Großer Gott, wie umständlich das formuliert ist! Und welch ein Gewese um einen kleinen Drückeberger! Als Schriftsteller müßte er sich eine glatte »Fünf« dafür eintragen, diese endlosen Floskeln und Füllsel. Und noch immer hat er sich nicht daran gewöhnt, statt »Russeneinmarsch« »Befreiung« zu schreiben.

So oder ähnlich sehen alle Protokolle aus, die Ditzen in dieser Zeit schreibt oder von der Stadtamts-Sekretärin schreiben läßt.

Für den Abend des 21. Juli ist Ditzen zum Militär-Kommandanten bestellt. Zu den sowjetischen Offizieren hat sich, nach seiner unfreiwilligen Einsetzung, ein sachliches, auf den notwendigen Kontakt beschränktes Verhältnis herausgebildet. Übereifer oder allzu große Eilfertigkeit haben sich rasch gelegt. Jemand, der vom frühen Morgen bis zur Nacht pausenlos für die Stadt arbeitet, hat es nicht nötig, ständig seine Loyalität zu beteuern.

Dennoch sind die Gefühle, die Ditzen beim Betreten der Kommandantur jedes Mal bewegen, gemischt. Ein Bürgermeister, der tausend Sachen im Kopf haben soll, kann einfach nicht tadelsfrei bleiben. Vielleicht haben sich die lieben Mitbürger wieder einmal über ihn beschwert, oder hat er einen Nazi übersehen, einen Schieber unbestraft gelassen . . .

Nein, all das interessiert Major Sidelnikow nicht an diesem 21. Juli. Oder doch, ja, es führt mittelbar zu seinem Anliegen. Warum immer nur strafen? So viele Strafen, Verhaftungen, Urteile, warum, Genosse Bjurgermeister? Was erreichst du damit? Jetzt wird jede Hand gebraucht, und jeder Kopf auch, verstehen? Die Schule muß endlich gesäubert, die Lazarettbetten sollten entfernt und das Gebäude auf den Unterrichtsbeginn vorbereitet werden. Die Kinder von arbeitenden Eltern müssen untergebracht und versorgt werden, verstehen? Hygiene und Gesundheitsschutz für die Bürger in der Stadt und auf dem Lande müssen verbessert werden; die Feuerwehr soll in Gang kommen, sie wird der Polizei angeschlossen und untersteht ihm. Man muß die Menschen zur Mitarbeit bewegen, mit ihnen reden, sie zur Mitarbeit gewinnen . . . Und immer wieder die Frage des Offiziers: Verstehen?

Ditzen nickt. Also doch etwas falsch gemacht, etwas versäumt. Er fühlt sich müde und zerschlagen, hat nur einen Wunsch: Hier entlassen zu werden nach Hause, zu Ulla, schlafen, schlafen. Der Kommandant spürt, daß mit dem Mann etwas nicht in Ordnung ist. Er möchte helfen, aber wie?

Bist du krank, Bjurgermeister?

Ditzen hebt die Schultern. Wie soll er das erklären? Nein, krank ist er eigentlich nicht. Er kann nicht mit diesem robusten, gesunden Mann über sein Leiden reden, er kann es einfach nicht. Also schweigt er und geht, während ihm der Kommandant nachdenklich hinterhersieht.

Ditzen läuft durch die abendliche Stadt. Im Stadtamt, im Zimmer seiner Sekretärin, brennt Licht. Sicher schreibt sie noch die Protokolle vom Vortag ab. Er geht noch einmal in das Büro, die Sekretärin muß einen neuen Bogen einspannen und schreiben, was der Bürgermeister diktiert.

»An Polizeimeister Kock, im Hause. Ab Montag wird die Städtische Badeanstalt unter der Leitung von Frau L. und Fräulein Wally N. wieder als Kindergarten in Betrieb genommen. Ich bitte darum, gelegentlich eine Polizeipatrouille vorbeizuschicken, die die beiden Frauen bei der Inordnunghaltung unterstützt . . .«

Endlich etwas Angenehmes, denkt die Sekretärin, die Mütter werden sich freuen.

Noch ein paar Wochen, und ich werde nie wieder ein Buch schreiben können, denkt Ditzen. Wie soll es weitergehen?

Im Juli 1945 sucht der sowjetische Publizist und Schriftsteller Grigori Weiß den Feldberger Bürgermeister im Stadtamt auf, um über ihn eine Reportage für die *»Tägliche Rundschau«* zu schreiben. Die sowjetischen Offiziere haben ihm viel über den Fleiß und die Einsatzbereitschaft »ihres« Bürgermeisters gesagt; sie haben aber auch durchblicken lassen, daß es immer wieder einmal schlechte Tage im Leben des Bürgermeisters gibt, an denen er mit sich und der Welt uneins zu sein scheint.

Als Weiß gegenüber Ditzen von seiner Arbeit spricht, ein Zeitungsporträt zu schreiben, hebt Ditzen abwehrend die Hände. »Du lieber Himmel, ich bitte Sie, tun Sie das nicht«, sagt er erschrocken. »Ich habe nicht ein Hundertstel von dem getan, was hätte getan werden müssen ... Wissen Sie, aus mir wird aber doch kein Verwaltungsmann ... Schließlich und endlich bin ich doch Schriftsteller.«

Zum ersten Mal erfahren nun die sowjetischen Offiziere, daß Ditzen die Absicht hat, nach Berlin zu gehen und dort seine literarische Arbeit wieder aufzunehmen. Er kapituliert vor den Schwierigkeiten, die auch einen Gesünderen, politisch Reiferen als ihn bis zum äußersten gefordert hätten. Aber er scheitert nicht nur vor dem schier unübersehbaren Aufgabenberg mit seinen tausend Tagespflichten; vielmehr fehlt ihm der moralische Antrieb für seine Arbeit. »Er, der immer am liebsten für sich allein gelebt hatte, der auch in der Ehe sein Recht auf Alleinsein wie ein Heiligtum verteidigt hatte, er mußte jetzt fast den ganzen Tag mit Menschen zusammen sein, mit ihnen reden, etwas von ihnen erzwingen, Tränen sehen, Schluchzen, Proteste, Einsprüche, Bitten hören —: sein Kopf glich oft einem lärmerfüllten Abgrund.« So die Situation des Bürgermeisters Doll/Ditzen nach einigen Wochen Amtszeit.

Nun, da ihm eine Überfülle menschlicher Schicksale begegnet, fehlt es an Zeit und Kraft, die Menschen, ihre Gesichter, ihre Erlebnisse, Gespräche und Gesten zu speichern. Das wirkliche Leben lastet wie ein Alptraum auf ihm, weil er ihm zum ersten Mal nicht unbeteiligt gegenüberstehen kann. Er muß Entscheidungen über Menschen treffen, sich mit ihren Schicksalen befassen und für ihr tägliches Brot sorgen. Robinson als Bürgermeister — welch ein Kontrast!

»Er konnte nie etwas für sich zu Ende denken, immer war sein Hirn mit anderem beschäftigt. Manchmal hatte er das unsichere Gefühl, als rinne er ganz leer aus, eines Tages werde er nichts sein als ein hohles Knochengerüst, nur mit Haut überzogen. Aber er hatte keine Zeit, weiter darüber nachzudenken, er wurde sich nicht klar, ob er die Nazis nun wirklich nicht mehr haßte, oder ob er nur zu müde war, überhaupt noch ein lebhaftes Gefühl zu empfinden. Er war kein Mensch mehr, er war nur noch ein Bürgermeister, eine Arbeitsmaschine«, sagt der Erzähler im *»Alpdruck«* von Doll.

Nur die viel zu kurzen Abende und Nächte gehören ihm, ihm und seiner Ulla, die zuerst gedroht hatte: »Wenn du Bürgermeister wirst, dann geh ich in den See!« Bald aber hat die verwöhnte junge Frau die angenehmen Seiten von Ditzens Amt gesehen und für sich genutzt. Natürlich braucht sie als Frau des Bürgermeisters nicht mehr zu arbeiten; sie erhält sogar eine Haushaltshilfe. Die Familie zieht in die Villa eines Rechtsanwalts um, so daß Ditzen nicht täglich den weiten Weg bis zu den Klinck-Ecken machen muß.

Der Kommandant und seine Offiziere geben sich alle Mühe, dem Bürgermeister seine Arbeit zu erleichtern. Doch dessen innere Krise bleibt, ja, sie verschärft sich von Tag zu Tag. Ulla hat inzwischen auch einen Weg gefunden, wieder an Morphium und Schlafmittel heranzukommen. Ditzen weiß es, aber er findet nicht die Kraft, sich dagegen zu wehren. »Es kam jetzt doch alles, wie es kommen mußte. Es hatte keinen Sinn, sich über irgend etwas aufzuregen oder Pläne zu machen. Alles fand sich von selbst, freilich kaum je zum Guten«, meditiert Doll/Ditzen.

Am 13. August 1945 bringen die beiden Polizisten Haupt und Richert Rudolf Ditzen und seine Frau in das Kreiskrankenhaus Neustrelitz. Der Auftrag des Kommandanten lautet: sicher ins Krankenhaus geleiten, dort übergeben, dann unverzüglich zur Übernahme anderer dienstlicher Aufgaben zurückkehren. Was für eine Krankheit der Bürgermeister und seine Frau haben, woher sie rührt und was mit ihnen wird, wissen die beiden nicht. Es soll bei ihm eine Mischung aus Trunksucht und Überarbeitung sein, munkeln die Leute, aber nichts Organisches.

Die wenigen Feldberger, die am Morgen des 13. August Ditzen und seine Frau mit den beiden Polizisten davonfahren sehen, denken sich ihr Teil: Nun hat es ihn endgültig erwischt. Nun geht er dahin, wo er hergekommen ist: in die Klapsmühle oder ins Gefängnis. Die Besatzung hat ihm die Hand gereicht, und er schlägt sie aus. Wer kann sich das heutzutage leisten? Aber sie werden ihr Schäflein schon im trockenen haben; vielleicht ist das Haus eine einzige Schatzkammer, und man hat ihn wegen Amtsmißbrauchs abgesetzt ... So oder ähnlich reden die Leute.

Ditzen und seine Frau wissen, daß ihnen niemand, nicht einmal Mutter Losch, auch nur eine Träne nachweint. Vielleicht ist der einzige, der sich um ihr Schicksal Gedanken macht, der sowjetische Kommandant. Aber selbst der großzügigste Kommandant kann auf die Dauer nicht übersehen, daß Ditzen seinen Aufgaben nicht gerecht wird. Vielleicht wird er noch einmal gesunden und wieder Bücher schreiben können. Hat sich alle Mühe gegeben, der Mann, alles was recht ist! Eigentlich schade um ihn. Irgend etwas hat seine Substanz aufgezehrt und ihn von innen ausgehöhlt. Schade ...

Zwischen

Großer Chance
und
großem Tod

Nach zweiwöchigem Aufenthalt im Krankenhaus Neustrelitz kehren Ursula und Rudolf Ditzen am 1. September 1945 nach Berlin zurück. Aber auch dort muß sich Ditzen bald wieder in ärztliche Behandlung begeben. Er findet Aufnahme in den Kuranstalten Berlin-Westend. Noch im Krankenhaus kehrt ein Rest seines Lebenswillens zurück; er läßt sich Zeitungen bringen, um sich über die inzwischen erfolgten Veränderungen zu informieren. Unter einem Artikel in der »TÄGLICHEN RUNDSCHAU« liest er den Namen seines ehemaligen Lektors Paul Wiegler. Ditzen entschließt sich, das Krankenhaus zu verlassen, um Wiegler aufzusuchen und mit ihm über die künftige Arbeit zu reden.

15

Der große Tod

An einem Novembertag des Jahres 1945 gehen Ulla und Rudolf Ditzen einen ungewohnten Weg durch die zerstörte Berliner Innenstadt. Ditzen hat von Paul Wiegler gehört, daß ihn ein Mann namens Becher suchen läßt. Immer wieder hat dieser Becher unter den Berufskollegen nach dem Verbleib Hans Falladas geforscht. Selbst als ihm das Gerücht zu Ohren kam, Fallada sei bei einem Bombenangriff ums Leben gekommen, stellte er seine Nachforschungen nicht ein.

Ditzen hat – wie er im *»Alpdruck«* gesteht – bis zur Wiederbegegnung mit Wiegler noch nichts von dem Mann gehört, der jetzt Präsident des neugegründeten Kulturbundes zur demokratischen Erneuerung Deutschlands ist. Ditzen kennt nicht den expressionistischen Lyriker Johannes R. Becher, dessen erste Gedichtsammlungen *»Ewig in Aufruhr«* und *»Menschheitsdämmerung«* Ditzen schon 1920 im Annoncenteil der Erstausgabe seines Romans *»Der junge Goedeschal«* hätte angekündigt finden können. Er hat nichts von dem marxistischen Schriftsteller Becher gehört, dessen Bücher 1933 auf dem Scheiterhaufen brannten, dessen Name auf keiner der »schwarzen Listen« des »Dritten Reiches« fehlte.

Auch von dem kommunistischen Kulturpolitiker und Essayisten Becher, der in der Emigration den Sturz des Faschismus vorbereitete, ist keine Kunde an sein Ohr gelangt. Zu verschieden sind, nach gemeinsamem Ausgangspunkt im bürgerlichen Elternhaus und ähnlich komplizierter Entwicklung in der Jugend, die Lebensbahnen der beiden Männer verlaufen. Sie erreichen ihre äußerste, auch räumliche Entfernung im vorletzten Kriegsjahr. Becher bereitet in der Sowjetunion den geistigen Wiederaufbau Deutschlands vor. Ditzen gelangt durch eigene Schuld in die äußere Isolierung der Strelitzer Anstalt. Aber mit Ditzens Schlußstrich unter die Zeit des »Zum-Munde-Schreibens« beginnt auch die Annäherung der beiden so unterschiedlichen Lebenswege, und das erste Zusammentreffen ist mehr als das Ergebnis einer Kette von Zufällen.

Rudolf Ditzen ist überrascht von der warmen, herzlichen Aufnahme, die er und seine junge Frau in den Arbeitsräumen Bechers in der Schlüterstraße finden. Im *»Alpdruck«* hat Ditzen von der Begegnung zwischen Doll und Granzow (Becher) mit überschäumender Freude erzählt: »Sie sehen sich beide mit Tränen in den Augen an. Es ist wie ein Wiedersehen von alten Freunden. Und wirklich haftet diesen Tränen nichts Unechtes an. Das Gefühl hat sie überwältigt, die Erinnerung an die vergangenen zwölf Jahre, in der Emigration oder der Knechtschaft verbracht, durchweht sie noch einmal. Sie sind doch Überlebende einer Katastrophe! Beide empfinden des anderen Freude, sich zu sehen, sich kennenzulernen. Wäre alles mit rechten Dingen zugegangen, sie hätten sich längst gekannt. Doll hat ein etwas schlechteres Gewissen als Granzow, der doch wenigstens Dolls Bücher kennt, ein leises Schuldgefühl erfüllt ihn. Etwa dieses: Hoffentlich erzählt ihm Völger nie, daß ich nicht einmal seinen Namen gekannt habe. Aber dieses leise Schuldgefühl vergeht gleich wieder. Granzow ist offensichtlich ganz uninteressiert an der eigenen Person. Er will nur von Dolls hören, von ihrem Ergehen in den vergangenen Jahren, wo und wie sie gelebt haben, wo sie jetzt leben, wie es ihnen geht. Nur Freude, gütige Freude liest Doll in den

Augen Granzows, der aufmerksam jedem seiner Worte zuhört.«

Zum ersten Mal nach dem Kriegsende erlebt Ditzen, daß ihm jemand zuhört, ohne ihn zu unterbrechen. Becher registriert, schreibt hin und wieder etwas auf. Er sieht, daß es dem Paar am Notwendigsten fehlt: Wohnung, Kleidung, Nahrung. Mit diesen Dingen muß zuerst geholfen werden, und Becher veranlaßt es.

Ditzen ist sicher, daß nun alles, alles anders werden wird. So kurz vor dem Abgrund ist wie durch ein Wunder dieser Mensch in sein Leben getreten und hilft.

Am Ende des Gesprächs fragt Becher vorsichtig nach den literarischen Plänen. Ditzen antwortet bereitwillig, aber ausweichend: Ja, ein paar Geschichten gehen ihm schon durch den Kopf, aber wenig Erfreuliches. Er sucht nach etwas Hellem, Freundlichem, das zu der neuen Zeit paßt.

Becher spürt die innere Unsicherheit Ditzens; er läßt es mit dieser ersten Frage bewenden. Kommt Zeit, kommt Rat! Erst einmal das Naheliegende und Notwendige. Das andere, nicht minder Wichtige wird sich finden, sobald die äußeren Lebensumstände ein wenig gebessert sind. Wahrscheinlich ahnt Becher schon in dieser Stunde, daß der geschundene Fallada sehr geschickt geführt werden muß, wenn er noch einmal zum Schreiben kommen soll.

Dieser Mann braucht ein wirkliches Zuhause; »Hüsung«, wie man in seiner Mecklenburger Heimat wohl sagt, wenn man Haus, Wohnung, Heimat und Nestwärme in einem meint.

Als Ulla und Rudolf wieder auf der Straße stehen, erscheint Ditzen die Stadt ein wenig freundlicher, die Sonne ein wenig heller, das Leben nicht mehr gar so unwirtlich.

»Nun, wie findest du das?« fragt Ditzen.

»Für den Anfang nicht schlecht«, antwortet Ulla, »man sieht gleich, was du ihnen wert bist!«

»Meinst du?«

»Aber ja, dieser Becher würde sonst was tun, um dich wieder zum Schreiben zu bringen.«

»Aber Ullakind, du tust gerade, als wollte er uns zu einem Verbrechen anstiften. Nichts wünsche ich mehr, als endlich wieder schreiben zu können, und wenn es nur ein einziges, kleines Romänchen ist.«

»Aber kaufen lassen mußt du dich deswegen doch nicht«, erwidert Ulla, »wart es ab, was Rowohlt bei den Amerikanern erreicht. Oder willst du dein Leben lang ›Papirossy‹ rauchen?«

Ditzen macht sich frei. Er ist verstimmt. Zum ersten Mal, seit sie miteinander verheiratet sind, ist ihm die Frau an seiner Seite unheimlich. Was für Gedanken sie in ihrem Kopf hat! Er käme sich wie ein Verräter vor, wenn er seinen neuen Freund im Stich lassen und enttäuschen sollte. Nein, Ulla, keine neuen Lügen und kein Ausweichen mehr. Hiergeblieben, und sei es bis zum Ende!

Ditzen und seine neue Familie erhalten mit Bechers Hilfe eine kleine Villa im Eisenmengerweg 19 in Berlin-Niederschönhausen. Das Haus steht inmitten eines besonders gesicherten Viertels, wo neben sowjetischen Offizieren Künstler und Kulturschaffende wohnen. Auch das Haus Bechers liegt in unmittelbarer Nachbarschaft. Der Freund sorgt für Holz und Kohlen.* Er spricht mit Roman Pereswetow und Grigori Weiß von der *»Täglichen Rundschau«*. Ditzen wird freier Mitarbeiter der Zeitung; er erhält ein festes Honorar.

---

* Am 16. 11. 1945 schreibt Rudolf an Anna Ditzen: »Wir haben inzwischen ein sehr hübsches, völlig ›neu renoviertes‹ Haus mit sieben Zimmern bekommen, und vor allem: wir haben es warm. Ich soll auch laufend weiter Feuerung bekommen, damit ist eine der größten Sorgen behoben.«

Uli, Ditzens Sohn aus erster Ehe, wird nach Berlin geholt, um seinen Schulbesuch in der Großstadt fortzusetzen; Suse fällt es nun leichter, für die beiden anderen Kinder zu sorgen.

Alles ist wieder einigermaßen im Lot, und Ditzen berichtet Suse: »Endlich scheine ich nun den nötigen Anschluß und Start für weitere Arbeit gefunden zu haben. Ich habe mich dem Kulturbund zur demokratischen Erneuerung Deutschlands, der unter Leitung von Joh. R. Becher steht, angeschlossen.* Dieser Kulturbund betreibt auch einen Verlag, den einzigen wohl, der bereits in der sowjetischen Besatzungszone produziert, und wir sind gerade in Erwägung darüber, ob dieser Verlag erst einmal den ›Blechnapf‹ neu groß auflegen wird oder ob ich mit einem aktuelleren Roman ds. Js. herauskomme ...«

Und an die beiden Rowohlts, die sich in Hamburg und Stuttgart um die Lizenzen für einen neuen Verlag bemühen, schreibt Ditzen: »An Arbeitsaufträgen fehlt es nicht, ich habe sehr große Arbeitspläne. In erster Linie arbeite ich jetzt für die Zeitung der Roten Armee, die *›Tägliche Rundschau‹*, wo man mir sehr entgegenkommt und wo man phantastische Honorare zahlt wie selbst nicht in den üppigsten Ullsteinzeiten ... Becher sorgt tatsächlich wie ein Vater für mich.«

---

* Der Kulturbund hat in einer – offenbar von Becher verfaßten – Stellungnahme im November 1945 zum Beitritt Ditzens erklärt: »Es muß festgestellt werden, daß es nur ganz wenigen Menschen während der faschistischen Herrschaft in Deutschland unter Aufbietung ihrer ganzen seelischen und geistigen Stärke gelang, das faschistische Gift nicht in sich wirksam werden zu lassen. Hans Fallada gehört nicht zu diesen wirklich Auserlesenen. Dennoch begrüßen wir ihn als ehrlichen Mitkämpfer in den Reihen derer, die sich zur geistigen Erneuerung Deutschlands berufen fühlen und berufen sind. Wir glauben, daß Fallada, der im besten Mannesalter steht, Wertvolles für die geistige Erneuerung Deutschlands geben kann und wird.«

In den folgenden Monaten werden mehrere Geschichten und Artikel aus der Feder Ditzens in der *»Täglichen Rundschau«* abgedruckt.[45] Es sind hauptsächlich Geschichten aus der Schreibtischlade – nicht die besten. Aber Neues muß erst langsam wachsen. Ditzen äußert sich in Interviews und Artikeln optimistisch über seine künftige literarische Arbeit.[46]

In all seinen Plänen geht Ditzen ganz selbstverständlich davon aus, daß sich auch seine zweite Frau, wie einst Suse, ihm und seinem Lebensrhythmus unterordnen wird. Aber Ulla denkt nicht daran. Zwar ist es ihr schon recht, daß Ditzen von allen geachtet und umsorgt wird, aber als er mit der ernsthaften Arbeit beginnt, merkt sie bald, daß er am liebsten mit sich und seinen Figuren allein bleiben will. Nicht mehr sie, sondern fremde Menschen bilden plötzlich den Mittelpunkt seines Lebens.

Ulla geht eigene Wege; Abwege, die sie wieder zum Alkohol und Rauschgift führen.

» ›Nicht so!‹ wollte Doll protestieren. ›So geht alles einen falschen Weg. Wir dürfen solche Dinge nicht tun, weder das mit den Zigaretten, noch das mit dem Morphium!‹ «

Aber die Einwände sind schwach. Ulla würde doch immer tun, was sie wollte. Und was hatte sie sonst schon von ihrem Leben? Trotz der Fürsorge Bechers bleiben sie allein und isoliert in ihrem Haus; nur selten kommen Besucher. Zu ihnen gehört Hans-Joachim Geyer, der Freund aus Radach, der sich in der Nähe von Oranienburg niedergelassen hat und wieder ein wenig schriftstellert. Mit ihm unterhält sich Ditzen hin und wieder. Aber auch Geyer, der ihn auf Ullas Schwächen aufmerksam zu machen sucht, hat keinen Erfolg. Ditzen verteidigt seine junge Frau: »Ganz schlecht ist Uschi nicht, und wir wären schon längst alle verhungert, wenn sie nicht immer wieder verstanden hätte, unmöglich Erscheinendes möglich zu machen! Sie schafft eben alles, was sie schaffen will, weiß der

Teufel, wie sie es macht, aber sie schafft es. Nur, daß sie mir immer wieder dieses Mistzeugs von Morphium ins Haus bringt!«

Niemand sonst fragt nach den beiden. Zeitweilig hält sich auch Becher mit seinen Besuchen zurück; einmal, weil er sehr viel Arbeit hat, zum anderen, weil er Ditzen nicht mit Fragen nach seinen literarischen Plänen drängen will. So bleibt Ditzen viel allein mit seiner Frau und den beiden Kindern und sucht sich sein Leben so gut wie möglich einzurichten. Dazu gehört vor allem, daß er sich etwas von Ullas Einfluß zu befreien sucht und sich wieder eine kleine Insel schafft, auf der er ungestört leben und arbeiten kann. »Man gibt mir so viele Chancen wie noch nie in meinem Leben, da möchte ich doch auch von meinem Teil dazu beitragen, daß sie auch im Interesse aller genutzt werden«, schreibt er Suse am 23. 11. 1945 nach Carwitz, »dazu gehört eben doch ein einigermaßen netter Arbeitsraum, wo ich mich auch mehr isolieren kann als bisher.«

Er geht nach seiner pedantischen Art daran, sein Arbeitszimmer herzurichten und alles zum »Empfang« neuer literarischer Kinder vorzubereiten. Becher hat versprochen, einen Lastwagen zu besorgen, der die in Feldberg verbliebenen Bücher holen soll. »Ich muß sehen, daß ich, um wieder ordentlich arbeiten zu können, eine vernünftige Umgebung bekomme und ein Stück meiner alten Bücherwelt um mich aufbaue«, schreibt er Ende November. Mitte Dezember spricht er von einem »Boheme-Haushalt« in der Villa am Eisenmengerweg, der ihm die Arbeit verleidet: »Ich freue mich vor allem auf ein vernünftiges Arbeitszimmer und hoffe mit der Rückkehr der äußeren Ordnung auch auf eine Ordnung der inneren sehr unruhigen Verhältnisse.«

Diesmal sind es die Feldberger Bücher und der verstreute Hausrat, an die Ditzen seine Hoffnung auf einen »Start für weitere Arbeit« knüpft. Er nimmt am 16. Dezember eine abenteuerliche Fahrt nach Feldberg[47] auf sich, um einen Teil der ihm vertrauten Welt in seine neue hinüberzuretten.

Weihnachten 1945 fällt das Kartenhaus, das Ditzen mühsam um sich herum aufgerichtet hat, wieder zusammen.

Er ist mit seiner Frau zu einer kleinen Feier im Hause Bechers eingeladen. Freunde und Nachbarn haben sich eingefunden; Schriftsteller, Journalisten, Mitarbeiter der Kulturbund-Leitung. Becher hat seine Gäste gebeten, etwas zu trinken mitzubringen, für das Essen wolle er sorgen. Ein Weihnachtsbaum ist da, Kerzen werden entzündet; es verbreitet sich Behaglichkeit.

Als der Abend schon ein wenig vorangeschritten ist, kommt auch Wilhelm Pieck. Reihum werden ihm die Gäste vorgestellt. Zum ersten Mal steht Ditzen dem Mann gegenüber, der selbst für ihn, den »auf Politik nicht Versessenen«, fast schon eine legendäre Gestalt ist. Pieck fragt Ditzen nach seiner Arbeit, und Ditzen merkt, daß es nicht einfach eine Floskel ist wie: »Was macht die Kunst?« oder: »Wie geht's?«, bei denen man mit der Schulter zuckt und unbestimmt antwortet: »So leidlich.« Wilhelm Pieck sieht ihn aufmerksam und erwartungsvoll an, ist interessiert an einem Gespräch.

Oft, vielleicht zu oft, ist es Ditzen in den letzten Wochen widerfahren, daß man Anteil an seinem Schaffen genommen und ihn nach der ersten geschriebenen oder den noch ungeschriebenen Zeilen gefragt hat. Bisher hat er mit seinen Antworten dazu nicht gegeizt; er hat – in bester Absicht, es auch zu tun – etwa gesagt: »Ich werde im Rundfunk sprechen, ich werde an der Zeitschrift des demokratischen Deutschland mitarbeiten, und ich habe soeben die Niederschrift eines Romans für die *›Neue Berliner Illustrierte‹* zugesagt.«[48] Er hat munter Pläne und freigiebig Versprechungen gemacht, weil er sich – nach den ersten Gesprächen mit Becher und anderen Kulturschaffenden – einfach alles zutraute. Aber nun, Pieck gegenüber, erscheinen ihm diese vagen Zusagen und Projekte wie Lügen. Und er mag nicht mehr lügen. So antwortet er ausweichend, daß er noch nach einem Stoff suche, es sei nicht einfach, ihn zu finden in einer Welt des Mißtrauens, des Hasses und der Zerstörung.

Das Gespräch wendet sich anderen Fragen zu. Einer der Gäste, Konstantin Fedin, hat es aus der Erinnerung aufgezeichnet:[49] »Nicht sogleich, aber ziemlich rasch spitzte sich das Gespräch über das wichtigste Geschehen – die Zerschlagung Hitlerdeutschlands, den Nürnberger Prozeß gegen die Hauptschuldigen am Kriege und über die Zukunft des deutschen Volkes – zu einer Polemik zu, die sich an zwei Polen konzentrierte. Der überreizte, krankhaft ungeduldige Hans Fallada sprach abgerissen, er stellte überraschend Fragen, war aber außerstande, die Antworten bis zu Ende anzuhören.

›Die einfachen Deutschen müssen wissen – was weiter? Der Nürnberger Prozeß ist ihnen unwichtig, sie wissen ohnehin, daß sie betrogen worden sind, sie hassen die Vergangenheit, aber da sie keine Zukunft sehen, wieso soll denn die Zukunft besser sein als die Vergangenheit?‹

Wilhelm Pieck antwortete gemächlich, bereit, seinen Gedanken ausführlich darzulegen, und gutmütig bestrebt, die Unterhaltung in logische Bahnen zu lenken.

›Gerade weil der einfache Deutsche, der Arbeiter, der Bauer die Vergangenheit haßt, will er und wird er keine schlechtere, sondern eine bessere Zukunft suchen. Aber eine bessere Zukunft, als er sich selbst geben kann, wird ihm keiner geben. Er selbst, seine Macht, wird ihm helfen, all das zu besiegen, was ihm verhaßt ist, und das zu schaffen, was er sich wünscht.‹

Fallada hatte diese für ihn viel zu ruhige Entgegnung längst unterbrochen: ›Der durchschnittliche Deutsche urteilt ganz einfach: Mir hat man in all den Jahren so viele Dokumente gezeigt, daß ich an keine Dokumente mehr glaube ... Der durchschnittliche Deutsche sieht, daß wieder ein Wettbewerb der Zeitungen begonnen hat, ein Krieg der Worte! Er bekommt nichts Positives.‹

Schließlich und endlich mußte der Schriftsteller Fallada dasjenige sagen, ohne das es noch nie einen Meinungsstreit zwischen einem Schriftsteller und einem Politiker gegeben hat: ›Das alles ist weit davon entfernt, wofür der Mensch lebt. Der heutige Deutsche erkennt als Tatsache nur an, was er sieht, und nicht das, was man ihm sagt. Sache des Politikers ist es, sich die Wirklichkeit unterzuordnen. Sache des Künstlers ist es, die Wirklichkeit so zu gestalten, wie sie ist.‹ «

Das Gespräch geht mit überlegten, ruhigen Antworten Wilhelm Piecks weiter. Was allen anderen logisch und naheliegend erscheint, wird von Fallada angezweifelt, in Frage gestellt, verworfen. Sie reden aneinander vorbei. Der Widerspruch zwischen den Idealen der Arbeiterklasse, wie sie von Pieck vertreten werden, und der tiefen Erschütterung, Ernüchterung und Verzweiflung vieler Menschen nach dem Krieg scheint Ditzen unüberbrückbar zu sein. Er urteilt mit der Erfahrung seines Lebens zwischen den Klassen, als Kleinbürger, und sein Wissen über die »durchschnittlichen Deutschen« muß notwendig einseitig und oberflächlich sein. Er ist — von einem Tag auf den anderen — unter die besten Vertreter der Arbeiterklasse geraten, die ihn zur Mitarbeit einladen. Es würde Jahre brauchen, das Wissen über die Klasse nachzuholen — Jahre, die Ditzen nicht mehr hat.

Nach diesem Gespräch am Weihnachtsabend 1945 ändert sich äußerlich kaum etwas. Becher bewahrt dem Freund gegenüber Geduld und Feingefühl. Er schenkt Uli und Ulla hin und wieder Theaterkarten, schreibt einen kurzen Gruß oder kommt auf einen Sprung selbst herüber.

Er nimmt Ditzen auch in Schutz, als sich Anfang 1946 westliche Zeitungen mit Hans Fallada befassen, ihn wegen seines »Gesinnungswandels« abkanzeln und ihm Schrittmacherdienste für die Nazis vorwerfen.[50] Getreu seiner Konzeption, daß um jeden humanistischen Künstler gerungen und dem Gegner »nicht ein Klang und nicht eine Farbe« kampflos überlassen werden darf, müht sich Becher auch um Fallada. Der *»Aufbau-Verlag«* gibt noch 1946 – als eines der ersten Nachkriegsbücher – den Roman *»Wer einmal aus dem Blechnapf frißt«* in 30 000 Exemplaren heraus und bereitet zwei bisher unveröffentlichte Werke Ditzens zum Druck vor.[51] Becher hat Ditzen, um ihn von der Beweiskraft historischer Dokumente zu überzeugen und seinen Blick in eine neue Richtung zu lenken, Akten der Gestapo übergeben.

Ditzen beschäftigt sich seit Oktober 1945 mit dem Material. Er hat, wie er am 27. Februar 1946 schreibt, in seiner »augenblicklich prekären Lage alle Zeitungsveröffentlichungen eingestellt« und sich »erst einmal in den Schatten verzogen. Ich arbeite jetzt an einem ganz großen Buch, das, walte es Gott, vielleicht ein Erfolg wird.«

Zunächst hängt die neue Romanidee eng mit dem Aktenpaket zusammen, das er von Becher erhalten hat.* Bereits im Oktober 1945 hatte er gegenüber einem Journalisten der *»Täg-*

* In der Zeitschrift *»Aufbau«* veröffentlicht Ditzen 1945 den Beitrag: *»Über den doch vorhandenen Widerstand der Deutschen gegen den Hitlerterror«*, der mit den Sätzen beginnt: »Ein dünner Band Akten liegt vor mir, etwa 90 Seiten stark, begonnen und zum Hauptteil ausgeschrieben von der Gestapo in Berlin, beendet von dem Volksgerichtshof, ebenfalls in Berlin. In diesem Band Akten erfüllt sich das Schicksal zweier Menschen; nun, in meine Hände gekommen, soll er den Rohstoff für einen Roman abgeben.« Der Artikel endet: »Ich, der Autor eines noch zu schreibenden Romans, hoffe es, daß ihr Kampf, ihr Leiden, ihr Tod nicht ganz umsonst waren.«

lichen Rundschau« seine Absicht so umrissen: »Ich will hier zeigen, wie ein kleiner Mann aus dem Volke einen von vornherein aussichtslosen Kampf gegen die Hitlersche Staatsmaschine führt und wie der Elefant dieser Tyrannei diesen kleinen Mann, der ihm kaum gefährlich werden konnte, gnadenlos zermalmt.«

Ditzen gibt den Umfang des geplanten Romans mit »lumpigen dreihundert Seiten« an; die Namen – Otto und Anna Quangel – tauchen bereits auf, auch die Fabel ist schon erkennbar.

Aber dann geht es einfach nicht weiter, und Ditzen läßt alles stehen und liegen. »Nein, der Stoff gab nichts her, der Stoff war zu trocken, daraus war wohl ein Aufsatz von 20 Schreibmaschinenseiten zu machen, aber nie ein Roman von 400! Und dann, wer mochte noch von solchen Dingen etwas lesen«, fragt er sich. Flüchtig taucht eine neue Romanidee auf; ein Buch »mit ein bißchen Glück, ein wenig Optimismus«, das Buch, nach dem er sich ein Leben lang gesehnt hat und das er doch nicht schreiben konnte. Auch diesmal wird aus dem Vorhaben nichts, und wieder einmal steht am Ende das Krankenhaus.

Zunächst – bis Ende März – hält sich Ditzen in den Kuranstalten in Westend auf, dann – im Juni 1946 – kommt er in ein kleines Krankenhaus in der Elsastraße, in das auch Ulla eingeliefert wird, die sich bei einer ihrer Vergnügungen infiziert hat.

»Ich bin doch ein altes Kamel, und daß ich in meinem Leben aus meinen Fehlern so gar nichts lerne, sondern immer wieder die gleichen mache, das fängt mich mit 52 doch gelinde zu fuchsen an«, schreibt Ditzen an Rowohlt. »Das einzige ist immer, daß ich fühle, ich mag noch gerne arbeiten, ich will noch viel arbeiten, ich möchte loserzählen . . . Eigentlich muß man

Bildunterschriften

1

2

3

4

5

6

Eröffnet Bl. 129 d. A. 16.

[B]ei allen Eingaben ist das [n]achstehende Aktenzeichen anzugeben.

J 1522/11

Haftbefehl.

Der Unterprimaner Rudolf Ditzen in Rudolstadt, geboren am 21. Juli 1893 in Greifswald,

welcher dringend verdächtig ist,

am 17. Oktober 1911 auf dem Uhuberg in der Flur Eichfeld seinen Gegner, den Obersekundaner Hans Dietrich von Necker, im Zweikampfe, der den Tod des einen von beiden herbeiführen sollte und ohne Sekundanten stattgefunden hat, getötet zu haben,
— Verbrechen gegen §§ 205, 206 u. 208 StGB. —

ist zur Untersuchungshaft zu bringen.

Die Untersuchungshaft wird verhängt, weil ein Verbrechen den Gegenstand der Untersuchung bildet und daher Fluchtverdacht begründet ist.

Gegen diesen Haftbefehl ist das Rechtsmittel der Beschwerde zulässig.

Rudolstadt, den 24ten Oktober 1911

Der Untersuchungsrichter des gemeinschaftlichen Landgerichts.

Dr. Mauroch

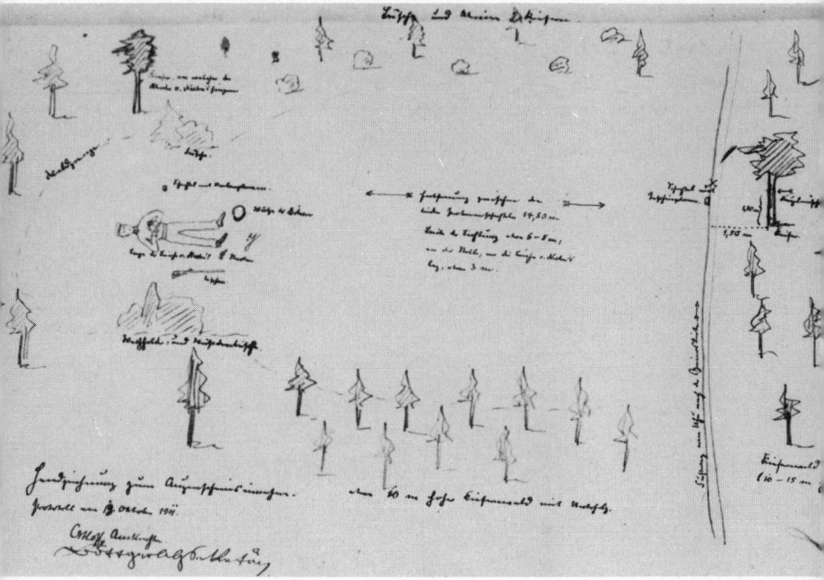

◁ 8

9

11

Gutachten.

Auf Grund der vorstehenden Schilderung der Abstammung des indiv. Entwicklungsganges u. d. näheren, die Ausführung der Tat vorbereitenden u. begleitenden psychischen Vorgänge gelangen wir zu nachstehenden Schlußfolgerungen:

I. Der p. Ditzen gehört in die Kategorie der konstitutionellen Psychopathen, bei denen sich die Anfänge einer krankhaften psychischen Entwicklung bis in die Kindheit zurückverfolgen lassen. Vor allem fällt auf die ungleichmäßige Entwicklung der geistigen Fähigkeiten mit einseitiger Hervorkehrung phantastischer mit bis zu gewissermaßen künstlerisch-literarischer Begabung bei gleichzeitiger Entwicklungshemmung auf anderen Gebieten. Die krankhaft affective Reaction gegen die Vorgänge der Umwelt, die ihn zu einem eigentümlich verschlossenen, unzufriedenen und ungeselligen Menschen schufen, der infolge einer einseitigen Hervorkehrung egocentrischer Denkrichtung mit Überwertung der eigenen Persönlichkeit als hochmütig galt. Diese Züge konstitut. psychopath. Beschaffenheit finden wir erfahrungsgemäß in verschiedenster Schärfe u. Ausprägung recht häufig für sich allein vor. Sie erschweren dem unglücklichen Träger die Daseinsbedingungen u. führen so oft zu einem völligen Mißlingen der Aufgaben des Lebens. Sie sind vom praktisch psychiatrischen Standpunkt aus betrachtet durchaus nicht ausreichend, um ihren Träger für geisteskrank zu erklären. Die Grenzzustände zwischen geistiger Gesundheit und Krankheit umfassen im Wesentlichen Individuen dieser abnormen psychischen Beschaffenheit. Vom psychiatrisch-anthropologischen Standpunkt aus werden sie der Kategorie der degenerativen Konstitut. Psychopathen zugezählt. Zur Annahme einer wirklichen geistigen Störung, die die Handlungen dieses Psychopathen entscheidend beeinflußt, müssen noch andere schwerwiegende Krankheitsmomente hinzukommen. Hier stehen in erster Linie krankhafte Zwangsgedanken u. Triebhandlungen, sowie periodische Schwankungen der Stimmungslage, die am häufigsten das Bild der

Sanitätsrat
Dr. Simon
prakt. Arzt.
Telephon No. 45.

Dramburg, den 13. 8. 1919

Bellevue-Apotheke
19 AUG 1919
Berlin W. Potsdamer Platz

0,004

0,4

10,-

◁ 12 13

14

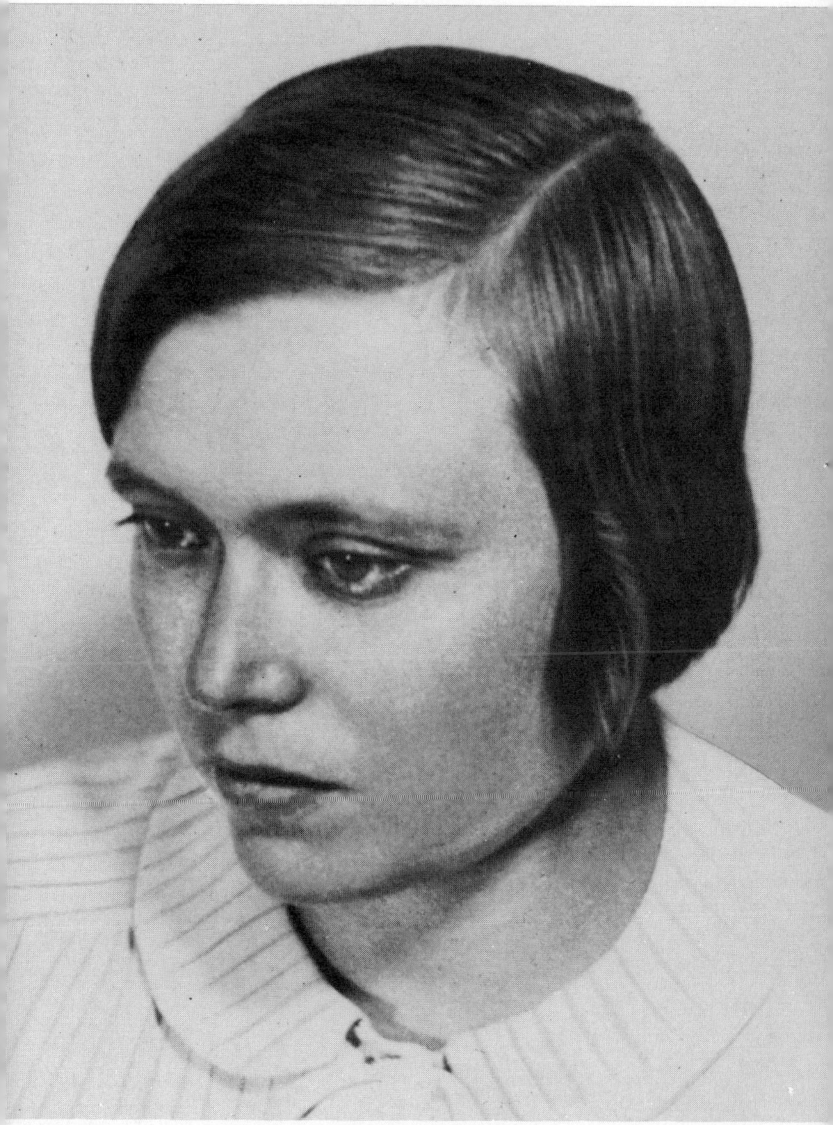

16

17

18

20

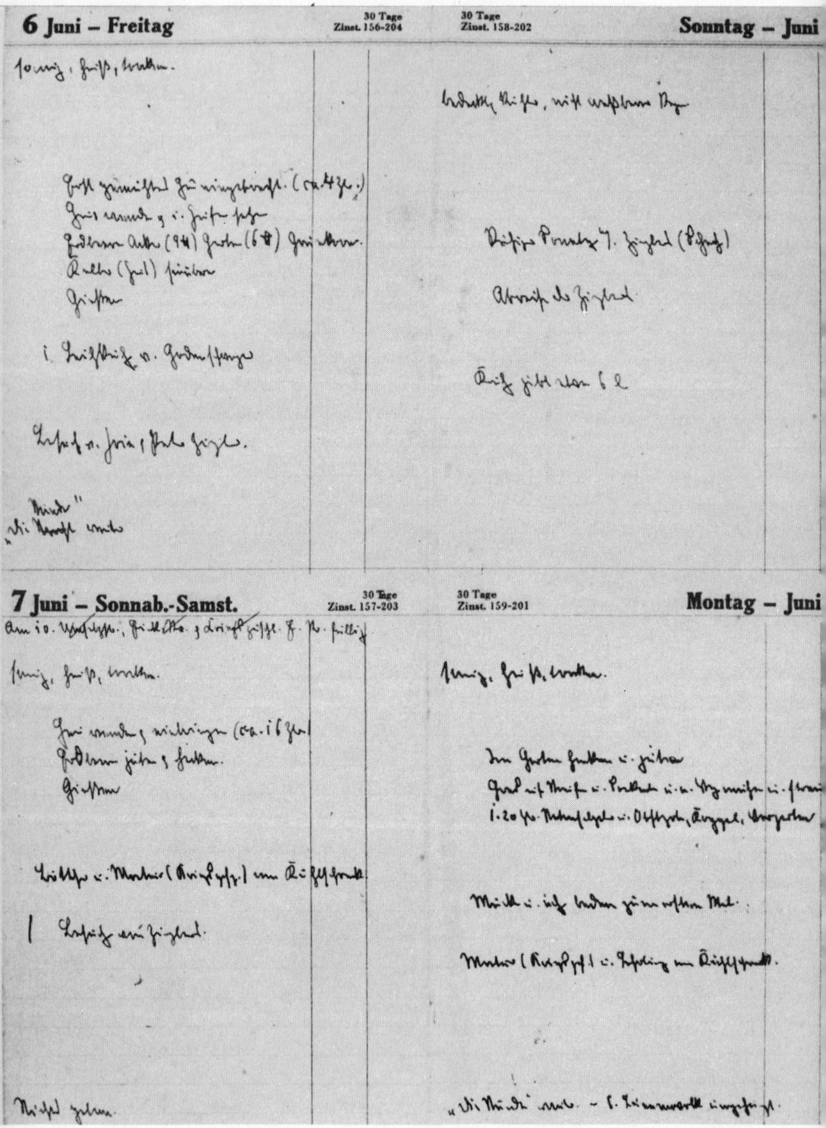

6 Juni – Freitag
30 Tage
Zinst. 156-204
30 Tage
Zinst. 158-202
Sonntag – Juni

7 Juni – Sonnab.-Samst.
30 Tage
Zinst. 157-203
30 Tage
Zinst. 159-201
Montag – Juni

26

Bitte!
Ich bitte, Scherben und Abfälle
nicht auf meinen Acker, sondern
in diese Kiste zu werfen
Ditzen

Alle Gestalten dieses Buches, einschließlich des
Eisernen Gustavs, sind Geschöpfe der freien Phantasie.
Niemand soll mit realen Personen irgendwie gleichgestellt werden.
Der Verfasser hat lediglich Zeitgeschehnisse geschildert, wie sie
in jeder Tageszeitung aufgezeichnet stehen, und
seinen Stoff benutzt.

H. F.

◁ 30

31

Der Bürgermeister der Stadt Feldberg (Meckl.)

…nkkonto: Stadt- und Kreissparkasse Neubrandenburg, Zweigstelle Feldberg Nr. 3 Postscheckkonto: Hamburg Nr. 58859

…etrifft:

…enz.:

Feldberg, den
Fernsprecher: Nr. 57

Feldberg, den 7. Juli 1945.

An Polizeimeister K o c k
im Hause

Ab Montag wird die Städtische Badeanstalt unter der Leitung von Frau L a n g e n und Fräulein Wally N e u m a n n wieder als Kindergarten in Betrieb genommen. Ich bitte darum, gelegentlich eine Polizeipatrouille vorbeizuschicken, die die beiden Frauen bei der Inordnunghaltung unterstützt. Besonders erwünscht wäre es, wenn gegen 19 Uhr in der ersten Zeit eine Polizei-Patrouille dort erscneint, damit die Badeanstalt wirklich zu diesem Zeitpunkt geräumt wird.

Noch in den letzten Tagenhaben halbwüchsige Bengel in der Badeanstalt weitere Zerstörungen angerichtet. Es sind mir genannt worden die Jungen:

E. G. (Alter Landweg)
O. P. (Bahnhofstrasse bei Krabbe)
H. S. (früher Sturzrehmsches Haus),

die in der Badeanstalt den Zähler ausgebaut und sämtliche Schalter entfernt haben sollen. Es wäre vielleicht wünschenswert, diese Jungen einmal auf der Polizei vorzunehmen, sie ernstlich zu verwarnen und sie zum Zurückbringen der gestohlenen Gegenstände zu veranlassen.

Der Bürgermeister

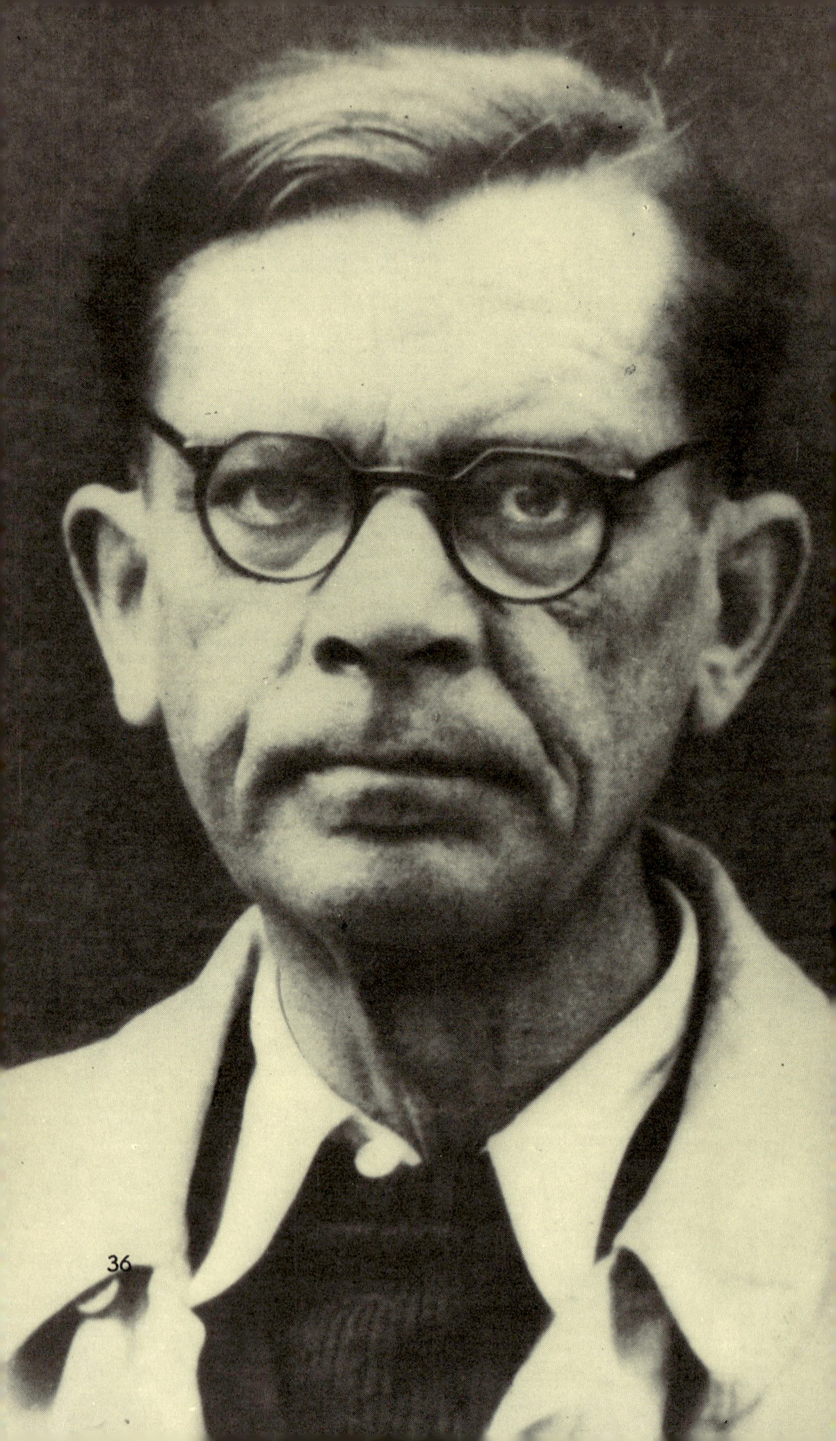
36

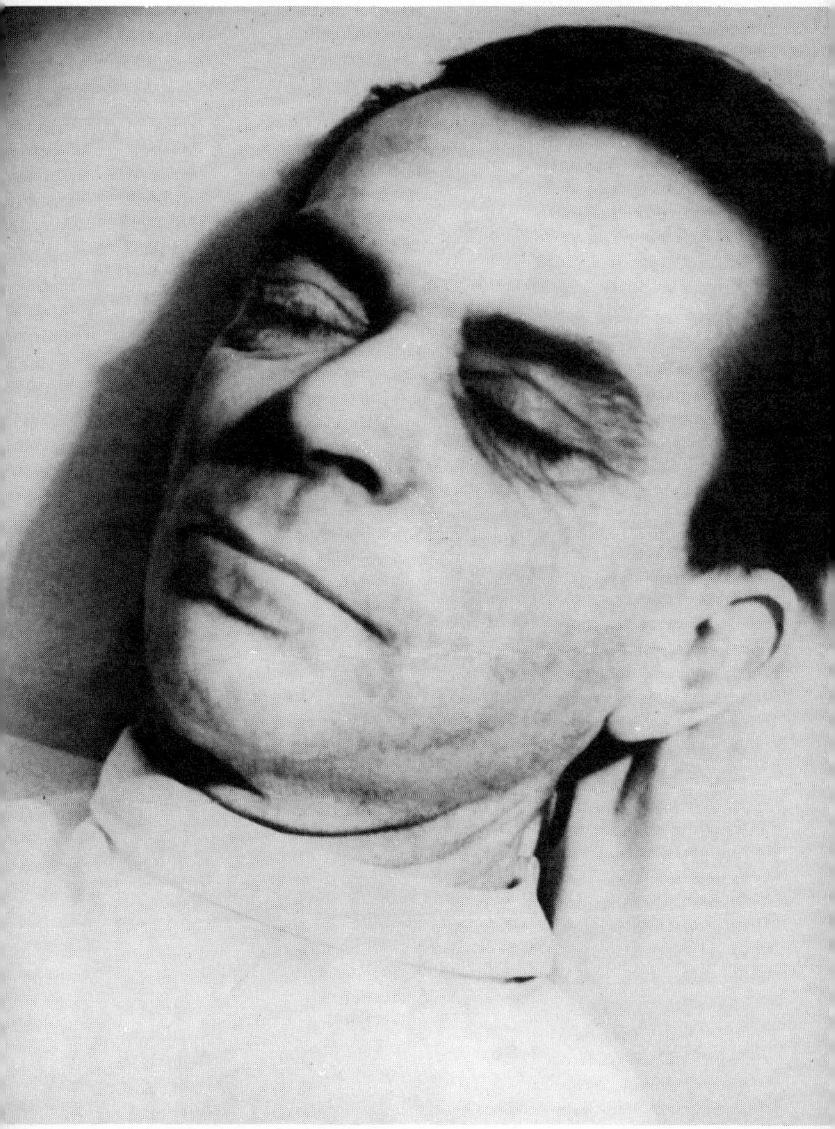

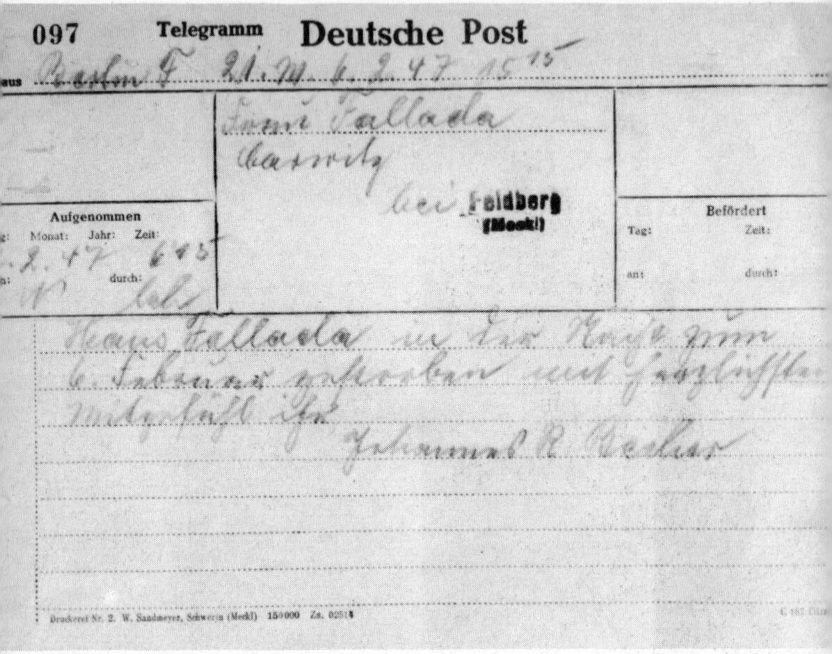

097 Telegramm **Deutsche Post**

aus Berlin F 21 ... 6.2.47 15 15

Frau Fallada
Carwitz
bei Feldberg (Meckl)

Aufgenommen
Tag: Monat: Jahr: Zeit:
von: durch:

Befördert
Tag: Zeit:
an: durch:

Hans Fallada in der Nacht zum 6. Februar gestorben mit herzlichstem Mitgefühl Ihr

Johannes R. Becher

Druckerei Nr. 2. W. Sandmeyer, Schwerin (Meckl) 150000 Zs. 0251 C 181 DIN

ja ganz neu mit der Literatur anfangen, darf überhaupt nicht mehr an das denken, was man einmal schrieb. Es ist doch eine ganz andere Welt geworden, und ist es nicht eigentlich zum Heulen, Rowohlt, daß wir Fünfziger ausgerechnet die Generation zu sein scheinen, die berufen sind und auserwählt, d. h., die einfach losarbeiten müssen? Wo sind denn die anderen eigentlich? Und so gar keine Jugend! ... Und wie müde ich manchmal bin, aller Dinge müde ... Noch einmal ganz von vorn anfangen, auch nicht mehr der alte Fallada sein ...«

Becher, dessen Einfluß auf Ditzen gerade in diesem Brief an Rowohlt unverkennbar ist, kümmert sich um die beiden Kinder, die allein in dem Eisenmengerweg zurückbleiben. Er besucht Ditzen, sooft es geht.

Am 16. Februar schreibt Becher dem Freund ins Krankenhaus: »Lieber Fallada! Du magst manchmal sicher denken, ich hätte Dich vergessen, aber das ist ganz und gar nicht der Fall. Ich erkundige mich jeden Tag nach Deinem Befinden und wäre längst zu Dir gekommen, wenn es die Zeit auch nur einigermaßen erlaubt hätte. Diese Woche aber besuche ich Dich ganz bestimmt, und zwar Ende der Woche. Habe bereits mit Herrn Professor Zutt gesprochen, und er hat mir den Besuch erlaubt. Dann werde ich Verschiedenes mit Dir mündlich besprechen. Alles Gute, Dein Becher.«

Wieder einmal ist alles, was so verheißungsvoll begann, in sein Gegenteil umgeschlagen. Eigene Versprechungen und die Erwartungen der anderen haben sich wie ein Alpdruck auf ihn gelegt. »Er schreibe eigentlich nur aus Pflichtgefühl, ohne Glauben und Elan, vielleicht auch darum, um sich und anderen zu beweisen, daß er wieder sehr wohl imstande ist, einmal Begonnenes zu Ende zu führen. Diese vor einem halben Jahr angefangene Arbeit schien ihm zuerst ein glückliches Unternehmen. Dann kamen Unterbrechungen, durch Streit, durch

Krankheit, auch einfach durch die Unlust zu arbeiten, und je weiter sich der Zeitpunkt der Fertigstellung hinausschob, um so geringer wurde des Schreibers eigenes Interesse an der Schrift.« So kennzeichnet der Erzähler des *»Alpdruck«* die Situation des Bücherschreibers Dr. Doll bis zum 5. Juli 1946 – die Übereinstimmung mit Ditzens Lage ist vollständig.

Aber an diesem 5. Juli rafft sich Doll-Ditzen auf, zu seinem Freund Granzow-Becher zu gehen und ihm sein Herz auszuschütten. »Doll hat diesen Mann in den letzten Monaten sträflich vernachlässigt, er hat getan, als existiere dieser Mann, der sich noch immer um ihn Sorgen macht, nicht mehr auf dieser Welt. Mit keinem Zeichen hat er sich bei ihm gemeldet. Es ist höchste Zeit, sich einmal wieder bei ihm sehen zu lassen!«

Becher begrüßt Ditzen freundlich wie beim ersten Mal; ohne ein Wort des Vorwurfs hört er Ditzens Sorgen an. Da sind die Schulden, die er und Ulla in den vergangenen Monaten gemacht haben. Sie haben ihn gezwungen, banale Kurzgeschichten zu schreiben, »bloß um Geld heranzuschaffen«. Aber, was noch schlimmer ist, er hat seinen Platz noch nicht gefunden unter den anderen. »Ich schreibe jeden Tag mein Pensum, aber du verstehst: eben nur mein Pensum, weil es mein Pensum ist. Wie ein Junge, der seine Schularbeiten macht. Der letzte Schwung, der Elan, das wirklich Schöne, die Eingebung fehlen.« Becher versteht den Freund. Er verspricht, sich mit dem Verlag wegen der Schulden in Verbindung zu setzen; er veranlaßt, daß Ditzen künftig für einen Teil des Honorars von der *»Täglichen Rundschau«* Lebensmittel statt Geld erhält, damit die Versorgung der Familie, besonders der beiden Kinder, gesichert ist. Ditzen verläßt Bechers Haus erleichtert und mit dem festen, unwiderruflichen Vorsatz, jetzt ernsthaft zu arbeiten.

Im Herbst 1946 lädt ihn die Leitung der neugegründeten Filmgesellschaft DEFA ein und bittet ihn, ein Filmdrehbuch zu schreiben. Ditzen trägt den Filmleuten einen vagen Romanplan vor: »Ein junger Mensch kommt vom Lande in die Stadt, in die erste Stadt seines Lebens, ein Flüchtling lebt zwischen den Trümmern, er kommt in Gefahr, ins Abrutschen, und dann sammelt er sich, er baut sich eine kleine Existenz auf, ein bißchen Glück, ein wenig Optimismus ...« Es ist die xte Variation *seines* Themas, ein Sammelsurium bisheriger Geschichten, übertragen auf eine andere äußere Situation.

Sei es, daß die DEFA-Mitarbeiter ebenfalls diesen Eindruck haben, oder sei es, daß sie der Auffassung sind, der Schriftsteller Fallada solle im eigenen Interesse erst einmal seine innere Abrechnung mit dem Faschismus abschließen – jedenfalls bieten sie ihm einen Vertrag über die Geschichte des Berliner Arbeiter-Ehepaars Quangel und dessen Widerstand gegen die Nazis an.

»So seltsam sind die Menschen nun einmal«, klagt Ditzen in dem Aufsatz *»Wie ich Schriftsteller wurde«*, »man wollte von meinem schönen optimistischen Roman nichts wissen, ich sollte diesen düsteren Stoff bearbeiten, dieses aussichtslose Buch, ohne Jugend, ohne Hoffnung, ohne Liebe, gerade das sollte ich schreiben.«

Dennoch unterzeichnet Ditzen den Kontrakt, den er unter anderen Umständen wohl ausgeschlagen hätte. Aber der Vertrag ist nun einmal vorbereitet, das Geld für den Auftrag liegt bereit, und Ditzens können es gut gebrauchen, denn trotz Bechers Hilfe sind die verwöhnten Eheleute immer knapp bei Kasse. So gibt Ditzen die Zusage, innerhalb von zwei Monaten das Buch über die Quangels zu schreiben.

Unmittelbar nach Vertragsabschluß, am 30. September 1946, beginnt er mit der Arbeit an seinem neuen Buch. Ein Auftrag ist ein Gesetz, das man sich selbst auferlegt und nach dem man nun handeln muß. Hat er in seinem Leben immer wieder gegen alle nur möglichen Gesetze verstoßen –

menschliche und unmenschliche –, hier am Schreibtisch wird es gehalten, so schwer es auch fallen mag. Zum letzten Mal steht er »unter dem Gesetz des Stoffes, unter höherem Befehl«.

Die äußeren Umstände zum Arbeiten sind günstig: Ulla liegt noch im Krankenhaus; der Störenfried Nr. 1 bei der Arbeit ist aus dem Haus. Ditzen errichtet um sich herum bewährte Zäune und Wälle: Er legt einen Terminkalender an, teilt das kostbare Papier in Tagesrationen auf und beschäftigt seinen Kopf unausgesetzt mit dem Stoff, den er bezwingen will. »Wie bekomme ich ein bißchen Licht und Farbe in die Finsternis? Und dann: Wie sieht das erste Kapitel aus? Das erste Kapitel ist wie die Tür zu einem Haus, steht man erst in der Tür, dann braucht man nur noch weiterzugehen.«

Dann schreibt er: »Die Briefträgerin Eva Kluge steigt langsam die Stufen im Treppenhaus Jablonskistraße 55 hoch ...« Ein Haus ist gefunden, die Tür aufgestoßen, der Erzählton angeschlagen. Nun kann alles weitere nur noch so, in eben diesem Ton erzählt werden. Wieder beginnt für Ditzen ein echtes, großes Abenteuer, und zu seiner eigenen Überraschung stellt er fest, daß das, was zunächst nur eine Kurzgeschichte zu werden »drohte«*, ein umfangreicher Roman wird und er »eher zu viel Stoff haben würde als zu wenig«.

Obwohl sich Ditzen nun schon für einen routinierten Bücherschreiber halten darf, birgt auch dieser letzte Schreibprozeß für ihn noch Überraschungen: »Während ich den Stoff verarbeite und mit Schrecken sah, daß es immer mehr Stoff

---

* Dem Reporter Gulitz hatte Ditzen im Oktober 1945 erklärt: »Sie wissen, ich schreibe lieber Tausend-Seiten-Romane. Das kommt daher, weil ich mich so schwer von den mir liebgewordenen Gestalten zu trennen vermag. Überhaupt: Schreiben ist für mich der höchste Genuß, ich kenne nichts, was mir mehr Freude macht, als frei und unbehindert eine Fabel zu entwickeln.«

wurde und daß ich hart zu arbeiten haben würde, um ihn zu bewältigen, währenddessen kam ich doch nicht aus dem Verwundern über meinen eigenen Kopf heraus. Da hatte ich doch wahrhaftig geglaubt, dies sei kein Stoff für mich, ich hatte ihn endgültig ad acta gelegt und mich nicht mehr um ihn gekümmert. Ein Jahr lang hatte ich nicht an ihn gedacht, sondern mich mit optimistischeren Plänen beschäftigt. Und da ergab es nun der Zufall, daß nach einem Jahr einem Filmmenschen mein längst vergessener Aufsatz in die Hände kam, ich bekam einen Auftrag, ich nahm ihn an, aus äußeren Gründen nahm ich ihn an, weil ich nämlich rasch und möglichst viel Geld verdienen wollte, und nun stellte es sich heraus, daß dies alles nicht stimmte ...« Zwangsläufig gelangt Ditzen zu der Frage, was wohl geworden wäre, wenn dieser »zufällige« Anstoß nicht gekommen wäre. Ob der Stoff dann ungeschrieben in ihm liegengeblieben wäre? Ob noch viele andere Stoffe ungeschrieben in ihm lägen?

Am 24. Oktober 1946 schließt Ditzen den Roman ab. Fast mit Bedauern schreibt er die letzten Sätze nieder: »Denn was man gesät hat, soll man auch ernten ...« Es klingt wie der erste Satz eines Testaments. Er setzt den letzten Punkt, aus, vorbei. Innerhalb von 24 Tagen sind 540 Druckseiten entstanden, mehr als 20 pro Tag. »Wieder einmal gerettet, wieder einmal ein Buch unter Dach und Fach. Und während ich viele Kinder, namentlich aus der letzten Nazizeit, nur mit ungünstigen Augen ansehe, als halb gelungen oder ganz mißlungen, habe ich nun bei diesem Roman, den ich durchaus nicht schreiben wollte, das Gefühl, er ist mir gelungen. Endlich wieder mal was Richtiges geschafft! Ich bin froh ...« Ein letztes Mal hat Ditzen alle Schöpferwonnen empfunden und ausgekostet. Noch einmal fühlt er sich glücklich, aber leer. Was wird nun? Morgen oder übermorgen wird Ulla aus dem Krankenhaus zurückkehren und in dem Haus am

Eisenmengerweg regieren. Wird er ihre Herrschaft brechen können?

Der Roman *»Jeder stirbt für sich allein«* ist nicht Falladas bestes Buch, aber auch keines von den schlechten. Die Fortschritte dieser letzten Romanarbeit liegen ohne Zweifel in dem Erlebnis Ditzens, daß das Leben noch zahlreiche Themen und Stoffe bereithält, von denen er bisher kaum angenommen hat, daß sie von ihm zu gestalten seien. So hat er sich vielleicht zeitlebens unnötige Beschränkungen auferlegt und seinem Wirken zu enge Grenzen gesetzt.

Becher hat Falladas Roman *»Jeder stirbt für sich allein«* sein Vermächtnis genannt, in welchem sich neue künstlerische Möglichkeiten andeuten: »Indem er den ohnmächtigen Widerstand des Ehepaares Quangel gegen den Machtapparat des Hitlerregimes darstellt und zeigt, wie dieser Widerstand, nur von zwei Menschen getragen, hoffnungslos in sich verbluten muß, deutet er in einigen Nebenfiguren des Buches eine andere Möglichkeit des menschlichen Widerstandes an, dessen Opfer nicht umsonst sind, da er immer neue Kräfte sammelt und weiterwirkt ...«

Becher hat sehr gut verstanden, daß es Fallada nicht möglich war, die »Nebenfiguren« zu den eigentlichen Helden des Buches zu machen. Trudel Baumann, Karl Hergesell, Grigoleit und die anderen sind nicht mehr mit den gleichen künstlerischen Mitteln zu erfassen, wie sie Ditzen bisher zur Gestaltung seiner »kleinen Leute«, Sonderlinge und Eigenbrötler anwendete. Neue aber stehen ihm noch nicht zur Verfügung.

In mancher Beziehung haben Erteilung und Art des Auftrags viel Ähnlichkeit mit der Entstehungsgeschichte des Gustav-Romans. In beiden Fällen wurde ein »äußerer Anstoß« gegeben, und nur vorgefundenes Material – hie Akten, dort Zeitungsberichte – konnte den Ausgangspunkt für die freie Umsetzung eines historisch verbürgten Vorgangs bilden. Aber diesmal gibt es keine Zensur, kein Hinein-Reden, keine aufreibenden Nervenschlachten.

Anfang November 1946 besucht Hans-Joachim Geyer seinen »ältesten und getreuesten Freund« Rudolf Ditzen. Die Posten am Einlaß kennen den Freund des Schriftstellers Hans Fallada inzwischen; sie lassen ihn ohne Formalitäten passieren.

Als Geyer in den Eisenmengerweg einbiegt, sieht er Jutta, die sechsjährige Tochter Ullas, aufgeregt aus einem der oberen Fenster winken. Geyer legt noch einen Schritt zu; irgend etwas muß dort vorgefallen sein. Als er vor dem Haus ankommt, ruft Jutta von oben: »Komm schnell, Onkel Geyer, und sieh dir bloß mal an, was bei uns los ist.«

Geyer stürmt die Treppe nach oben, öffnet die Tür zum Wohnzimmer. In dem Raum herrscht ein heilloses Durcheinander, überall sind Bücher und Kleidungsstücke verstreut, nichts ist mehr auf seinem Platz. Das Kind weint, es will nicht mehr in diesem Haus bleiben. Geyer geht ins Nebenzimmer, Ditzens Arbeits- und Schlafraum. Auch hier ist es kalt und unaufgeräumt. Der Freund liegt angezogen auf dem Bett. Er hat wohl geschlafen, wacht aber bei Geyers Eintritt auf und lächelt boshaft: »Ja, Geyer, sehen Sie sich nur an, was sie wieder aus mir gemacht hat. Sie sind mein Freund und müssen alles wissen!«

Ditzen schließt die Augen und lächelt fast glücklich, als er sagt: »Passen Sie auf, Geyer, gleich kommt sie zur Tür herein, mit einem blauen Auge, aber strahlend, und sie wird sagen, daß sie sich an der Tür gestoßen hat ...«

Tatsächlich kommen jetzt von unten Schritte. Ulla tritt ein und begrüßt Geyer lächelnd: »Verzeihen Sie, Geyer, ich sehe sicher schlimm aus, aber ich habe mich ein wenig mit der Tür gezankt, ein kleines Malheur, weiter nichts ...« Und sie beginnt, leise vor sich hinträllernd, ein paar verstreute Kleidungsstücke im Zimmer aufzusammeln.

Ditzen folgt ihr mit halbgeschlossenen Augenlidern, immer noch lächelnd: »Ist sie nicht prachtvoll, mein Ullakind?«

Geyer ist wie vor den Kopf geschlagen. Was geht hier vor? Hat sie auch ihn wieder mit dem »Mistzeugs« vollgestopft? Geyer will gehen, aber da erhebt sich Ditzen halb von seinem Lager und fragt erregt, nun hellwach: »Haben Sie Geld auftreiben können, Geyer?« Angespannt wartet er auf Antwort. »Nein«, sagt der Freund und schaut dabei auf den Boden, »nein, diesmal habe ich nichts mit. Keiner, zu dem ich gegangen bin, will noch etwas leihen. Sie müssen erst die alten Schulden bezahlen, Ditzen.« Ditzen sinkt auf das Bett zurück, eingefallen ist das Gesicht.

»Sie müssen halt versuchen, sich etwas einzuschränken«, versucht Geyer zu trösten, »vom Verlag haben Sie doch erst kürzlich zehntausend bekommen, das muß doch eine Weile reichen . . .«

Ditzen zuckt verächtlich mit den Mundwinkeln: »Ich will Ihnen sagen, wo das Geld geblieben ist. Bis um zehn tagtäglich haben wir bereits eine Flasche Schnaps und zwanzig amerikanische Zigaretten hinter uns, und wenn Sie nun noch das hinzurechnen, was Butter, Honig und Vollmilchpulver auf dem Schwarzen Markt kosten, dann haben wir bis um zehn jeden Tag bereits so viel verbraucht, wie ein Durchschnittsschriftsteller im ganzen Monat verdient.« Er legt den Kopf leicht auf die Seite und sieht den Freund fast mitleidig an: »Um mit meiner Frau anständig leben zu können, benötige ich, schlecht gerechnet, glatte zwanzigtausend Mark. Dabei dürfen wir uns noch nicht einmal große Sprünge erlauben.«[52]

Erschöpft von der langen Erklärung schweigt Ditzen wieder und schließt die Augen. Diese oder ähnliche Rechnungen hat Geyer in den letzten Monaten einige Male anhören müssen.

Stets hat er versucht, zu helfen und Geld zu beschaffen. Nun ist auch er rat- und hilflos. Erschüttert verläßt er das Haus.

Die Ausbrüche Ditzens, die Auflösung des Haushalts und die Vernachlässigung der Kinder – all das läßt sich nicht länger vor den Nachbarn verbergen. Becher wird auf die Zustände im Hause Falladas aufmerksam gemacht. Er sorgt dafür, daß Ditzen und seine Frau in die Hände von Spezialisten in die Charité kommen. Uli kehrt zu seiner Mutter nach Carwitz zurück, Jutta wird bei Bekannten der Familie Losch untergebracht.

Die letzte Etappe eines ruhelosen Lebens beginnt. Zum Jahresende schreibt Ditzen bittere Briefe an seine wenigen Freunde. »Wie Sie aus der Anschrift sehen, habe ich mal wieder umgeschmissen, nachdem ich einen großen und gut gewordenen Roman vollendet hatte«, schreibt er an Geyer und schließt: »Hole der Henker den ganzen Kram!« Und in seinem letzten Brief an Suse unternimmt er den schwachen Versuch einer ehrlichen Selbstanalyse: »Irgend etwas in mir ist nie ganz fertig geworden, irgend etwas fehlt mir, so daß ich kein richtiger Mann bin, nur ein alt gewordener Mensch, ein alt gewordener Gymnasiast, wie Erich Kästner mal von mir gesagt hat . . .«

Bis in die letzte Stunde hinein ist Ditzen sich und seiner Art zu leben – oder nicht mit dem Leben fertig zu werden – treu geblieben. Er will niemanden mehr um sich haben, selbst seine Frau Ulla darf ihn nicht mehr besuchen. Vielleicht sieht er in diesem Moment ihre Rolle in seinem Leben klarer als zuvor. Vielleicht aber bricht nur wieder die alte Menschenscheu hervor – die letzte Robinsonade seines Lebens.

Das Sterben fällt ihm nicht schwer. Er hat es oft probiert, er ist in den Jahren Stück um Stück gestorben. Jede seiner Gestalten hat ein wenig von seinem Lebenswillen aufgezehrt. Er ist den »kleinen Tod« unzählige Male mit Hilfe von Rauschmitteln und Narkotika gestorben, aber seit dem Kriegsende ist ihm auch der Gedanke an den großen Tod immer vertrauter geworden, »er hatte mit ihm gelebt, gewissermaßen Haut an Haut; er hatte sich daran gewöhnt, ihn als die einzige, ihm noch verbliebene Hoffnung anzusehen, die ihn gewiß nicht enttäuschen würde«.

Rudolf Ditzen stirbt am Abend des 5. Februar 1947. Sein Gesicht auf dem Totenbett wirkt friedlich, gelöst. Fast scheint es, als ob ein Lächeln um seine Lippen spielt: Endlich geschafft! Niemand wird mehr seine Einsamkeit bedrohen, ihn gegen seinen Willen ins Leben zurückzerren können.

Rudolf Ditzen stirbt an Herzversagen, an eigenem Versagen, an sich selbst, im Alter von 54 Jahren. Wird ihm jemand auch nur eine einzige Träne nachweinen?

Ursula Losch, die ihn auf ihre Weise durchaus geliebt hat, wird sich bald wieder ihren Interessen zuwenden. Sie wird noch einmal heiraten und weiter kleine Tode sterben, auch ohne ihn.

Anna Ditzen, die durch ein Telegramm Johannes R. Bechers vom Tode Ditzens erfährt, hat so viele Tränen seinetwegen vergossen, daß sie nun keine mehr hat.

»Die Tränen, die ihm nachgeweint werden, kommen aus den Augen kleiner Leute, armer und verhärmter Menschen«, sagt Becher. Auf dem Pankower Friedhof hat sich eine kleine Gruppe von Trauergästen eingefunden. Becher hält die Rede, er wendet sich direkt an den Freund: »Allzu vieler kleiner Tode bist du gestorben, bis über dich, von all diesem künstlichen Sterben ermüdet, der große unwiderrufliche Tod kam. Ein vorzeitig gebrochenes Herz ging auf die ewige Reise . . .«

Bechers Rede ist frei von Anklagen oder Vorwürfen, zu denen es Grund genug gäbe. Er hebt starke und schwache Seiten im Schaffen Falladas heraus, vorurteilsfrei und feinfühlig. Er verhehlt nicht seine Bewunderung für das Talent des Freundes: »Er verfügte über die breiteste Skala menschlicher Empfindung. Nichts Menschliches, nichts Unmenschliches ist ihm fremd geblieben. Die verborgensten Gefühle schlug er an, und nichts Unbewußtes fehlte auf seiner Tastatur, und das Außergewöhnliche und Problematische wußte er verständlich und zugänglich zu machen in einer schlichten, volkstümlichen Sprache. Seine Liebe aber galt dem einfachen Leben und den kleinen Leuten ...«

Wer ist jener, den sie hier an einem bitterkalten Wintertag des Jahres 1947 zu Grabe reden? Ein Unglücklicher? Zweifellos, denn Fallada litt darunter, nicht wie andere Menschen unbeschwert das Leben genießen zu können, stets von fremden Figuren und Gestalten bedrängt zu werden. Er hatte, wie er zu sagen pflegte, mehr Geschichten im Kopf, als er in hundert Jahren hätte niederschreiben können. Aber Hirn und Herz waren kaum einmal frei für andere Pläne.

Wer war jener Mann, über den sie am Grabe reden, als sei er noch mitten unter ihnen? Ein Glücklicher? Zweifellos, denn Schreiben bedeutete ihm zu leben. Nur wenn ihn seine Helden umgaben, wenn es galt, ihre Schicksale zu meistern, lebte er wirklich.

»Einfachen, schlichten deutschen Menschen hat Fallada in seinem Werk ein Denkmal gesetzt. In deren Herzen steht auch das seine. Ein solches Denkmal hat er sich geschaffen in der Gestalt des Lämmchens aus ›*Kleiner Mann, was nun?*‹. An eine Figur wie Lämmchen denken wir, wenn wir uns fragen, was bleibt und was uns aus Falladas Werk hoffen heißt. Auf Hans Falladas ungelöste Lebensfrage, auf unser aller große Schicksalsfrage ›Was nun?‹ müssen wir künftighin antworten, ohne ihn.«

Anmerkungen

1 Wilhelm Ditzen. *Meine Erinnerungen*, Manuskript, Teil 1 und 2, Fallada-Archiv beim Literaturzentrum Neubrandenburg.
2 Elisabeth Ditzen, *Meine Erinnerungen*, Manuskript, ebenda.
3 Elisabeth Ditzen, *Unsere lieben Vier*, Manuskript, ebenda.
4 *Greifswalder Tageblatt*, Jahrgänge 1894–1899, Stadtarchiv Greifswald.
5 Hans Fallada, *Damals bei uns daheim*, Stuttgart 1942.
6 Bethmann Hollweg antwortet auf Ditzens Glückwunsch am 20. 7. 1909: »Lieber Freund! Deine Worte haben schöne alte Zeiten wieder herbeigerufen und mir in diesen ernsten Tagen, wo sich die Gedanken vor der schweren Zukunft gern in die Vergangenheit flüchten, ganz besonders wohlgetan ... Dein alter Theobald v. Bethmann H.«

Sieben Jahre später schreibt Wilhelm Ditzen erneut an den Reichskanzler und sendet, verbunden mit einem Bericht über die eigene Tätigkeit, eine Fotografie an den Freund. Dieser antwortet durch »Gegengabe seines Bildes« und einen Brief vom 10. 8. 1916, in dem es u. a. heißt: »Der Ernst der Zeiten wird immer größer, aber es muß und wird uns doch gelingen!« Unmittelbar nach Bethmanns Rücktritt im Juli 1917 schreibt Ditzen wiederum an den Freund und versucht, ihn »zu trösten«. In einem letzten langen Brief bedankt sich Bethmann Hollweg für das Mitgefühl und bringt zugleich seine Verbitterung über den »Undank des Volkes« zum Ausdruck. Damit reißt die Verbindung ab.

7 Aus der Leipziger Zeit stammt ein Gedicht mit dem Titel: *Dank der Schönheit,* das Willi Burlage gewidmet ist:
»Geschlossenen Auges ging ich durch das Leben,
Nicht hatte ich ein edel Ziel und Streben,
Wie viele Menschen schritt ich so dahin,
Verschlossen war für Lebensschönheit mir mein Sinn.
Da tratest aus tannendunklen Pforten du hervor,
Tratest siegreich strahlend aus dem Waldestor!
Du küßtest meine Lippen — oh, ich war so wund —,
Doch sieh, von deinem Kuß ward ich gesund.
Dir, Lebensschönheit, dank ich erst das wahre Leben,
Du nahmst nichts mir, nein, immerfort hast du gegeben;
Drum soll mein Leben dir geweihet sein!
Für dich tret' in den Lebenskampf ich ein:
Doch du, dem diese Blätter ich jetzt gebe,
Prüf meinen Weg, verstehe ihn und lebe.
Auf deine Weise immer gläubig fort!
Wer einem edlen Gotte glaubt, hat einen Hort,
Und wie der heißen wolle, ob Schönheit, Jesus Christ,
Ist gleich, nur daß ein ew'ger Glaube in dir ist.«

8 *Schwarzburg-Rudolstädtische Landeszeitung* und *Rudolstädter Zeitung* vom 1. 10. 1911.

9 Die »Rudolstädter Gerichtsakte« aus dem Jahre 1911 umfaßt etwa 200 Blatt. Sie enthält die Aussagen von Lehrern, Mitschülern und Verwandten; darüber hinaus offizielle Dokumente wie Haftbefehl, Tatortskizze, Vollmachten usw. sowie das Gutachten von Prof. Binswanger; Staatsarchiv Rudolstadt.

10 Die »Tannenfelder Krankenakte« 1912–1919 besteht aus etwa 130 Blatt; sie enthält u. a. Briefe Rudolf und Wilhelm Ditzens sowie der Tante Adalaide an Dr. Tecklenburg sowie offizielle Dokumente. Sie wurde 1919 während der Morphium-Entziehungskur weitergeführt und abgeschlossen. Fachkrankenhaus Tannenfeld.

11 Geistiger Kopf des Zirkels war Malwida von Meysenbug, die zu ihrer Zeit eine der entschiedensten deutschen Vorkämpferinnen für die Gleichberechtigung der Frau wurde. Malwida gab, wie

später Ada Ditzen auch, ihr Privatleben auf, um die selbsterkannte Aufgabe besser erfüllen zu können. Nach der gescheiterten Revolution von 1848 formulierte Malwida von Meysenbug diese Aufgabe so: »Ich lebte nur noch für die Arbeit. Noch mehr als früher verband ich mich mit der arbeitenden Klasse. Es schien mir klarer, daß die Zukunft in ihr ruhe; die bloß *politische* Revolution war mir gleichgültig geworden. Ich hatte mich überzeugt, daß sie stets mißglücken werde, solange das Volk Sklave des Kapitals und der Unwissenheit bleibe.«

Wie Tante Ada sich um ihren Neffen kümmert, so war Frau von Meysenbug viele Jahre lang Hauslehrerin bei den Kindern Alexander von Herzens. Ada Ditzen blieb an der Seite ihrer Freundin bis zu deren Tode im Jahre 1903.

Gabriele Monod erwähnt in seinem Nachwort zu den Memoiren Malwida von Meysenbugs, daß ihr in den letzten Monaten vor ihrem Tode einige Freundinnen zur Seite standen. »Eine ging dem Arzt zur Hand, der Fräulein von Meysenbug behandelte, und widmete sich ganz der Pflege, die ihr Gesundheitszustand erforderte.« Diese Freundin war Adalaide Ditzen.

12 Das Übersetzen aus fremden Sprachen war eine der wichtigsten Bildungsquellen für Frauen wie M. v. Meysenbug und A. Ditzen, denen die höheren Bildungseinrichtungen des Landes nicht offenstanden. Auch Malwida von Meysenbug hatte vor 1848 progressive Schriften russischer Demokraten, z. B. Herzens Buch *Vom anderen Ufer,* ins Deutsche übertragen.

Von dem Verleger Friedrich Campe erhielt sie daraufhin die weitreichende Zusage: »Alles, was Sie von Herzen übersetzen, nehme ich unbedingt an, denn er hat sich das Bürgerrecht in der deutschen Literatur erworben.«

13 Vgl.: Jean Full, Hans Fallada et Romain Rolland, in: *Recherches Germaniques,* Universität Strasbourg, France, No. 3/1973

14 »In Erwiderung auf Ihr Schreiben vom 24. Oktober 1912 bedauern wir, Ihrem Angebot bezüglich des ›Michelangelo‹ nicht nähertreten zu können. Dieses Angebot überrascht uns auch deshalb, weil uns das betreffende Werk von einem anderen Übersetzer bereits angeboten wurde, der bestimmt behauptet, die Autori-

sation des Herrn Rolland dafür in der Hand zu haben.« (Albert Langen, München, am 5. November 1912)

15 »Wir empfingen Ihre freundlichen Zeilen vom 24. d. Mts. betreffend Ihrer Übersetzung des ›*Michelangelo*‹ und müssen Sie im Verfolg Ihrer Offerte zunächst um freundliche Übersendung des Gesamtmanuskripts bitten . . .«
(Xenien-Verlag, Leipzig, am 28. Oktober 1912)

16 »Ich wäre im Prinzip nicht abgeneigt, das Buch von Romain Rolland über ›*Michelangelo*‹ zu bringen. Zu weiteren Verhandlungen wäre es nötig, daß Sie mir das Original mit einer Übersetzungsprobe und Honoraransprüchen zuschickten. Mit dem Verleger können Sie ja selbst unterhandeln.« (Eugen Diederichs, Jena, am 26. Oktober 1912)

17 F. W., *Deutschland in der heutigen französischen Literatur*, in: *Tägliche Rundschau*, Unterhaltungsbeilage v. 15. 11. 1912

18 Dieses für das Herzogliche Landratsamt Ronneburg angefertigte Gutachten über den Gesundheits- und Geisteszustand Rudolf Ditzens vom 3. 11. 1913 umfaßt vier Schreibmaschinenseiten und ermöglicht einen guten Einblick in die von Dr. Tecklenburg angewendeten Heilpraktiken bzw. Erziehungsmethoden.

So heißt es u. a.:

»Ditzen ist in meiner Heilanstalt über 1½ Jahre lang gewesen. Ich habe Gelegenheit gehabt, mich nicht nur in alle Einzelheiten seines Vorlebens zu vertiefen, sondern auch in engem täglichem persönlichem Verkehr mir einen Einblick in seine Persönlichkeit zu verschaffen und seine Entwicklung innerhalb dieses Zeitraums mitzuerleben und ein Vertrauter auch seiner inneren seelischen Erlebnisse zu werden, so daß ich glaube, auf Grund dieser Tatsache und meiner sachverständigen Kenntnisse als Psychiater und Psychologe mir ein Urteil erlauben zu können.«

Der polemische Charakter des Gutachtens erklärt sich aus der Anfrage des Landratsamtes, ob sich eine polizeiliche Überwachung oder die dauernde Einweisung in eine Heilanstalt erforderlich machten.

19 Hans Fallada, *Sachlicher Bericht über das Glück, ein Morphinist*

zu sein, in: Neue Illustrierte (Köln) v. 19. 11. 1955 unter dem Titel *Der tödliche Rausch*, fälschlicherweise als »das letzte Manuskript des Dichters Hans Fallada« deklariert.

20 Hans Fallada, *Wir hatten mal ein Kind*, Rowohlt-Verlag Berlin 1934.

21 Hans Fallada, *Gefängnis-Tagebuch 1924*, unveröffentl. Ms., Fallada-Nachlaß, Feldberg. Teile daraus in: *Ausgewählte Werke*, Aufbau-Verlag, Berlin und Weimar, Bd. 4.

22 Hans Fallada, *Der Mörder, das Mädchen und die Einsamkeit*, unveröffentl. Ms. (Fragment), Fallada-Nachlaß, Feldberg.

23 Hans Fallada, *Heute bei uns zu Haus*, Stuttgart 1943.

24 Eine erste ausführliche Wertung der schleswig-holsteinischen Landvolkbewegung vom marxistischen Standpunkt findet sich in dem Nachwort von Günter Caspar zur Ausgabe des Romans *Bauern, Bonzen und Bomben*, Berlin 1964.

25 Ernst von Salomon, *Der Fragebogen*, Reinbek bei Hamburg, 1951.

26 Meist führt Ditzen für seine Bücher zunächst einen Arbeitstitel. Nur selten – z. B. bei *Wolf unter Wölfen* und dem *Eisernen Gustav* – wird dieser Arbeitstitel auch vom Verlag akzeptiert und beibehalten. Häufiger findet nach Abschluß der Arbeit am Manuskript im Rowohlt-Verlag eine gesonderte Titelberatung statt, an der sich der Autor, einige Lektoren und Rowohlt beteiligen. So stammen einige Titel zu Fallada-Romanen offenbar von den Lektoren Peter Zingler und Paul Mayer. Bei anderen Romanen setzten sich Ernst Rowohlt und sein Sohn mit ihrer Vorliebe für Alliterationen – *Bauern, Bonzen und Bomben, Damals bei uns daheim, Heute bei uns zu Haus* – durch. Die erfolgreichsten Titel aber entstehen nach folgendem, bei der Titeldiskussion zum Roman *Kleiner Mann – was nun?* erprobten Muster: »Rowohlt sprach uns immer wieder den Titel eines damals sehr erfolgreichen Romans vor: ›Wohin rollst du, Äpfelchen?!‹, als ein Muster dessen, was wir zu finden hatten, gewissermaßen. Und da saßen wir nun, ziemlich dumm eigentlich, und machten Vorschläge, die alle gleich verworfen wurden, und dann herrschte wieder Stille, und in die Stille hinein sagte Rowohlt wieder einmal: ›Wohin

rollst du, Äpfelchen?‹ – und plötzlich war der Titel da: ›Kleiner Mann – was nun?‹ war geboren. Wer hat ihn gefunden? Ich weiß es nicht mehr«, schreibt Ditzen in seiner Skizze: *Wie ich Schriftsteller wurde.* Nach diesem Vorbild entstehen später weitere, leitmotivhafte Titelsätze wie: *Wer einmal aus dem Blechnapf frißt, Wir hatten mal ein Kind, Jeder stirbt für sich allein* usw.

27 In: *Damals bei uns daheim* und *Wie ich Schriftsteller wurde.*

28 Daß Ditzen dabei keineswegs übertreibt, sondern die finanzielle Lage Pinnebergs eher noch günstiger schildert, als die eigene während der Neumünsteraner Monate war, zeigt ein Vergleich zwischen dem Monatsetat der Familie Ditzen mit dem der Familie Pinneberg:

Ausgaben der Familie Ditzen im April 1929:		Ausgaben der Familie Pinneberg im November 1930:	
I. Persönliche Ausgaben		*a. Lebensmittel*	
Miete	45,–	Butter und Margarine	10,–
Heizung	13,20	Eier	4,–
Licht	5,–	Gemüse	8,–
Wäsche	13,–	Fleisch	12,–
Lebensmittel	46,96	Wurst und Käse	5,–
Tabak	8,55	Brot	10,–
Porto	11,84	Fische	3,–
Verschiedenes	16,69	Obst	5,–
	160,24		57,–
II. Anschaffungen		*b. Sonstiges*	
Bügeleisen	6,–	Versicherung, Steuern	31,75
Rest auf Mantel	15,–	DAG-Beitrag	5,10
Kaffeegeschirr	50,–	Miete	40,–
Heizkissen	11,–	Fahrgeld	9,–
III. Sonstiges		Licht und Feuerung	8,–
Suse bar	20,50	Kleidung und Wäsche	10,–
Suse Kostgeld		Schuhwerk	4,–
bei Mutter	30,–	Waschen u. Plätten	3,–
Reisen (inkl.		Reinigungsmittel	5,–

Hochzeitsreise)	196,52
Versicherung	31,68
	360,70
Gesamtausgaben:	520,94 RM
bei einem Bruttogehalt von	225,– RM

Zigaretten	3,–
Ausgänge	3,–
Blumen	1,15
Neu-Anschaffungen	8,–
Unvorhergesehenes	3,–
	134,–
Gesamtausgaben:	191,– RM
bei einem Bruttogehalt Pinnebergs von	200,– RM

29 Hans Fallada, *Osterfest 1933 mit der SA,* als Teil des sog. »Trinker-Manuskripts« entstanden, in: *Tägliche Rundschau,* 28. 11.; 29. 11.; 30. 11.; 1. 12.; 2. 12.; 3. 12. u. 4. 12. 1945.

30 In Carwitz entstehen u. a. folgende Werke: *Wir hatten mal ein Kind* (1934), *Das Märchen vom Stadtschreiber, der aufs Land flog* (1935), *Altes Herz geht auf die Reise* (1936), der Band Kindergeschichten *Hoppelpoppel, wo bist du?* (1936), das Romanfragment *Wizzel Kien, der Narr von Schalkemaren* (1936), *Wolf unter Wölfen* (1937), *Der Eiserne Gustav* (1938), *Geschichten aus der Murkelei* (1939), *Kleiner Mann, großer Mann – alles vertauscht* (1939), *Der ungeliebte Mann* (1940), *Die Stunde, eh du schlafen gehst* (1941/1954 veröffentlicht), die Erinnerungsbücher *Damals bei uns daheim* (1942) und *Heute bei uns zu Haus* (1943), *Ein Mann will hinauf* (1942/1953), *Der Jungherr von Strammin* (1943)

31 Martha Dodd, *Through Embassy Eyes,* New York, 1939, dt.: *Aus dem Fenster der Botschaft.*

32 Rudolf Ditzen hat zur Erstausgabe des Romans das folgende, vom 30. 1. 1934 datierte Vorwort geschrieben:

»Mit diesem Roman rennt sein Verfasser offene Türen ein: der sogenannte humane Strafvollzug, dessen lächerliche, wie groteske, wie beklagenswerte Folgen auf seinen Seiten dargestellt werden, ist nicht mehr. Während der Autor noch schrieb, verwandelte sich auch dies Stück der deutschen Wirklichkeit. Wenn nun Willi Kufalt, dieser beschattete Bruder des kleinen Mannes Pinneberg, doch vor die Lesewelt tritt, so darum, weil sein Schöpfer alle Hoffnungen für ihn hat: kein Geschwätz von Humanität für Strafgefangene, sondern Arbeit für Strafentlassene. Keine öde berufsmäßige Betreuung, sondern Verständnis. Keine Gnade, sondern Strich darunter, und nun zeige, wer du bist. Wie bei *Bauern, Bonzen und Bomben,* wie beim *Kleinen Mann* konnte der Verfasser nur darstellen, was er sah, nicht, was da sein wird. Dies schien ihm seine Aufgabe, sonst nichts. Hans Fallada.«

Über dieses Vorwort war es zu einem längeren Streitgespräch zwischen dem Autor, Ernst Rowohlt und dem führenden Lektor Paul Mayer gekommen, die vergeblich versuchten, Fallada klarzumachen, daß er mit dieser Anbiederung weder Dank bei den Nazis noch Anerkennung bei den Antifaschisten finden würde. Fallada hingegen glaubte, in den »sauren Apfel beißen« zu müssen, da »Sein oder Nichtsein auf dem Spiel« stände. Mayer wendete ein, daß nach dem Zusammenbruch des Naziregimes vielleicht niemand mehr bezeugen könne, daß der Autor »dieses Vorwort nur zur Tarnung geschrieben und die Nazis in Wirklichkeit gehaßt habe«. Fallada bestand auf dem Abdruck des Vorworts.

»Rowohlt, dem die Debatte auf die Nerven ging, schlug sich dann und wann auf den Kopf, sei es, um eine Fliege zu verscheuchen, sei es aus anderen Gründen. Endlich steckte er sich eine lange Zigarre in den Mund und machte der Diskussion ein Ende: ›Es ist ja sein Buch, er muß es wissen‹«, schreibt Paul Mayer in seiner Rowohlt-Biographie.

33 Theodor Lemmer, *Hans Fallada,* Freiburg (Schweiz) 1961. Lemmer führt als Beleg für die antifaschistische Grundtendenz des Buches vor allem das Einsprengsel: »Klage des gemeinen Stadtspatzen, passer domesticus, über die Einrichtungen der Menschen« an, das er zitiert und folgendermaßen kommentiert: »›Es ist männiglich bekannt, daß es kein älteres, berühmteres, mutigeres, klügeres Volk auf Erden gibt als das der Spatzen‹ erinnert in Inhalt und halbgebildeter Technik an die Propagandapraxis der Nationalsozialisten; treffendstes Beispiel aus diesem Genre dürfte

die Überleitung zur Judenfrage in Hitlers *Mein Kampf* sein. Der Spatz zeichnet sich durch eine Rassenüberheblichkeit aus, die nur ein Vorbild haben kann.

Dann das ›Führerprinzip‹ des ›Urspatzen‹. Oder die ›unnützen Nachtvögel‹, wohl die Leute, die zurückgezogen wie Eulen von höherer Warte aus auf das gespreizte Treiben dieser Horden herabschauen. Und das Musterbeispiel einer nationalsozialistischen Propagandarede: ›Und wenn auch zu erwarten steht, daß unsere Übermacht eines Tages gänzlich vernichtet wird ...‹ – das stammt aus dem Vokabularium der Reden von Hitler oder Goebbels und ist verblüffend echt im Ton. Die Fortsetzung des Satzes karikiert überlegen die Entstehung von Tatsachen, die dem Regime eigen war: in einer ›berühmten Schlacht bei Tannenfluß‹ – wohl eine Anspielung auf die vielgefeierte Schlacht bei Tannenberg – zerhacken die Spatzen ›einen ganzen Eulenhorst voll nackter Junger‹ – wahrlich keine Heldentat, wie auch etwa der Rassenkampf feiger Mord an Wehrlosen war. Die Eulenmutter macht einen ›feigen Gegenangriff‹, und den Spatzen gelingt es, sich ›mutig in Sicherheit zu bringen‹: eine brillante Persiflage der nationalsozialistischen Nachrichtentechnik. An anderer Stelle steigert sich Fallada sogar zu einer ›Anmerkung des Herausgebers‹: ›so fälscht man Geschichte, Herr Spatz‹.«

34 Harry Slochower, *Hauptmann and Fallada: Uncoordinated Writers of Nazi Germany*, in: *Accent* III (1942), S. 23 f.

35 Heinz J. Schueler, *Hans Fallada. Humanist and Social Critic*, The Hague – Paris, S. 60.

36 Von der Tatsache, daß sich Ditzen mit diesem Manuskript sehr gequält hat, zeugen die Briefe, die er im März und April an seine Frau schreibt, die mit Thrombose in einem Berliner Krankenhaus liegt.

»Was mich angeht, habe ich mich mit wenig Erfolg heute bemüht, die neue Niederschrift vom Narrenbuch wieder in Gang zu bringen. Ich habe es dann aufgegeben und bin lieber bei dem schönen Frühlingswetter im Garten gewesen.« (21. März)

»Am Narrenbuch habe ich noch nicht wieder gearbeitet, morgen soll es wieder losgehen, hoffentlich komme ich in Gang.« (22. März)

»Heute bin ich ein wenig besser mit meinem Narrenbuch gefahren. Es geht langsam und macht keinen rechten Spaß, aber es wird ja bald überstanden sein.« (23. März)

»Ich habe heute auch ein Teilchen wieder gearbeitet, bin aber doch nicht fertig geworden, weiß auch nicht, ob ich's morgen werde. Du weißt ja, wie es mir immer unter der Feder wächst, und hetzen tue ich bestimmt nicht ... Jetzt will ich doch erst mal fertig werden mit der Schreiberei.« (1. April)

»Ich selbst habe ein bißchen am Narrenbuch gearbeitet. Wenn ich morgen einigermaßen in Stimmung komme, wird es fertig, es ist gar nicht mehr viel zu schreiben, aber ich habe ja keine Lust. Da hilft nun gar nichts. Ich will froh sein, daß dies vorüber ist ...« (4. April)

»Das Beste an diesem Sonntag ist doch, daß ich mit der Niederschrift des Narrenbüchleins endlich fertig geworden bin. Es lag, besonders jetzt gegen Schluß, doch wie ein Alpdruck auf mir, daß ich produzieren mußte ...« (5. April)

Wizzel Kien, der Narr von Schalkemaren bleibt unveröffentlicht. Ernst Rowohlt kann sich nicht entschließen, es zu publizieren. Auch Johannes R. Becher, der das Manuskript 1946 erhält, hat dem Autor anscheinend von der Publikation abgeraten.

37 »Unter Verzicht auf alle Ähnlichkeit wollte der Autor ein Bild jener Zeit malen, die so nahe und doch so völlig überwunden ist. Aber vielleicht geziemt es dem Geretteten, überstandene Gefahr nicht ganz zu vergessen, sondern ihrer gedenkend, sich doppelt der glückhaften Rettung zu freuen. Weihnachten 1936. H. F.«

38 Das »Trinker-Manuskript« entstand im Oktober/November 1944 in der Trinkerheilanstalt Alt-Strelitz. Es enthält u. a. den Roman *Der Trinker,* einige Kurzgeschichten und die Erinnerungen an die Nazizeit, z. B.: *Osterfest 1933 mit der SA.* Max Schroeder hat dieses Manuskript »zu den erschütternden Dokumenten des Leidensweges« gerechnet, »den die kapitalistische Gesellschaft dem Künstler bereitet, und zugleich der moralischen Kraft, die dem echten Künstler innewohnt«. (Nachwort zum *Trinker,* 1953)

39 Das Gutachten ist Bestandteil der »Gerichtsakte Strelitz« 1944, Fallada-Archiv, Feldberg.

40 Ditzens Briefe an Anna Ditzen geben recht genauen Aufschluß über die »Entwicklung« des Kutisker-Manuskripts. Am 14. Oktober teilt er mit: »Ich schreibe täglich meine 12 bis 15 Druckseiten am Kutisker. Der Stoff arbeitet sich sehr schwer, immer wieder habe ich auch Hemmungen zu bekämpfen, die sich aus meinem Innern entgegenstemmen. Ich helfe mir jetzt etwas dadurch, daß ich die Motive in viele kleine Bildchen zerlege und die Handlung auf eine Unmenge Figuren verteile, ähnlich wie bei B. B. B. Trotzdem bleibt die Gefahr, den Leser (nicht) zu erreichen, sehr groß, da es sich auch immer nur um betrügerische Geldmanipulationen handelt.« Vierzehn Tage später »schreitet die Arbeit am Kutisker-Roman stetig vorwärts; ca. 225 Druckseiten liegen schon hinter mir«. In der Woche vom 7.–14. November hofft er, den »Hauptteil« hinter sich zu bringen: »Vor dem Schluß will ich dann eine Pause eintreten lassen und etwas Leichteres schreiben, z. B. für Mücke eine Dachsgeschichte zu Weihnacht.« Dem Freund Hans-Joachim Geyer wird am 19. 11. mitgeteilt, daß jetzt »weit über 1000 Druckseiten geschrieben« worden seien. Am gleichen Tag erfährt Suse: »Meiner Arbeit am Kutisker-Roman bin ich herzlich müde; es wird Zeit, daß er zu Ende geht; ich werde aber wohl mindestens noch die ganze nächste Woche damit zubringen. Meine Arbeitsleistung ist stark gesunken.« Am 23. 11. liegt er »im Schlußrennen« seines Romans; und am 28 11. ist er beendet. »Im Ganzen bin ich zufrieden. Er ist wohl nur zu lang geworden.«

41 Johannes R. Becher hat das Buch in seinem *Tagebuch 1950* uneingeschränkt abgelehnt: »Bei aller Bewunderung für Dich, mein lieber Freund, ein ganz und gar unnötiges, schädliches und widerwärtiges Buch – ohne jedes Menschlich-Entdeckende, ohne sprachlichen Reiz ... schade ...« Nach der trotz dieses harten Urteils im Jahre 1953 erfolgten Herausgabe des Romans im *Aufbau-Verlag* setzte eine heftig geführte Literaturdiskussion ein, u. a. in der Zeitschrift *Sonntag* und im *Bibliothekar.* Waltraud Schiller, Wolfgang Joho, Heinrich Goeres u. a. erklärten die Publikation dieses Buches zu einer »Fehlentscheidung«: »Hassenswert erscheint hier nicht eine Ordnung, die dem Menschen kei-

nen Halt gibt, sondern der Mensch schlechthin ... Für ihn (Fallada, T. C.) ist in diesem Buch der Mensch nicht ein Gegenstand der Liebe, sondern des Hasses. Er ist hier in bezug auf die Menschen – und nicht etwa auf eine bestimmte Gesellschaftsordnung! – Nihilist ... Man darf nicht übersehen, daß es das im wörtlichen Sinne antihumanistischste Buch ist, das Fallada je geschrieben hat ...« (Joho) »Man darf die Tatsache nicht übersehen, daß Fallada im Grunde nur als ein leidenschaftsloser, sachlicher Beobachter registriert, daß es ihm weit mehr um die Fülle der menschlichen Erscheinungsformen, um die Schicksale der zerstörten Existenzen, die das ›Totenhaus‹ beherbergt, als um eine enthüllende Gesellschaftsanklage geht.« (Schiller)

Andere Kritiker – Alfred Antkowiak, Sabine Brandt, Carl Andrießen – befürworten die Herausgabe des Romans: »Es ist eine untergehende Welt, die Fallada beschreibt, und deshalb darf er sie in ihrer ganzen Widerwärtigkeit schildern.« (Brandt) »Es gehört sicherlich zu den stärksten Eindrücken, die man aus dem Schaffen Falladas empfangen kann, daß er im *Trinker* nicht zu dem ihm sonst klassenmäßig gegebenen simplen, versöhnenden Ausweg greift, sondern das morsche Gefühl seiner eigenen Welt des Kleinbürgertums mitleidslos zusammenbrechen läßt; hier wird der chaotische Niedergang des angeblich so sekurierten Kleinbürgers extrem überspitzt, mit allen (oft scheußlichen) Details dargestellt ... Das ›Totenhaus‹ ist ein Gleichnis und ein abstraktes dazu. Aber daß es sich hier um bestimmte Erscheinungsformen des verendenden Kapitalismus handelt, kann nicht bestritten werden.« (Antkowiak)

42 Der Augenzeuge Heinrich Kardel hat in den *Beiträgen zur Regionalgeschichte* des Kreises Neustrelitz seine Erinnerung an das Auftreten Ditzens niedergelegt. Danach haben die sowjetischen Offiziere Ditzen zum Bürgermeister vorgeschlagen, weil sie in dem Autor des Romans *Kleiner Mann – was nun?* einen »der Besten« des deutschen Volkes sahen. Von der Rede will der Zeuge folgende Sätze behalten haben: »Liebe Feldberger! Auf diesen Augenblick habe ich zwölf Jahre lang gewartet. Wie ist unser Leben mit Füßen getreten worden, und alles nur, weil wir, die vielen

kleinen Pinnebergs, nicht genügend gewußt haben. Nun wollen wir's besser machen! Noch fehlt Brot, die Milch für unsere Kinder. Aber wenn es gelungen ist, durch Umsicht und das beherzte Verhalten der Roten Armee unsere Stadt vor einer sinnlosen Zerstörung zu bewahren, so wird es uns auch mit unser aller Kraft gelingen, diese Schwierigkeiten zu überwinden. Danken wir der Sowjetunion und gehen jetzt an die Arbeit, den Hunger zu stillen ...«

43 Über den Einsatz Rudolf Ditzens als Bürgermeister von Feldberg gibt es verschiedene Darstellungen, die z. T. schon legendäre Züge tragen. So haben z. B. Grigori Weiß und Roman Pereswetow in der *Täglichen Rundschau* bzw. in der *»Weltbühne«* den Vorgang so dargestellt, daß Fallada das Bürgermeisteramt zum Dank für sein großzügiges, menschliches Eintreten für sowjetische Zwangsarbeiter erhalten hat. Sie gehen zudem davon aus, daß die sowjetischen Offiziere wußten, daß es sich bei Ditzen um den Schriftsteller Hans Fallada handelte, der in der Sowjetunion gut bekannt war.

Da für diese Version keine Belege aufgefunden wurden, wurde hier der Vorgang so rekonstruiert, wie er sich nach Aussagen von Feldberger Bürgern und in Ditzens autobiographischem Buch *Der Alpdruck* zugetragen hat, wo u. a. zu lesen ist: »Doll aber hatte den Bürgermeisterposten nicht gerne angenommen, erst als es ihm befohlen worden war. Nie war er ein Mann des öffentlichen Lebens gewesen, und nun schon gar kein Beamter, und weil er einmal, vom Wodka befeuert, eine Rede gehalten hatte, so hieß das noch nicht, daß er Lust hatte, weiter als öffentlicher Redner zu wirken. Zudem befand er sich, wie schon berichtet, zu jener Zeit in einer schweren inneren Krise. Unglaube, Zweifel an sich selbst und der Umwelt quälten ihn, eine tiefe Mutlosigkeit lähmte seine Kraft, und eine nichtswürdige Apathie störte sein Interesse an jedem Vorgang auf dieser Welt. Zudem sagte sein Instinkt ihm, daß dieses Amt, durch das Wohl und Wehe seiner Mitbürger ihm in die Hand gelegt wurden, ihm selbst wohl nur Kummer und Sorge und übermäßige Arbeit bringen würde.«

44 Dieses wie auch die weiteren Protokolle entstammen der »Bürgermeister-Akte« 1945, die etwa 150 Blatt, u. a. Polizeiberichte,

Vernehmungsprotokolle sowie die für die sowjetische Kommandantur angefertigten Analysen enthält.

45 Die *Tägliche Rundschau* veröffentlicht, neben bereits genannten, z. B. die Kurzgeschichten: *Der Heimkehrer, Alte Feuerstätten* und die *Kalendergeschichten.*

46 »Als Schriftsteller dachte ich zuerst, man müsse in dieser Situation etwas völlig Neues tun, womöglich ganz andere Ausdrucksformen anwenden. Heute weiß ich, daß es nicht so sehr auf das Zerbrechen der Formen ankommt, sondern darauf, die innere Wandlung des deutschen Menschen auch im Roman zu zeigen. Eine besondere Aufgabe scheint es mir, das starke und lebendige Jugendbuch zu schaffen. Wer das vermöchte, täte als Schriftsteller heute vielleicht das Wichtigste«, erklärt Ditzen in einem Interview mit der *Täglichen Rundschau* am 25. 10. 1945. In diesem Gespräch entwickelt Fallada auch den ersten Plan für den Roman *Jeder stirbt für sich allein.*

47 Ulrich Ditzen hat in einem 1947 entstandenen Schulaufsatz »Erlebnisse und Erfahrungen aus dem Berlin der Nachkriegszeit« diese Fahrt mit dem Lastkraftwagen von Feldberg nach Berlin beschrieben und aus seiner Sicht bestätigt, daß die Ladung – Bücher, einige Möbel, Hausrat – seinem Vater mehr bedeuteten als Essen und Trinken.

48 Vgl.: »Vor allem die Jugend retten.« Gespräch mit dem Schriftsteller Hans Fallada, in: *Tägliche Rundschau* v. 25. 10. 1945.

49 Konstantin Fedin: *Ein Sohn des deutschen Volkes*, in: *Fedin und Deutschland*, Bln. 1962, S. 245–250.

50 In einer Westberliner Frauenzeitschrift veröffentlicht Anfang Februar 1946 die ehemalige Sekretärin Falladas, Bakonje, mehrere Briefe, die sie 1943 von Ditzen aus Frankreich erhalten hat und die von seiner »Hoffnung auf den Endsieg« sprechen.

Diese Postkarten und Briefe waren eindeutig an die Zensur gerichtet; vgl. auch Manthey: »Da seine Sekretärin Halbjüdin war (die er deswegen auch bald darauf entlassen mußte), wußte er, daß seine Korrespondenz mit ihr überwacht wurde.«

Dennoch wird in der englischen und amerikanischen Besatzungszone ein wahres Trommelfeuer gegen Ditzen entfacht.

Am 18. Februar 1946 schreibt Hans Habe in der *Neuen Zeitung:* »Wer seinen verkrampften Roman *Wolf unter Wölfen* gelesen hat, der braucht nicht in Frau Bakonjes Briefschatulle zu gukken, um zu wissen, daß Fallada nicht nur ein braver Nationalsozialist, sondern noch mehr als das gewesen ist, nämlich ein literarischer Alibisucher des Hitlertums, der sich schon in den ersten Jahren des Nationalsozialismus bemühte, die ›Machtergreifung‹ als eine Notwendigkeit zu deuten.«

In einem Brief an Suse vom 27. 2. 1946 schreibt Ditzen, daß jetzt besonders die Amerikaner gegen *Wolf unter Wölfen* schießen als ein »Buch, das den Nazis Schrittmacherdienst geleistet habe«.

51 1947 erscheinen im Aufbau-Verlag die Romane *Der Alpdruck* und *Jeder stirbt für sich allein;* 1953 das Buch *Der Trinker.*

52 Vgl.: Jürgen Manthey: *Hans Fallada in Selbstzeugnissen und Dokumenten,* S. 149

Literaturverzeichnis

I. Primärliteratur (In Klammern: Arbeitstitel)

A. Romane

Der junge Goedeschal (1920)
Anton und Gerda (1923)
Bauern, Bonzen und Bomben (1931) (Ein kleiner Zirkus namens Monte)
Kleiner Mann – was nun? (1932)
Wer einmal aus dem Blechnapf frißt (1934) (Kippe oder Lampen)
Wir hatten mal ein Kind (1934)
Das Märchen vom Stadtschreiber, der aufs Land flog (1935)
Altes Herz geht auf die Reise (1936)
Wizzel Kien, der Narr von Schalkemaren (1936, unveröff.)
Wolf unter Wölfen (1937)
Der eiserne Gustav (1938) (Ein Mann hält aus)
Kleiner Mann, großer Mann – alles vertauscht (1939)
Die Zuflucht (1939, unveröff.) (Dies Herz, das dir gehört)
Der ungeliebte Mann (1940)
Ein Mann will hinauf (1942/1953*) (Der Sohn des Staubes)
Der Jungherr von Strammin (1943/1965*) (Junger Herr – ganz groß)
Der Trinker (1944/1950*)
Der Alpdruck (1947)
Jeder stirbt für sich allein (1947)

* Jahr der Buchveröffentlichung

B. Kindergeschichten / Erinnerungen

Hoppelpoppel, wo bist du? (1936)
Geschichten aus der Murkelei (1938)
Damals bei uns daheim (1942)
Heute bei uns zu Haus (1943)
Fridolin, der freche Dachs (1944/1954*)

C. Erzählungen / Presseveröffentlichungen (Auswahl)

Stimme aus den Gefängnissen. In: *Das Tage-Buch*, 1925
Was liest man eigentlich in Hinterpommern? In: *Literarische Welt*, 1925
Stahlhelm-Nachtübung. In: *Das Tage-Buch*, 1925
Die schwarze Bauernfahne. In: *Das Tage-Buch*, 1929
Bauernkrieg wider Neumünster. In: *Das Tage-Buch*, 1929
Landvolkprozeß. In: *Das Tage-Buch*, 1929
Das Groß-Stankmal. Bericht aus einer deutschen Kleinstadt 1931. In: *Das Tage-Buch*, 1932
Zweikampf im Weizen. In: *Bunte Woche*, 1932
50 Mark und ein fröhliches Weihnachtsfest. In: *Uhu*, 1932
Mädchen und Frauen aus aller Welt. In: *Die Literatur*, 1932
Lampel, der Jäger. In: *Die Literatur*, 1932
Was mir in dieser Zeit als Wichtigstes am Herzen liegt. In: *Uhu*, 1932
Gespräch zwischen Ihr und Ihm über Ernest Hemingway. In: *Die Literatur*, 1932
Der Bettler, der Glück hatte. In: *Thüringer Allgemeine Zeitung*, 1933
Ich bekomme Arbeit. In: *Die Tat*, 1933
Die offene Tür. In: *Thüringer Allgemeine Zeitung*, 1933
Süßmilch spricht. Ein Abenteuer von Murr und Maxe. Aalen 1939
Zwei zarte Lämmchen, weiß wie Schnee (1940/1948*)
Das Abenteuer des Werner Quabs (Der mutige Buchhändler). Leipzig 1941
Die Stunde, eh du schlafen gehst (1941/1954*)

Der tödliche Rausch. (Sachlicher Bericht über das Glück, ein Morphinist zu sein.) (1944/1955*)
Über den doch vorhandenen Widerstand der Deutschen gegen den Hitlerterror. In: *Aufbau*, 1945
Osterfest 1933 mit der SA. In: *Tägliche Rundschau*, 1945
Der Heimkehrer. In: *Tägliche Rundschau*, 1946
Alte Feuerstätten. In: *Tägliche Rundschau*, 1946
Kalendergeschichten. In: *Tägliche Rundschau*, 1946
Gesammelte Erzählungen. Reinbek bei Hamburg 1967
Darin u. a.: Wie ich Schriftsteller wurde (1946)

D. Bearbeitungen von Fallada-Werken

Dorst, Tankred: Kleiner Mann – was nun? Eine Revue, Suhrkamp Taschenbuch Nr. 127, Frankfurt a. M. 1972
Hammel, Claus: Wer einmal aus dem Blechnapf frißt. Fragment nach Fallada. In: *Theater der Zeit*, Nr. 20/1965 (Beiheft)
Müller, Helmut: Der Fall Klabautermann. Schauspiel frei nach »Jeder stirbt für sich allein« von Hans Fallada. In: *Theater der Zeit*, Nr. 21/1966 (Beiheft)

II. Sekundärliteratur (Auswahlbibliographie)

A. Monographien / Hochschulschriften

Bauer, Heidrun: Zur Funktion der Gespräche in den Romanen Hans Falladas. Wien 1972 (Diss.)
Bonness, Wilhelm: Hans Falladas Celler Verwandtschaft. Celle 1957
Crown, D. W.: Fallada. The Individual versus Authority. Louisiana (USA) 1971 (Diss.)
Desbarats, J.: Die deutsche Gesellschaft in den Romanen Hans Falladas. Toulouse 1955 (Diss.)
Frotscher, Hans Jürgen: Die Darstellung der gesellschaftlichen Wirklichkeit in den Romanen Falladas und die politisch-ideologische Situierung des Autors und seiner Figuren. Bochum 1977 (Diplomarbeit)

Geßler, Alfred: Hans Fallada. Sein Leben und Werk. Berlin 1972 = Schriftsteller der Gegenwart, H. 6
Lemmer, Theodor: Hans Fallada. Eine Monographie. Freiburg (Schweiz) 1961 (Diss.)
Manthey, Jürgen: Hans Fallada in Selbstzeugnissen und Dokumenten. Reinbek bei Hamburg 1963
Neubauer, Heinz, I. M. Lange, H. J. Geerdts: Leonhard Frank. Hans Fallada. Berlin 1952 = Schriftsteller der Gegenwart, H. 6
Reardon, R. J. A.: A Critical Assessment of the Works of Hans Fallada, with Special Reference to the Theme of Education and Experiment. London 1971 (Diss.)
Schueler, Hans-Jürgen: Hans Fallada – Humanist and Social Critic. The Hague – Paris 1970
Tinsley, R. L.: Hans Fallada's Concept of the Nature of the Little Man, the Focal Point of his Narrative. Louisiana (USA) 1955 (Diss.)

B. Aufsätze zu Leben und Werk / Erinnerungen

Aust, Hildegard: Sprache und künstlerische Wirkung. In: *Neue Deutsche Literatur*, Nr. 2/1957
Becher, Johannes: Was nun? Zu Hans Falladas Tod. In: *Aufbau*, Nr. 2/1947
Becher, Johannes R.: *Auf andere Art so große Hoffnung. Tagebuch 1950.* Berlin 1951. Darin: Über Fallada
Becher, Lilly: Ein Kronzeuge des »Kleinen Mannes«. (Zum 5. Todestag des Dichters Hans Fallada.) In: *Neues Deutschland*, Nr. 30/1952
Bergholz, Harry: Hans Fallada's Breakthrough. In: *Germanic Quarterly*, Nr. 1/1956
Caspar, Günter: Hans Fallada – Größe und Grenzen. In: *Sonntag*, Nr. 29/1958
Caspar, Günter: Poet des kleinen Mannes. In: *Sonntag*, Nr. 30/1963
Caspar, Günter: Becher und Fallada. In: *Die Weltbühne*, Nr. 29/1968
Caspar, Günter: Ein Abend mit Fallada. In: *Die Weltbühne*, Nr. 6/1972
Eggebrecht, Axel: *Der halbe Weg*, Reinbek bei Hamburg 1975. Darin: Über Fallada

Fedin, Konstantin: *Johannes R. Becher.* Ausgewählte Werke Bd. 9, Moskau 1962. Darin: Über Fallada

Full, Jean: Hans Fallada et Romain Rolland. Trois lettres de Fallada (1912). In: Recherches Germaniques, Strasbourg (France), Nr. 3/1973

Gulitz, H.: Vor allem die Jugend retten. Gespräch mit dem Dichter Hans Fallada. In: *Tägliche Rundschau* v. 25. 10. 1945

Heinrichs, Charlotte: Wirklichkeit und Wirksamkeit des Dichters Hans Fallada. In: *Berliner Hefte für geistiges Leben,* Nr. 4/1947

Höpcke, Klaus: Weil ich der bin, der ich wurde. (Aus der Rede zum 80. Geburtstag.) In: *Sonntag,* Nr. 31/1973

Kaufmann, Lili: Vom »Kleinen Mann« zum Otto Quangel. In: *Wsjesim,* Kiew, Nr. 7/1963

Kaufmann, Lili: Moralische Probleme in den sozialen Romanen Hans Falladas. In: *Utschonye Sametki,* Nr. 22/1963

Kaufmann, Lili: Der kleine Mann sucht seinen Weg. In: Sarubjeshnaja Literatura, Moskau 1963

Kaufmann, Lili: Suche nach einem Weg. Die sozialen Romane Hans Falladas. In: *Nekotorye Woprossy Filiologii,* Tambow 1968

Krell, Max: Der berühmte »kleine Mann«. In: *Das alles gab es einmal,* Frankfurt a. M. 1975

Lukacs, Georg: Hans Fallada. In: *Literaturkritik,* Moskau Nr. 5/1936

Mann, Thomas: Gesammelte Werke, Bd. 12, Berlin 1956. Darin: Über Fallada

Manthey, Jürgen: Hans Fallada oder die unbewältigte Krise. In: *Frankfurter Hefte,* Frankfurt a. M., H. 3/1963

Motyljowa, Tamara: Hans Fallada. In: *Literaturkritik,* Moskau, Nr. 5/1933

Motyljowa, Tamara: Das Schicksal eines deutschen Schriftstellers. In: *Sowjetliteratur,* Moskau, Nr. 9/1948

Rathaus, Grejnem: Hans Fallada und seine »deutsche Tragödie«. (Zum 80. Geburtstag des Dichters.) In: *Sowjetliteratur,* Moskau, Nr. 7/1973

Rein, Heinz: Die große Literatur des kleinen Mannes. Der Fall Fallada. In: *Einheit,* Nr. 8/1948

Römer, Ruth: Dichter des kleinbürgerlichen Verfalls. In: *Neue Deutsche Literatur,* Nr. 2/1957

Schiller, Waltraud: Hans Fallada. In: *Bibliothekar.* Nr. 12/1953

Thöming, Jürgen C.: Hans Fallada. Seismograph gesellschaftlicher Krisen. In: *Zeitkritische Romane des 20. Jahrhunderts.* Stuttgart 1975

Weiß, Grigori: Wie Hans Fallada Bürgermeister wurde. (T. 1). Wovon Hans Fallada träumte (T. 2). In: *Die Weltbühne,* Nr. 31 und 33/1972

Weiß, Grigori: Am Morgen nach dem Kriege. (Über den kulturellen Neuaufbau in Berlin.) In: *Sinn und Form,* Nr. 6/1973

Wendt, H.: Auf schwankendem Grunde. Fallada – Schicksal zwischen den Generationen. In: *Sonntag,* Nr. 7/1947

Wyss, Hans A.: Neue Aspekte der deutschen Literatur. In: *Neue Züricher Zeitung,* Nr. 691/1933

Wyss, Hans A.: Weg und Dichtung. Über die Bücher Hans Falladas. In: *Schweizer Nationale Hefte,* Nr. 1/1934

Zillmann, T.: Die Romane Hans Falladas. In: *Literaturny Sowremennik,* Moskau, Nr. 7/1936

C. Aufsätze zu einzelnen Werken

Bauern, Bonzen und Bomben

Caspar, Günter: Nachwort. In: *Bauern, Bonzen und Bomben.* Ausgewählte Werke, Bd. 1, Berlin u. Weimar 1964

Fischer, H.: Bauern, Bonzen, Bomben. In: *Rote Fahne,* Nr. 136/1931

Hilscher, Eberhard: Ein knalliger Titel. In: *Neues Deutschland,* Nr. 40/1965 (Beilage)

Liersch, Werner: Die dritte Dimension. In: *Neue Deutsche Literatur,* Nr. 7/1965

Neukrantz, K.: Bauern, Bonzen, Bomben. In: *Arbeiter-Sender,* Nr. 26/1931

Wittfogel, K. A.: Bauern, Bonzen, Faschisten – die Geheimnisse von Neumünster. In: *Die Linkskurve,* Nr. 2/1932

Wrobel, Ignaz (d. i. Kurt Tucholsky): Bauern, Bonzen, Bomben. In: *Die Weltbühne,* Nr. 14/1931. Auch in: Kurt Tucholsky: Gesammelte Werke, Bd. 3, Reinbek bei Hamburg 1972

Kleiner Mann – was nun?

Brentano, Bernhard von: »Kleiner Mann – was nun?« Ein Roman über Angestellte. In: *Rote Fahne*, Nr. 19/1933

Caspar, Günter: Nachwort. In: *Kleiner Mann – was nun?* Ausgewählte Werke, Bd. 2, Berlin und Weimar 1965

Heilbronn, Ernst: Roman der Powreteh. In: *Die Literatur*, Jg. 35, 1932/1933

Hesse, Hermann: Hans Fallada. In: *Baseler National-Zeitung*, vom 17. 7. 1932

Hüppauf, Bernd: Hans Fallada »Kleiner Mann – was nun?«. In: *Der deutsche Roman im 20. Jahrhundert.* Analysen und Materialien zur Theorie und Soziologie des Romans, Bambeck, 1976

Kers, F.: »Kleiner Mann – was nun?« von Hans Fallada. In: *Linksfront*, Prag, Nr. 7/1933

Kuczynski, Jürgen: »Kleiner Mann – was nun?« oder Macht und Idylle. In: *Gestalten und Werke.* Soziologische Studien zur deutschen Literatur, Berlin 1969.

Lethen, Helmut: Falladas »Kleiner Mann – was nun?« und die bürgerlichen Mittelstandstheorien. In: *Neue Sachlichkeit 1924 bis 1932.* Studien zur Literatur des »Weißen Sozialismus«. Stuttgart 1970

Stern, Katja: Die Odyssee des Johannes Pinneberg. Falladas Roman »Kleiner Mann – was nun?« auf dem Bildschirm. In: *Neues Deutschland*, Nr. 348/1967

Zuckmayer, Carl: Ein Buch. In: *Vossische Zeitung* v. 7. 9. 1932 (Beilage)

Wer einmal aus dem Blechnapf frißt

Caspar, Günter: Nachwort. In: *Wer einmal aus dem Blechnapf frißt.* Ausgewählte Werke, Bd. 3, Berlin und Weimar 1967

Ehrenstein, A.: Wer einmal aus dem Blechnapf frißt. In: *Internationale Literatur*, Moskau, Nr. 3/1934

Kersten, Kurt: Kufalt und der Mann in »seinem Eigenen«. In: *Neue Deutsche Blätter*, Prag–Wien–Zürich, Nr. 1/1934

Langenbucher, Hellmuth: Falladas Blechnapf und die deutsche Literaturkritik. In: *Berliner Börsenzeitung* v. 10. 6. 1934

Wir hatten mal ein Kind

Dinamow, S.: Vom schlechten und vom guten Haß. In: *Internationale Literatur*, Moskau, Nr. 12/1935

Kesser, H.: Hat doch keinen Zweck, Anmerkungen zu Falladas: »Wir hatten mal ein Kind«. In: *Neue Deutsche Blätter*. Prag–Wien–Zürich, Nr. 4/1935

Langenbucher, Hellmuth: Hans Fallada. In: *Deutsches Volkstum*, Nr. 7/1934

Richter, Trude: Der gleichgeschaltete Fallada. Zu seinem neuesten Roman. In: *Internationale Literatur*, Moskau, Nr. 4/1935

Suhrkamp, Peter: Der Erzähler Hans Fallada. In: *Neue Deutsche Rundschau*, Nr. 12/1934

Winkler, W.: Fallada. In: *Internationale Literatur*, Moskau, Nr. 11/1935

Wolf unter Wölfen

Caspar, Günter: Nachwort. In: Wolf unter Wölfen. Ausgewählte Werke in Einzelausgaben, Bd. 4 und 5, Berlin und Weimar 1970

Fradkin, Ilja: Literatur des neuen Deutschland. In: *Sowjetski Pisatel*, Moskau 1959

Kersten, Kurt: Fallada unter den Wölfen. In: *Das Wort*, Nr. 2/1938

Noll, Dieter: Unter Wölfen. In: *Aufbau*, Nr. 4/1951

Schwachhofer, René: Hans Fallada – Wolf unter Wölfen. In: *Die Nation*, Nr. 9/1956

Stern, Katja: Große Dichtung auf dem Bildschirm. Erregende Fernsehwoche mit »Wolf unter Wölfen«. In: *Neues Deutschland*, Nr. 83/1965

Sutschkow, Boris: Vorwort. In: *Wolf unter Wölfen*, Moskau 1957

Der Eiserne Gustav

Caspar, Günter: Nachwort und Bemerkungen zum Text. In: *Der Eiserne Gustav*. Ausgewählte Werke, Bd. 6, Berlin und Weimar 1963

Caspar, Günter: Rekonstruktion eines Romans. Hans Fallada: Der Eiserne Gustav. In: *Neue Texte*, Nr. 2/1962

Emigholz, Erich: Die Wandlungen des »Eisernen Gustav«. In: *Bremer Nachrichten* v. 17. 7. 1958

Funke, Christoph: Fallada und der Droschkenkutscher. In: *Der Morgen*, Nr. 168/1963
Joho, Wolfgang: Fallada – Größe und Grenzen einer Begabung. Hans Fallada: »Der Eiserne Gustav.« In: *NDL*, Nr. 7/1963
Kaufmann, Lili: Die sozialen Romane Hans Falladas. Der »Eiserne Gustav«. In: *Filologitschenskije Nauki*, Moskau, Nr. 2/1964
Korn, Karl: Moira und Schuld. In: *Neue Deutsche Rundschau*, Bd. 2, 1938
Schmidt, Marianne: Hans Fallada und der »Eiserne Gustav«. In: *Neues Deutschland*, Nr. 196/1963 (Beilage)
Schonauer, F.: Falladas retuschiertes Morgenrot. Man kennt den Eisernen Gustav jetzt kaum wieder. In: *Die Zeit*, Hamburg, Nr. 13/1958
Tedea, Thomas: Zeitgemälde und soziales Märchen. Hans Fallada und sein Roman: »Der Eiserne Gustav«. In: *Nationalzeitung*, Nr. 167/1963

Der Trinker

Andrießen, Carl: Warum betrinkt sich Herr Sommer? In: *Die Weltbühne*, Nr. 3/1954
Antkowiak, Alfred: Ist Falladas »Trinker« unnötig? In: *Sonntag*, Nr. 20/1954
Brandt, Sabine: Der »Trinker« – ein Protest gegen die Unmenschlichkeit. In: *Sonntag*, Nr. 20/1954
Joho, Wolfgang: Falladas »Trinker« und die Humanität. In: *Sonntag*, Nr. 18/1954
Schröder, Max: Hans Fallada. Zum Erscheinen seines nachgelassenen Romans »Der Trinker«. In: *Neue Deutsche Literatur*, Nr. 12/1953
Schwachhofer, René: Der Untergang des Kleinbürgertums. In: *Heute und morgen*, Nr. 4/1954
Wink, Änne: Hans Fallada: »Der Trinker«. In: *Börsenblatt des deutschen Buchhandels*, Nr. 22/1954

Jeder stirbt für sich allein
Böhme, Irene: Chronik der Quangels. In: *Sonntag*, Nr. 41/1970
Ditlow, A.: Der antifaschistische Roman eines deutschen Schriftstellers. In: *Kaliningradskaja Prawda* v. 12. 12. 1948
Fradkin, Ilja: Der Kampf geht weiter. In: *Nowy Mir*, Moskau. Nr. 8/1948
Knipowitsch, E.: Jeder stirbt für sich allein. In: *Ogonjok*, Moskau, Nr. 50/1948
Motyljowa, Tamara: Vorwort. In: *Jeder stirbt für sich allein*, Moskau 1948
Rein, Heinz: Versuch eines Querschnitts. »Der Alpdruck.« »Jeder stirbt für sich allein.« In: *Die Neue Literatur*, 1950
Rosanowa, S.: Der Kampf um eine klassische deutsche Literatur. In: *Oktjabr*, Moskau, Nr. 8/1952
Stern, Katja: Nicht die Tat nimmt er zurück. (Zur Verfilmung des Romans.) In: *Neues Deutschland*, Nr. 279/1970
Willmann, Heinz: Der Fall Klabautermann. In: *Die Weltbühne*, Nr. 42/1969

Zeittafel

1893 Geburt Rudolf Ditzens in Greifswald am 21. Juli als 3. Kind des Landrichters Wilhelm Ditzen und seiner Frau Elisabeth
1899 Versetzung des Vaters an das Kammergericht Berlin
1901 Besuch des Prinz-Heinrich-Gymnasiums in Berlin-Schöneberg; ab 1906 des Bismarck-Gymnasiums in Berlin-Wilmersdorf
1909 Ernennung des Vaters zum Reichsgerichtsrat; Übersiedlung nach Leipzig; Besuch des Carola-Gymnasiums
1911 Besuch des Fürstlichen Gymnasiums in Rudolstadt; »Duell«, bei dem der Mitschüler Hanns Dietrich von Necker getötet wird; Haftbefehl und gerichtliche Untersuchung; psychiatrische Untersuchung in Jena
1912 Einweisung in die Nervenheilanstalt Tannenfeld, Sachsen; Erziehung durch Tante Adalaide Ditzen
1913 Landwirtschaftseleve in Posterstein, Sachsen
1914 Kriegsfreiwilliger und elftägiger Dienst beim Train in Leipzig
1916 Assistent der Landwirtschaftskammer Stettin; wissenschaftlicher Mitarbeiter bei der Kartoffelanbaugesellschaft Berlin
1917 Rauschgift-Entziehungskur in Carlsfeld bei Halle; Rendant auf verschiedenen Gütern
1919 Entziehungskur in Tannenfeld
1920 1. Roman *Der junge Goedeschal*; Rendant auf Rügen, auf Gütern in Mecklenburg, Westpreußen und Pommern
1923 Roman *Anton und Gerda*; Verurteilung zu drei Monaten Gefängnis wegen Unterschlagung
1924 Gefängnis Greifswald; Buchhalter und Rechnungsführer auf verschiedenen Gütern

1926 Verurteilung zu 2½ Jahren Gefängnis wegen Unterschlagung; Gefängnis Neumünster

1928 Verlobung mit Anna Margarete Issel; Adressenschreiber in Hamburg

1929 Heirat (5. Juni); Annoncenwerber und Lokalredakteur am »General-Anzeiger« Neumünster

1930 Angestellter des Rowohlt-Verlages in Berlin; Geburt des Sohnes Ulrich (14. März)

1931 Roman *Bauern, Bonzen und Bomben*; Kauf eines Hauses in Neuenhagen bei Berlin

1932 Welterfolg des Romans *Kleiner Mann – was nun?*

1933 Übersiedlung nach Berkenbrück; Verhaftung durch die SA und elftägige Haft in Fürstenwalde; Geburt der Tochter Lore (18. Juli); Kauf eines Grundstücks in Carwitz bei Feldberg

1934 Romane *Wer einmal aus dem Blechnapf frißt* und *Wir hatten mal ein Kind*

1935 Roman *Das Märchen vom Stadtschreiber, der aufs Land flog*

1937 Roman *Wolf unter Wölfen;* Tod des Vaters (14. April)

1938 Roman *Der Eiserne Gustav*

1940 Roman *Der ungeliebte Mann*; Geburt des 3. Kindes Achim (3. April)

1943 Roman *Ein Mann will hinauf*; Reisen mit dem Reichsarbeitsdienst nach Frankreich

1944 Bekanntschaft mit Ursula Losch; Scheidung (5. Juli); Zwangseinweisung in die Landesanstalt Strelitz; Entstehung des »Trinkermanuskripts«

1945 Heirat mit Ursula Losch (1. Februar); Bürgermeister von Feldberg; Übersiedlung nach Berlin; Begegnung mit Johannes R. Becher; freier Mitarbeiter der *Täglichen Rundschau*

1946 Entstehung der Romane *Der Alpdruck* und *Jeder stirbt für sich allein*; Einweisung in die Nervenklinik der Charité

1947 Tod Rudolf Ditzens am 5. Februar in Berlin

Personenregister

Inhaltsverzeichnis